经贸济学七
建设前景

贺 教务师

重大又向项目

心手主任

李路林
研讨 有八

教育部哲学社会科学研究重大课题攻关项目

"十四五"时期国家重点出版物出版专项规划项目

汉语国际教育视野下的中国文化教材与数据库建设研究

RESEARCH ON COMPILATION OF CHINESE CULTURE
TEXTBOOK AND DATABASE ESTABLISHMENT
IN THE PERSPECTIVE OF CHINESE
LANGUAGE INTERNATIONAL EDUCATION

于小植 著

中国财经出版传媒集团

经济科学出版社
Economic Science Press

·北京·

图书在版编目（CIP）数据

汉语国际教育视野下的中国文化教材与数据库建设研
究/于小植著 . -- 北京：经济科学出版社，2024.3
教育部哲学社会科学研究重大课题攻关项目　"十四
五"时期国家重点出版物出版专项规划项目
ISBN 978 - 7 - 5218 - 5789 - 4

Ⅰ. ①汉…　Ⅱ. ①于…　Ⅲ. ①汉语 - 对外汉语教学 -
教材②中华文化 - 高等学校 - 教材　Ⅳ. ①H195.4
②K203

中国国家版本馆 CIP 数据核字（2024）第 075004 号

责任编辑：孙丽丽　戴婷婷
责任校对：齐　杰
责任印制：范　艳

汉语国际教育视野下的中国文化教材与数据库建设研究
于小植　著
经济科学出版社出版、发行　新华书店经销
社址：北京市海淀区阜成路甲 28 号　邮编：100142
总编部电话：010 - 88191217　发行部电话：010 - 88191522
网址：www. esp. com. cn
电子邮箱：esp@ esp. com. cn
天猫网店：经济科学出版社旗舰店
网址：http://jjkxcbs. tmall. com
北京季蜂印刷有限公司印装
787 × 1092　16 开　25 印张　500000 字
2024 年 3 月第 1 版　2024 年 3 月第 1 次印刷
ISBN 978 - 7 - 5218 - 5789 - 4　定价：98.00 元
（图书出现印装问题，本社负责调换。电话：010 - 88191545）
（版权所有　侵权必究　打击盗版　举报热线：010 - 88191661
QQ：2242791300　营销中心电话：010 - 88191537
电子邮箱：dbts@ esp. com. cn）

总　序

哲学社会科学是人们认识世界、改造世界的重要工具，是推动历史发展和社会进步的重要力量，其发展水平反映了一个民族的思维能力、精神品格、文明素质，体现了一个国家的综合国力和国际竞争力。一个国家的发展水平，既取决于自然科学发展水平，也取决于哲学社会科学发展水平。

党和国家高度重视哲学社会科学。党的十八大提出要建设哲学社会科学创新体系，推进马克思主义中国化、时代化、大众化，坚持不懈用中国特色社会主义理论体系武装全党、教育人民。2016 年 5 月 17 日，习近平总书记亲自主持召开哲学社会科学工作座谈会并发表重要讲话。讲话从坚持和发展中国特色社会主义事业全局的高度，深刻阐释了哲学社会科学的战略地位，全面分析了哲学社会科学面临的新形势，明确了加快构建中国特色哲学社会科学的新目标，对哲学社会科学工作者提出了新期待，体现了我们党对哲学社会科学发展规律的认识达到了一个新高度，是一篇新形势下繁荣发展我国哲学社会科学事业的纲领性文献，为哲学社会科学事业提供了强大精神动力，指明了前进方向。

高校是我国哲学社会科学事业的主力军。贯彻落实习近平总书记哲学社会科学座谈会重要讲话精神，加快构建中国特色哲学社会科学，高校应发挥重要作用：要坚持和巩固马克思主义的指导地位，用中国化的马克思主义指导哲学社会科学；要实施以育人育才为中心的哲学社会科学整体发展战略，构筑学生、学术、学科一体的综合发展体系；要以人为本，从人抓起，积极实施人才工程，构建种类齐全、梯队衔接的高校哲学社会科学人才体系；要深化科研管理体制改革，发挥高校人才、智力和学科优势，提升学术原创能力，激发创新创造活力，建设中国特色新型高校智库；要加强组织领导、做好统筹规划、营造良好学术生态，形成统筹推进高校哲学社会科学发展新格局。

　　哲学社会科学研究重大课题攻关项目计划是教育部贯彻落实党中央决策部署的一项重大举措，是实施"高校哲学社会科学繁荣计划"的重要内容。重大攻关项目采取招投标的组织方式，按照"公平竞争，择优立项，严格管理，铸造精品"的要求进行，每年评审立项约40个项目。项目研究实行首席专家负责制，鼓励跨学科、跨学校、跨地区的联合研究，协同创新。重大攻关项目以解决国家现代化建设过程中重大理论和实际问题为主攻方向，以提升为党和政府咨询决策服务能力和推动哲学社会科学发展为战略目标，集合优秀研究团队和顶尖人才联合攻关。自2003年以来，项目开展取得了丰硕成果，形成了特色品牌。一大批标志性成果纷纷涌现，一大批科研名家脱颖而出，高校哲学社会科学整体实力和社会影响力快速提升。国务院副总理刘延东同志做出重要批示，指出重大攻关项目有效调动各方面的积极性，产生了一批重要成果，影响广泛，成效显著；要总结经验，再接再厉，紧密服务国家需求，更好地优化资源，突出重点，多出精品，多出人才，为经济社会发展做出新的贡献。

　　作为教育部社科研究项目中的拳头产品，我们始终秉持以管理创新服务学术创新的理念，坚持科学管理、民主管理、依法管理，切实增强服务意识，不断创新管理模式，健全管理制度，加强对重大攻关项目的选题遴选、评审立项、组织开题、中期检查到最终成果鉴定的全过程管理，逐渐探索并形成一套成熟有效、符合学术研究规律的管理办法，努力将重大攻关项目打造成学术精品工程。我们将项目最终成果汇编成"教育部哲学社会科学研究重大课题攻关项目成果文库"统一组织出版。经济科学出版社倾全社之力，精心组织编辑力量，努力铸造出版精品。国学大师季羡林先生为本文库题词："经时济世　继往开来——贺教育部重大攻关项目成果出版"；欧阳中石先生题写了"教育部哲学社会科学研究重大课题攻关项目"的书名，充分体现了他们对繁荣发展高校哲学社会科学的深切勉励和由衷期望。

伟大的时代呼唤伟大的理论，伟大的理论推动伟大的实践。高校哲学社会科学将不忘初心，继续前进。深入贯彻落实习近平总书记系列重要讲话精神，坚持道路自信、理论自信、制度自信、文化自信，立足中国、借鉴国外，挖掘历史、把握当代，关怀人类、面向未来，立时代之潮头、发思想之先声，为加快构建中国特色哲学社会科学，实现中华民族伟大复兴的中国梦做出新的更大贡献！

教育部社会科学司

摘　要

在中国文化跨文化传播的各种方式中，面向外国来华留学生进行国际中文教育和在异文化区域设置教学机构教授中国语言文化知识是最系统、最全面的文化传播方式，也是一种最容易验证传播效果的方式，能以其良好的反馈性为传播策略的调整提供依据。基于此，汉语国际教育视野下的中国文化教材与数据库建设成为亟待深入研究的问题，其背后暗含着诸多中国文化跨文化传播的元问题：教材的编写是在具体的历史语境中展开的，在本质上是一种传播行为，涉及到在何种背景下、向什么样的对象、以什么方式、基于什么目的、采用什么样的策略、传播什么样的内容、产生何种效果等最基本的文化传播学的问题。中国文化教材编写需要对于这些问题进行深入思考和准确解答，对上述问题的不同回答意味着教材编写的不同选择，会形成截然不同的教材成品。

世界需要和谐发展，不同文明需要共享、互鉴，时代背景使我们把中国文化教材编写与数据库建设置于世界的洪流、时代的发展乃至中国历史文化的大框架之中，思考与之相关的诸多重要问题：中国的语言文化自身具有哪些特征？是否具有主动积极介入世界文化传播的可能性？汉语能否成为传播全球文化的语言媒介？我们能否创造出一种普遍有效的汉语输出制度？当下中国文化跨文化传播的语境是什么？与过去相比有什么明显的变化？我们该做出怎样的调整？我们努力传播中国语言文化的目的是什么？我们从前的目的达到了吗？当下的目的与传播语境之间是否协调？基于独特的传播语境和目的，在浩瀚的文化山河中我们需要选择什么样的内容？能否发掘出中国文化的特殊性与普遍性的深刻统一？中国文化产生过何种历史影响？影响最远边界在哪里？中国文化的现实影响力有多大？能否构建起中国文化影响模式研究范式和中国文化的诠释体系？中国文化价值观的精华和局限是什么？如何对中国传统文化进行现代阐释？何种运作机理，可以使中国文化形成具有吸引力的文化场域，将世界不同的文化资本和资源整合在一起？文化接受者喜闻乐见的中国文化传播模式和途径是什么？除了中国文化之外，世界上的主要文化如基督教文化、伊斯兰文化、犹太文化、原始佛教文化等，都以宗教为思想利器，宗教最有利于在不同种群间形成文化认同，而中国文化属于非宗教性的伦理文化，中国文化在世界文化之林中真实地位如何？是否每种文化都具有天然的排斥他文化、对抗他文化的属性？中国文化价值观如何与国外本土价值观形成互补？文化的核心是价值观，中国文化价值观的输出是否有可能？如何改变其他国家对中国乃至中国文化的刻板印象？我们对接受对象有什么样的了解？它足够吗？回顾历史、审视当下，我们在文化的传播理念和行为上需要做出怎样的调整？如何在文化教材中创造性地阐释中国文化的独特价值？如何在文化教材中彰显中国文化的生机和活力？怎样将中国文化的品格以春风化雨的路径浸润汉语学习者的心田，进而影响他们的修身养性、修齐治平？文化教材如何兼顾系统性、科学性、针对性、实用性、丰富性与趣味性？

上述问题是中国对外文化教材编写者和数据库建设者所面临的重要问题，这些问题的解决过程就是确定文化教材编写理念、实施文化教材编写和数据库建设的过程，而对上述问题的理性思考就是本书的主要内容。

Abstract

Among the various intercultural communication modes of Chinese culture, international Chinese language education for foreign students in China and establishment of educational institution to teach Chinese language and culture in intercultural regions are the most systematic and comprehensive ways for cultural communication, and the easiest way to verify the effectiveness of communication, which can provide a basis for the adjustment of communication strategies with its good feedback. Based on this, the construction of Chinese culture teaching materials and databases in the perspective of Chinese international education has become an issue that needs to be studied in depth, which implies many meta-issues of Chinese culture cross-cultural communication: the compilation of teaching materials is carried out in a specific historical context, which is essentially a propagation. It involves the most basic questions of cultural communication, such as in what context, to whom, in what way, for what purpose, with what strategy, what kind of content, and with what effect. Different answers to these questions imply different choices in the development of teaching materials, which will result in very different products.

The world needs to develop harmoniously, and different civilizations need to share and learn from each other. The background of the times leads us to place the preparation of Chinese cultural textbooks and database construction in the context of the worldwide trend, the development of the times, and even Chinese history and culture, and to consider many important questions related to them: What are the characteristics of Chinese language and culture themselves? Does it have the possibility to actively engage in the dissemination of world culture? Can the Chinese language become a linguistic medium for the dissemination of global culture? Can we create a universally effective system of Chinese language export? What is the current context of cross-cultural communication of Chinese culture? What are the obvious changes compared to the past? What adjustments should we make? What is the purpose of our efforts to disseminate Chinese language and culture? Have we achieved our former purposes? Is there a harmony between the current purpose and the communication context? Based on the unique communication context and purpose, what kind of content do we need to choose from the vast cultural landscape? Can we uncover the profound unity of Chinese culture's specificity and universality? What historical impact has Chinese culture had? Where is the farthest boundary of influence? How great is the real influence of Chinese culture? Can a paradigm for the study of Chinese cultural influence patterns and an interpretive system of Chinese culture be constructed? What are the essence and limitations of Chinese cultural values? How can traditional Chinese culture be interpreted in modern times? What are the operational mechanisms that enable Chinese culture to form an attractive cultural field that integrates the different cultural capitals and resources of the world? What are the modes and ways of spreading Chinese culture that are pleasing to cultural receivers? Chinese culture is a non-religious ethical culture, what is the real status of Chinese culture in the forest of world cultures? Does every culture have the natural property of rejecting other cultures and fighting against them? How do Chinese cultural values complement foreign indigenous values? Is the export of Chinese cultural values possible, given that the core of culture is values? How can we change the stereotypes of other countries about China and even Chinese culture? What kind of understanding do we have of the recipient audience? Is it sufficient? Looking back at history and examining the present, what adjustments do we need to make in our philosophy and behavior in the dissemination of culture? How can we creatively interpret the unique value of Chinese culture in cultural teaching materials? How can the vitality and vigor of Chinese culture be manifested in cultural teaching materials? How can the character of Chinese culture be infiltrated into the hearts of Chinese language learners through the path of spring breeze and rain, thus influencing their cultivation of body and mind, as well as their cultivation of peace? How can cultural teaching materials be systematic, scientific, relevant, practical, rich and interesting?

The above issues are important problems faced by Chinese culture textbook writers and databasecreators. The process of solving these problems is to determine the concept of culture textbooks writing and to implement culture textbook writing and database building, and the rational thinking about the above issues is the main content of this book.

目 录

Contents

Contents

绪　论

中国文化赓续绵延了五千年，其深度、广度和力度在人类历史上前所未见。据记载，中华文化的海外传播可以追溯到战国末年，那时大量的中国典籍随着贸易往来、人口迁移进入朝鲜半岛的高句丽、百济等国，这些中国典籍并非专门为外国人而书写，也不带有文化传播的意图，与现在国际中文教育领域的中国文化教材有所不同，但却扮演着最早的中国文化教材的角色，构建着周边国家对于中国文化的最初认知。

隋唐时期是中国历史上文化大繁盛的时期，中国国力的强盛促使周边国家大量派遣使者来中国学习，中国文化的影响力几乎辐射至整个亚洲。17世纪前后，中国文化经由欧洲传教士的翻译进入欧洲，对欧洲的社会文化尤其是启蒙运动产生了深远的影响。但18世纪末叶，发展起来的欧洲开始倾向于否定中国文化的价值，中国文化传播趋弱。近代以来中西的冲突使中国文化的跨文化传播基本进入停滞状态，传播的范围仅局限在有中文学习需求的传教士、海关官员、来华外交官和商人等的范围之内。

中华人民共和国成立初期，中国文化的跨文化传播并未充分展开，一方面，对外的宣传交流中较少有主动的文化传播的意图；另一方面，来华留学生很少，尽管其能够承担中国文化接受者的角色，但由于对留学生管理采取封闭政策，因此这一时期中国文化传播的范围非常小，效果也较差。可以说，20世纪80年代之前的传播或者是文化欠发达国家的人来中国学习中国文化，或者是文化发达国家的人为把其本国文化翻译成汉语而学习中国文化，中国文化的跨文化传播一直处于被动的局面之中。

20世纪末叶以来，随着中国经济的腾飞，中国文化的自觉意识逐渐觉醒，开启了主动传播中国文化的历史新纪元。在中国政府和中国人民的共同努力下，中国文化影响力逐渐加强，但在此过程中也遭遇了一些问题，如传播内容刻板重复、传播形式单一、投入与产出比不高等，最重要的是传播理念方面缺少对主流

1

绪　论

文化、各种族群文化、传播内容与形式、传播关系等基本问题的基于当下文化语境的思考，而且缺少对这些领域思考成果的整合。中国文化的传播范围表征着国家的软实力，影响着中国经济全球化的进程态势。中国文化的内容异常丰富，当下的新媒体时代的传播形式也十分多元，我们需要思考传播内容、传播形式、传播环境、传播双方的意图等与传播效果密切相关的问题，进而更新传播理念和传播策略。

回溯国际中文教育视野下的中国文化教材编写的历史，可以发现文化教材中存在着一些明显不适应当下传播语境的问题。如"知识文化"项目的比例远远多于"交际文化"项目，过多的"知识文化"容易使学习者产生被灌输中国价值观的误解，妨碍学习者对于中国文化的接受。再如有些文化教材的"知识文化"内容过于冷僻，有的教材讲葬礼时介绍了天葬与悬棺[1]的内容、讲《周易》时介绍了各种卦象[2]等。在教材的编写理念方面，则往往缺少真正的主体间性的思想前提，一厢情愿地介绍中国文化而忽略接受对象的学习需求等。另外，未能把中国文化教材当作文化传播的窗口去看待，也未能把中国文化的跨文化传播当作在人类成为一个命运共同体的时代背景下铸造世界主流文化的一种实践来看待。这些问题的存在，在很大程度上说明编写者对上述文化传播元问题的思考有所不足。

中国文化教材编写基于"建设文化强国"和"中国文化走出去"的国家倡议，符合时代精神的召唤，是在文化自觉和文化自信视域下进行的中国文化跨文化传播的基础性工作；是在新的时代语境和历史背景下，使用中国自己的话语体系赋予先验性存在和日常生活化的中国文化以新的意义和功能；是高效传播中国文化知识、生动讲述中国故事、有力重建中国形象。

中国文化教材的编写过程就是中国文化本源性思想的阐释和当代价值观念的传播过程和更有深度地构建人类文化共同体的过程，因此文化教材编写需要把中国文化传播与中国文化影响更紧密地结合起来进行考量，以新眼光审视中国对外教材编写的历史，审视中国文化传播的历史与现状，通过梳理汉语和中国文化传播的历史线索和基本特征、梳理中国文化影响模式的历史比较与层次类型，在中国文化与其他国家文化的差异性对比中，发现中国文化的独特价值，强化中国文化的主体地位，并形成中外文化的互为主体性。

在互联互通的全球化语境中，每一种文化都不是孤立的存在，都无法通过自身确立自己，而是需要在与其他文化的关系中确立自己和构成自己。全球化趋势加强了国与国之间的联系，促进了经济、政治和文化等方面的交流，文化交流的

---

① 宁继鸣：《中国概况》，北京语言大学出版社2013年版，第209页。
② 马立平：《中华文化巡礼》，斯坦福汉语学校出版社2012年版，第22页。

结果，一方面使文化失去了封闭性，促进了不同国家、不同民族之间文化的交融；另一方面，也使差异和摩擦不断产生，冲突成为全球化过程中不可忽视的一个面向，为此，我们需要探寻文明与文明间、文化与文化间的和解与共存之道，卡西尔说："各种语言之间的真正差异并不是语音和记号的差异，而是'世界观'（Weltansichten）的差异。"① 罗素曾提出："不同文明的接触，常常是人类进步的里程碑。希腊学习埃及，罗马学习希腊，阿拉伯学习罗马，文艺复兴时期的欧洲学习东罗马帝国。"② 杜维明认为："如果没有印度文化和中国文化的沟通，儒学就不可能发展成宋明理学。没有希腊文明和印度文明的沟通，也不会发展出多元多样的中世纪文明。"③ 可以说，跨文化交流和跨文化传播既是消减纷争的必由之路，也是人类文明进化的有效途径。"中国"和"外国"并不是区隔化的存在，而是无时不在交往之中的；"中国文化"和"外国文化"并不是抽象和静止的，而是可触可感、鲜活生动，无时不在变化之中的，共同属性是彼此对话的基础，不同属性是彼此交流、交往的价值所在。中国文化的跨文化传播并非是"对外单向输出"，而是在"交流中输出"。中国文化教材是中国文化在世界范围内传播的载体，是中国文化与他国文化的一次相遇与交流。中国文化教材编写是在"我与你"的对话关系中探讨中国文化传播的可能和策略，是在中国文化与其他国家文化的差异性对比中，发掘中国文化的独特价值，强化中国文化的主体地位，并与其他文化形成的互为主体性的文化关系，中国文化"作为一种主体性的知识话语在文化全球化进程中成为西方文化构建自己主体性的一种参照，这种对比和参照的核心点不在于文化的优劣论证，而在于寻找本体性的差异，在认同差异的基础上形成文化互补"，④ 中国文化教材编写是中国文化主体性和自信心的表征，有助于重构中国文化与世界各国文化交流互动的新态势。

---

① 恩斯特·卡西尔：《人论》，上海译文出版社 2004 年版，第 168 页。
② 伯特兰·罗素：《中国问题》，秦悦译，学林出版社 1996 年版，第 114 页。
③ 杜维明：《新轴心时代的对话文明》，见关世杰主编：《世界文化的东亚视角》，北京大学出版社 2007 年版，第 5 页。
④ 于小植：《"发现汉语"及其"天下精神"》，载于《东北亚论坛》2012 年第 5 期，第 126 页。

第一章

对外文化教材编写的价值与意义

中国文化教材编写是在文化自觉和文化自信视域下进行的中国文化跨文化传播的基础性工作；是在新的时代语境和历史背景下，使用中国自己的话语体系赋予先验性存在和日常生活化的中国文化以新的意义和功能；是高效传播中国文化知识、生动讲述中国故事、有力重建中国形象。中国文化教材编写需要面对和解决一系列重要问题，同时，中国文化教材编写具有满足外国学习者的习得需求、推动国际中文教育课程革命和学科发展、优化和完善中国文化、提升中国文化的影响力和感召力等重要意义。

全球化时代全面来临的今天，中国加快了走向世界的步伐，愈益彰显了以文化复兴助推民族复兴的强大自信。在当下文化交流密切频繁、传播方式丰富多样、媒介融合不容阻挡的全球化语境中，中国文化如何更好地"走出去"、更有效地"走进去"，成为中国文化繁荣发展的重要主题之一。中国文化的传播范围表征着国家的软实力，影响着中国经济全球化的进程态势。中国文化应在当今中外人文交流大潮中得到创新发展，应在中外文明的冲突融合中焕发新的生命力，以促进中国文化"走出去"新话语体系的形成，并由此通向更为广阔的实践路径。

中国经济的崛起带动了世界"汉语热"，外国汉语学习者已经超过1亿人。汉语国际教育从教育实施地划分，可以大致分为在中国面向来华外国留学生开展的汉语教育和在海外开展（如海外孔子学院）的汉语教育两部分。教育部统计数据显示：2019年有来自近200个国家的近50万名外国留学生在中国高等院校学习。国家汉办官网数据显示：截至目前，全球已有162个国家或地区设立了541所孔子学院和1 170个孔子课堂，在孔子学院和孔子课堂学习汉语的各类学员有

210 万人，其中，网络学员 55 万人。

近年来，汉语国际教育领域的教育教学理念和教学方法不断创新，相关课程在指导思想、教学内容和教学方式等方面的探讨不断深入，已经超越了柯米尼亚斯（Comenius）课程即教材知识内容的传统认识，但教材是课程的重要依托，教材编写体现着对课程设计安排和对课程整体性质的认识和把握，因此教材编写是课程研究的重要表现。随着汉语国际教育事业的发展，汉语教材的发行速度也随之加快。从全球汉语教材（www.ctmlib.com）的统计数据看，目前为止，汉语教材共发行了 17 800 余册（40 个国家出版、57 种教学媒介语），其中实体教材 10 000 余册。[①]

在这 10 000 余册教材中，根据超星发现和全球汉语教材数据库中收录的教材统计，新中国成立至今，对外文化教材共出版了 241 种（其中系列教材 32 套）。对外文化教材指的是为外国汉语学习者而编写的以中国文化为主要内容的教材。对外文化教材编写的目的是让外国汉语学习者了解中国文化，提高他们的跨文化交际能力，帮助他们消除沟通中的文化障碍。从数量上看，汉语实体教材发行了 10 000 余册，241 种文化教材在其中的占比不足 3%，可以说，数量严重匮乏。从编写质量上看，已经出版的对外文化教材质量参差不齐，呈现的文化内容零散陈旧、对于"文化点"的选择比例失调，在编写内容上多以饮食文化、服饰文化、礼节习俗等方面的介绍性内容为主，缺乏系统性、规范性、科学性，编写者较少挖掘文化知识背后的价值观，普遍没有考虑从中华思想文化源流概貌中提纯中国文化的精神本质的问题，偏重传统文化，与当代中国缺乏内在联系。实际上，对外文化教材编写关系着中国文化的历史性复兴和世界性影响，关系着中国文化世界地位和影响力的提升以及中国软实力的增强，具有十分重要的价值和意义。

第一节　满足外国学习者的习得需求

国际中文教育中的文化教材指的是为外国学习者而编写的以中国文化为主要内容的教材，这类教材编写的目的是让外国学习者了解中国文化，提高学习者的跨文化交际能力，帮助学习者消除沟通中的文化障碍。

[①] 这里统计的汉语教材主要指母语非汉语的外国汉语学习者使用的汉语教材，不包括我国少数民族使用的汉语教材。

中国文化教材是外国学习者了解中国、了解中国人的价值观念、思维方式、生活习俗、交往习惯的重要凭借；是讲好中国故事、传播好中国声音、阐发中国精神、展现中国风貌、传达中国国情、增进外国人对中国了解、拓展中国文化跨文化传播的深度和广度的重要手段；也是充分发挥中国文化持久魅力与感召力的重要平台。

中国文化教材编写的首要意义是满足外国学习者的习得需求。中国文化的学习者不仅有普通的外国来华留学生，也有外国政界、商界、学界的知名人士，他们在中外文化交流中发挥着举足轻重的重要作用。以"从事汉语国际教育和中国文化教育历史最长，规模最大"的北京语言大学为例，截至 2021 年 6 月，仅北京语言大学一所学校已经为世界上 184 个国家和地区培养了近 22 万名懂汉语、熟悉中华文化的外国留学生，其中不乏学界、政界、商界的知名人士。德国汉学家顾彬，美国物理学家、诺贝尔奖获得者埃里克·康奈尔等知名人士都曾在北语学习过。①

有学者提出，汉语成为"传播范围更广的语言"，汉语言语社区的意志输送到边界之外，具有开放和接纳的双重困难。"一方面，汉语言语社区成员是否愿意超越言语社区边界，包容更多其他言语社区的成员来参与自身的意志统一进程，去延展意志的统一范围；另一方面，作为意志统一内涵的观念体系，在输出汉语言语社区边界时，是否会使外部成员产生理解的兴趣，从而对作为观念载体的汉语产生进一步传播的动力。"② 中国文化具有开放包容的特点，中国人乐于接纳其他言语社区成员学习汉语，乐于把汉语转变为传播范围更广的语言，这一点似乎无需讨论。问题的关键在于外部成员能否对中国的语言文化产生理解的兴趣，文化教材在其中扮演着关键角色。

长期以来，在国际中文教育中，往往是初级阶段的学习者学习语言教材，中高级阶段的学习者学习文化教材，"语言教学"和"文化教学"处于分离状态。国际中文教育领域的文化教材的使用者是外国学习者，外国学习者使用的文化教材与中国学习者使用的文化教材在编写理念、呈现内容等方面都应有所不同。一方面，外国学习者既有习得语言的需求，也有习得文化的需求，文化教材编写的意义在于实现"文化"和"语言"的互嵌、耦合，借鉴建构主义学习理论等思想方法，重视学习者主体在跨文化语境中的意义建构和其与教师的教学互动，满足学习者同时提高语言能力、文化能力以及跨文化交流理解能力的习得需求。另一方面，文化教材编写不能满足于中国文化知识的大量呈现，而应以外国学习者

---

① 北京语言大学学校简介，www. webvpn. blcu. edu. cn/col/col15806/index. html。
② 卢德平：《语言之外的汉语传播》，载于《云南师范大学学报：对外汉语教学与研究版》2018 年第 4 期，第 62 页。

"中国文化能力"的大幅提升为最终指向。

从语言接触和文化接触的角度来看，文化教材编写的意义是使外国学习者对于中国文化不仅停留在"知"的层面，而且具备"说"和"传"的能力，即流利地"说中文""言说中国文化"的语言能力和跨文化交际以及"传播中国文化"的能力。文化教材编写的意义不仅是使外国学习者了解中国文化，而且是使学习者从跨文化视角把中国文化"说出来"并且"传下去"，在跨文化交际中，成为中国文化的"携带者"和"传播者"，扩大中国文化影响力，成为中国文化"走出去"与其他各民族文化形成多元世界文化格局的推动者。另外，中国文化教材编写的重要意义还在于使中国文化对外国学习者的伦常日用、修齐治平产生积极影响，满足国家培养外国知华友华人士的实际需要。①

文化教材的编写过程就是面向外国学习者讲好中国故事的过程，呈现哪些文化内容和文化现象、运用哪些词语、选择怎样的叙事策略，都需要从满足学习者习得需求的角度考量。一般情况下，在面对中国文化的时候，不论学习者自身是何种文化背景，出于文化交际的需要，学习者往往先求掌握与衣食住行相关的常见易知的生活层面的文化，其次希望了解中国人的生活习俗、交往习惯、中国的社会发展和国情，然后才会逐渐深入到思想或精神领域，希望了解中国人的社会观、伦理观、人生观、价值观、道德观、思维方式等精神层面的文化。在教材编写中，只有秉持开放包容的编写理念，以社会问题文化化为编写策略，探寻"汉语以其表意性书写所呈现出来的中华民族的文化精神和文化内涵"，② 才容易被外国学习者接受。

有学者指出，"在我们所生活的世界，社会中的同伴和自我这三个场域都各自存在着已经耦合和有待耦合的现象界，其分裂状态只不过由于不同的现象界规定了把握和认知的地平线，而超越这个地平线，将原本处于断裂状态的不同现象界耦合起来，则有待语言符号的中介力量。耦合的结果，就是使人们认识的范围拓展，并能共享原本超出人们视野的他种现象界。汉语国际传播的深层次意义就在于通过汉语符号体系的输出和在异邦的扎根，帮助其他国家的汉语学习者实现两个现象世界的耦合，延伸其认知体系，拓展其知识范围，进而与中国人共享汉语长期所营造的中国场域，包括中国历史、文化，以及中国的社会现实等。"③优质的文化教材能够培育外国学习者身上耦合中国文化与其本国文化的愿望和动

---

① 于小植：《载乾坤之德，燃日月之明——论面向全球孔子学院的中国文化教材开发》，载于《中国文化研究》2018 年冬季卷，第 97～105 页。

② 于小植：《"发现汉语"及其"天下精神"》，载于《东北亚论坛》2012 年第 5 期，第 129 页。

③ 卢德平：《汉语国际传播的推拉因素：一个框架性思考》，载于《新疆师范大学学报（哲学社会科学版）》2016 年第 1 期，第 55 页。

力，使学习者产生"一种由于居间性（in-betweeness）优势而产生的文化智慧优越性"①，使学习者能够"自如地穿梭于两种文化身份，从而建构一个令人满意的、集合了不同文化元素的多元文化存在的能力。这种状态下的人在本质上拥有更加广阔和开放的自我意识。"② 概而言之，就是使学习者具有跨文化能力，这种跨文化能力建立在文化知识、沟通技能、情感态度之上，是在两种或两种以上文化之间的有效的恰当的沟通能力。从这一角度审视，文化教材编写不仅是中国文化传播的实践操作，还有着更为深远的观念和价值层面的内涵。

另外，满足外国学习者的习得需求，文化教材编写就不能局限在某一学科、某一领域或某一视角，而是要对中国文化内容进行跨学科、互交叉、多领域、多视角、多元化、综合性的编排，以跨文化交际理论为指引、以提供个性化学习和教学为主导，在编写中遵循的原则见图 1-1。

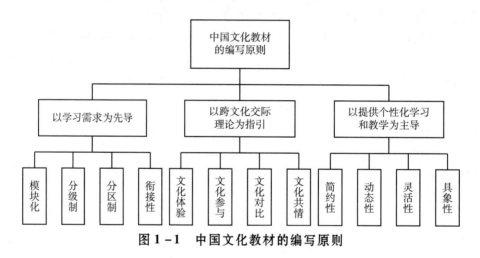

图 1-1　中国文化教材的编写原则

文化习得是一个复杂的过程，受到多种因素的交叉影响，对外文化教材不仅要能系统而明晰地反映中国文化内涵，而且要具有国际视野、注重中外文化的比较与汇通、将中国阐释与国际比较并重，在横向上将中国文化放置在全球文化的整体框架之中，反映中国文化与其他国家文化的共性和差异性；在纵向上兼顾中国文化的历史脉络和当代中国文化的基本特征，反映新时代的文化观念。这样才能帮助外国学习者全面准确高效地了解中国文化，满足学习者的习得需求，同时提高学习者的跨文化敏感度和跨文化交往能力，使学习者具备更加多元的文化身份和更加开放的世界意识。

---

① Ankie Hoogvelt. *Globalization and the postcolonial World：The New Political Economy of Development.* Baltimore：Palgrave，1977：158.

② 单波、刘欣雅主编：《国家形象与跨文化传播》，社会科学文献出版社 2017 年版，第 175 页。

第二节 推动国际中文教育课程革命和学科发展

当前，国际中文教育事业已经发展到一个具有里程碑意义的新阶段，国际中文教育的文化教学和语言教学的关系已经呈现出亟待战略性结构调整、呼唤课程革命和教学模式改革的发展趋势。

新中国成立，国际中文教育事业开展以来，语言教学一直占据主导地位，文化教学处于从属地位。"重语言、轻文化"是国际中文教育领域的压倒性主张。有学者提出国际中文教育"必然要承担起传播中华文化的责任。但是，这绝不意味着文化教学要成为汉语教学的主流或主要内容""汉语教学的核心任务是进行汉语言文字教学。"[1] 有学者提出"要恰当地评估汉语教学的文化传播功能。汉语教学跟其他外语教学一样，是一门学科，有其自身的教学规律。外语教学中的文化教学有其特定的内涵和功能，文化教学不宜喧宾夺主。过于强调汉语教学的文化传播功能，是对汉语作为外语教学是一门学科的误解，是对汉语教学文化传播功能的扩大化、理想化、超负荷化。"[2]

2012 年，教育部对高校本科专业目录做出调整，在教育部新颁的《普通高等本科专业目录（2012）》中，将"对外汉语教学"专业更名为"汉语国际教育"专业（专业代码为 050103）。同时，教育部调整了此专业硕士的学科门类和培养方案，由以"语言学、教育学、课程与教学论"为培养内容的"对外汉语教育硕士"改为以"汉语教学、中国学、中国文化"为培养内容的"汉语国际教育硕士"，教育部意欲提高文化教学比重的用心可见一斑。

当下，尽管在很多学者的认知中，文化教学是语言教学的附属，文化因素要以附属的姿态进入课堂教学；尽管在学术论文中，我们经常可以看到"文化应该进入中文语言教学课堂""中国文化教学必须为中文教学服务"这样的提法，但笔者认为，新的对外文化教材编写的意义在于：突破以往的观念，以"中国文化视域下的国际中文教学"为理念，推动"语言教学"与"文化教学"地位的颠倒互换，使"文化教学"由过去"进入课堂"的阶段过渡到未来"引领课堂"和"主导课堂"的阶段；完成从"文化教学为语言教学服务"到"中国文化引领的国际中文课堂教学"的战略转型；打破"中国文化即中国传统文化"的思

---

[1] 陆俭明：《汉语国际教育与中华文化国际传播》，载于《同济大学学报（社会科学版）》2015 年第 2 期，第 79 页。

[2] 李泉：《文化内容呈现方式与呈现心态》，载于《世界汉语教学》2011 年第 3 期，第 398 页。

维定式，兼顾古今，通过文化教材编写把文化教学的重点从"中国传统文化"转变为"传统文化的现代价值"和"当代文化"；推动国际中文教育的能力培养目标由"满足外国学习者跨文化交际需求"转变为"培养以中国文化为第二文化的文化阐释者和传播者"；推动完成由"文化作为知识"到"文化即能力"的课程革命。

此外，对外文化教材编写的战略意义在于推动国际中文教育学科发展。围绕对外文化教材编写进行的理论研究能够推动学科的理论建设，构建国际中文教育视阈下中国文化的诠释体系和诠释方式，能够在学术理论上对中国文化的跨文化阐释与传播做出贡献，通过对外文化教材编写的理论与实践研究，能够搭建起符合国情文化和中文特点的对外文化教学标准，为教学研究提供理论指南。当下，文化传播的两种主要范式是"文化扩散"和"文化交际"，围绕对外文化教材编写展开的研究能够使我们深入理解文化传播的两种范式处于何种因果关联之中，以及一种范式的成立条件对于另一种范式的影响和制约作用，从而解决目前关于中国文化传播范式研究面临的理论困境，并把这两种传播范式运用到对外文化教材的编写实践之中，提高学界对中国文化教学与中国文化习得的内在规律的把握。

从理论方面看，目前，将语言学、心理学、教育学方面的理论运用到国际中文教育中的研究成果颇丰，而从文化传播理论、接受美学理论出发的研究成果并不多见，而且我国学者提出的中国语言文化传播理论仍然存在观点的碎片化、理论的非体系性、理论构建过程缺乏内在逻辑等问题。对外文化教材编写有助于学界重新思考并深入研究中国语言文化传播的本质特性、中文扩散与中文交际两种传播形态的关系、中国语言文化传播的文本构成、中国语言文化传播中中文与对象国语言的体系冲突、在国际语境中中文的符号性与日常社会实践的关系、中国文化的影响模式等重大理论问题，从而完善本学科体系的理论基础，指导和调整今后的中国语言文化跨文化传播实践，使学科更好地服务于讲好中国故事、传播中国声音、阐发中国精神。

总的来看，中国文化教材在国际人才培养中作用重大，通过不断地审视、反思、更新教材内容，撰写承载新理念的中国文化教材，能够更好地完成传播中国文化的使命。[①] 文化教材编写有助于将迄今在中国语言文化传播领域积累的学术研究成果和一线的教学经验上升到原理层面，增强国际中文教育的科学性和主体性，构建跨文化视野下融通中外的话语体系，推动本学科的理论建设和学科发展，指导和调整今后的中国语言文化跨文化传播实践，并使学科更好地服务于讲

---

① 于小植：《载乾坤之德，燃日月之明——论面向全球孔子学院的中国文化教材开发》，载于《中国文化研究》2018 年冬季卷，第 97～105 页。

好中国故事、传播中国声音、阐发中国精神。

第三节　优化和完善中国文化

20世纪60年代末70年代初，姚斯和伊瑟尔提出：新的文学史应该是文学作品的消费史，读者作为消费主体是一个能动的构成。美学研究应集中在读者对文本的接受、反应、阅读过程和读者的审美经验以及接受效果等方面。通过"期待视界""视界融合"等概念，姚斯将作家、文本、读者联系起来，沟通了文学的演变和社会的发展。[①] 姚斯、伊瑟尔等人的理论被称为"经典接受美学"理论，得到了学界广泛的认同。接受美学理论强调文学文本是动态的和开放的，强调读者在阅读文学文本中的能动作用。与文学文本一样，文化教材同样不是静态的，而是包含着中国文化内容和外国学习者评价的动态的存在。学习文化教材前，学习者对中国文化有一个先验的"期待视界"，文化教材的学习效果与教材和学习者的"期待视界"的融合程度关联紧密，学习效果与编写者的赋予、文化教材的内涵和学习者的增补等因素相关。

20世纪70年代以后，保罗·塞兰、雷茵胡尔·威尔霍夫等开始对姚斯和伊瑟尔的"经典接受美学"理论展开批判，认为"经典接受美学理论"缺少社会学基础、缺少科学性，他们开始采用调查问卷法和社会实验法还原读者的阅读细节和接受细节，并以此为基础进行研究，他们的理论被称为"经验主义接受美学"。

诚如"经验主义接受美学"理论者所批判的那样，"经典接受美学"理论存在实证性不足的缺憾，偏重理论阐发，缺少读者实际阅读状况调查的第一手资料，对文本的分析停留在将所有的文本当作一个抽象统一体的阶段，忽视了文本之间的区别；对读者的分析停留在将同一时代的读者当作一个统一体的阶段，忽视了不同国别、年龄、意识形态的读者对同一类文本的不同态度。

受"经验主义接受美学"启发，笔者认为：首先，外国学习者对中国文化的接受会受到其本国文化的迁移性影响；其次，中国文化中具有全球性的意象和情感的部分最易被外国学习者所接受，是中国文化濡化外国学习者的最好媒介；再次，中国文化教材所承载的中国文化的独特性具有更新外国学习者原有"视界"、拓展外国学习者主体认知的巨大作用；最后，在确立教学目标、教学内容、教学节奏等文化教材的诸要素时，外国学习者的接受视角是编写者需要重点考虑的一

---

① 参见【德】汉斯·罗伯特·耀斯：《审美经验与文学阐释学》，上海译文出版社2006年版。

个不可或缺的视角。

　　一方面，文化既是系统、结构的，又是实践、行动的。中国文化教材编写是跨文化传播实践，能把概念建构、理论探索、清单式或要素排列式的研究都具体可操作地落实于文化传播实践中。中国文化教材的编写过程既是思考和面对"中西体用之争""传统文化与现代化""全球化与中华文化复兴""优秀传统文化与社会主义核心价值观""软实力"理论批判等历史与现实问题的过程，也是有针对性地宣扬中国文化中具有世界意义的文化资源、以理性精神建构和传达正面积极的中国形象的过程。中国文化教材编写是对中国优秀传统文化和当代文化的一次全面的回顾、梳理和去粗取精，是以中国自己的文化传播的话语体系和方法对中国文化主体性的一次全面彰显和弘扬，是对以往中国文化传播经验和理论资源的借鉴，是以世界文化的视野来阐释中国文化的相关问题，是根据历史语境和现实语境对当下和未来的中国文化的传播内容、传播形式、传播手段与方法等进行的科学的规划和调整，因而文化教材编写能够优化中国文化和中国文化传播的话语体系。

　　另一方面，世界的本相只有从不同文化惯例的对比中才能找到，完全不同的文化惯例才能凸显出文化惯例的存在。受文化惯习的影响，外国学习者往往会站在其本国文化的立场上来接受和面对中国文化，中国文化的许多特征是中国人所习焉不察的，只有通过外国学习者的跨文化视角才能将中国文化的惯习凸显出来，因此，中国文化教材编写不仅是中国理念、中国智慧的对外分享，而且能在编写中通过外国学习者的接受视角发现部分中国文化资源难以形成世界性沟通的原因，从而避免使国家间的文化理解陷入情感偏离的困境之中，提高中国文化传播的效度和准度，这对于我们重新认识、反思进而完善、优化中国文化至关重要。外国学习者学习中国文化教材的过程就是文化并置、文化同化、文化融合、文化杂糅、文化整合的过程；外国学习者对中国文化教材的反馈过程就是世界各国与中国共同推动中国文化进行现代变革的过程，也是中国文化在世界文化格局之中的重构过程。

第四节　提升中国文化的影响力和感召力

　　中国的语言文化历史悠久，即使在前现代时期，也与其他国家的语言文化有着广泛的交流，中国语言文化对周边国家文化乃至对世界文化的影响至深至远，而且随着全球化的进程的加深和中国的发展，这种影响还在增强。在中国文化伟大复兴的历史进程中，中国与世界各个国家和地区在政治、经济、文化诸方面既存在着合作与发展的共同需求，又存在着矛盾与竞争的态势。然而，"语言与文化的有效传播能提升国际社会的文化认同，进而增强国家软实力。语言推广在国际上被视为是提高国家软实力的战略性工作，语言市场的扩大代表的不仅是一个产业的扩大，同时还是语言所代表的文化、民族、国家影响力的提升。"①

中国文化教材以中国文化作为本源和根基，展现中国文化鲜明的独特性，是中国当代政治、经济、文化丰富性和复杂性的隐喻和表征，讲述的是一个从中国内部滋生出来的"中国故事"，构建的是一个独一无二的"中国形象"，提出的是一个无法复制的关于中国现实的"中国问题"。中国文化教材编写是对中国与其他国家间文化交流的推进，是中国文化与其他国家文化的相遇、相知、相惜。中国文化教材以"中国故事"、"中国形象"和"中国问题"与其他国家文化进行沟通、交流和碰撞，让其他国家的人民解读、认知和体验中国文化，进而认同中国本身，因此，中国文化教材编写不仅可以充分实现中国文化本体意义上的传播，同时具有政治意义和经济意义。

从现实层面来看，现有的中国语言文化传播的政策体系并非是依据系统的教学和实践经验建构的，存在着悬置式推介的政策偏向。这一政策实践偏向的形成，主要原因在于缺乏能揭示中国语言文化传播深层次规律的理论体系和实证研究，而对外文化教材编写正是围绕中国文化传播而展开的具体的实证性研究，通过对对外文化教材的编写理念、编写内容的分析，能够提出具有前瞻性的中国文化的传播理念、传播内容和传播方式，从而增强中国文化的输出功能，有助于突破依赖英语为主流媒介的国际交流平台、打破西方话语霸权、打破西方文化为轴心的单向度的世界文化秩序、打破西方国家垄断全球交流和传播话语权的模式、解构西方文化帝国主义，建设以中文为载体的国际交流平台、确立中国话语国际地位、促进中国文化走出去以及中国文化在世界范围内的广泛传播，提升中国文化的竞争力和感召力，使中国文化成为世界文化中富有主体性和创造性的重要一极，成为区域乃至全球的主导文化之一，从而积极影响区域文化乃至世界文明的重新建构和共同发展。

作为中国文化的载体，对外文化教材的质量直接影响着文化教学和文化传播的成效。对外文化教材编写的战略意义不仅能满足外国学习者的习得需求，帮助外国学习者建构系统的中国文化知识体系，提高学习者的跨文化认知能力，还有助于将迄今在中国语言文化传播领域积累的学术研究成果和一线的教学经验上升

---

① 张国良、陈青文、姚君喜：《沟通与和谐：汉语全球传播的渠道与策略研究》，载于《现代传播（中国传媒大学学报）》2011 年第 7 期，第 48 页。

到原理层面，增强国际中文教育的科学性和主体性，构建跨文化视野下融通中外的话语体系，推动本学科的理论建设、教学推广和学科发展；不仅有助于优化中国文化，还有助于正面塑造中国新形象，消除外国人对中国的偏见及刻板印象，提升中国文化的世界影响力，重构中国文化与世界各国文化交流互动的新态势。

在中国文化"走出去"的时代精神召唤下，在当今文化交流日益密切、交流方式日益多样、多媒体日益繁盛的情境中，面对新的时代形势，在学理上深入研究汉语国际教育课程体系，深化对中国文化教材的定位、定性和定量研究，编写体现新理念和时代精神的文化教材，努力空间广阔。汲取其他文明的优长而不失中华文明的本色是中国面对世界文化的根本出发点。中国文化教材的编写过程既是提升中国文化影响力和感召力、讲好中国故事的过程，同时也是在主动进入多元文化和世界文明语境的征途中，在与欧美文化、东亚文化、南美文化、非洲文化、阿拉伯文化等的对话与竞争中，去创新性地阐释中国文化的基本价值，从根本上超越百年难题的中西文化体用二元论的过程。我们应该以中国模式和中国道路对世界历史文明的贡献为理论出发点，以重新发现中国文化的原创性动力为基础，涵融和塑造新的世界文化走向和文明格局。中国文化应该成为一种既固守本源又不故步自封，既开放自由又不吐纳泛滥，既宽厚博大又躬身自省的文化样态。

第二章

对外文化教材编写历史的回溯与反思

中国文化历史悠久，对周边国家乃至世界各国的文化都产生了广泛而深刻的影响，随着全球化进程的加深和中国的发展，中国文化的影响还在进一步增强。外国人学习中国文化的历史可以追溯至两晋时期，当时中国古代典籍作为教材被外国人使用，担负着文化教学的功能，构建着周边国家对于中国文化的最初认知。按照时间线索，可以粗略地把对外文化教材的发展脉络分为新中国成立前和新中国成立后两个时期，而新中国成立前又可以细分为两晋至南北朝、隋唐时期、宋元时期、明清时期、清末至新中国成立五个时期，每个时期的发展既有传承，又各具特点。对对外文化教材历史的把握能够为我们当下的对外文化教材编写实践提供有益的借鉴。

第一节　兴起与嬗变：对外文化教材编写历史的回溯

对外文化教材是中国文化跨文化传播的载体，严格意义上的对外文化教材指的是为外国汉语学习者而编写的以中国文化为主要内容的教材。这类教材编写的目的是让外国汉语学习者了解中国文化，提高他们的跨文化交际能力，帮助他们消除沟通中的文化障碍。20世纪80年代，国际中文教育领域提出了"汉语作为第二语言的教学要与介绍中华文化相结合"的理念，并开始编写真正意义上的中国文化教材，40余年来，成果丰硕。但历史上是否曾出现过专门为外国人而编写的中国文化教材？历史上有哪些典籍承担过文化教材的功能？中国文化在历史上对哪些国家的影响最大？诸多问题需要我们回到历史现场寻找答案。

一、两晋至南北朝时期的对外文化教材

朝鲜半岛是受中国文化影响最早的地区之一。据史料记载，早在战国末年就有中国人经陆路或海路进入朝鲜半岛，古代中国的许多金属工具、丝绸、漆器都是在这一时期就传入了朝鲜，而汉字、儒学等则通过中国古代典籍传入了朝鲜。钱振东在《书厄述要》中讲道："文化之于根据，犹如精神之于形骸。典籍者，又文化所赖以传焉者也。"[1] 公元 372 年，高句丽小兽林王正式设立儒学的最高学府"太学"，所教授的内容主要是五经、三史。[2] 这里的"五经"即指《诗》《书》《易》《礼》《春秋》，而"三史"最初指《史记》《汉书》和东汉刘珍等撰写的《东汉观记》这三本史书，后来《东汉观记》被《后汉书》所取代。此外，据《旧唐书》记载，除"太学"这一学府外，高句丽人还设立了"扃堂"，"扃堂"的教授内容主要为"五经"、《史记》《汉书》《后汉书》《三国志》《晋阳秋》《玉篇》《字统》《字林》《文选》等，[3] 可见在高句丽的太学和扃堂，教授的书籍都以中国的经史子集为主，和当时中国国内的私学官学所教授的书籍基本一致。

日本也是受到中国文化影响较早的国家。应神天皇时期，朝鲜百济的学者王仁就将《论语》《千字文》等典籍带到了日本，中国的汉字和文化由此正式传入日本。此外百济还于公元 513 年、516 年、553 年先后派了段杨尔、汉高安茂等数位五经博士前往日本，担任教授之职，教授五经之学。[4] 由此在日本上层贵族间形成了学习汉语和中国文化的风气，并为后来中国文化进一步影响日本奠定了基础。

二、隋唐时期的对外文化教材

隋唐时期是中国历史上文化大繁盛的时期，中国国力的强盛促使周边国家大量派遣使者来中国学习，中国文化的影响力几乎辐射至整个亚洲。

---

[1] 钱振东:《书厄述要》，载于《坦途》1927 年第 4 期，第 68~71 页。
[2] 武斌:《中华文化国际传播史·第一卷》，陕西人民出版社 1998 年版，第 140~141 页。
[3] 后晋，刘昫:《旧唐书·东夷传·高丽》，中华书局 1975 年版，第 5324~5325 页。
[4] 甘茵:《日本明治维新以前的外语学习状况研究》，载于《新丝路（下旬）》2016 年第 1 期，第119 页。

隋王朝（公元581～618年）虽然只存在了短短37年，但已经开始接受前来学习的外国使者。公元600～614年，日本派遣了四批遣隋使来中国学习；及至唐代，日本更是向唐朝派出了十九批遣唐使来中国学习中国文化。遣唐使主要有两类：一类是僧人，僧人来中国的主要目的是拜师学经；另一类是留学生，他们主要是在国子监学习中国的儒家文化。《旧唐书》记载"开元初，又遣使来朝，因请儒士受经。诏四门助教赵玄默就鸿护寺教之。"[1] 日本的遣唐使在中国学习儒学后，又将儒学典籍带回日本，儒学典籍是当时日本上层贵族的必读书目。

日本推古天皇时期圣德太子颁布的《大宝律令》中的第二十二条"学令"是："凡博士、助教，皆取明经堪为师者"，[2] 明确规定博士、助教都要教授儒家经典。对于经书，日本把《礼记》《左传》定为大经，《毛诗》《周礼》《仪礼》定为中经，《周易》《尚书》定为小经，并把《孝经》和《论语》也纳入了必须教授的范畴。第十一次遣唐副使吉备真备在唐朝学习的时间长达十七年，在他的首倡之下，日本开始祭奠孔子，并且他还首次在东宫讲授《礼记》《汉书》等典籍。[3] 日本学者石田一良认为：中国古代的儒教，是"作为日本氏族国家成立与维持的意识形态而被接受"的。[4]

与此同时，儒家文化也在这一时期进一步向朝鲜传播。公元668年，新罗统一朝鲜，新罗神文王二年，在首都庆州设立国学，景德王六年，改为大学监，主要教授中国语言文化，所使用书目为《论语》《尚书》《周易》《礼记》《孝经》《左氏春秋》《毛诗》等儒学经典。

除却儒家典籍，隋代，老子的《道德经》也传到了日本；据记载，"公元624年，唐高祖遣使携天尊像和道士往高句丽，宣讲《道德经》。"[5] 可见，《道德经》最迟于唐代传到了朝鲜半岛。

三、宋元时期的对外文化教材

两宋时期，来中国学习的外国人人数与唐代相比，有所下降，但出现了中国古代朝廷向国外赠书的高潮。据不全统计，宋王朝曾赠给高句丽《太平御览》《文苑英华》《九经》等书；[6] 曾赠给契丹"《草堂集》十卷"；[7] 赠给越南《大藏

---

① 后晋·刘昫：《旧唐书·东夷传·日本》，中华书局1975年版，第5341页。
② 参见杨焕英：《孔子思想在国外的传播与影响》，教育科学出版社1987年版，第95页。
③ 参见李寅生：《论唐代文化对日本的影响》，巴蜀书社2001年版，第167页。
④ 石田一良：《日本文化——历史的展开与特征》，上海外语教育出版社1989年版，第315页。
⑤ 武斌：《中华文化国际传播史·第一卷》，陕西人民出版社1998年版，第127页。
⑥ 脱脱等撰：《宋史》，中华书局1977年版，第14042页。
⑦ 文莹撰、郑世刚、杨立扬点校：《玉壶清话》，中华书局1984年版，第66页。

经》六次;① 赠给西夏《九经》《大藏经》等书。②

元朝建立后,元朝统治者重视汉文化,所以周边国家也并未因元朝的统治者不通汉语而中断派遣使者。这时期,来中国的外国使者除了学习《论语》《列子》《墨子》等诸子学说外,还学习《章句集注》《山海经》《神仙传》《先贤传》等书目。③ 元朝时期,来游学的日本僧人和儒生将大量的中国典籍带回了日本,加速了中国文化在日本的传播。日本幕府的武士和公卿贵族纷纷通过中国典籍学习为人、为臣、为君之道,在日本,曾作为教材使用的中国古籍有《南北史抄》《扬子法言》《孝子传》《先贤传》《帝范》《臣轨》等。④

四、明清时期的对外文化教材

《明心宝鉴》围绕忠信礼义、廉耻孝悌等核心价值观念,收录了中国的先圣前贤有关修身养德、安身立命、齐家治国的论述,上下二卷共20篇,⑤ 由范立本整理,明清时期,作为儿童蒙学书使用。1590年左右,天主教教士高姆羡将其译成西班牙文并献给王子斐利三世,使得《明心宝鉴》成为第一本被译介到西方的中国书。后来这本书又流传到韩国、日本、越南等国,被这些国家作为青少年学习的蒙书使用。

明清时期,朝鲜设立了"司译院",专门教授汉语和中国文化。"司译院"教授的教材有两类,一类是《小学》《洪武正韵》等典籍;另一类是专门为朝鲜人学习汉语和中国文化而编写的教材,其中最有代表性的是《老乞大》、《朴通事》和《训世评话》三部。《老乞大》一书设定了六个角色,两个朝鲜人和四个中国人,他们结伴进京,根据一路上遇到的各种事情展开对话,讨论中国的概况风俗,也对中朝两国的风俗文化进行比较。《朴通事》则以春游、治病、购物、婚嫁、回乡等具体场景为话题,编写了符合具体交际场景的对话,让学习者在学习口语的过程中,也对中国的交际文化有所了解。《老乞大》和《朴通事》是两本口语教材。

唐代至《老乞大》和《朴通事》出现以前的时期,"对于来华留学生实施的汉语教育,实质以'四书五经'为教育媒介,根本上诉求的是直接的文化训诫,而非一种交际能力的培养。向来华留学生直接植入'四书五经'所浓缩的中国传统文化的精髓,是以中华文化培养异域人才的教育模式,……反映了以中华文化

---

① 刘玉珺:《中越古代书籍交流考述》,载于《文献》2004年第4期,第85~98页。
② 脱脱等撰:《宋史》,中华书局1977年版,第14042页。
③ 董明:《古代汉语汉字对外传播史》,中国大百科全书出版社2002年版,第120页。
④ 张声振:《中日关系史·卷一》,吉林文史出版社1986年版,第284~286页。
⑤ 李朝全:《明心宝鉴:流传了600多年的修身书》,载于《博览群书》2014年第5期,第29页。

为主体面向异域来华留学人才进行文化整合的深层次教育驱动。在这一教育过程中出现的汉语教师，实质不是语言教师，而是文化训诫师。"①《老乞大》和《朴通事》的突破点在于：不对来华外国人进行文化训诫，而是将其看作异域的文化共同体成员，致力于把其培养成兼具中华文化经验和其本国文化经验的跨文化交际人才。这两本书中围绕生意、风俗、婚丧嫁娶、治病购物而再现中国当时的日常生活场景，通过虚拟的中国人和朝鲜人之间的会话沟通，指向了养成语言交际能力的教育目标。

《训世评话》是一本同时兼顾口语和书面语的教材，带有教化和劝诫意味，包含忠、孝、节、仁、义、礼、智、信等儒家思想。"司译院"之外，"朝鲜时代地方'乡学'和民间'书院'、'私塾'等也大量使用来自中国的童蒙课本和经典汉籍作为教科书，如《三字经》、《百家姓》、《千字文》、《四书》、《五经》等。"②

明清时期，日本出于与中国进行贸易和外交的需求，在政府中设立了"唐通事"一职，汉语开始正式作为一门外语被学习。六舟恒广在《日本中国语教育史研究》中记载，"最先学习的教科书有《三字经》《大学》《论语》《孟子》《诗经》等经典，然后是学习二字话、三字及四字以上的长短话等，然后才开始学有集中内容的《养儿子》《二才子》等中级读物以及《今古奇观》《三国志》《西厢记》《水浒传》等更高一级的口语小说。"③明治时期（1868～1912年），日本编写了一些汉语教材，最具代表性的是《官话指南》《谈论新篇》《官话急就篇》三部，教材内容包括中国的社会民情、习俗文化、经济贸易、政治外交等方面。

总的来看，两晋至明清时期，传播中国语言和文化的教材大致可以分为四类：第一类是四书五经、诸子学说等思想类典籍；第二类是史学典籍；第三类是辞书和韵书；第四类是神话传说和文学作品。详见表2－1。

表2－1　　外国人使用的中国文化教材统计（两晋至明清时期）

类别	书名	作者
思想类	《礼记》	孔子及其弟子作 西汉·戴圣整理
	《周礼》	不详
	《仪礼》	不详
	《周易》	姬昌

---

① 卢德平：《文化、跨文化、语言交流的重新命题》，载于《汉语应用语言学研究》2018年第1期，第116页。

② 刘春兰：《朝鲜时代汉语教科书研究综述》，载于《汉语学习》2011年第2期，第98页。

③ 六舟恒广：《日本中国语教育史研究》，正顺洪译，北京语言学院出版社1992年版，第272～273页。

续表

类别	书名	作者
思想类	《大学》	曾子（相传）
	《论语》	春秋·孔子弟子
	《孟子》	春秋·孟子
	《中庸》	春秋·子思（相传）
	《孝经》	宋·邢昺
	《书经》	春秋·孔子编纂
	《易经》	姬昌（相传）
	《道德经》	老子
	《小学》	明·朱熹
	《荀子》	战国·荀子
	《墨子》	战国·墨翟
	《列子》	列御寇
	《淮南子》	西汉·刘安
	《孝子传》	西汉·刘向
	《先贤传》	不详
	《帝范》	唐·李世民
	《臣轨》	唐·武则天
	《帝王略论》	东晋·常璩
	《明心宝鉴》	元·范立本
历史类	《左氏春秋传》	春秋·左丘明
	《春秋公羊传》	战国·公羊高
	《谷梁传》	战国·谷梁赤
	《史记》	汉·司马迁
	《汉书》	东汉·班固
	《后汉书》	南朝·范晔
	《晋书》	唐·房玄龄
	《太平广记》	北宋·李昉、李穆、徐铉、宋白等
	《太平御览》	北宋·李昉、徐铉
	《南北史抄》	不详
	《唐书》	五代后晋·刘昫、张昭远等
	《资治通鉴》	北宋·司马光

类别	书名	作者
辞书韵书	《说文解字》	东汉·许慎
	《尔雅》	不详
	《切韵》	隋·陆法言
	《洪武正韵》	宋濂
	《千字文》	南朝·周兴嗣
	《康熙字典》	清·张玉书
	《三字经》	宋·王应麟
	《百家姓》	不详
文学类	《毛诗》	鲁国毛亨、赵国毛苌所辑和注的古文《诗》
	《文苑英华》	北宋·李昉、徐铉
	《章句集注》	宋·朱熹
	《诗经》	春秋·孔子编订
	《山海经》	不详
	《三国志》	西晋·陈寿
	《西厢记》	元·王实甫
	《水浒传》	明·施耐庵

两晋至明清时期，在外国人使用的中国文化教材中，第一类思想类典籍占据着主流地位。这些典籍是中国文化的精粹，也是外国人最想了解的内容。遣隋使、遣唐使学习了中国的典籍之后，积极将中国文化传播给其本国的人民，使中国的儒家文化、道家思想在周边国家产生了巨大的影响力。第二类史学典籍具有以史为鉴可以知兴替的意味，发挥了与思想类书籍相近的作用。第三类韵书和辞书是外国人学习汉语发音、汉字、词汇和文化知识的工具书。第四类文学类书籍是最早传播到国外的中国的文学作品。

这一时期，中国文化的海外传播主要以精神和思想层面的文化内容为主，教材的内容主要包括：仁、义、礼、智、信等中国的社会价值观念；中庸、学而优则仕等人生价值观念；君君臣臣父父子子等伦理价值观念；天人合一、物我两忘等自然观念。另外，教材的内容也包含了中国的地理历史、社会制度、礼制法典、节庆习俗等。外国人对中国文化采取了全面接受、全情拥抱式的积极态度。

五、清末至新中国成立前的对外文化教材

清末至新中国成立前夕，中国国门被迫打开，来华的外国人人数大幅增加，出于交流需要，出现了专门教授汉语的语言学院。这一时期，有汉语学习需求的主要是传教士、海关洋员、来华外交官和商人，因此，此期间的对外教材强调实用性和交际性。汉字教材、语法教材、语音教材、词汇书和字典是这个时期教材的主流。1856 年，针对英国来华学习翻译专业的学生，开设的课程只包含声调练习、写汉字、阅读三项内容，并不设置文化课程。但是，这一时期还是出现了一批与中国文化相关的教材，详见表 2 - 2。

表 2 - 2　　　　清末至新中国成立前的汉语学习用书统计

年份	书名	编者
1808	《华英字典》	［英］马礼逊
1817	《中国概况》	［英］马礼逊
1822	《中文小说》	［英］戴维斯
1890	《现今支那语言风俗自修入门》	［日］吉备山人
1898	《北京风土编》	张廷彦
1901	《北京官话·士商丛谈便览》（上、下卷）	［日］文求堂编辑部、金国璞
1905	《华语教科书·商店问答》 《华语教科书·商贾问答》	孟繁英
1906	《北京官话——清国民俗土产问答》	［日］东京文求堂编辑部
1906	《北京官话——清国风俗会话篇》	冯世杰、［日］野村幸太郎
1907	《官话应酬新篇》	［日］渡俊治
1924	《北京风俗问答》	［日］加藤镰三郎
1925	《官话萃编》	朱荫成、述功
1926	《官话谈论新编》	金国璞
1939	《北京官话俗谚集解》	［日］铃江万太郎、下永宪次
1948	《国语入门》	赵元任

这时期出版的汉语学习用书共 15 本，其中中国人编写的 5 本，中外合作编写的 1 本，外国人编写的 9 本。教材的编写体例大多将中国的风俗民情融入对话之中，如 1925 年朱荫成、述功编纂的《官话萃编》以对话形式介绍中国的礼仪

礼节、礼貌用语等交际文化；1926 年金国璞编写的《官话谈论新编》以对话的
形式讲述当时中国的政治经济情况。1948 年赵元任编写的《国语入门》是这个
时期影响较大的教材，按题材划分，《国语入门》的课文选篇包括日常生活 8 篇、
人物事迹 3 篇、教育学习 3 篇、中国国情 3 篇、社会习俗 1 篇、故事 3 篇、地理
常识 2 篇、哲理思辨 1 篇。

　　与中国人编写的书目相比，这时期外国人编写的汉语学习用书反而相对较
多。1807 年，英国神父马礼逊来华传教，揭开了来华西方人学习和研究汉语的
序幕。1808 年，他编纂了世界第一部英汉汉英双语字典《英华字典》，该字典的
特殊之处在于它不仅把汉字译成英语并加以解释说明，还将与汉字相关的历史、
政治、风俗、礼仪、思想等文化内容一并编入字典，且有意识地进行了中西文化
的对比，因此这本字典被当时的许多学习者作为教材使用。马礼逊认为文化对于
语言学习具有重要作用，因此，在《英华字典》之后，他又编写了《中国概况》
一书，内容包括中国的历史、地理、政治、宗教、节气、节日等，范围广泛，是
目前可查的第一本中国概况类教材。

　　为了促进汉语教学的发展，马礼逊还亲自创办了专门的汉语培训机构：马六
甲英华书院。书院使用的教材包括：马礼逊编著的《中文会话及凡例》、由米怜
编著的《幼学浅解问答》、中文著作《明心宝鉴》《论语》《小学》《书经》等。
后来，马礼逊之子马儒翰将《汉宫秋》《好逑传》《赵氏孤儿》《玉娇梨》等元
杂剧翻译成英文以便学习者对照学习。

　　晚清至新中国成立前夕，日本人编写的教材有：《官话应酬新篇》《北京风
俗问答》《北京官话俗谚集解》《现今支那语言风俗自修入门》等。这些教材基
本上以介绍风俗景物和俗语谚语为主。如《北京风俗问答》主要介绍的是北京的
风土人情和著名景点，有助于学习者了解北京乃至华北地区的风俗习惯。《北京
官话俗谚集解》收录了北京官话中的俗语、谚语，有助于学习者了解汉语的惯用
表达和固定表述。

　　总体来看，清末至新中国成立前夕，外国编写者编写的教材数量更多，文化
意识更加明确，他们编写的教材涵盖了交际文化、社交礼仪、风俗人情、社会概
况等方方面面，有助于学习者了解中国人的价值观念、生活习俗和交往习惯。从
教材的编排角度看，马礼逊的《中国概况》体系最完整，其他的教材基本上是为
了解决学习者日常生活遇到的交际问题而编排的，内容相对零散。

六、小结

　　梳理两晋至新中国成立前夕对外文化教材的发展历程对我们当下文化教材的

编写具有借鉴和启发意义。在中国语言文化海外传播的初期，没有单纯的语言教材，语言传播和文化传播几乎是齐头并进的，反观近年来国际中文教育事业的发展历程，我们发现文化教学的地位偏低，汉语的语言教学一直占据压倒性的优势地位，在未来的教学和教材编写过程中，如何平衡语言教学与文化教学的关系问题，值得我们重视和重新思考。在新的文化教材的编写过程中，或许我们应该增大精神层面文化的比重，原因在于文化理解和文化认同要建构在对于精神层面文化了解的基础上才能实现。

第二节　新中国成立后至今的对外文化教材

新中国成立后，我国的对外中文教材编写工作走上了规范化、科学化的道路。新中国成立后，对外文化教材的编写历程可以以 1980 年为分水岭，1980 年以前是起步期，出版教材的数量极少；1980 年以后，逐渐进入了快速发展期，编写的数量和质量都有大幅提升，按照出版数量排序，由多至少，依次为：文化专题教材、以文化项目为纲的系统性文化教材、概况类文化教材、交际类文化教材。这四类文化教材在编写中各有侧重，也各有问题，反思四类教材各自的优势与不足，有助于我们将中国文化的特殊性与普遍性、中国文化的本体意义和世界价值更好地汇集于后续的教材编写之中，针对不同的国情、语情、宗教、民俗，更好地进行国际理解教育和国际情感沟通。

从超星发现和全球汉语教材数据库（www.ctmlib.com）的统计数据看，截至目前，对外中文教材共发行了近 19 000 册（40 余个国家出版、60 余种教学媒介语），其中实体教材 10 000 余册。[①] 新中国成立以来出版的文化教材总数为 300 册左右。从统计数据来看，文化教材在发行数量上呈增加趋势，其中 2000 年至今发行了 200 余册，超过了前 50 年的发行数量之和。但是如果我们把 300 册文化教材的发行量与汉语实体教材 10 000 余册的发行总量进行比较，可以发现，在教材出版总数中，中国文化教材占比仅为 3%。在编写内容上多以饮食文化、服饰文化、礼节习俗等方面的介绍性内容为主，在系统性、规范性、科学性上还有提升的空间。

---

① 这里统计的汉语教材主要指母语非汉语的外国汉语学习者使用的汉语教材，不包括我国少数民族使用的汉语教材。

一、新中国成立至 20 世纪 70 年代末对外文化教材的编写情况

中华人民共和国成立至 20 世纪 70 年代末是对外汉语教材编写的起步期。
1950 年，清华大学成立了"东欧交换生中国语文专修班"，为了便于这些外国学
习者学习，学校启动了教材编写工作，编写的教材以字、词、句型、语法知识为
主要内容，文化知识占比很小。这一时期出版的对外文化教材和包含文化元素的
汉语教材共有 4 本，详见表 2 – 3。

表 2 – 3　　　　新中国成立至 20 世纪 70 年代末出版的教材

年份	书名	作者	出版社
1954	《汉语教科书》	朱德熙、张荪芬	保加利亚科学艺术出版社
1965	《汉语读本》	许德楠、张维	北京语言学院出版社
1975	《汉语简易读物》	北京语言学院	商务印书馆
1979	《燕京风光》	北京语言学院	北语内部使用

1954 年，朱德熙、张荪芬编写的《汉语教科书》是早期具有代表性的文化
教材，它选编的课文有《自相矛盾》（成语）、《龟兔赛跑》（寓言）、《有的人》
（诗歌）、《我的伯父鲁迅先生》（散文）、《纪念白求恩》（散文）、《难忘的一次
航行》（小说）、《田寡妇看瓜》（小说）、《西门豹》（剧本），覆盖的文学体裁全
面，但体现的文化内容并不集中。

1965 年，许德楠、张维编写的《汉语读本》由北京语言学院出版社出版，
上册介绍了首都北京、武汉长江大桥等中国有代表性的城市和建筑，以及刘胡
兰、徐特立、雷锋等英雄人物的事迹，意识形态宣传色彩比较浓厚；下册介绍了
中国的当代大事、历史名人和传统民间故事，下册的课文篇目有《中华人民共和
国的成立》《廉颇和蔺相如》《林则徐》《鲁迅》《牛郎织女》等。

20 世纪 70 年代，对外教材中涉及的文化内容逐渐丰富起来，文化阅读教材
也开始出现。1975 年，北京语言学院（现北京语言大学）编写了《汉语简易读
物》，介绍北京的劳动人民文化宫、十三陵、天坛回音壁和苏州园林等景点，此
外还涉及了工艺美术、中国茶、古代历史、寓言故事等方面，是一部将阅读训练
与文化介绍相结合的教材。1979 年，北京语言学院（现北京语言大学）编写的
教材《燕京风光》仅限校内的外国学习者使用，是一本地域文化教材，几乎覆盖
了北京所有的著名景点，旨在通过北京景点的介绍让外国学习者了解北京所承载
的文化内容。总的来看，1980 年之前出版的对外文化教材尽管选篇与文化相关，

但重点内容是生词、语法等语言知识而非文化内容。

二、20世纪80年代后对外文化教材的编写情况

进入20世纪80年代，汉语国际教育界提出了"汉语作为第二语言的教学要与介绍中华文化相结合"的理念，文化教学的地位有所提升，一些教材的编写者开始将文化内容放到与结构、功能同等重要的位置，或从文化的角度来研究语言，或发掘语言本身所蕴含的文化因素。1981年，北京语言学院（现北京语言大学）为短期来华进修的外国学习者编写了名为《中国文明浅说》的教材，是向外国人系统介绍中国文化的早期尝试。这本教材共22节，分为民族简况、姓氏文化、饮食文化、节日节气、风俗习惯、科学发明、风景名产、文学艺术八个类别介绍中国文化的相关内容，这本教材具有示范意义，后来的文化教材编写基本遵循了这种以文化专题为章节的教材编写体例。这本教材的课文后有生字表和文化注释，未设置练习题，偏重文化知识的介绍。

20世纪90年代，文化教学成为汉语国际教育中的热门话题，文化教学应该"教什么"和"怎么教"引发了学界的热烈讨论。1995年，全国对外汉语教学基础汉语教材讨论会召开，会上把"结构—功能—文化"相结合确立为对外汉语教材的编写原则，直到现在，这个编写原则仍被众多教材编写者所采用。

1993年，华语教学出版社出版了《中国文化面面观》，这本教材围绕中国的民族、习俗、历史、文学艺术、科学成果以及中国风物特产等方面的内容展开，偏重传统文化的介绍，在20世纪90年代影响力比较大，这本教材的不足之处是课后习题的题型单一，与国内语文教材的课后习题差别不大。

1999年，韩鉴堂编写的《中国文化》是20世纪90年代出版的另一本具有代表性的文化教材，这本教材由北京语言大学出版社出版，其创新之处在于它基本对应《汉语水平等级标准和等级大纲》来编写，对学习者的语言水平有较明确的要求。这本教材涉及29个文化专题，共31课，每篇课后都设置了填空题、选择题和问答题来巩固课文中的文化点，题目有针对性地考察学习者对中国文化内涵的理解，设计比较合理，但不包含跨文化理解或跨文化讨论的内容。

进入21世纪，对外文化教材编写呈现蓬勃发展之势，出现了多种版本，为学习者提供了丰富选择。2001年，北京大学出版社出版了张英、金舒年编写的《中国传统文化与现代生活》高级文化读本，并于2003年出版了中级文化读本。这套教材每课的内容由四部分构成，第一部分是叙述体的阅读课文；第二部分是对话体课文，围绕第一部分阅读体课文的内容展开，这两部分课文后有生词和注释，注释重点解释课文中出现的文化词汇；第三部分是课后练习，由词汇语法

题、阅读理解和讨论题三部分组成；第四部分是补充阅读。这套教材在课文编写
上兼顾了阅读理解训练和口语表达训练，对于练习的编排也充分合理，是一套具
有成熟完整编写体系的文化教材，影响力较大。

据笔者统计，1980～2020 年间，共出版了文化教材 237 本（其中系列教材
32 套）。整体来看，现有的文化教材按照编写内容可以分为四类，第一类是描述
中国整体情况的概况类教材，王顺洪编写的《中国概况》（2004）、肖立编写的
《中国概况教程》（2009）、郭鹏编写的《中国概况》（2011）是这类教材的代表；
第二类是系统介绍中国有代表性的文化的系统性文化教材，以梅立崇、魏怀鸾编
写的《中华文化面面观》（1996）、张英、金舒年编写的《中国传统文化与现代
生活》（2003）、吴畏编写的《中国文化符号解读》（2017）为代表；第三类是文
化专题教材，如韩鉴堂编写的《汉字文化图说》（2005）、Victor Siye Bao（新西
兰）和曾凡静编写的《中国书法》（2009）、王传龙编写的《中国人的思想源泉：
儒释道》（2016）等；第四类是把口语交际与文化内容并举的交际类文化教材，
如曾晓渝主编的《体验汉语文化篇》（2006）、吴晓露、程朝晖主编的《说汉语，
谈文化》（2008）等。

四类教材的数量统计见图 2－1。

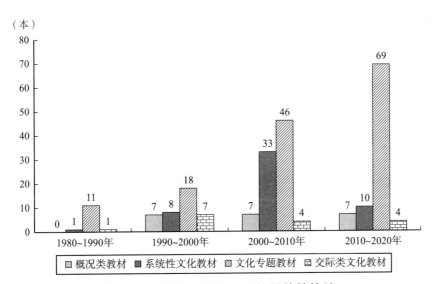

图 2－1　1980～2020 年间教材数量统计

从图 2－1 可以看出，1980 年至今，随着外国学习者对中国文化学习需求的
增加，对外文化教材的出版量也呈现出逐年增长的趋势。对外文化教材可以细分
为文化专题教材、系统性文化教材、概况类教材和交际类文化教材四类。"这四
类教材中，文化专题教材数量最多，之后依次是系统性文化教材、概况类教材和

交际类文化教材。"① 下面针对这四类教材逐一展开分析。

(一) 文化专题教材

对外文化教材的文化专题教材指的是以某一个文化项目为主题的文化教材。这类教材的特点是话题集中，内容普遍详实丰富，为外国学习者深入了解中国文化的某一侧面提供了条件。据笔者统计，1980 年至今，文化专题教材共出版了 139 种（其中系列教材 27 种）。这 139 种文化专题教材中，文学类教材 23 种、历史文化教材 11 种、传统故事教材 21 种、风俗文化教材 15 种、当代文化教材 9 种、科学艺术教材 12 种、饮食文化教材 2 种、地域文化教材 16 种、比较文化教材 3 种、思想文化教材 11 种、汉字文化教材 11 种、非遗文化教材 3 种、其他文化教材 2 种，详见表 2 - 4。

表 2 - 4　　　　　1980 年至今出版的文化专题教材统计

类别	年份	编者	书名	出版社
经典文学类	1980	北京语言学院	《中国现代散文选读》	商务印书馆
	1981	原著周立波，魏怀鸾等改写翻译	《暴风骤雨》	北京语言学院出版社
	1981	原著巴金，卢晓逸等改写	《家》	北京语言学院出版社
	1982	李更新等	《文学阅读》	北京语言学院出版社
	1982	原著鲁迅，北京语言学院改编	《阿 Q 正传》	北京语言学院出版社
	1982	原著巴金，施光亨、卢晓逸改写注释，鲁健骥翻译	《春》	北京语言学院出版社
	1982	原著老舍，吕文华改写、注释，鲁健骥翻译	《骆驼祥子》	北京语言学院出版社
	1983	北京大学汉语教研室	《文学作品选读》	北京大学出版社
	1990	寇德璋	《古代汉语诗文选读》	北京大学出版社
	1995	李炜	《中国古典诗词读本》	中国国际广播出版社
	1995	缪小放	《中国古典散文读本》	中国国际广播出版社
	1995	卢燕丽	《中国古代文学简史》	中国国际广播出版社
	1995	朱怀江	《中国现代文学简史》	中国国际广播出版社

---

① 于小植：《怎样的对外文化教材才是好教材》，载于《光明日报》2020 年 9 月 30 日。

类别	年份	编者	书名	出版社
经典文学类	1995	张德鑫	《中国古代文学概观》	北京语言学院出版社
	1997	钱华、刘德联	《中国古代诗歌选读》	北京大学出版社
	2003	宋尚斋	《中国古代文学史纲》	北京语言大学出版社
	2007	欧阳祯人	《中国古代文学史教程》	北京大学出版社
	2007	欧阳祯人	《中国现当代文学史教程》	北京大学出版社
	2007	赵长征	《中国文学：专业汉语教程》	北京大学出版社
	2012	施国峰	《中国古代文学》	北京大学出版社
	2015	史晓雷、周志宇	《认识中国图文书系·简说中国文学史》	北京语言大学出版社
	2017	徐宗才	《中国古代文学简史》	北京语言大学出版社
	2018	徐宗才	《中国古代文学作品选读》	北京语言大学出版社
历史文化类	1991	董明	《中国历史故事》	北京师范大学出版社
	1994	李铭建	《古往今来》	北京语言学院出版社
	1999	陈贤纯	《中国文化中的典型人物与事件》	北京语言文化大学出版社
	2000	马树德	《中外文化交流史》	北京语言大学出版社
	2002	郭鹏	《中国古代史》	北京语言大学出版社
	2007	赵延风	《中国历史：专业汉语教程》	北京大学出版社
	2007	国家汉办、国务院侨务办公室	《中国常识系列·历史》	华语教学出版社
	2008	汪慧强	《中国历史地理全貌》	四川大学出版社
	2010	仇鸿伟	《历史文化读本》	对外经济贸易大学出版社
	2014	国务院侨务办公室、孔子学院总部国家汉办	《中国历史常识》	北京语言大学出版社、中央广播大学音像出版社联合出版

29

类别	年份	编者	书名	出版社
历史文化类	2015	史晓雷、周志宇	《认识中国图文书系·中国的历史》	北京语言大学出版社
传统故事类	1982	北京语言学院编研部	《伯乐识马》	商务印书馆
	1982	北京语言学院编研部	《成语故事选》	外文出版社
	1999	蔡希勤、郁苓	《中国圣人文化丛书》（孔子的故事）（孟子的故事）（孔子名言录）（孟子名言录）	华语教学出版社
	2001	萧浩、李海燕、赵昀晖、郭惟佳、赵昀晖、刘晓雨	《中国古代文化故事》《中国古代寓言故事》《中国古代名胜故事》《中国古代成语故事》《中国古代民间故事》《中国古代著名故事》	北京大学出版社
	2005	李泉、黄政澄、郭雪玲	《中国古代人物故事系列》（《明代人物故事》（上、下）、《元代人物故事》、《宋辽金西夏人物故事》）	北京语言大学出版社
	2005	王双双	《双双中文教材系列》（《中国成语故事》《中国地理常识》《中国古代故事》《中国神话传说》《古代科学技术》《文学欣赏》《诗歌欣赏》《古代哲学》《中国民俗与民间艺术》《中国历史》）	北京大学出版社
	2007	孟长勇	《中华寓言故事》	人民教育出版社

类别	年份	编者	书名	出版社
传统故事类	2008	张斌、董莎莎	《孔子学院使用教材·文化读本》(《中华箴言》《孔子名言精选》《庄子名言精选》《老子名言精选》《孟子名言精选》《唐诗经典名句》《成语故事》《神话故事》《寓言故事》《历史人物故事》)	上海外语教育出版社
	2009	北京语言大学	《中国人的故事》	北京语言大学出版社
	2009	任秀桦、姚丽、国宁	《中国传统故事系列》(《中国传统文化经典名人故事》《中国传统文化经典哲理故事》《中国传统文化经典神话故事》)	大连理工大学出版社
	2010	毕艳莉	《〈百家姓〉故事》	五洲传播出版社
	2010	那天野、张华	《认识中国人》	华语教学出版社
	2011	萧礼	《中国经典故事丛书》	外国儿童五洲传播出版社
	2011	张梅、姜晓东、郁辉、毕艳莉	《幼学琼林物语》《千字文物语》《三字经物语》《百家姓物语》	华语教学出版社
	2011	胡鸿	《讲故事、学汉语》(上、下)	北京大学出版社
	2012	孔子学院总部国家汉办	《中国经典读本故事集》	华语教学出版社
	2012	王汉卫、苏印霞	《新编弟子规》	北京大学出版社
	2014	陈琦	《中文小书架》	北京语言大学出版社
	2015	尹斌庸	《博古通今学汉语丛书》(《歇后语101》《谚语101》《典故101》)	华语教学出版社

续表

类别	年份	编者	书名	出版社
传统 故事类	2016	刘美如、吕丽娜	《中国的故事系列》（《历史篇》《地理篇》《民俗篇》《神话传说篇》《传统文化篇》《传统节日篇》《艺术篇》《汉语篇》《文学篇》《名人篇》）	北京语言大学出版社
	2018	张立章	《中国生肖文化解读系列》	华语教学出版社
风俗 文化类	1991	杨贺松	《中国家常》	北京大学出版社
	1994	杨存田	《中国风俗概观》	北京大学出版社
	2002	舒燕	《中国民俗》	北京语言大学出版社
	2005	赵杰	《中国民俗故事》（上、下）	海豚出版社
	2006	张海英	《中国传统节日与文化》	书海出版社
	2008	刘飞、李凯平	《用英语说中国：民俗》	上海科学普及出版社
	2008	刘国平、苏慧霜	《华人社会与文化·社会风俗篇》	新学林出版股份有限公司
	2008	程麻	《中国风土人情》	商务印书馆
	2009	浩瀚、李生禄	《用英语说中国》（《风俗民情》《传统吉祥话》）	科技文献出版社
	2010	刘士勤	《中级文化分类阅读·人文篇》（三册）	北京大学出版社
	2010	周晨萌	《风土人情读本》	对外经济贸易大学出版社
	2011	柯玲	《中国民俗文化》	北京大学出版社
	2013	北京语言大学	《中国民俗》	北京语言大学出版社
	2015	黄全信、黄迎	《中华五福吉祥图典》	华语教学出版社
	2015	史晓雷、周志宇	《认识中国图文书系·中国有 56 个民族》	北京语言大学出版社

类别	年份	编者	书名	出版社
当代文化类	2000	［美］靳洪刚	《中国社会文化写实》	Cheng & TsuiCo
	2009	李朝辉	《中国那些事儿》	华语教学出版社
	2010	刘东平	《中国进行时》	华语教学出版社
	2014	李禄兴、李旺斌	《当代中国微纪录》全十册	华语教学出版社
	2014	北京市朝阳区教育委员会	《外国人在北京·文化体验篇》	中国商务出版社
	2015	史晓雷、周志宇	《认识中国图文书系·这里是中国》	北京语言大学出版社
	2015	李禄兴主编	《当代中国一瞥》（《健身总动员》《人在旅途》《都市情怀》《中国人的口福》《乡土家园》《校园内外》《购物那些事儿》《追逐艺术梦》《我爱我家》《行在中国》）	华语教育出版社
	2016	孔子学院总部	《中国人的生活故事》	外语教学与研究出版社
	2019	杨丹、王新玲	《当代中国近镜头》（《中国特色文化》《中国人的多彩生活》《科技改变中国》《走向世界的中国》《中国方案合作共赢》）	华语教学出版社
艺术科技类	2000	张延风	《中国艺术史》	北京语言大学出版社
	2001	韩鉴堂	《走进中国传统艺术》	华语教学出版社
	2005	周健	《游学在中国：文化艺术篇》	外语教学与研究出版社
	2008	楼庆西、苏光	《中国传统建筑文化》	中国旅游出版社
	2008	田华实、仲锡	《用英语说中国：艺术》	上海科学普及出版社
	2009	浩瀚、李生禄	《用英语说中国·文化艺术》	科技文献出版社

33

续表

类别	年份	编者	书名	出版社
艺术科技类	2011	傅鸿础	《中国戏曲》	北京大学出版社
	2011	孔子学院总部国家汉办	《中国欢迎你》（《学脸谱》《学武术》《学陶艺》《学中国结》《学剪纸》）	高等教育出版社
	2012	王培元	《中国文化读本系列：书法艺术》	山东大学出版社
	2009	［新西兰］Victor Siye Bao；曾凡静	《中国书法》	北京大学出版社
	2015	史晓雷、周志宇	《认识中国图文书系》（《科技改变中国》《古代科技中的智慧》）	北京语言大学出版社
	2017	马晓乐	《生活中的中国文化——剪纸》	北京语言大学出版社
饮食文化类	2011	中国茶文化国际交流协会	《体验中国茶文化》	五洲传播出版社
	2015	心蓝	《我爱中国菜·素食篇》	华语教学出版社
地域文化类	1994	张维耿、潘小洛	《华客文化》	中山大学出版社
	1995	李白坚	《黄河长城·对外汉语启蒙教材》	同济大学出版社
	2002	李富	《中国人文地理》	北京语言大学出版社
	2006~2008	《快乐中国——学汉语》栏目组	《快乐中国——学汉语系列》	北京语言大学出版社
	2007	国家汉办、国务院侨务办公室	《中国常识系列·地理》	华语教学出版社
	2007	邹胜英、宋业瑾、常庆丰	《中国城市名片》（《民俗篇》《旅游篇》）	北京大学出版社
	2009	石慧敏	《游学中国》	人民教育出版社

类别	年份	编者	书名	出版社
地域文化类	2009	浩瀚、李生禄	《用英语说中国》《名城》《魅力城市》	科技文献出版社
	2010	刘燕波	《印象云南·基础汉语文化教程》	北京大学出版社
	2010	李渝凤	《印象海南·中级汉语文化教程》	北京大学出版社
	2010	王秀琳	《中国旅游与文化》（上、下）	旅游教育出版社
	2011	孔子学院总部国家汉办	《短期汉语系列教材地域类》（《游北京》《游新疆》《游海南》《游河南》）	高等教育出版社
	2012	周玉琨、宿岂岚	《中国文化读本系列景区卷》	北京语言大学出版社
	2012	李平生	《中国文化读本系列》（《丝绸文化》《丝绸之路》）	山东大学出版社
	2014	刘程	《广东文化越看"粤"精彩》	华南理工大学出版社
	2014	国务院侨务办公室、孔子学院总部国家汉办	《中国地理常识》	北京语言大学出版社、中央广播大学音像出版社联合出版
比较文化类	1994	蔡振生	《中日文化对比》	北京语言学院出版社
	2010	陶黎铭、厉琳	《中西文化聚焦》	北京大学出版社
	2011	舒一兵	《中美国别文化比较教程》（一、二册）	北京大学出版社
思想文化类	1995	何建章	《中国思想简史》	中国国际广播出版社
	2006	蔡希勤、傅云龙	中国圣人文化丛书系列（《孟子》《中庸》《论语》）	华语教学出版社

续表

类别	年份	编者	书名	出版社
思想文化类	2008	刘国平、苏慧霜	《华人社会与文化·文化思想篇》	新学林出版股份有限公司
	2009	赵延风	《中国哲学：专业汉语教程》	北京大学出版社
	2010	赵启光	《老子天下第一》	北京大学出版社
	2010	蔡希勤	《老人家说系列》（老子、孔子、孙子、管子、晏子、墨子、庄子、孟子、韩非子）	华语教育出版社
	2010	陶黎铭、姚萱	《中国古代哲学》	北京大学出版社
	2010	傅云龙、蔡希勤	《"四书"精华版系列》（《大学》《论语》《中庸》《孟子》）	华语教学出版社
	2010	李刚	《中国人的哲学生活》	华语教学出版社
	2012	国家汉办	《孔子卡通读物》	北京语言大学出版社
	2016	王传龙	《中国人的思想源泉：儒释道》	北京语言大学出版社
汉字文化类	1995	常敬宇	《汉语词汇与文化》	北京大学出版社
	2000	张美霞	《说字释词谈文化》（共4册）	北京语言大学出版社
	2005	韩鉴堂	《汉字文化图说》	北京语言大学出版社
	2009	石定果、罗卫东	《汉字的智慧》	北京语言大学出版社
	2009	洪燕梅	《汉字文化与生活》	五南图书出版股份有限公司
	2009	常敬宇	《汉语词汇文化》	北京大学出版社
	2010	郭锦桴	《汉语与中国传统文化》	商务印书馆
	2010	张丽华、熊欢	《中国语言文化入门》	浙江教育出版社
	2010	韩鉴堂	《汉字文化》	北京语言大学出版社
	2013	任友梅、孟德儒、李荣珍	《汉语与中国文化》	华语教学出版社
	2016	周健	《字词中的文化密码》	商务印书馆

类别	年份	编者	书名	出版社
非遗文化类	2011	中国非物质遗产编写组	《中国非物质遗产》	北京语言大学出版社
	2015	《中国的世界遗产》编写组	《中国的世界遗产》	北京语言大学出版社
	2017	丹菲、水伊	《指尖上的非遗系列》	华语教学出版社
其他类	2013	商务印书馆世界汉语教学研究中心	《对话中国人》	商务印书馆
	2013	袁舫	《漫话中国人》	商务印书馆

在文化专题教材中，数量最多的是文学类的专题教材。这类教材可以分为文学读本类教材和文学史概述类教材两类。1981~1982年，北京语言学院（今北京语言大学）将周立波的《暴风骤雨》、巴金的《家》《春》、鲁迅的《阿Q正传》、老舍的《骆驼祥子》等经典文学作品进行删改，降低语言难度后作为外国学习者的课外读物出版。李炜、缪小放分别从中国古代诗歌和散文中选取了适合外国学习者阅读的篇章，编写了《中国古典诗词读本》和《中国古典散文读本》，1995年，由中国国际广播出版社出版。文学读本类的文化教材语言生动、意蕴丰富，为外国学习者打开了一个品味中国文学、了解中国文化的窗口。有代表性的文学鉴赏类教材还有2007年王双双编写的《中国文学欣赏》，这本教材把适用范围确定为年龄12~16岁、掌握1 000个以上汉字的外国学习者，教材内容既包括中国古代文学作品，也包括现当代的文学作品，目的是使学习者形成对中国文学更为全面的认识。一个值得关注的现象是：20世纪90年代末以降，以经典文学作品作为内容的教材数量锐减，原因是：如果不对经典文学作品加以改编就收入教材，则词汇难度过大，难以配适外国学习者的汉语水平；如果为了降低词汇难度而加以改编则难免丧失文学经典的精悍语气，因此这类教材逐渐减少。

2017年，北京语言大学出版社出版的《中国古代文学简史》是有代表性的文学史概述类的教材。教材按先秦、两汉、魏晋南北朝、唐代、宋代、元代、明代、清代八个历史时段，介绍中国古代文学的发展脉络和不同历史时期的重要作家作品，并配以《中国古代文学作品选读》作为辅助性的阅读材料，以使学习者有效把握中国古代文学发展历程。文学读本类教材和文学史概述类教材的缺陷是超纲词汇多，理念难度大。

在文化专题教材中，数量占比第二的是传统故事类文化教材。这类教材的内容包括神话、寓言、成语、名人事迹等，是最具有趣味性的一类文化教材。2005年，北京语言大学出版社出版了《中国古代人物故事系列》，收录了明、元、宋、辽、金、西夏时期著名的人物和故事，编写目的是加深外国学习者对中国历史的感性认识。2006年，北京大学出版社出版了王双双编写的《中国成语故事》，教材的适用对象是掌握800个以上汉字的外国学习者，教材选用了十六条常用成语向学习者展示四字成语所能包含的丰富的文化内涵，让学习者体会成语的精炼和深刻。随后，王双双又编写了《中国神话传说》《中国古代故事》等教材。此外，华语教学出版社出版了《博古通今学汉语丛书》，分为谚语、成语、歇后语、典故四册，帮助学习者攻克汉语熟语这一学习难点。

此外，2010年，五洲传播出版社出版的教材《中外文化交流故事丛书》收录了玄奘西天取经、鉴真东渡弘法、穿儒服的传教士、南海一号与海上丝绸之路、丝绸之路的开通、伏尔泰与《中国孤儿》、郑和下西洋、做世界新民、紫禁城里的洋画师等故事，帮助外国学习者了解中外文化交流史。2014年，北京语言大学出版社出版了《中文小书架》系列丛书，这是一套专门为儿童和青少年制定的教材。教材收录的是中国少年儿童也经常阅读的经典名著、神话传说、成语故事，语言简单，故事生动，适合低年龄段的外国汉语学习者学习。

以地域文化为专题教材可以分为几类：第一类是系统介绍中国的地理人文景观的教材。例如，李富编写的《中国人文地理》2002年由北京语言大学出版社出版，全书分23章介绍了中国各省区的地理环境和人文景观，重点介绍了被列入《世界遗产名录》的文化与自然遗产。2013年，孔子学院总部组织编写了《中国地理常识》，内容较《中国人文地理》更为详细，依次介绍了中国的地理位置、地形、山川湖泊、气候、资源、交通等方面的内容。纸质教材以外，音像教材的出版同样值得关注。2014年，北京语言大学出版社和中央广播大学音像出版社联合出版了《中国地理常识》，该教材由97个视频短片组成，内容包括中国概览、资源与环境、交通与水利、锦绣河山、中国七大古都、魅力城市和中国之旅7个部分，不仅涵盖中国地理的基本知识，还介绍了列入历史文化遗产名录的著名城市和景点。

第二类地域文化教材以城市为线索和主题编排。2004年，《快乐中国——学汉语》电视节目开播，反响热烈。为此，中央电视台委托北京语言大学出版社分卷出版了《快乐中国——学汉语》的教材和光盘。《快乐中国——学汉语》以北京、香港、深圳、新疆、黄山、温州、四川、西安、杭州、景德镇等城市为线索，让学习者感受不同城市的不同风貌和不同文化。类似的教材还有邹胜英、宋业瑾、常庆丰编写的《中高级汉语视听教程——中国城市名片》，2007年由北京大学出版社出版，这本教材同样是由电视系列节目改编而成视听教材，分为《旅游篇》《民俗篇》《商务篇》三册，从名胜、风俗、环保、建设和娱乐休闲等方面立体地展示了不同城市的风貌和习俗，这本教材把使用者明确界定为：受过现代汉语基础教育一年的来华留学生或已经掌握了 3 000 个左右常用词的外国学习者。

民俗类文化教材的出版数量也比较可观。1994 年，北京大学出版社出版了杨存田主编的《中国风俗概观》，这本教材分为 13 章，内容涉及中国人的交际、生活、饮食、服饰、建筑居住、交通运输、商业贸易、婚丧嫁娶、家庭家族、民间信仰、传统节日、丧葬、游艺竞技等方面的风俗，教材介绍了不同地域的不同特点，从历史角度阐释了中国风俗形成的过程。2002 年，北京语言大学出版社出版了舒燕主编的音像教材《中国民俗》，该教材由 5 张高清 DVD 组成，精选了节日庆典、婚礼生肖、风筝灯笼、年画剪纸等 30 项外国人感兴趣的中国民俗文化项目，采用了视频影像和解说相结合的形式，是民俗类文化教材的一次具有突破性的尝试。

在以传统艺术为主题的文化教材中，比较有代表性的是韩鉴堂编写的《走进中国传统艺术》，这本教材 2011 年由华语教学出版社出版，教材从物质文化入手，选取了 90 件具有代表性的艺术精品，分成玉器、陶器、青铜器、瓷器、雕塑、绘画、书法、建筑 8 个类别，在介绍艺术品的同时讲述中国传统艺术的历史和文化内涵。同年，孔子学院总部组织编写了《中国欢迎你》系列教材，其中包括《学脸谱》《学武术》《学陶艺》等分册，这些教材对所涉主题进行了系统介绍，并且强调实践性。如《学武术》介绍了中国武术的门派、武德、兵器和基本动作等知识，同时还提供了金刚拳和功夫扇两套易学易练的武术套路的标准示范，将文化与才艺学习有机地结合起来，是一套具有趣味性、实践性和针对性的教材。

对于非汉字文化圈国家的学习者来说，汉字历来是汉语教学的难点，汉字难写难记，同时，文化内涵丰富，据笔者统计，1980 年以来，出版了 11 本以汉字文化为主题的文化教材。比较具有代表性的有：张美霞编写的《说字释词谈文化》，2000 年由北京语言大学出版社出版，这本教材将文字、词汇与其包蕴的文化内容结合起来，共分析了 165 组汉字，帮助学习者在学习汉字、词汇的同时，了解其包蕴的文化内涵。另外，石定果、罗卫东编写的《汉字的智慧》也是此类教材的代表，该教材 2009 年由北京语言大学出版社出版，从汉字的起源、流变及构成入手，讲述汉字与自然、人体、生活、建筑、民俗、哲学、艺术之间的关系，选取了 50 个象形字，录制了配套 DVD，展示每个字的读音、注释、笔顺以及从甲骨文到金文、小篆、隶书、楷书的演变过程，在凸显汉字特点的同时，展示了中国书法文化的魅力，有助于帮助学习者增强对于汉字学习的兴趣。

以专题方式呈现中国历史的教材有 11 种。具有代表性的是：王双双编写的

《中国历史》上下册，2007 年由北京大学出版社出版，该教材重点介绍了唐代下半叶至清代末期的历史知识。另外，2014 年，北京语言大学出版社和中央广播大学音像出版社联合出版《中国历史常识》也是这方面的代表教材，该教材的光盘包含 50 个动画短片，每个短片的时长为 1~2 分钟，描绘了中国封建社会的诞生、发展和盛极而衰的过程，讲述了不同朝代重要的历史事件、历史故事和历史人物，选材注重趣味性，适合外国学习者使用。

以思想文化为专题的教材同样有 11 种，可以归纳为三类。第一类是节选中国古代的诸子百家经典作为教材内容。2006 年，蔡希勤、傅云龙编写的"中国圣人文化丛书"，包括《孟子》（精华版）、《中庸》（精华版）、《论语》（精华版）是其中的代表。第二类是对中国思想史进行梳理和概括的教材。代表教材是陶黎铭、姚萱编写的《中国古代哲学》，这本教材 2010 年由北京大学出版社出版，介绍了中国历史上具有较大影响力的哲学家，清晰地梳理了古代哲学的发展脉络。代表教材还有王传龙编写的《中国人的思想源泉：儒释道》，2016 年由北京语言大学出版社出版，该教材的编写者认为中国古代的文人学者看重"言必有据"，喜欢强调自己的思想是源于先前的某位学者，从而形成了述而不著，贵古贱今的风气，要理解现代中国人的思想，就必须对中国古代的思想文化有所了解，因此这本教材针对中国人的思想源头进行讲解。第三类教材以文化人物为中心进行编写，赵启光编写的《老子天下第一》是这类教材的代表，这本教材 2010 年由北京大学出版社出版，教材主要介绍老子的生平、趣事和主要思想，在保有学理性的同时兼顾了趣味性和生动性。

中国当代文化是外国学习者最迫切了解的中国文化内容，1980 年至今，以当代文化为主题的文化教材共出版了 9 种。比较具有代表性的是 2000 年靳洪刚编写的《中国社会文化写实》，教材的课文是对话体，配有 16 部有关中国社会、经济、文化等方面视频内容的 DVD 以及单独的练习册。另外，2009 年北京语言大学出版社出版的教材《中国人的故事》也发行了配套视频，视频以写实纪录片的形式向外国人展示当代普通中国人的真实生活和精神风貌。2014 年，华语教学出版社出版了李禄兴、李旺斌编写的《当代中国微纪录》系列教材，共 10 册，供 HSK 水平考试 5 级以上的汉语学习者使用，每册教材都以平民视角、平实的语言和故事性叙述着重介绍中国当代社会的一个方面，如饮食、交通、家庭等，在语言难度上，编写者将词汇量限定在 2 500~3 000 个中文词汇的范围，超纲词汇配有英文注释。2019 年，华语教学出版社出版了杨丹、王新玲编写的《当代中国近镜头》，教材围绕国家外交政策和当下的社会生活编写，目的是与国际社会分享"建设人类命运共同体"等中国的合作共赢理念。有《中国特色文化》《中国人的多彩生活》《科技改变中国》《走向世界的中国》《中国方案合作共赢》五个分册,这套教材还为学习者提供了近百部微纪录片,便于学习者了解当代中国,是目前与当代中国理念结合最紧密的文化教材。

文化比较类教材是以培养学习者跨文化意识为目的的文化教材。1994年,北京语言学院(今北京语言大学)出版社出版的蔡振生主编的《中日文化对比》开了此类教材的先河。2010年,北京大学出版社出版的陶黎铭、厉琳编写的教材《中西文化聚焦》同样值得关注。2011年,北京大学出版社出版了舒一兵编写的《中美国别文化比较教程》,教材共30课,大到国家概况、政治社会,小到日常生活、休闲娱乐都有所涉及,每课都在同一主题下展示中美文化的异同,进行国别文化比较,目的在于加深学生对于两种文化的理解。比较类文化教材将中国文化和他国文化的异同直观地呈现出来,有助于降解学习者的文化焦虑、提高学习者的跨文化意识。遗憾的是这类教材目前出版量小,涉及的国别也相当有限。

整体来看,专题性文化教材具有针对性强的优势。但此类教材中的大部分在编写上存在着偏古偏旧、与中国当代社会生活相脱离的缺陷。此外,部分专题性文化教材内容过于细化晦涩,收录了大量即使是中国人也不了解的冷僻的文化知识,对于外国学习者来说,实用性不明显。有的教材没有配套的练习题,使文化教材变成了文化读本;有的教材设置的练习题集中在语言技能训练方面,无法起到巩固文化知识或者提高学习者的跨文化交际能力的作用。有效落实讲练结合,通过教材提升学习者对于中国文化的理解能力是后续的教材编写需要认真面对和思考的重要课题。

(二) 系统性文化教材

系统性文化教材内容丰富,从中国的物质文化到精神文化、传统文化到当代文化都有所涉及,力图对中国文化进行整体呈现。这类教材20世纪80年代出版了1本;90年代稍有增多,共出版8本;2000～2010年出版数量呈大幅增长之势,每年都有数本教材出版,10年累计出版了35本;2010年至今又有所回落,出版了13本此类教材。因此,1980年至今以文化项目为纲编写的系统性文化教材出版了57本,详见表2-5。

表2-5　　　　　1980年至今出版的系统性文化教材统计

年份	作者	教材名	出版社
1981	梅立崇、魏怀鸾、杨俊萱	《中国文明浅说》	北京语言学院出版社
1993	梅立崇	《中国文化面面观》	华语教学出版社
1993	郭尚兴、盛兴庆	《中国文化史》	河南大学出版社
1994	冯天瑜	《中国文化史纲》	北京语言学院出版社

41

续表

年份	作者	教材名	出版社
1994	施宣圆	《中国文化46谜》	台湾商务印书馆
1999	宋柏年、施宝义	《中国文化读本》	商务印书馆
1999	韩鉴堂	《中国文化》	北京语言大学出版社
1999	金乃逯	《中国文化释疑：汉英对照》	北京语言大学出版社
2001	张英、金舒年	《中国传统文化与现代生活》高级文化读本	北京大学出版社
2002	杨敏	《中国传统文化通览》	中国海洋大学出版社
2002	王海龙	《解读中国》（上、下）	北京大学出版社
2002	王海龙	《文化中国——中国文化阅读教材》（上、下）	北京大学出版社
2003	张英、金舒年	《中国传统文化与现代生活》中级文化读本	北京大学出版社
2003	傅春江	《中华文化之旅》	ASIAPACBOOKS PTELTD
2004	张蓓、韩江	《中国文化掠影》	华南理工大学出版社
2004	胡金定、山添秀子等	《中国文化散步》	白帝社
2006	常宗林、李旭奎	《中国文化导读》	清华大学出版社
2006	施仲谋、杜若鸿、邬翠文	《中华文化承传》（上、中、下）	北京大学出版社
2006	曾晓渝	《体验汉语·文化篇》	高等教育出版社
2007	任启亮	《中国文化常识》	华语教学出版社
2007	余惠芬	《中国传统文化概论》	暨南大学出版社
2007	教育部课程教材研究所对外汉语课程教材研究开发中心	《中国文化读本》	人民教育出版社
2007	国际语言研究与发展中心	《体验汉语100句·文化类》	高等教育出版社
2007	《中国文化百题》编写组	《感知中国·中国文化百题》	北京语言大学出版社
2007	国家汉办、国务院侨务办公室	《中国常识系列·中国文化常识》	华语教学出版社
2007	施仲谋、杜若鸿、邬翠文	《中华文化传承》（上、中、下）	北京大学出版社

年份	作者	教材名	出版社
2008	施仲谋、杜若鸿、潘健、邹翠文	《中华文化撷英》（上、下）	北京大学出版社
2008	廉德瑰	《东方韵味——中国文化泛读教程》（上、下）	北京大学出版社
2008	张亚军	《中国文化趣谈·汉英对照》	华语教学出版社
2008	何兹烨	《中国文化六讲》	北京大学出版社
2008	王德军、吕芸芳	《用英语说中国：文化》	上海科学普及出版社
2008	毛晓霞	《中国文化导读》	中国农业科学技术出版社
2008	廖华英	《中国文化概况》	外语教学与研究出版社
2008	叶朗、朱良志	《中国文化读本》	外语教学与研究出版社
2008	李云川	《缤纷中国·中国文化英文读本》	大连理工大学出版社
2008	张英、金舒年	《中国语言文化讲座》（二册）	北京大学出版社
2008	李霞	《英语畅谈中国文化50主题》	外文出版社
2009	［美］Robert Di Yanni、Theresa Jen	《中国文化入门》	商务印书馆
2009	宋莉	《风采中国：中国文化概况》	哈尔滨工业大学出版社
2009	国际语言研究与发展中心	《文化全景——中级汉语教程》（上、下）	高等教育出版社
2009	黄建滨	《中国文化阅读》	浙江大学出版社
2009	龙毛忠、贾爱兵、颜静兰	《中国文化概览》	华东理工大学出版社
2011	沈振辉	《中国文化概说》	北京大学出版社
2011	王路江	《中国文化讲座》	北京语言大学出版社
2011	宋兴无、王晓华	《新视野：中国文化三十讲》	北京大学出版社
2013	张健、董萃、金学丽	《对话中国：物态文化篇》	北京语言大学出版社
2014	张健、董萃	《对话中国：心态文化篇》	北京语言大学出版社
2014	刘谦功	《中国文化欣赏读本》	北京语言大学出版社
2014	国务院侨务办公室、孔子学院总部	《中国文化常识》	北京语言大学出版社、中央广播大学音像出版社联合出版

43

续表

年份	作者	教材名	出版社
2015	孔子学院总部	《多彩文化》	外语教学与研究出版社
2016	王之容	《人文天下——高级汉语教程》	北京语言大学出版社
2017	吴畏	《中国文化符号解读》	复旦大学出版社
2019	舒燕	《尔雅中文·中国文化基础》	北京语言大学出版社
2018	王晓钧	《中国行：从传统走向现代》	北京语言大学出版社
2020	张健、董萃、钱多、邢蜜蜜	《对话中国：行为文化篇》	北京语言大学出版社
2020	张健、董萃、孙荔、邢蜜蜜	《对话中国：交际文化篇》	北京语言大学出版社

比较具有代表性的教材有：2007 年，北京语言大学出版社出版的《感知中国·中国文化百题》，这是一套汉语文化教学的视听教材，分为四辑，每辑 50 个文化点，每个文化点以影像的方式呈现 3 分钟，整套教材共展示了 200 个文化点，囊括了名胜古迹、名山大川、民族宗教、美食医药、节日民俗、书画陶艺、文学经典等方方面面，是新媒体时代对教材形式的一次有益探索。

2008 年，北京大学出版社出版了何兹烨编写的《中国文化六讲》，这本教材没有逐一介绍中国文化常识，而是阐述了中国传统文化诞生的土壤和环境，以及中国传统文化的特点和发展过程，目的在于使学习者对中国文化的发展脉络有一个整体的把握，教材选取的文化内容和词汇难度高，适用于高汉语水平的学习者。

2014 年，北京语言大学出版社与中央广播大学音像出版社联合出版了由国务院侨务办公室和孔子学院总部主编的《中国文化常识》音像教材，该教材由中国传统思想、传统美德、古代文学、古代科技、传统艺术、文物、古代建筑、工艺美术、民俗和生活 10 个部分组成。短片从多角度阐释了中国文化的丰富内涵，内容生动有趣，是一套由视听材料构成的文化教材。同年，北京语言大学出版社出版了刘谦功主编的《中国文化欣赏读本》，这本教材在编写前经过了广泛调研，然后选取了传统节日、传统习俗、中国艺术、民间工艺、民间运动、名胜古迹、文化符号、生活 8 个方面学习者最想了解的文化内容进行了分专题编写，教材为每个文化主题设置了"导入"、"正文"、"三言两语"和"小链接"四个板块，"导入"部分通过图片、故事、谜语等引入文化点，引起学习者的思考和兴趣；"正文"部分重点解读文化现象和现象背后中国人的价值观念、思维方式；"三言两语"里收录中外人士对该课文化现象的理解和评价，提供不同的理解视角；"小链接"介绍古今中外与当课内容相关的文化现象，启发学习者进行文化差异对比，加深学习者对中国文化的理解，教材内容仍然以传统文化为主，与以往的教材不同的是，这本教材关注了传统文化在现代生活中的发展变化，体现出一定的时代感。

2013～2020 年，张健、董萃主编的《对话中国》系列教材由北京语言大学出版社出版，这是一套面向汉语学习者全面解读中国文化的系列读物，出版了 4 册，分别是《对话中国：物态文化篇》《对话中国：心态文化篇》《对话中国：行为文化篇》《对话中国：交际文化篇》。编写者通过问卷调查总结出汉语学习者学习中国文化过程中遇到的困惑，教材以对话和案例分析的形式对学习者的困惑进行解答。如《对话中国：行为文化篇》解答了"随礼"是什么？为什么中国人收到礼物时不打开？中国人怎么过春节？中国人的餐桌上有什么礼仪？中国人为什么喜欢敬酒？中国人为什么爱面子？等等。这些是汉语学习者最感兴趣同时也是最困惑的问题。既说明了中外风俗习惯的差异，又展现了行为背后中国人的社会文化心理，有助于减少学习者在跨文化交际中的障碍。《对话中国：心态文化篇》围绕中国人的家国观念，以及忠孝礼义等传统的价值观念展开。解答了"家"有多重？"多子"一定"多福"吗？是"生"，还是"死"？何为"君子"？何为"小人"？何为贵？"和为贵！"等问题。《对话中国：物态文化篇》用问答形式展现了中国人的饮食、医药、住房、出行、年节等日常生活形态，通过对"房奴""车奴""蜗居""蚁族""宅男宅女"等新词的讲解帮助学习者了解中国社会的生活方式和社会问题。除了中国当代文化，教材内容同时包含笔墨纸砚、琴棋书画、瓷器、剪纸等中国传统艺术。五册教材各附有一张 MP3 光盘，录制了教材中的对话和短文，给学习者自学或者课后复习提供了方便。

（三）概况类文化教材

概况类文化教材的编写始于 20 世纪 90 年代，编写的目的是全面展示和介绍中国的总体情况，编写内容涉及中国的历史、地理、政治制度、教育体制、经济贸易、民族宗教、传统思想、社会生活、民风民俗、科学技术、文学艺术、城市旅游等方方面面。截至目前，共出版了概况类文化教材 21 种，详见表 2-6。

表 2-6　　　　　　　　　概况类文化教材统计

年份	作者	书名	出版社
1994	王顺洪	《中国概况》	北京大学出版社
1994	陈仁凤	《中国概况》	上海教育出版社
1996	夏自强	《中国概况》	北京航空航天大学出版社
1999	周思源	《中国社会概览》	北京语言文化大学出版社
1999	沈治钧、高典	《中国社会概览》	北京语言文化大学出版社
1999	刘谦功	《话说今日中国》	北京大学出版社

续表

年份	作者	书名	出版社
1999	沈治钧、高典	《中国社会概览》（上、下）	北京语言文化大学出版社
2002	张英	《中国那个地方》	北京语言大学出版社
2006	戴蓉、王景丹	中文广角：中级汉语泛读教程（上、下）	北京大学出版社
2007	何瑾、朱彦	中文广角：高级汉语泛读教程（上、下）	北京大学出版社
2007	王海龙	《聚焦中国》《深入中国》	北京大学出版社
2009	王尧美、赵跃、杜文倩	《中国概况》	山东教育出版社
2009	肖立	《中国概况教程》/《中国国情》	北京大学出版社
2009	宁继鸣	《中国概况》	北京语言文化大学出版社
2011	郭鹏、程龙、姜西良	《中国概况》	高等教育出版社
2012	包文英、刘弘	《当代中国概况》	华东师范大学出版社
2013	祁述裕	《中国概况》	国家行政学院出版社
2014	张胜林	《中国概况》	华中科技大学出版社
2014	吴平	《中国概况》	旅游教育出版社
2018	程爱民	《中国概况》	上海外语教育出版社
2019	贾益民	《中国概况》	暨南大学出版社

概况类文化教材编写始于20世纪90年代，1994年王顺洪编写的《中国概况》被认为是最早出版的一本概况类文化教材，这本教材共14章，分别介绍了中国的国土、历史、人口、民族、政治制度、经济、科技、教育、传统思想、文学、习俗、艺术、旅游、国际交往等内容，教材设置了配套的中国基础知识问答题，并为学习者提供了拓展阅读的参考书目，这本教材开创了概况类教材编写体例的先河，后来出版的概况类文化教材大抵都遵循这种体例进行编写。

1999年，沈治钧、高典编写的《中国社会概览》由北京语言文化大学（今北京语言大学）出版社出版，在编写内容上与王顺洪编写的《中国概况》差别不大，其创新之处在于将中国文化介绍与口语训练和写作技能训练相结合，在知识文化内容和交际文化内容的安排上寻找平衡点，注重培养学习者的口语表述能力，"输入"与"输出"兼顾。同年，由北京大学出版社出版、刘谦功编著的《话说今日中国》则在教材编排上做了尝试性的改变，这本教材的每一章都分为两个部分，第一部分是供学习者阅读的叙述性文章，第二部分是口语表达训练、语法训练、句型训练等内容，旨在同时提高学习者的阅读能力和口语能力，具有较强的实用性。

2007 年，何瑾、朱彦编写的《中文广角：高级汉语泛读教程》由北京大学出版社出版，这本教材的定位是泛读课的教材或课外辅助自读教材。教材的特色是选篇为当时报刊杂志和网络上具有代表性的文章，时效性和针对性强，反映了当时中国的社会状况和中国人的文化心理。为了兼顾语言技能训练，教材设置了配套的语言练习。同年，北京大学出版社出版了王海龙编写的《深入中国》和《聚焦中国》两本教材，书中设置了两个人物角色，通过他们之间的对话从工业农业、城市发展、百姓生活、世界窗口这四个角度来谈论中国的概况，在提供丰富语料的同时，又介绍了中国当代社会的方方面面。

2012 年，包文英、刘弘编写的《当代中国概况》由华东师范大学出版社出版，这本教材在课文的设置上做了新的尝试，每个专题先设置了一篇语言较为简单的概述性文章让学习者对该专题的文化内容有一个大致的了解，接着辅以三至五篇难度不同的文章，让不同水平的学习者根据自己的能力进行选择性的补充学习。2019 年，贾益民编写的《中国概况》教材由暨南大学出版社出版，在编写体例上，与上述教材的差别不大。

总的来看，30 余年来，概况类文化教材在项目选择上差别不大，都是有关中国最基本、最有必要了解的文化内容。随着社会的进步和时代的发展，中国的面貌日新月异，因此，与前面出版的教材相比，后面出版的教材在内容上进行了相应的更新和数据上的调整，但整体而言，这类教材的编写范围和编写内容呈现出趋同化的特征。在处理语言学习和文化学习的关系时，最初的编写者偏向于大篇幅介绍中国概况，而后面的编写者逐渐尝试将语言技能习得和中国概况学习结合起来，兼顾知识文化与交际能力。

已出版的概况类教材存在的一个普遍缺陷是没有对学习者的语言水平做出区分，仅有郭鹏、程龙、姜西良编写的《中国概况》等极少数教材对于学习者的语言水平做出了明确要求，提出学习者的汉语水平应达到 HSK4 级以上。大部分概况类教材对学习者的语言水平仅做了模糊的要求，例如，王顺洪编写的《中国概况》标注为"适合具有中级以上汉语水平的学习者使用"；张胜林编写的《中国概况》标注为"适用于对外汉语专业的学生和汉语言专业的留学生"；王海龙编写的《深入中国》《聚焦中国》标注为"适用于学习过两年汉语的海外学生"。教材定位的含糊不利于学习者选择适合自己的教材，给学习者的学习带来了一定的阻碍。另外，中国概况类文化教材受制于时代的变化，需要编写者及时根据时代做出反应，因此更新的速度需要比其他类型的教材更加频繁。

（四）交际类文化教材

交际类文化教材是将文化项目与口语教学紧密结合起来的教材，注重口语训练的同时也对语言背后的交际文化和行为文化给予关注，让学习者了解人际交往表层文化背后的深层文化知识，是实用性较强的一类文化教材。据笔者统计，1980 年至今，这类教材共出版了 16 本，详见表 2 - 7。

表 2 - 7　　　　　1980 年至今出版的交际文化类教材统计

年份	编者	书名	出版社
1985 1987	杜荣、戴祝、Helen T. Lin	《话说中国》中级汉语口语（上、下）	华语教学出版社
1994	吴晓露、程朝晖	《说汉语，谈文化》（上、下）	北京语言学院出版社
1995	倪明亮	《实用文化交际 400 句》	华语教学出版社
1996	刘富华	《在中国》	华语教学出版社
1996	吴仁甫	《生活在中国：中国人常常这样说》	广播电视出版社
1998	胡鸿、李克谦	《交际文化汉语（口语）》（上、下）	北京大学出版社
1999	杨瑞、李泉	《汉语文化双向教程》	北京语言大学出版社
1999	杨德峰	《汉语与文化交际》	北京大学出版社
2003	李菊先、王树锋	《秦淮人家》	北京语言大学出版社
2005	马箭飞	《长城汉语·生存交际》	北京语言大学出版社
2007	孙易、孙雪、谷峰	《体验汉语 100 句·文化类》	高等教育出版社
2009	陈红玉	《快乐北京 —— 实用日常汉语会话》（上、下）	北京语言大学出版社
2010	徐振亚	《怎样与中国人打交道》（上、下）	华语教学出版社
2012	Cynthia Y. Ning、Jhon S. Montanaro、李荣珍	《环球汉语：汉语和中国文化》	华语教学出版社
2014 2015	翟艳、魏耕耘、卢岚岚	《发现：交际汉语》（上、下）	北京大学出版社

续表

年份	编者	书名	出版社
2016	王涛	《中国微镜头：汉语视听说系列教材》（第一系列：《公益篇》《梦想篇》《爱好篇》《职业篇》《教育篇》《爱情篇》《家庭篇》《励志篇》《生活篇》《校园篇》）（第二系列：《动漫篇》《文化篇》《综艺篇》《旅行篇》《人物篇》《艺术篇》《职业篇》《家庭篇》《商贸篇》《社会篇》）	北京语言大学出版社

　　1987年，杜荣、戴祝 Helen T. Lin 编写的《话说中国》是一本中外合编教材，这本教材把口语训练和文化学习并举，分七个单元介绍了中国地理、历史、政治、经济、社会、教育以及哲学思想。教材下册的前三篇课文以外国人的视角，用访谈对话的形式描述了中国的工业和商业的发展，这本教材的特色是注重学习者的立场，内容聚焦于外国学习者感兴趣的领域。

　　进入20世纪90年代后，对外汉语教学界曾展开了针对文化教学的大讨论，1994年出版的吴晓露、程朝晖编写的《说汉语，谈文化》被认为是这场大讨论的成果。教材的名字昭示出编者将口语教学与交际文化、行为文化的教学相互结合的意图。教材内容既包含中国人际交往的礼仪和习俗，也包含交往背后的深层文化知识。课后设置了词汇、语法、句型的练习题；理解性阅读题；同时还设置了跨文化交际的讨论题，旨在训练学习者的阅读能力、表达能力，培养学习者的跨文化意识，加深学习者对中国社会交际习俗和文化内涵的了解。1996年，华语教学出版社出版的《在中国》是音像教材，适用对象是学习汉语的外国人和海外华侨子女，教材有10课，每课分为电视纪实和语言教学两部分，电视纪实先通过纪实音像直观反映外国人在中国的生活、和中国人打交道的方式以及中国人的衣食住行、风俗习惯等；语言教学部分讲解电视纪实部分中出现的汉语语法、词汇、惯用语和中国文化现象，并配以练习及答案，这套教材既适合课堂教学，也便于学生自学。

　　2007年，孙易、孙雪、谷峰编写的《体验汉语100句·文化类》由高等教育出版社出版，教材精选了反映中国政治经济、风俗民俗、文学艺术的100个常用和地道的汉语句子，让学习者在掌握文化词汇、专门用语和习惯表达方式的同时了解中国文化。2009年，北京语言大学出版社出版了《快乐北京——实用日

49

常汉语会话》，这本教材主要为在中国短期生活的游客、工作者和学习者而编写，语言简单实用，可以满足短期来华外国人的基本交际需求，为了提高学习者的兴趣和学习效率，这本教材同时发行了配套的 DVD 和 CD。

2012 年，华语教学出版社出版了 Cynthia Y. Ning、Jhon S. Montanaro、李荣珍等人的合编教材《环球汉语：汉语和中国文化》，这套教材包括：高清 DVD 人物剧、剧本、人物剧配套纸质教材和在线学习网站，教材遵循 ACTFL 全美外语教学协会语言水平大纲要求，从交际文化入手重点培养学生的口语能力，与之前的教材相比，在线学习网站的设置无疑为学习者提供了更多便利。2014 年，北京大学出版社出版了翟艳、魏耕耘、卢岚岚编写的《发现：交际汉语》，这本教材以一个法国三口之家在北京的生活为线索，展现初到中国的外国人需要掌握的基础交际汉语，话题包括：饮食、住宿、交通、游玩、社交、购物等，教材分为语言、活动、文化三部分，其中文化部分借助大量实物、实景、照片描述中国的风土人情。

有代表性的教材还有 2016 年北京语言大学出版社出版的《中国微镜头：汉语视听说系列教材》。这套教材出版了两个系列，第一系列包括：《公益篇》《梦想篇》《爱好篇》《职业篇》《教育篇》《爱情篇》《家庭篇》《励志篇》《生活篇》《校园篇》；第二系列包括：《动漫篇》《文化篇》《综艺篇》《旅行篇》《人物篇》《艺术篇》《职业篇》《家庭篇》《商贸篇》《社会篇》。这套教材有两大特点：一是编写者参照现有的通识性语言及课程大纲，按照语言水平高低分级编写，有效控制了选篇的难易程度；二是教材话题广泛，从商贸社会到家庭爱情都有所涉及，并且紧跟当下热点，对动漫、综艺、人物都做出了介绍。基于这两大特点，学习者可以根据自己的语言能力和兴趣点选择适合自己的教材。教材选用的视听素材是从当代中国的热门专题片、新闻、生活情景剧、访谈、娱乐节目、微电影、广告、歌曲里选取出来的，当代感强，解决了以往教材中存在的学习内容与实际生活脱节的问题。除了从视听角度入手，教材的编写者还把视频材料中涉及的词汇、句式、篇章框架、表达方式编写成册，供学习者参阅，避免学习者对于视频教材一听而过或者一看而过。同时，这套教材注重课堂教学与社会实践相结合，设计了大量任务活动，使学习者在完成任务的过程中提高交际能力。

整体上看，交际类文化教材更加注重交际文化、行为文化和当代文化内容，注重为汉语学习者提供日常交流中所需要的文化知识，注重实用性和时效性。在编写上多以对话为主，主张随学随用。大部分交际类文化教材都为学习者提供了配套的视听素材，鲜活生动，有助于激发学习者的学习兴趣。此外部分教材在关注交往中的文化现象的同时，在表层的语言和非语言的交际文化中引入价值观念、文化心理等深层的交际文化，以求从两个方面更加完整地展示交际文化内容，这种编写理念值得肯定。

另外，近年来，出现了视频教材配套纸质教材的新形式，应该说，多媒体教学方式的出现为各种教材的编写都提供了新的发展方向，借助多媒体手段、融入多媒体元素是中国文化教材的发展趋势。

同时，笔者对 2000～2020 年孔子学院的出版物进行了统计，统计结果见表 2-8。

表 2-8   2000～2020 年孔子学院主要出版物

时间	出版物	合作方	说明
2000 年 1 月	《月亮姐姐的魔法智趣书——爱我你就抱抱我》	中国画报出版社	提高儿童汉语学习兴趣的课堂教学辅助工具
2004 年 5 月	《汉语教程》（第二册）	塞尔维亚和黑山贝尔格莱德大学语言学院	《汉语教程》共 4 册，第一册于 2003 年 2 月出版，第三、第四册于 2006 年、2007 年出版
2004 年 5 月	《汉语新起点》《汉语新目标》	俄罗斯远东国立大学、中国黑龙江大学	迄今第一套以俄语注释的、适用于俄语地区大、中小学阶段以及具备相应程度的汉语爱好者学习使用的汉语系列教材
2004 年 8 月	《奥运汉语 100 句》	北京奥组委共同合作，人民教育出版社出版	目前国内第一部体现奥运特色、为奥运进行语言服务的实用汉语学习图书。全书的编写按照第二语言教学的基本规律，以英语、法语为注释语言，围绕 25 个简单的场景话题，精心设计了基本句、扩展句、场景会话、学习帮助等内容，并收录了体育、生活、旅游等多类信息
2005 年 1 月	《汉保自由联想词词典》	保加利亚的出版	本词典是第一部由保加利亚人编写、在保加利亚出版的汉语词典，具有较高的实用价值和学术价值
2005 年 10 月	《汉语乐园》	北京语言文化大学出版社	面向 6～12 岁儿童，共 3 册，有英语、法语、德语、俄语、泰语注释版本，45 个语种

时间	出版物	合作方	说明
2005 年 12 月	《新实用汉语课本》第一册	北京语言文化大学出版社	全套共分六册，每册均配有教师用书和综合练习册，主要提供给英语地区大学汉语言本科专业使用
2006 年 2 月	《汉语：远程教学》（第一册）	南非大学出版社	是一本综合性的初级汉语教程，包括语音、日常会话、基础汉语语法知识、汉字知识和写字训练
2006 年 3 月	汉语版《济州道政新闻》——《魅力济州》	韩国联合通讯社	自"2006 济州访问年"开端之际发行，旨在系统介绍济州道热门旅游项目
2006 年 3 月	《乘风汉语》后续 65 集课件开发	密歇根州立大学	
2006 年 6 月	《常用汉字 581》	语文出版社	收录最常用的 581 个汉字，其可覆盖 80% 的报纸、广播电视、网络等媒体用字，旨在帮助学习者掌握常用汉字。共 1 册
2006 年 8 月首发	《汉语 900 句》	外研社和美国汤姆森学习集团	是一套为海外汉语初学者编写的多媒体实用口语教材，旨在使读者在较短的时间内，以轻松、有趣的学习方式，掌握基本的口语会话，迅速提高汉语交际能力，将在全球 50 个国家推广使用
2006 年 10 月	《美猴王汉语》	北京语言大学出版社	分为幼儿版：为英语国家 7 岁以下儿童编写，共 2 册。少儿版：为英语国家小学 1~3 年级学生编写，共 3 册
2006 年 10 月启动，2007 年 6 月出版	《中国历史常识》《中国地理常识》《中国文化常识》	国侨办与国家汉办共同改编	翻译成英、法、西、德、日、韩、俄、阿、泰 9 个语种，后不断改编、翻译
2007 年	多媒体教材《新乘风汉语》		平台开发、内容选题和内嵌游戏制作

时间	出版物	合作方	说明
2007 年 9 月	《奥运汉语 30 句》	商务印书馆	7 个语种（英、法、德、日、俄、阿、西）的《奥运汉语 30 句》受到了各国外籍人士的欢迎，此次发放数量各语种共计近七万册
2007 年 10 月	《快乐汉语》CD – ROM	美国汤姆森学习集团	栏目首次采用情景剧的形式，以全面提升汉语学习者的听、说能力为目标，立体展示当代中国的现实生活场景，折射今日中国的独特魅力
2007 年 10 月	《汉语教学有声挂图》	北京市育学林教育技术有限公司	
2007 年 11 月	《快乐汉语》第一册示范课		
2007 年 11 月	《汉语 800 字》英汉简明词典		后不断开发多个语种的版本
2007 年 12 月	《汉语水平考试（HSK）真题集》		
2008 年 3 月	《走进中国》	四川省教育厅	英文版
2008 年 3 月	《新丝路汉语》	新疆教育厅	吉尔吉斯语版、哈萨克语版
2008 年 5 月启动	《五经》翻译项目		
2008 年 8 月	《精英汉语》	河北省教育厅	葡萄牙语
2008 年 10 月	《汉语图解词典》	商务印书馆、创而新（中国）科技有限公司	英语、法语版及网络版制作
2008 年 10 月启动	《快乐汉语》等 9 种主干教材		西、俄、阿、法、德等多语种翻译
2008 年 10 月	《汉语 900 句》广播孔子学院汉语教材	中国国际广播电台	38 个语种译制工作
2008 年 11 月	《长城汉语》		完成多元应用模式和 8 个语种翻译，被 65 所孔子学院和 15 所国内高校采用

续表

时间	出版物	合作方	说明
2008 年 12 月	中译本《欧洲语言共同参考框架：学习、教学、评估》		
2008 年 12 月	志愿者文集《光荣岁月》		
2008 年 12 月	《汉字五千年》大型人文纪录片	国家外专局、外语教学与研究出版社	完成制作，填补了孔子学院文化教材的空白
2009 年	《轻松学汉语（少儿版）》改编	香港三联书店	翻译成法、德、西、俄、阿、葡 6 种语言
2009 年	《中国蒙学金典故事丛书》	五洲传播出版社	后不断改编、翻译
2009 年	Discover China	五洲传播出版社	
2009 年	《江南水乡多媒体教材》	江苏省教育厅	
2009 年 11 月	《每日汉语》教材及多媒体课件	中国国际广播电台	38 个语种（"每日汉语"系列丛书有英语、日语、朝鲜语、蒙古语、尼泊尔语、印地语、乌尔都语、泰米尔语、僧伽罗语、孟加拉语、越南语、老挝语、泰语、马来语、印尼语、菲律宾语、土耳其语、波斯语、普什图语、阿拉伯语、豪萨语、斯瓦希里语、俄语、捷克语、塞尔维亚语、罗马尼亚语、阿尔巴尼亚语、保加利亚语、匈牙利语、波兰语、克罗地亚语、乌克兰语、法语、德语、意大利语、世界语、西班牙语、葡萄牙语等 38 种语言注释版本）
2009 年	五国学汉语系列教材	新疆教育厅	面向上海合作组织

时间	出版物	合作方	说明
2009 年	《汉语图解小词典》	商务印书馆	这是一本专为中小学生设计的汉语学习工具书，以大量直观的图片来解释词语，帮助中小学生轻松学习汉语，收集了近 1 400 个词条。共 1 册，配有点读笔
2009 年	《汉语快乐读写》	长春理工大学	
2009 年	《汉语词汇与文化读本》（俄语版）	长春理工大学	
2009 年 3 月	《孔子学院》期刊创刊		2011 年发展出 8 种中外对照版，每期发行量超过 4 万册，达 102 个国家和地区，读者 50 万人，2014 年中葡、中意、中德 3 种新刊创刊
2009 年 10 月	《汉字五千年》多语种版本图书及 DVD		全片分为"人类奇葩、高天长河、霞光万道、内在超越、翰墨情怀、天下至宝、浴火重生、芳华永驻"八集，借助 32 个富有代表性的汉字，将隐藏在文字背后的人以及历史展示出来
2009 年 10 月	《汉语教学直通车》	加拿大 BCIT – TTA 技术培训有限公司	
2009 年 10 月	《中医汉语》、《外国人巧学中国菜》、《外国人学水墨》、《外国人巧学拼音》、《漫画中国文化系列丛书》（三本）	法国普瓦提埃大学孔子学院、法国 Utopiarts 出版公司	

时间	出版物	合作方	说明
2010 年 1 月	《中外文化交流故事丛书》	五洲传播出版社	本套丛书共有 10 个分册：《马可·波罗的中国传奇》《玄奘西天取经》《丝绸之路的开通》《郑和下西洋》《紫禁城里的洋画师》《鉴真东渡弘法》《做世界新民》《南海一号与海上丝绸之路》《伏尔泰与〈中国孤儿〉》《穿儒服的传教士——利玛窦》
2010 年	《新实用汉语课本》	北京语言大学出版社	后不断改编、翻译。主要特点通过语言结构、功能与相关文化知识的学习和听说读写技能训练，逐步培养学习者运用汉语进行交际的能力。有"原版系列教材"和多语种两种版本
2010 年	《跟我学汉语》	人民教育出版社	后不断改编、翻译。国家汉办的主干教材，专为海外 15～18 岁青少年汉语学习者编写，该教材以培养海外学生学习汉语的兴趣为主导思想，吸收当前汉语作为第二语言习得研究的最新成果
2010 年	《当代中文》16 册	外语教学出版社	共 4 个阶段，16 册，包括课本（1～4）、汉字本（1～2）、练习册（1～4）、教师用书（1～4），以及配套的 CD、CD-ROM、DVD。有英语、法语注释版本
2010 年 10 月	《汉拉大词典》	拉脱维亚大学	是在拉学习汉语的广大民众的一大幸事，不但会改善在拉汉语教学质量，也将激发中国学生学习拉语的热情，词典的成功出版是两国教育交流领域的一项历史性事件

时间	出版物	合作方	说明
2011 年 4 月	李济《中国文明的开始（英汉对照）》	外语教学与研究出版社	"博雅双语名家名作"系列之《中国文明的开始》（英汉对照）收录了李济在考古学、人类学方面的经典英文著作，配以相关领域的专家学者的译文，首次双语呈现。读者不仅可以跟随中国考古学之父探寻古老中国文明之滥觞、追溯中华民族人种之起源，亦可重见这位伟大学人的学术生涯、人生轨迹如何与中国现代科学之建立、文化之复兴、家国之命运紧紧联系在一起
2011 年 10 月启动 2012 年 4 月发行	《新概念汉语》	北京语言大学出版社	孔子学院通用教材
2011 年 11 月	《孔子卡通传记》《孔子卡通故事精编》	青岛出版社	两套图书均为中英文双语对照
2012 年 4 月	《中国好人》	辽宁北方联合出版传媒（集团）有限公司	除此次发行的中英对照版外，法、德、西、日、韩五个语种版本的教材也已制作完成，将通过与国外出版社合作的方式在全球推广发行
2012 年	《孔子卡通读物》		
2012 年 9 月	《汉语》	西班牙联合出版集团	西班牙通用教材
2013 年 1 月	《HSK 标准教程》		考教结合标准教材
2013 年	将《一个不能少》《刮痧》等影视作品改编为汉语视听教材		

时间	出版物	合作方	说明
2013 年	英国 A–level 考试 1~12 年级"中华文明"系列读物		
2013 年	Daisy 网络汉语课程		
2013 年	牛津"阅读树"		
2013 年	《中国好东西》		从中国人日常生活中最常见的器物入手，向远方朋友介绍每一个中国家庭里所看到的寻常生活用品是如何流露出中国文化的传统智慧和生命力
2014 年	资助翻译出版《诗经》《史记》等中国经典和文化读物		
2014 年 12 月	《光荣岁月》汉语教师志愿者精选文集出版		汉语教师志愿者精选集
2014 年 5 月	《当代汉语学习词典》（中·意本）	博洛尼亚大学孔子学院	附了三个词汇表：18 类专用词汇表；常用量词搭配表；目前最常用的姓氏表
2014 年 5 月	《国际汉语教学通用课程大纲》修订版	北京语言大学出版社	从国际汉语教学实践角度出发，对课程目标及学习者的语言技能、语言知识、策略和文化能力等进行分级分类描述
2014 年 12 月	"好朋友"汉语分级读物	中国教育部直属事业单位	本系列读物是母语为非汉语学习者的原创作品，将第二语言与文化结合起来，去除阅读时的文化障碍，培养读者跨文化视野和跨文化交际能力。分级阅读：根据语言难度将本系列读物分成 6 个级别，对应新 HSK 1~6 级汉语水平，超纲词汇配有英文注解
2015 年 1 月	《中国文化常识》	高等教育出版社	主要版本有中乌对照、中挪对照、中蒙对照、中柬对照、中越对照、中芬对照和中丹对照等

时间	出版物	合作方	说明
2015 年 2 月	赵广超《中国好东西故事系列》	三联书店（香港）有限公司	《有朋自远方来》聚焦《椅子》《茶》《碗》《筷》这四位中国人的好朋友，讲述它们在中国人的生活中扮演着什么角色，有哪些规矩要留意，又对中国人的观念产生了什么影响。书中有中英文两种语言的说明，亦配有专题动画。《年年欢乐》以"新年"为主题，从《年》《冬至》《春节》《元宵》出发，分享传统中国农耕社会中，家庭、生活和自然之间的密切关系，提醒人们好好珍惜这份和谐共融。《文房四宝贝》向学生展示《笔》《墨》《纸》《砚》四件宝贝的产生、发展，道出传统中国人敬惜字纸、尊重文化的情怀，中国人对学生、读书人的希望和要求。书中有中英文两种语言的说明，亦配有专题动画。适合结合书法、国画等文化体验活动使用。《遥远的东方有一条龙》分为《龙》《龙的传人》《龙子》《龙的伴侣：凤凰》，带学生认识中国龙的形象，了解其中的吉寓意与理想期盼，当然还有那些常用的成语俗语。书中有中英文两种语言的说明，亦配有专题动画。适合动物主题教学时进行文化扩展使用
2015 年 4 月	卢福波《会通汉语》	人民教育出版社	《会通汉语》以培养汉语学习者汉语交际能力为理念和宗旨，注重以语言表达功能教学为主旨，将句法、功能、语篇与以任务、情景为交际手段的汉语应用融合为一。打破汉语教学中听、说、读、写分立模式，采用读写引领，听说拓展，紧密配合的教学模式

时间	出版物	合作方	说明
2015 年 4 月	【教师用书】祖晓梅《跨文化交际》	外语教学与研究出版社	本书是汉语国际教育硕士系列教材之一，同时是《国际汉语教师证书》考试参考用书。本书从汉语国际教育的角度来谈跨文化交际。旨在提高国际汉语教师的跨文化交际能力，包括价值观、语言交际、非语言行为、社会交往、文化适应、跨文化交际的心理因素、教育领域中的跨文化交际、语言文化教学方法等方面的内容。本书最主要特点是理论联系实际。除了阐述跨文化交际学的基本概念和核心理论之外，还分析了许多与汉语教师相关的真实跨文化交际案例。另外，每章提供了思考讨论题、延伸阅读书目、对汉语教师的建议、交际性活动和任务等，充分体现了本书理论联系实际、重在培养学习者综合能力的特点
2015 年 6 月	冯友兰《中国哲学简史》（英汉对照）（博雅双语名家名作系列）	外语教学与研究出版社	《中国哲学简史》成稿于 1946 年至 1947 年冯友兰受聘美国宾夕法尼亚大学期间，为中国哲学史课程讲稿，于 1948 年由美国麦克米伦公司出版。真正读懂中国哲学简史，学习中国哲学的入门书，了解中国文化的必读书
2015 年 9 月	新版《国际汉语教师证书考试大纲解析》《HSK 考试大纲六级》《HSK 考试大纲四级》《HSK 考试大纲五级》	人民教育出版社	

续表

时间	出版物	合作方	说明
2015 年 9 月	《中国人的生活故事》	外语教学与研究出版社	按主题分为 8 个分册：《爱的味道》《多彩文化》《亲情无声》《人生阶梯》《社会万象》《世间风景》《心灵诗篇》《智慧生活》
2016 年 3 月	Yeah！Chinese！系列（简体版）	三联书店（香港）有限公司	Yeah！Chinese！是一套为汉语作为外语学习的幼儿园和小学低年级儿童编写的国际汉语教材。生词安排参考 YCT 词汇表，并对 YCT 1~4 级重点词汇全面覆盖
2016 年 6 月	《中国欢迎你·学剪纸》（修订版）、《中国欢迎你·学书法·水墨画》（修订版）	高等教育出版社	
2016 年 6 月	孔子学院 10 周年"难忘的岁月"征文精选集	北京语言大学出版社	
2016 年 10 月	《中国人的生活故事（第二辑）六十花甲》《中国人的生活故事（第二辑）七十古稀》《中国人的生活故事（第二辑）五十知命》《中国人的生活故事（第二辑）弱冠桃李》	外语教育与研究出版社	
2017 年 5 月	《"一带一路"100 个全球故事》	新华通讯社、国务院国资委、新华出版社	

续表

时间	出版物	合作方	说明
2017 年 7 月	【教师用书】[英] 迈克尔·拜拉姆《跨文化交际与国际汉语教学》	外语教学与研究出版社	本书阐释了一些基本的概念，如"文化""能力""社会身份"，并进一步说明这些概念如何为建立一个系统的、理论基础扎实的方法做奠基，从而为语言教学加入文化的维度
2017 年 9 月	《中华思想文化术语》系列丛书	外语教学与研究出版社	《中华思想文化术语》系列丛书一共将出版九辑，每辑收录 100 条反映中华哲学思想、人文精神、思维方式的思想文化术语，以中英文双语进行阐释
2017 年 11 月	马亚敏《轻松学汉语》少儿版系列	三联书店（香港）有限公司	是一套专门为汉语作为第二语言/外语学习者编写的国际汉语教材，主要适合小学生使用。旨在从小培养学生对汉语的学习兴趣，帮助学生奠定扎实的汉语基础，培养学生的汉语交际能力
2017 年 12 月	《西去东来》	外语教学与研究出版社	有法语版、泰语版、日语版、西班牙语版、德语版、意大利语版、葡萄牙语版、俄语版、斯瓦希里语版。（直至 2020 年 8 月出新版）
2018 年 6 月	【教师用书】《Jessy 老师国际汉语教学加油站（教学策略篇）》（简体版）	三联书店（香港）有限公司	本书是为国际学校老师、海外中小学汉语教师编写的汉语教学策略集，来自 Jessy 老师几十年来教学经验的整合与提炼。它将陪伴老师们，从开学前的准备，到第一次走进教室的破冰，再到每一堂课各个环节的设计，以及最后的备考冲刺，提供不同的教学策略，还有差异化的温馨提示

续表

时间	出版物	合作方	说明
2018 年 7 月	《汉语水平考试真题集 HSK 四级》《汉语水平考试真题集 HSK 五级》《汉语水平考试真题集 HSK 六级》《汉语水平考试真题集 HSK 三级》	人民教育出版社	
2018 年 7 月	【教师用书】［英］西蒙·博格《教师发展与国际汉语教学》	外语教学与研究出版社	内容选自教师教育与教师职业发展研究专家 Simon Borg 教授在 2017 年夏季世界汉语教学学会举办的"国际汉语教师培养与发展高级讲习班"上的两场讲座。针对目前教师发展面临的困境，本书简要概括了教师职业发展研究的现状、方法和步骤，介绍了教师研究的关键特征和研究技巧，对怎样进行高质量的语言教学研究进行了深入的探讨。本书采用中英文对照的形式，方便国际汉语教师与第二语言教学研究者阅读使用
2018 年 8 月	《国际汉语教师证书》考试真题集	人民教育出版社	
2018 年 11 月	陈从周《中国文人园林（英汉对照)》	外语教学与研究出版社	《中国文人园林（汉英对照）》是"博雅双语名家名作"系列图书之一，系由辑编"现代中国园林之父"陈从周先生关于中国传统园林的经典文章而成，其中包括奠定作者 20 世纪中国园林大家地位的《说园》五篇。本书深入浅出地展示了对园林史的研究，阐述了中国由来已久的精深造园史的特性，讲园林，但又超越造园本身，讲述了中国园林与中国诗文、绘画、书法、昆曲、建筑和居住者日常生活之间的微妙关系

续表

时间	出版物	合作方	说明
2019 年 4 月	汪荣祖《追寻失落的圆明园》	外语教学与研究出版社	《追寻失落的圆明园》从宏观上呈现圆明园布局、扩建、焚毁、修复的漫长变迁，亦于细节处勾勒园林建筑、生活起居与日常运行的点滴，回溯"万园之园"曾经的苦难与辉煌。该书是美国《选择》（*Choice*）杂志上榜学术著作，曾荣获"中国大学出版社协会第二届优秀学术著作二等奖"
2019 年 8 月	《国学启蒙》（全6册）	清华大学出版社、孔子学院总部五洲汉风网络科技	直至 2020 年 7 月出新版
2019 年 12 月	宁继鸣主编《孔子学院研究年度报告》（2019）	商务印书馆	《孔子学院研究年度报告》是以关涉孔子学院及其相关研究的文献为基础形成的年度系列成果。本年度报告从教学、发展、影响、舆情、案例等五个维度，对孔子学院年度研究文献进行集成与梳理，对研究现状开展综合分析。在人类命运共同体的理念与框架下，将孔子学院视为一个象征符号，探讨其社会身份及其发展中的想象，深入分析并提出科学判断与实践应对，为开展跨学科的孔子学院研究提供参考
2020 年 7 月	《古代汉语》上下册	人民教育出版社	
2020 年 7 月	《Parliamo Chinese 我们说汉语》第三册	罗马大学孔子学院	涵盖了汉语水平考试（HSK）四级到五级和《意大利高中汉语教学大纲》生词和语法结构，以及大纲中要求的文学，文化内容

续表

时间	出版物	合作方	说明
2020 年 12 月	《快乐学拼音——林克斯学生拼音教材》	北京语言大学出版社	全书将汉语拼音分为 7 个部类，并选用 38 个音节介绍汉语拼音的特点及学习方法
2021 年 10 月	《文化密码：中国文化教程》	高等教育出版社	本系列教程共 31 大文化主题，分布在六册之中，以树状结构排列，每个文化主题下包含三课教学内容，格外注重中国文化可供世界分享的属性和价值，因此每册都编排了"中国智慧"主题。第一册的文化主题是：姓名文化、饮食文化、科技文化、旅游文化、汉字文化、中国智慧；第二册的文化主题是：地理文化、历史文化、民俗文化、节日文化、文化遗产、中国智慧；第三册的文化主题是：城市文化、建筑文化、服饰文化、休闲文化、戏曲文化、中国智慧；第四册的文化主题是：书法文化、绘画文化、茶文化、酒文化、儒家文化、中国智慧；第五册的文化主题是：制度文化、器物文化、诗歌文化、道家文化、中医文化、中国智慧；第六册的文化主题是：文化要义、文化精神、文化交流、墨家文化、佛教文化、中国智慧

从表 2-8 的统计结果看，在近 20 年孔子学院的所有出版物中，与中国精神文化相关的有以下几项：《五经》翻译版、《孔子卡通传记》、《孔子卡通故事精编》、《孔子卡通读物》、《诗经》和《史记》翻译版、《中国文化常识》、《国学启蒙》。其中，传统经典的翻译和读物类书籍并不能直接作为教材使用，因此可以说，孔子学院 20 年内出版的适合教学使用的文化类教材只有《中国文化常识》。孔子学院是传播中国文化的重要窗口，但目前适合孔子学院中高级水平的汉语学习者使用的中国文化教材却十分匮乏。

基于文化教材短缺的现状，结合笔者对海外 20 所孔子学院课程设置和教学

65

情况的了解，笔者认为针对中高级水平的汉语学习者建构一套更加合理的文化教学课程体系与教学模式，编写适用于孔子学院教学、注重中外文化的比较与汇通的具有国际视野的中国文化教材具有必要性和紧迫性。具体来说，应该结合党的十九大和二十大的精神，在学理上深入研究孔子学院课程体系，开发出能够客观、公正、完整、与时俱进地呈现新时代中国文化的教材。在呈现国情文化知识的同时，增强中国特色发展道路和价值观的提炼，中国阐释和国际比较并重，使世界各地的孔子学院学生对中国社会发展和国情、中国人的价值观念、思维方式、生活习俗、交往习惯有较深入的了解，促进孔子学院学生跨文化交流理解力的提升。

将中国经典文化以更加科学、系统、实用的方式稳扎稳打地传播，以期外国汉语学习者对中国文化从"了解"层面上升到"理解"层面。对中国传统道德文化进行现代阐释，使中国传统道德可以"古为今用"，应该说，文化"走出去"的视角对传统道德文化的现代阐释来说是不可或缺的，是其理论创新的一条必由之路。

海外孔子学院的设立为推动世界了解中国，扩大中国影响力奠定了基础。经过10余年的发展，孔子学院的办学规模取得了举世瞩目的成就。孔子学院是讲好中国故事、传播好中国声音、阐发中国精神、展现中国风貌、增进外国人对中国了解的重要窗口，在规模扩张的同时，对中国文化的输出功能是否也在稳步增强呢？我们在海外8所孔子学院展开了调查，结果显示有89%的孔子学院学生体验或接触过中国菜、茶叶等"中国物质文化"，75%的孔子学院学生接触或体验过太极拳、中国书法等"中国行为文化"，但很少有学生可以说出中国文化的精髓、本质或者内核。

近年来，孔子学院注重"文化体验"教学，海外的各家孔子学院根据本校的师资情况，开设太极拳、中国茶艺、中国书法、中国剪纸等不同的中国文化体验课。文化体验课程对于在孔子课堂学习的外国中小学生具有一定的吸引力，但是在孔子学院学习的外国成年学生对这类文化体验课程评价普遍不高，他们认为自己无法从"文化体验"教学中获得中国文化价值，无法通过这类课程了解到真正的中国和中国文化。

中国文化教学在国际中文教育课程与教学体系中具有重要意义，面对当下新的时代形势，如何面向全球孔子学院学生讲好中国故事是一个崭新的课题。笔者调查了海外近20所孔子学院有关中国文化课程的开设情况。从调查结果看，海外各家孔子学院对中国文化课程的特性、目标、内容以及教学法都有一定的认识，但总的来看对中国文化教学的重视程度普遍不高，对中国文化教学内容的把握也并不准确。目前只有意大利天主教圣心大学孔子学院面向中级汉语水平及以上的汉语学习者开设了一门"孔子的话"课程，课程讲授《大学》《中庸》《论语》的片段。其他各家孔子学院开设的文化课程基本上是文化体验课，如英国谢菲尔德大学孔子学院开设的文化课程为书法、太极和中国功夫三项；法国罗拉谢尔孔子学院的文化体验课是书法与剪纸两项；美国佐治亚大学孔子学院的文化课程同样是文化探索形式，包括茶艺、脸谱、太极三项；尼日利亚拉各斯大学孔子学院对中高级汉语学习者开设了一门"中华武术"选修课。

　　文化体验课的效果如何？是否得到了外国学生的喜爱和认同呢？面向北京语言大学和北京理工大学海外孔子学院的学生，我们展开了"你喜欢什么样的教学方式？"的调查，结果显示："老师讲课"是最受欢迎的选项，有52%的学生选择；其次是"主题演讲、对话、辩论"方式，有29%的学生选择；排在第三位的是"游戏"，有12%的学生选择；仅有7%的学生选择"文化体验"。孔子学院总部十分重视，并投入大量经费支持的中国文化体验活动并未获得成年外国学习者的积极反馈，可见浅层次的文化体验活动并不能真正触动学习者的心灵。

　　当我们问外国人什么是中国文化的时候，许多外国人都可以说出与中国相关的一些元素符号，比方说：长城、饺子、熊猫、中国功夫、京剧。但是，对于在孔子学院专门学习汉语和中国文化的外国学习者来说，仅仅告诉他们这些与中国文化相关的元素符号显然是不够的，孔子学院应该把"儒释道""仁义礼智信"等更加接近中国文化的精髓、本质、内核的内容作为日常教学的重点内容。也就是说，中国文化教学不能停留在文化体验层面，而是应该具有理论高度和思想深度的。下面以北京理工大学尼日利亚拉各斯大学孔子学院开设的课程情况来说明（见表2－9）。

表2－9　　　　　北京理工大学尼日利亚拉各斯大学孔子
学院开设的各级汉语教学班课程设置情况

汉语课程名称	周课时数	班级数量	学生人数	使用教材
基础汉语，Level 1	3＋4	1＋1	40＋40	《跟我学汉语》
初级汉语，Level 2	3＋4	1＋1	15＋20	《跟我学汉语》
中级汉语 A，Level 3	3＋4	1＋1	10＋10	《跟我学汉语》
中级汉语 B，Level 4	3＋4	1＋1	10＋6	《跟我学汉语》
高级汉语 A，Level 5	3＋4	1＋1	9＋8	《高级听力教程》《高级口语教程》
HSK 初级辅导班	2	1＋1	20＋16	自编教材
HSK 中级辅导班	2	1＋1	12＋11	自编教材
HSK 初高级辅导班	2	1＋1	10＋8	自编教材
中国武术班	2	1	16	自编教材
尼日利亚 Guarantee Trust B nk 汉语班	4	1	15	《跟我学汉语》

　　尼日利亚拉各斯大学孔子学院开设的各级汉语教学课程反映了海外孔子学院课程设置的普遍情况，目前，各家孔子学院开设的课程基本集中在语言教学方面，使用的教材是语言教材，与中国文化相关的教材几乎不采用。有的课程使用老师自编教材，缺少明确的课程教学大纲，教学内容零散陈旧，教学质量参差不齐，教学方式单一，课程特性不突出，因此教学效果不理想，授课目标难以充分实现。有的孔子学院不开设中国文化课程，有的孔子学院把文化教学等同于文化体验，定期举办太极拳展示、书法展示、包饺子等活动，系统地开设讲授中国文化思想内涵课程的孔子学院凤毛麟角，笔者认为如果文化课仅仅停留在文化体验层面缺乏理论高度，是难以产生影响深度的，新的中国文化教材需要带动教学模式的转变，即由"文化体验式"教学模式转向为"文化浸润式"教学模式。"浸润式"接受中国文化，并非浅层次的"体验式"接触中国文化，教材对中国的历史经验、政治生活、社会背景的呈现将在每一个外国学习者的思想深处打上了特殊的烙印，使学习者对中国文化不再局限于以往浮光掠影般的感知，而是达到一种文化浸润、以文化人的效果。

　　从新中国成立以来对外文化教材编写的整体情况看，应该说，教材的内容得到了丰富和完善，编写理念、编写数量和编写质量也都有大幅提升，有的教材以"排疑解惑"为目标，以外国学习者感到困惑或者感兴趣的文化点作为重要内容；有的教材配套了音频、视频，弥补了纸质教材的局限，丰富了学习者的学习方式，使文化的传播更加生动高效。但现有的对外文化教材尚存在以下不足：

　　第一，总体上偏重于传统文化，当代文化内容占比不高，体现新的文化理念和时代精神的文化教材不多。对于传统文化以介绍性的呈现为主，缺乏对于中国文化本质精神的提炼和阐释。古代文化和当代文化的连接突兀，编写体例上断裂感明显。由于教材中缺乏将中国的传统文化"古为今用"的实例，使学习者感到中国传统文化年代久远、冷僻、实用价值不高，从而降低了学习中国文化的兴趣。如何在传统文化中注入时代精神，赋予传统文化新的活力，是对外文化教材编写中亟待解决的问题。

　　第二，教材编写中存在归类标准不清晰、章节逻辑不合理、教学重点不突出的问题。文化层次论将文化分为表层（外在直观事物）、中层（社会规范与价值观）、核心层（文化存在的基本假设）三个层次，表层文化主要以物质形态呈现，容易感知；中层文化和核心层文化不易被感知，但却在很大程度上决定着表层文化。文化教材编写应该遵循由浅入深的文化习得顺序，从容易感知的、容易引起兴趣的表层文化入手，再逐渐深入到中层文化和核心层文化，但多数教材编写在章节排列上没有注重有序有效的问题。

　　第三，在编写语言和编写内容上，无论是概况类文化教材，还是系统性的文化教材都存在着词汇偏难、概念偏难的问题，只有适合中高级语言水平的外国学习者使用的教材，而缺乏初级汉语水平的外国学习者适用的文化教材。当下，对外汉语教学界存在的问题是：将中国文化传播的重心放在了文化的两极，一方面致力于传播表层文化，例如为学习者开设大量的文化体验课程；另一方面，依托文化教材向学习者传播"道""天人合一""无为而无不为"等对于外国人而言抽象难解的概念，高深的内容使外国学习者对中国文化望而却步，特别是对于青少年的外国学习者来说，更是不易找到适合其学习的系统性的文化教材。如何控制难度、并满足不同年龄层次的学习者需求，编写与之相适应的文化教材是值得学界思考的问题。

目前，中国文化，尤其是中国传统文化的核心和精髓在海外的传播状况并不理想，因此我们有必要反思文化教学内容和对外文化教材的编写情况，总结中国文化在跨文化交流语境中是如何被理解的，发掘中国文化的特殊性与普遍性的深刻统一，探讨汉语和中国文化在跨文化交流语境中的呈现方式和的阐释方法，探讨如何有可能由中国经验延伸为世界经验、由内而外延展其实践路径的问题。其意义不仅是从学理层面上仔细分析中国文化所蕴含的"界外之响""化外之力"，而且也是从教育实践层面具体观照中国文化的世界"境遇"，更是倡导中国文化未来能对每一个世界公民的伦常日用、修齐治平产生积极影响。

第三节　关于对外文化教材编写的文化要素呈现及其问题

一、对外文化教材中的文化项目选择与文化点呈现

文化的定义繁多，分类方式各异，庞朴把文化分为物、心物、心三个层次，"物"指的是马克思称为"第二自然"的对象化的劳动；"心物"指的是自然和社会的理论、社会组织制度等；"心"指的是核心，即价值观念、思维方式、审美趣味、道德情操、宗教情绪、民族性格等。他认为从"物"到"心"有一个过渡，过渡就是制度。[1] 周一良认为文化可以分为狭、广、深三个层次，狭义的文化指的是哲学、文学、美术、音乐以至宗教等与精神文明相关的内容；广义的文化指政治、经济，其中政治指典章制度，经济指生产交换，以及衣食住行，婚丧嫁娶、风俗，包括生产工具、服饰、房屋、饮食、车船等生活用具；深义文化

---

① 参见庞朴：《文化结构与近代中国》，载于《中国社会科学》1986年第5期，第81页。

是对所有文化进行综合、概括、提炼、抽象、升华后得出的最为本质、最能体现中国特征的内容。[①] 台湾学者余英时把文化分为物质、制度、风俗习惯、思想与价值四个层次。[②]

"知识文化"和"交际文化"是对外文化教材编写的二类重点内容。对这两类文化内容的判断可以以文化是否在交际过程中干扰信息的传播和解读、是否引起理解上的误差等因素作为判断标准,对交际产生直接影响的文化就是"交际文化",相反就是"知识文化"。需要指出的是,这样分类并不意味着"知识文化"不参与交际,"知识文化"所包含的精神内涵和伦理准则等共识同样存在于交往交流的过程之中,并成为一些文化交流现象的深层原因。

笔者梳理了1980年至今出版的对外文化教材中涉及的文化项目,这对于新的对外文化教材编写将具有借鉴和启发意义。笔者首先将文化分为"知识文化"和"交际文化"两大类,然后进一步将"知识文化"分为传统习俗类、价值观念类、文学文字类、日常生活类、科技艺术类、国家概况类;而将"交际文化"分为语言交际文化和非语言交际文化两类进行梳理,梳理的内容是每个文化项目所包含的文化点和相应的课后习题,详见表2-10。

表2-10　1980年至今出版的文化教材中涉及的文化项目及文化点统计

文化类别	文化项目类别	文化项目	文化点	课后习题
知识文化	传统习俗类	节日节气	传统节日:春节、中秋节、元宵节、端午节、重阳节、七夕节、清明节; 特殊节日:国庆节、建党节; 少数民族节日:泼水节、开斋节、敖包节; 外来节日:劳动节、情人节、圣诞节; 过节习俗:吃饺子、贴春联、放鞭炮、吃粽子、吃月饼、赛龙舟、插茱萸、吃汤圆、踏青、扫墓; 二十四节气及习俗:冬至吃饺子、农业耕种的准则; 天文历法与时间表达:天干地支、阴历阳历、年月日的表达顺序	你知道中国人怎么过春节吗? 你知道中秋节为什么要吃月饼吗? 在你的国家有类似中秋节这样的团圆节日吗? 在你的国家过年的时候有什么特别的庆祝方式吗? 在你的国家有类似于黄金周的假日吗?如果有,人们主要用哪些方式度过假日?

[①] 周一良:《我对中外文化交流史的几点看法》,载于《光明日报》1986年6月24日。

[②] 参见余英时:《从价值系统看中国文化的现代意义》,台湾时报文化1984年版。

文化类别	文化项目类别	文化项目	文化点	课后习题
知识文化	传统习俗类	姓氏生辰	姓氏文化：姓在前名在后；百家姓；姓氏的起源；孩子一般随父亲姓氏，女人婚后保留自己的姓氏； 生辰文化：十二生肖、生肖传说、生辰八字、生日礼物、不当面打开礼物、如何祝寿、年龄的雅称、长寿面和蛋糕、满月和抓周	你知道你属什么吗？ 在中国你知道该怎么准备生日礼物吗？ 你送给中国朋友生日礼物，他没有打开是因为不喜欢吗？ 在你所在的国家，姓名的表述方式和中国一样吗？ 在你所在的国家，孩子可以直呼父母的姓名吗？
		丧葬嫁娶	婚礼：吃喜酒、婚俗、婚姻观念、结婚服饰； 葬礼：陪葬、天葬、悬棺	为什么中国人在结婚的时候喜欢用红色做装饰？ 在你的国家举办婚礼时有哪些特殊的礼节和仪式？
		礼仪象征禁忌	颜色的寓意：红色寓意吉祥、白色寓意死亡； 仪式：祭祖仪式、庆祝仪式； 数字的寓意：6代表顺利、8谐音"发"代表发财、9表示长久、4与"死"谐音； 植物的象征意义：松竹兰象征君子品格；菊、桔子、苹果、桃、花生等的象征意义； 动物以及动物的象征意义：龙的起源、龙生九子、龙的传人、凤、蝙蝠、喜鹊、鹤、鹿、羊、鸳鸯、鱼等； 物品：玉、镜、瓶、爆竹、桃符、双喜倒福； 含有贬义的动物和器物：狗、鼠、梨、（送）钟； 见面礼节：握手礼、抱拳礼、磕头； 风水讲究：结婚算八字、挑日子、布新房、贴红双喜、开业剪彩、左眼跳财，右眼跳灾	在你的国家有那些特殊的礼仪和禁忌？ 中国的龙和西方的龙有何区别？ 中国人过春节时常喜欢倒贴福字，取谐音"福到了"。请问你的国家有没有类似的利用谐音求吉利的做法？

续表

文化类别	文化项目类别	文化项目	文化点	课后习题
知识文化	价值观念类	哲学思想	诸子百家及其学说著作：儒家、道家、墨家、孔子、老子、庄子、孟子、《论语》、《道德经》、《庄子》、"仁"、"义"、"无为"、"中庸"；周易：太极、五行学、八卦、阴阳；佛教禅宗：玄奘取经；哲学：王阳明心学、天人合一；处事：忠恕之道、清静无为、立世与出世	你怎么看待儒家"仁"的思想？你是如何理解老子提出的"无为"思想的？
		人情观	谦虚礼让；以和为贵；讲义气；"事不关己，高高挂起"；言不及利；宽容；忍耐	在你的国家人情往来上有什么需要注意的规则？你认为谦虚是好事吗？
		家国观	家国相依、国家荣誉感高、家庭结构；家庭关系；家庭观念；婚恋观：门当户对；生育观；男尊女卑；男左女右；乡土观念；宗族观念；地域观念；寻根意识	父母应不应该把自己的爱和观点强加在孩子身上？各国的离婚率都在不断上升，你如何看待这一现象？你怎么看待女性提出离婚的比率高出男性提出的比率这一现象？婚姻需要门当户对吗？你所在的国家是否存在男女不平等的现象？你怎么看待这种不平等的问题？如何理解中国人"叶落归根"的思想？
		面子观	好面子；重面子	你如何看待中国人"爱面子"的特点？
		金钱观	存钱；防患于未然；勤俭节约；不露富；炫耀性消费；买彩票	你怎么看待超前消费？你觉得中国人的消费观和你所在的国家的消费观念有何不同？

文化类别	文化项目类别	文化项目	文化点	课后习题
知识文化	价值观念类	审美观	意境美；含蓄美；和谐均齐；留白；写意	你觉得中国的审美特点是怎样的？
		隐私观念	不注重年龄、婚姻状况、收入等隐私	你所在的国家怎样对待别人的隐私？可以询问别人的收入或婚姻状态吗？
		传统美德	尊老爱幼；勤劳节俭；诚实守信；尊师重道；孝敬父母；君子品格	你所在的国家对待老人的方式和中国对待老人的方式有区别吗？
		等级观念	服从权威；尊老爱幼；论资排辈；官本位	你认为一定要服从长者的安排吗？
		宗教信仰和道场	道教、佛教、喇嘛教、基督教、天主教、伊斯兰教、敦煌莫高窟、天水麦积山、甘南的拉卜楞寺、平凉的崆峒山、青岛崂山太清宫、大连三清观、五台山、终南山、一沙一世界、禅宗观念、轮回、祖先崇拜、宿命观、鬼神观念、妈祖崇拜、中国化天主教、回教	
	语言文学类	语言文字	汉字的起源、汉字演化过程、象形字、甲骨文、会意字、偏旁部首、谚语、成语、方言、普通话、歇后语、字谜、南腔北调	你认为中国的文字与你国家的文字有什么区别？汉字有何特点？
		文学经典	小说：曹雪芹《红楼梦》、吴承恩《西游记》、罗贯中《三国演义》、施耐庵《水浒传》； 神话传说：嫦娥奔月、精卫填海、愚公移山、夸父逐日、女娲造人、后羿射日； 成语寓言：守株待兔、龟兔赛跑； 诗歌韵文及诗人：《诗经》、《楚辞》、唐诗宋词、汉乐府、李白、杜甫、屈原； 元杂剧：关汉卿《西厢记》； 现当代作家：鲁迅、老舍、莫言、余华	说一位你了解的中国作家及其代表作。 介绍四大名著的主要人物和故事梗概。 介绍一部你喜欢的中国电影或一位中国影星

续表

文化类别	文化项目类别	文化项目	文化点	课后习题
知识文化	日常生活类	饮食	菜系流派：鲁菜、川菜、粤菜、淮扬菜、闽菜、浙菜、湘菜、徽菜； 烹饪方法：煎炒焖炸卤炖； 节庆饮食：饺子、月饼、粽子、汤圆、元宵； 餐具：筷子； 饮食习惯：南咸北甜；南方米饭、北方面食； 特殊饮食：豆腐、火锅、糖葫芦、烤鸭； 小吃饮品：豆浆油条、早茶； 茶：白茶、绿茶、黑茶、红茶、花茶、青茶、茶点、大碗茶、龙井茶、铁观音、茶博士； 酒：白酒、黄酒、茅台； 饮食的地位：民以食为天； 饮食禁忌：不可将筷子横放或将筷子插入碗中	中国的烹饪方法和你所在的国家有何不同？ 你对中国的合餐习惯有什么看法？你们国家有什么特殊的饮食习惯？ 中西餐桌礼仪有何区别？ 在中国餐桌上对座次有何要求？ 在你的国家有什么大众饮料？ 洋快餐为何在中国站不住脚？ 谈谈你们国家的快餐业
		服饰	传统服饰：汉服、旗袍、唐装、中山装； 少数民族服饰：苗族服饰、蒙古袍； 当代日常着装； 职业着装	你所在的国家有哪些特殊的服饰？
		住行	居住方式：四合院、福建土楼、蒙古包； 交通工具：动车、高铁、出租车、火车、飞机、无轨电车、公共汽车、共享单车	你们国家日常的交通方式有哪些？

74

文化类别	文化项目类别	文化项目	文化点	课后习题
知识文化	日常生活类	生活	通讯方式：手机通讯、互联网； 休闲娱乐：购物、旅游、看电影、读书、健身、广场舞、养宠物； 消费方式：线下购物、网络购物、扫码支付、线上直播、支付宝	中国人在节假日里一般都做些什么？你节假日都喜欢做些什么？ 为什么消费问题是中国当前的热点问题？ 你认为线上购物和传统购物最大的区别是什么？ 你认为扫码支付将会给我们的生活带来哪些改变？
	科技艺术及中医	科技	科技：航空、航海、水利、农业、工业、交通、IT； 中医：望闻问切、针灸、拔罐、穴位、华佗、李时珍《本草纲目》、《黄帝内经》、《千金方》、《伤寒论》； 中国发明：指南针、造纸术、火药、活字印刷术、张衡与地动仪、日晷和铜壶滴漏、祖冲之与圆周率	互联网给你所在的国家带来怎样的变化？ 你认为中医和西医有什么区别？ 你怎么看待科技的高速发展？
		艺术	书法：篆书、隶书、楷书、行书、草书、文房四宝； 绘画：山水画、人物画、写意画、文人画、《清明上河图》、《春游图》； 篆刻：阴文阳文； 棋类：围棋、象棋； 工艺：雕塑、瓷器、风筝、剪纸、中国结、刺绣、丝绸、唐三彩、景泰蓝、玉器； 舞蹈：古典舞、民族舞； 音乐：二胡、古筝、古琴、琵琶； 曲艺：京剧、豫剧、越剧、黄梅戏、秦腔、相声、快板、杂技、变脸、皮影戏； 建筑：木架结构、榫卯结构、庭院式结构；故宫、十三陵、长城、苏州园林、天坛、颐和园、李冰与都江堰； 影视作品	中国的传统音乐和你所在国家的传统音乐有什么不同吗？ 与你的国家相比，中国的舞蹈有什么独特之处？ 你觉得中国的绘画风格和西方的绘画风格有什么不同？ 京剧和国外的戏剧有何不同？

文化类别	文化项目类别	文化项目	文化点	课后习题
知识文化	国家概况类	国土	行政区域划分 地理情况：四大高原、四大盆地、三大平原、三山五岳、长江、黄河； 气候：冬冷夏热，冬干夏雨； 资源：动植物、矿物石油	中国的邻国有哪些？ 你去过长城吗？ 你能说出中国的地形特点吗？ 中国管辖的海域面积有多大？ 你所在国家的地势特点和中国有什么区别？
		历史	重大历史事件：贞观之治、开国大典、香港澳门回归、北京奥运会； 历史名人：孔子、司马迁、秦始皇、汉武帝、唐太宗、屈原、毛泽东； 历史阶段及各个朝代； 中外交流史	你知道中国有哪些历史名人？能说出他们的故事吗？ 与你所在国家的历史相对照，指出中国的重要历史朝代大致相当于你的国家的哪个历史时期？
		民族与人口	五十六个民族； 人口分布	谈谈你所在的国家如何解决人口老龄化的问题。
		政治制度	人民代表大会制度、"一国两制"、宪法、国家象征	你的国家的政治制度有哪些特点？
		经济	经济产业分布情况、经济政策、互联网经济、中国经济现状发展、中国经济主体格局、新时代中国农村发展	你如何看待互联网经济的飞速发展？ 说说中国经济发展的特点。
		教育	古代教育：官学和私学、术源文化、科举制度； 教育制度：九年义务教育； 著名大学：清华大学、北京大学； 升学制度和考试方式：中考、高考； 学校设置：幼儿园、小学、初中、高中、中专、大学	中国教育的长处是什么？还需要在哪方面改进？ 中国和美国在教育上有什么差异？ 谈谈你们国家的教育和中国教育的异同

文化 类别	文化项 目类别	文化 项目	文化点	课后习题
知识 文化	国家 概况类	旅游	旅游城市：北京、上海、广州、深圳、苏州、杭州； 著名景点：桂林山水、三峡、九寨沟、西湖、少林寺、张家界、兵马俑、长城、中国十大石窟、鸟巢、水立方	你所在的国家有哪些著名的景点？ 你最想去中国的哪座城市？
		文化 遗产	物质文化遗产、非物质文化遗产	你所在的国家有哪些文化遗产？ 你对保护文化遗产有什么建议？
		社会 保障	医疗保险制度、养老退休制度、社会救济服务、住房公积金、就业保障	你的就业观是怎样的？为何自由职业成为中国青年的求职意愿？你是怎么看待这一现象的？
		外交	丝绸之路、郑和下西洋、鉴真东渡、马可波罗、乒乓外交	你所在的国家在历史上和中国有过交往吗？
		体育	武术：太极、功夫、剑术、醉拳、十八般武艺； 现代体育：乒乓球、女排； 名人：刘翔、姚明	在你的国家较普及的运动是什么？
		大众 传媒	新闻媒体、报纸杂志、广播媒体、网络媒体、广告	你平时喜欢从哪些媒体上接受信息？ 作为消费者要如何看待广告？ 电视广告与其他媒体广告相比有什么特点？
		国防	军事力量、和平理念、和平共处五项原则	如何理解"和平共处五项原则"？

续表

文化类别	文化项目类别	文化项目	文化点	课后习题
交际文化	语言交际文化	具体场合下的交际文化	问候寒暄方式：打招呼的方式、客套话； 称谓：先生、女士、熟人间可在小辈姓氏前加"小"字、用丈夫的姓氏称呼已婚妇女为某太太； 回应称赞：哪里、过奖； 请求方式：麻烦、拜托； 做客待客：串门不提前预约、会起身送客、邻里间会相互串门； 告别方式：留步、慢走、有空来我家玩； 送礼收礼：礼轻情意重、礼尚往来、不当面打开礼物； 致谢：请吃饭、送礼、大恩不言谢； 接电话方式：不先报姓名，而是询问致电者身份； 就餐礼仪：长者先入座动餐、合餐制、劝酒、晚辈敬酒时酒杯不得高过长者、打包、争着买单与AA制； 交际风格：含蓄委婉、用推让的方式表示拒绝、用"随便"表示客气	你所在的国家，客人离开时主人也会说"慢走""留步"吗？ 中国人回应称赞时说"哪里"到底是什么意思？ 朋友说"有空来家里玩"是真的让你来玩吗？
	非语言交际	手势与身体语言	握手、鞠躬、竖大拇指表示夸奖、喜欢目光接触、用笑化解尴尬、身体距离较近	在你的国家有哪些手势语？有哪些和中国完全不同的手势语？

二、对外文化教材的编写局限与改进空间

新中国成立以来，汉语国际教育领域的文化类教材已经出版了近250种。经过几十年的探索，这些文化教材在数量和质量上都取得了长足的进步，但在针对性、实用性、系统性甚至表达方式上仍存在一些不足。

首先，内容上多存在未能处理好传统文化与当代文化、中国文化与世界文化

关系的问题。20 世纪 90 年代，华语教学出版社出版了梅立崇等编撰的《中国文化面面观》①，这本教材旨在为外国学习者全方位地介绍中国文化，但其内容仅局限于中国古代文化知识，并未充分关注中国近现代文化以及当代文化的发展。全书共 22 章，涉及中华民族、中国人的姓名、中国饭菜、北京的名菜馆和名菜、茶叶、四大发明、古代著名医药学家、传统节日、婚俗、工艺美术、丝绸、陶瓷、古代绘画及著名画家、汉字的书法艺术、京剧、相声、古代诗歌和著名诗人、宋词元杂剧及代表作家、古典诗词、古典小说及四大文学名著等方面。从该书主要内容来看，虽全面展现了中国源远流长的文化底蕴与内涵丰富的文化内容，但基本上是古代文化知识，与当代中国人的生活状况相距甚远。北京语言大学出版社 1999 年出版的《中国文化》教材以及上海外语教育出版社 2011 年出版的《中国文化》教材也大都是有关中国古代的内容，较少涉及当代中国的内容，具有厚古薄今的倾向。

而华语教学出版社 2010 年出版的《中国进行时》、2014 年出版的《当代中国微纪录》、2015 年出版的《当代中国一瞥》、2019 年出版的《当代中国近镜头》、外语教学与研究出版社 2016 年出版的《中国人的生活故事》等教材则完全不涉及与中国古代文化相关的内容。虽然当代中国与古代中国差异较大，但在中华民族现存的社会习俗、心理状态、价值观念甚至思维方式上，都烙有中国古代文化的印记，正是因为这些印记，才形成了既走向世界潮流又具有自身特色的中国现代文化，才有可能追根溯源地解释清楚当今中国的许多文化现象。过于偏重中国古代文化介绍或未能充分重视传统文化价值均不利于中国文化的传播且不能满足外国学习者的需要。

其次，对外文化教材普遍只标注"对外文化教材"或者"专业汉语教程"，而没有对教材难度或者使用者的汉语水平做出明确界定，给学习者带来选择上的困惑。

再次，由于编写者的理念和侧重点各异，文化教材一方面包罗万象，另一方面呈现出无序化的特征。"知识文化"项目远远多于"交际文化"项目也是文化教材编写中普遍存在的问题。过多"知识文化"容易使学习者产生被灌输中国价值观的误解，容易使学习者产生"文化休克"，妨碍学习者对于中国文化的接受。因此，在教材编写中，我们需要思考如何平衡知识文化和交际文化的比例问题。

最后，有些对外文化教材中的"知识文化"内容过于冷僻，比如有的教材讲葬礼时介绍了陪葬、天葬、悬棺②；讲《周易》时介绍了坤卦、乾卦、六爻③；

---

① 梅立崇、魏怀鸾、杨俊萱：《中国文化面面观》，华语教学出版社 1993 年版。
② 宁继鸣：《中国概况》，北京语言大学出版社 2013 年版，第 209 页。
③ 马立平：《中华文化巡礼》，斯坦福中文学校出版社 2012 年版，第 22 页。

有的教材介绍了中国的男尊女卑思想和愚孝观念①等。显然，这些内容不适合编入对外文化教材之中。对外文化教材编写需要萃取中国文化精华、选择容易引发学习者共鸣的文化内容，回避语言难度过大、思想观念陈旧的内容。在 2008 年出版的《说汉语谈文化》教材的第一课中，编写者设计了一段中国人王大伟与外国人麦克尔的对话，王大伟对麦克尔说："'有空儿去我那儿玩儿'也是句客气话，随口说说的。"随后，又在课后习题中设计了"中国朋友说有空来家里玩是希望你来家里玩吗？"② 这样的问题，这样的课文内容和课后习题导致外国学习者认为中国人说话言不由衷，不利于在外国学习者心目中树立良好的中国人形象。

另外，很多文化教材课后习题的提问方式过于生硬，如"请问你如何看待中国文化？""你如何看待互联网的发展？""你如何理解老子的无为思想？""'仁'的内涵是什么？""在你的国家有没有类似中秋节这样的节日？""中国京剧和西方戏剧的区别是什么？"等。提问大多是站在中国文化优越性的立场以居高临下的口吻发出的，而且有些问题不是在寻找文化共同点，而是强调中国文化与外国学习者本国文化的区别，这样的提问方式容易招致外国学习者对中国文化的排斥和拒绝，原因是人容易接受与自己的"前理解"相同或者相似的文化，而排斥与自己的"前理解"差别较大或者完全不同的文化。因此，在教材编写中，我们应该遵循文化的可通约规律，寻找不同文化的共性问题，建立中国文化与他国文化的连接点，拉近学习者与中国文化之间的距离。过分强调文化的不同，不仅不能突出中国文化的优势，反而会导致外国学习者与中国文化的心理距离渐行渐远。

文化教材是中国文化"走出去"的有效载体，是对外文化教学的依托，而中国文化的博大精深给文化教材编写带来了巨大挑战。秉持注重科学性、实用性、趣味性的理念编写，笔者认为，在文化教材编写中，文化项目的选取需要更加精准，应注重基础材料的标准化和内容呈现的时代化，一方面，要对以往的对外文化教材进行严谨的梳理、考辨，总结其优点和不足，确保新编写的教材具有客观性、公正性和合理性，能够经得起学术史的检验；另一方面，要突破和超越现有中国文化教材的现状，将崭新的学术思想融入到新教材之中，从而使教材具有时代性和创新性的特征。总的来看，对外文化教材是中国文化跨文化传播的媒介和重要依托，对文化教材发展历史的梳理和差异性的对比，在横向上，可以发现不同文化教材的特色，找到存在的问题和提升改进的方向；在纵向上，可以总结文化教材的发展脉络和基本特征，为编写新的文化教材提供有益的启示。

---

① 吴晓露、程朝晖：《说汉语谈文化Ⅱ》，北京语言大学 2016 年版，第 81、101 页。

② 吴晓露、程朝晖：《说汉语谈文化Ⅰ》，北京语言大学 2014 年版，第 3 页。

我们今天需要什么样的对外文化教材呢？

从编写内容上看，首先，对外文化教材呈现的文化内容应该具有世界性意义，能被更广泛的群体尊崇、接受和共享，具有旺盛的生命力和广泛的传播扩散能力，经典、同时又在当代社会依然焕发光彩。偏颇的观点、冷僻的知识、陈旧的文化旧习和陋习，不适合作为对外文化教材的内容。

其次，对外文化教材的内容需要与时俱进。一个时代有一个时代的文化，文化教材的内容要随时代变化及时调整，呈现新的文化现象，展现中国的新面貌。这并不意味着对中国传统文化的放弃或者背离，而是要积极寻找传统文化被当代社会所赋予的新的生长点，挖掘传统文化的当下意义，讲述可供全世界分享的中国智慧和中国故事。

再次，对外文化教材既要满足外国学习者提升语言交际能力的需求，又要满足外国学习者了解中国文化的需求。对于大多数外国学习者来说，文化交际是他们学习的首要目的。对外文化教材作为文化产品要考虑学习者的第一需求，因此在编写过程中，对于知识文化和交际文化厚此薄彼的做法并不可取，这种做法会使学习者因所学内容实用性差而失去学习兴趣。

从编写体例上看，需要建构系统的编写体系，注重各部分的逻辑联系。在教材编写的过程中，文化内容的选取不能是随意的，而应该是具有逻辑性和系统性的，需要兼顾物质文明与精神文明、表层文化和深层文化，并且由表及里，既呈现表层的文化现象，同时又阐释深层的文化内涵。教材课与课之间以及每课内部的逻辑联系也十分重要。以《汉语中级口语》下册第一课为例，该课对话课文的内容是"可怜天下父母心"，传达的是中国父母对子女的情感；叙述性课文"特殊的生日礼物"讲述了中国子女对父母的孝敬之心，两段课文相得益彰。在课后练习中，编写者选用了古诗《游子吟》，凝练而唯美地再次说明了中国的父母与孩子的情谊。两段课文与练习衔接密切、关联自然，而且由今及古、由易到难，知识型文化和交际型文化都有所涉及，是成功的编写案例。

控制难度对对外文化教材编写而言格外重要。为了降低外国学习者的畏难情绪，对外文化教材的词汇不宜过难、课文不宜过长，要注重趣味性。课文的呈现方式可以灵活多变，例如采用叙述式课文与对话型课文相结合的编写方式，由叙述式课文呈现文化内容，由对话型课文引发学习者的思考和讨论。也可以尝试设计文化对比类的问题进行课前导入，帮助学习者克服文化障碍。此外，还可以设置"文化窗口""文化拓展"等板块，对课文中的文化项目进行补充。

从编写理念上看，要充分尊重他国文化的主体性。教材编写需要对中国文化进行客观呈现，不主观溢美，不宜讲说教，同时，不以中国文化的标准评价他国文化，而是平和包容地通过课前引导和课后练习帮助学习者树立跨文化交流意

81

识，引导学习者有意识地进行文化对比。教材是学习者平等交流的空间，尊重他国文化的主体性、认同文明的多样性，有助于增强学习者了解中国文化的意愿，有助于增强文化传播的效果。

在对外文化教材编写中，"面向他者的教学交往"意识尤其重要，我国有学者把课堂上的师生互动模式归纳为九种类型：指令—服从、指令—交涉、指令—抗争、建议—采纳、建议—参考、建议—筛选、参与—协从、参与—合作、参与—支配。① 以外国人为对象的中国文化教学，比较理想的师生互动模式包括：建议—采纳、建议—参考、建议—筛选、参与—协从、参与—合作几种。这就要求文化教材的编写者不能仅从编写者自身出发，考虑自己想呈现什么文化内容，而是要意识到教材编写实际上是一次"面向他者的教学交往"过程，"他者"具有外在性、差异性、陌生性、无限性等诸多特点，既然"面向他者"就需要教材编写者跳出自我意识的藩篱，跳出自我的边界和自我熟悉的文化语境，了解"他者"、认知"他者"、理解"他者"、把握"他者"，"他者"必然与我不同，"他者"也必然与我相似，以相似性为前提的"他者"必将能够与"我"同声相应、同气相求。另外，既然是"交往"就必须要考虑接受者的文化立场。编写前可以先通过发放调查问卷的方式，收集学习者们感兴趣的文化项目和经常困惑的文化点来提升教材编写的针对性，并在对学习者的认识和把握的过程中成就和体现编写者的主体性。

文化教材是传播中国文化的媒介，担负着语言教学和文化教学的双重任务。对于新中国成立以来对外文化教材编写史的简单回顾让我们了解了过去的成绩，汲取了宝贵的经验，也看到了存在的问题，找到了可以提升和改进的空间。新时代的文化教材编写既需要从中华思想文化源流概貌中提纯中国文化的精神本质，也需要注重传统文化与当代中国的内在联系；既需要寻找中国文化与他国文化共生点，有效避免"文化折扣"现象，也需要重新建构整体有序的文化教材编写体系，把"跨文化对话"落实在教材编写实践之中。

---

① 参见吴康宁、程晓樵、吴永军、刘云杉：《教学的社会学模式初探》，载于《教育研究》1995 年第 7 期。

第三章

对外文化教材编写的理念与体例

第一节 对外文化教材编写理念的着力点问题

中国是四大文明古国，中华文明能够赓续绵延至今是缘于中国文化的包容性和中国文化观念的先进性。新时代的对外文化教材编写应适当缩减客观的知识性的内容，而增加追求和谐等价值层面的信息份额，使教材不再是知识的罗列场，而价值的传达场。不同国家、民族互学共鉴的过程就是人类文明由低级文明向高级文明跨越的过程。对外文化教材编写为文明互鉴、文化交融、新的文明生长点的出现提供了契机，因此，在编写中，既要秉持人类意识，保持文化观念的开放与多元，同时要赓续"中国智慧"，为世界文明贡献原创性的中国理念，使各个国家的文化在相互激荡碰撞中迸发出新的更高级别的文明，最终迎来全新的世界文明的形成和人类文化的发展。

被誉为"文明古国"的中国，历史悠久、文化源远流长，在继承中国优秀传统文明的基础上，对域外文明兼容并包，逐步形成了民族文化多元丰富的"文明大国"形象。古代中国的价值观念曾经在世界，尤其是亚洲范围内发生了重大影响。陈来指出："'亚洲价值'主要指东亚受儒家文化影响的价值，它有五大原则：一，社会、国家比个人重要；二，国家之本在于家庭；三，国家要尊重个人；四，和谐比冲突有利于维持秩序；五，宗教间应互补、和平共处。可见，它是亚洲传统性与现代性的视界融合中所发展出来的价值态度和原则。'亚洲价值'区分了权利伦理和责任伦理的不同，并突出了责任伦理的重要性，其核心是族群、社会的利益优先，而不是个人的自由权利优先。因此，在基本安排上，'亚洲价值'反映了儒家伦理价值体系的特点。"[1]

中国文化经历了几千年的累积，在时间密度、历史厚度和思想深度上构筑了自我标识和主体认同。中国文化在与世界各国文化资源对话中展现出了自身的文化独立性和时代合理性。党的十九大报告指出，要更好地"构筑中国精神、中国价值、中国力量"；要"推动中华优秀传统文化创造性转化"；要"发展社会主义先进文化"；要"推进国际传播能力建设，讲好中国故事，展现真实、立体、全面的中国，提高国家文化软实力。"[2] 跨文化传播的目的是文化理解和价值观认同。在对外讲述中国故事、进行跨文化传播前，我们有必要对适合进行跨文化传播的"中国文化"进行重新界定、梳理和挖掘；在跨文化传播完成后，我们需要回溯跨文化传播实践的过程，考察异文化者在接受中国文化前后在精神轨迹、文化意识方面的变化，再反观我们所传播的中国文化，可以起到优化中国文化的自我"原初域"的效果。

近代以来，西方提出了一些"全球价值"理论，比如"人权""民主""自由"等，这些观念在世界范围内得到了广泛的认可和接受。改革开放以来，中国发生了翻天覆地的变化，中国的发展举世瞩目，中国功夫、中国菜、中国熊猫、故宫、长城等中国文化符号享誉世界，一个五千年连绵不断的伟大文明正在复兴和崛起之中。中国要成为有影响力的全球性大国，需要与世界分享中国经济腾飞的经验和中国文化的精粹，并对世界文明做出原创性的贡献，提出有别于西方所谓"全球价值"或者说"普世价值"的具有中国特色并能在世界范围内形成广泛共识的可供世界分享的核心价值，为世界贡献疏浚世界文化血管阻塞的良药，争取使中国文化的核心观念得到世界各国的广泛认可和接受，使"中国的价值理念"成为"全球的价值理念"，使"中国的理想"成为"全球的理想"，使"中国的文化诉求"成为"全球的文化诉求"。对外文化教材编写是落实上述理念的有效路径，对外文化教材可以为世界文明贡献以下原创性的中国理念。

① 陈来、瞿奎风：《价值儒学：接着新理学的新儒学——陈来先生儒学思想访谈录》，载于《江海学刊》2013年第3期，第21页。
② 《决胜全面建成小康社会 夺取新时代中国特色社会主义伟大胜利——在中国共产党第十九次全国代表大会上的报告》，新华网，2017年10月27日，http://www.xinhuanet.com/politics/19cpcnc/2017-10/27/c_1121867529.htm。

一、为世界文明贡献原创性的中国理念

（一）"和""中庸"以及"家国同构"理念

中国虽然人口众多、幅员辽阔，但一直在和平中崛起，从未对世界各国构成威胁。中国传统文化以及中华民族的特性中，历来倡导"和"文化，从人与人、人与社会的关系建构角度出发，中国自古有"和为贵"的说法，当代中国经常讲的"和谐中国"是对古代中国"和为贵"理念的发展和深化，我们希望"和谐中国"可以延伸到"和谐世界"，因此"和"理念是中国对世界文明的最大贡献。从人与自然的关系建构角度出发，中国古代提倡"天人合一"，强调人与自然的和谐统一，人不能破坏自然，要与自然和谐相处。"天人合一"是中国可以与全世界分享的解决生态问题、环境问题的重要理念，同时也是全世界解决生态问题、环境问题的重要法宝。

《墨子》讲"兼爱非攻"；《论语·子路》有言："君子和而不同，小人同而不和。"中国传统文化中讲的"和而不同"是人与人之间的处事原则，在当代，和而不同、求同存异成为中国的外交原则，中国谋求与其他国家建构的正是和而不同、求同存异的外交关系。所谓负责任的大国，则指的是特殊时期勇于承担特殊的国际义务，兑现对本国人民乃至世界人民的承诺，维护世界的和平稳定与健康发展。另外，中国传统文化提倡人秉持中庸、中正的处世态度以及中和泰和、俭约自守的生活理念。《论语·雍也》有言："中庸之为德也，其至矣乎！民鲜久矣。"中庸是一种不偏不倚的态度，一种均衡发展的状态，孔子认为过犹不及，唯有中庸是至德。中国的"和理念"和"中庸"理念是值得分享给世界的价值理念，有必要在对外文化教材中予以体现，在对外文化教材中塑造友好、和平、不偏不倚的"中国形象"，提高中国的亲和力。

此外，《大学》有言："一家仁，一国兴仁；一家让，一国兴让。"《孟子·离娄上》有言："天下之本在国，国之本在家，家之本在身。""家国同构"作为中国传统文化中重要的思想观念，浸透于中国人的血脉之中，代代传承，使历史链条上的每个中国人都具有一份浓重的"家国情怀"。岳飞是宋朝的爱国将领，英勇善战，曾率领岳家军同金军进行过数百次战斗，他之所以如此勇敢，传说是缘于母亲对他的教诲，他当将领前，母亲在他背上刺下"精忠报国"四字，教导岳飞报效国家。"家国同构"是中国古已有之的文化观念，中国传统儒家文化注重伦理和秩序，"修身齐家治国平天下"是中国人独有的稳固的文化心理结构，在这种传统儒家文化的影响下，中国人形成了"义务优先于权利"的集体人格，这种集体人格和对于地区、国家乃至世界的稳定具有积极的正向作用，是中国可以为世界提供的"可供分享价值"，也适合在对外文化教材中有所体现。

（二）"崇德向善、见贤思齐"与"以德润身、以文化人"理念

在自我修养方面，中国传统文化要求人"崇德向善、见贤思齐"。《论语·里仁》有言："见贤思齐焉，见不贤而内自省也"，中国传统文化要求人具有"见贤思齐"的自省意识。此外，儒家文化以"仁"为核心，讲"仁者，爱人""仁义礼智信""克己复礼为仁"。中国传统文化还要求人具有孝悌忠信、礼义廉耻的荣辱观念。当代文化中的孝敬文化、慈善文化、诚信文化是由孝悌忠信、礼义廉耻的传统文化发展而来的。此外，自强不息、敬业乐群、扶危济困、见义勇为等当代美德也是由中国的传统美德中生发出来的，因而"崇德向善、见贤思齐"的中国理念理应在对外文化教材中有所体现。

在教育问题上，中国传统文化提倡"以德润身、以文化人"的教化思想。"以德润身"中"德润"出自孔子《中庸》，原文是："富润屋，德润身。"意思是：富裕可以养护好房屋，"仁德"可以修养好身心。"以文化人"中"文"有"文章、文德、文教（礼节仪式）"的意思，"以文化人"就是说用文章、文德、文教（礼节仪式）等教化人。北宋大儒张载有言："为天地立心，为生民立命，为往圣继绝学，为万世开太平。"（《横渠语录》）张载的四句话言简意宏地指明了人生活的目标和生活的意义，被历代教育者广为传颂，"以德润身、以文化人"理念作为原创性的中国理念亦应在对外文化教材中有所体现。

（三）"浩然之气"与"士"精神

"气"是中国传统文化中的一个核心观念，在古代中国，"气"最早指代的是一种物质存在形态，《国语·周语》有言："夫天地之气，不失其序。若过其序，民之乱也。"《淮南子·天文训》中也论述道："宇宙生元气，气有涯垠。"这里的"天地之气"和"元气"指的是阴阳两气在互相激荡中所形成的动态和谐的状态，指涉的是有别于固体、液体的自然现象。值得注意的是，自然现象与社会现象的交互则由"天地之气"的流动表现出来，中医典籍《黄帝内经》中将"气"表述为："夫自古通天者，生之本，本于阴阳。天地之间、六合之内，其气九州、九窍、五脏十二节，接通乎天气。"这里的"气"成为一种连通天人的机制，也是"天人合一"思想的雏形。在这一哲学逻辑下，"气"作为中国传统文化的构建因子，始终影响着中国人自然观、生命观与道德品格。

先秦诸子都对"气"有着独到的见解，如《庄子·知北游》中将"气"纳入到生命范畴："人之生也，气之聚也。聚则为生，散则为死"，所以"通天下

一气而";《孟子·公孙丑上》则直接赋予了"气"更为崇高的人格力量:"吾善养吾浩然之气,其为气也,至大至刚,以直养而无害,则塞于天地之间。"在孟子的观念中,"气"与"义"和"道"互为表里,心中的正气不可损害,人的行为不可与内心忤逆。孟子强调的"浩然之气"就是当代中国所提倡的"正直之气",这种正气集"义"而生,使中国人的心中充满力量。

在中国的文化基因中,值得分享给世界的还有"士"精神,每个中国人身上"士不可以不弘毅""仁以为己任"的"士"精神构筑起了强大的中国精神、中国气韵、中国力量。《礼记》有言:"大道之行也,天下为公",中国传统文化是命运与共、大道不孤的当代中国精神的力量源泉,《论语·卫灵公》有言:"人能弘道,非道弘人","铁肩担道义"的"士"精神使中国人形成了"德福一致"的幸福观,即:人生的幸福体现在个人的善行之中,追求个人美德的过程就是追求幸福的过程。"浩然之气"和"士"精神是中国和中国人民坚定信念、保持定力的制胜法宝,也可以通过对外文化教材为世界提供的"可供分享价值"。

(四)"情本体"理念

注重"情"是中国的文学传统和文化传统。王国维说:"文学中有二元质焉:曰景,曰情。"[①]"景"是客观存在的生活图景,"情"是作者的主观情感,例如,"感时花溅泪,恨别鸟惊心"(杜甫《春望》)这句诗中,"花""鸟"即为"景","感""恨"即为"情",王国维认为艺术创作要把作者的主观情感和客观存在结合起来,实现情与景的交融。王夫之说:"情境虽有在心在物之分,然情生景,景生情,哀乐之触,荣悴之迎,互藏其宅",又曰:"情景名为二,而是不可离,神于诗者,妙合无垠,巧者则情中景,景中情。"(王夫之《姜斋诗话》)因此,人感动的时候,花也在流泪;人分别的时候,鸟也在伤心。"景"为"表","情"为"里",一切景语皆情语,这是中国文化中的美学追求。

中国当代学者李泽厚提出了"情本体"理念,强调注重陶冶性情,反拨和抵抗"功利物化","情本体"理念也得到了海外学者的共鸣,西方自文艺复兴后提倡人的"理性精神",而"情本体"理念是对纯理性精神的补充,有情有理,用情理代替纯理性。工业革命带动了西方物质文明的大发展,但在经历了战争的创伤后,西方也开始重新思考科技进步与人文情怀的辩证关系。据记载,二战后,一名纳粹集中营的幸存者成为美国一所学校的校长。每当有新老师来到学校,校长就会给新老师一封信。信上写道:"亲爱的老师,我是一名集中营的幸存者,我曾亲眼看到人所不应该见到的悲剧:毒气室由学有专长的工程师建造,

---

① 《王国维文学论著三种》,商务印书馆 2010 年版,第 218 页。

妇女由学识渊博的医生毒死，儿童由训练有素的护士杀害。所以我怀疑教育的意义。我对你们唯一的请求是：请回到教育的根本，帮助学生成为具有人性的人。你们的努力不应该造就学识渊博的怪物、多才多艺的变态狂或受过教育的屠夫。我始终相信只有在孩子具有人性的情况下，读书写字算术的能力才有价值。"①

世界各国都希望自己的国民是健全、善良、高素养、有毅力、有想象力、有理想主义精神的文明人，"情本体"理念注重微妙的情感，提倡诗意的生活，与世界各国的期待同向而行，符合人类的共同理想，理应在对外文化教材中予以呈现。

（五）"天下精神"理念

20世纪80年代，美国哈佛大学的约瑟夫·奈教授提出了著名的"软实力"理论。约瑟夫·奈把国家的自然资源、经济实力、军事实力、科技实力等划归为"硬实力"，把国家的文化吸引力等划归为"软实力"，约瑟夫·奈认为通过军事等"硬实力"手段来获得国家利益代价太大，因此可以通过增加文化吸引力即"软实力"的手段来获得国家利益。约瑟夫·奈提出"软实力"理论后，中国学界一度掀起了研究中国"软实力"的热潮，中国学者普遍认为"软实力"主要包括以下层面的内容："一是文化的吸引力和感染力。二是意识形态和政治价值观的吸引力。三是外交政策的道义性和正当性。四是处理国家间关系时的亲和力。五是发展道路和制度模式的吸引力。六是对国际规范、国际标准和国际机制的导向、制定和控制能力。七是国际舆论对一国国际形象的赞赏和认可程度。"②

每个国家都希望提高本国的文化软实力，但笔者认为中国的文化软实力与约瑟夫·奈提出的"软实力"有所不同，约瑟夫·奈提出的"软实力"是一种文化征服的力量，一种获利手段，而且为了凸显自己国家的"软实力"，必须压制其他文化的吸引力。而中国文化软实力的提高并非以攫取国家利益为主要目的，而以中国文化贡献世界、为世界提供可供分享价值、为医治世界的分裂和创伤提供良药为主要目的。

人类的天性是热爱自由，几年前，一封"世界那么大，我想去看看"的辞职信火遍中国。因为向往自由、向往远方未知的风景、向往突破地域的限制，人甘愿冒险、甘愿品尝思乡怀亲之苦，人的这种选择和行为的目的在于拓展自由交流的空间，这种拓展和跨越就是人类最初的跨文化交流实践。也就是说，人类最初

① 谈松华等：《当前中小学教育改革中的6大焦点问题》，湖北教育出版社2003年版，第21页。
② 张兆林：《提升文化软实力 推进和谐社会发展》，载于《黑龙江社会科学》2008年第6期，第131页。

的跨文化交流实践的目的不是为了自己或者国家攫取利益，而仅仅是为了满足人自身单纯的对于自由的向往。今天，人类跨文化交流的目的依然不该是利益攫取，而应该是以促进国家间的睦邻友好为宏观愿景。因此，笔者认为中国可以为世界文明贡献中国原创性的"天下精神"理念。顾炎武提出："保国者，其君其臣肉食者谋之；保天下者，匹夫之贱与有责焉耳矣。"（顾炎武《日知录·正始》）如果保护国家不被倾覆是帝王将相的职责；那么保持天下太平兴盛，即使是普通人，也要承担义不容辞的责任。梁启超把顾炎武的话概括为"天下兴亡，匹夫有责"八字成文的语型，中国文化倡导每个人都应具有"天下兴亡、匹夫有责"的担当意识。

"天下精神"倡导国家之间减少对峙和纷争，融合为一个世界性的社会，也就是"天下"。国家之间的文化的影响不是单向的复制、压倒或替代，而是理解、共识和融合，是对话互动，是"相遇于途中"。因为文化传播与交流本质是双向的，因此我们传播中国文化时，秉持的是文化的共存意识和交流意识，并非"对外单向输出"，而是在"交流中输出"；并非由作为"文化主体"的中国向作为"文化客体"的其他国家传播，而是两个"文化主体"之间的传播。传播的目的是共享、互鉴，以推动世界和谐发展，因此要在了解其他国家的国情、民情的基础上、在对话和理解中讲述"中国故事"。传播中国文化的目的不是中国价值观的灌输，而是"超越某一个民族、某一个国家的文化价值观，探寻全世界共同认同的文化发展模式和途径。"[1]

加拿大心理学教授贝理曾根据个体对自己原有文化和其他群体文化的喜好以及应对日常跨文化事件中的行为方式区分出了四种不同的涵化策略：整合（integration）、同化（assimilation）、分离（separation）和边缘化（marginalizatio）。当个体既重视保持原有文化，也注重与其他群体进行日常的交往时，他们所采用的策略就是"整合"；当个体不愿意保持他们原来的文化认同，却与其他文化群体有经常性的日常交流时，他们所使用的策略就是"同化"；当这些个体重视自己的原有文化，却希望避免与其他群体进行交流时，就出现了"分离"；最后，当这些个体对保持原有文化，以及和其他群体进行交流都没有什么可能性，也缺乏兴趣时，这时的策略就是"边缘化"。[2] 在这四种策略中，"整合"是促进成功的跨文化交际的最佳策略，也是令个体最受益的策略，通过对外文化教材为世界文

---

[1] 于小植：《"发现汉语"及其"天下精神"》，载于《东北亚论坛》2012年第5期，第122～129页。

[2] John W. Berry, et al. *Cross-cultural Psychology*. UK：Cambridge University Press，2002：227～242。参见常永才、John W. Berry：《从文化认同与涵化视角看民族团结教育研究的深化——基于文化互动心理研究的初步分析》，载于《民族教育研究》2010年第6期，第20页。

明贡献原创性的中国理念就是中国文化的对外分享，目的是使外国学习者对中国文化和其本国文化加以"整合"，从而成为具有跨文化视野的世界公民。

历经五千年的沧桑巨变和磨难坎坷，中国能够愈发生机蓬勃地屹立于世界东方，主要受益于中国亘古绵延的优秀文化传统。天下为公、顺应自然而为、仁以为己任、浩然正气、家国同构等传统文化的思想观念是代代中国人汲取力量的源泉，中国希望把中国文化分享给世界，孔子讲"不患人之不知己，患己之不知人也"（《论语·学而》）；朱熹诗云："半亩方塘一鉴开，天光云影共徘徊。问渠哪得清如许？为有源头活水来"（朱熹的《观书有感·其一》），在把中国文化分享给世界的同时，中国也需要引进其他国家的优质文化资源，因为"引进来"和"走出去"是并行不悖的，中国"引进来"欧美文化、日本文化、南美文化、非洲文化、阿拉伯文化等外来文化，了解其他文化的特点、了解其他国家和人民的所思所想，才能找到一种被其他国家所接受和认同的方式，真正地走入其他国家的文化之中，走进人类和历史的深处。

原创性的中国理念是中国社会场域中的一种契约性的存在，深度地关联着中国文化和中国社会。编写对外文化教材的过程就是以中文为语言符号把握、呈现、阐释、传播中国文化的过程，在这一过程中，把原创性的中国理念融入课文内容之中，中国理念就有望转变为外国学习者在中国文化语境中的自我呈现，并蕴含于外国学习者日后的日常生活互动情景之中。经由这样的自我呈现和社会互动，中国文化就能内化为外国学习者的存在方式和存在状态，进而内化为其本质要素。外国学习者既是某一国家的公民，也是世界公民，世界不在每个人之外，每个人都在世界之中。随着世界一体化趋势的日益加快和扩大，无论是思想还是行为，都构成越来越明显的以人类性需要为最大需要的价值取向，而这种人类性需要正是中国文化跨文化传播的突破口和着力点。现代中国文化传承了古代中国文化的特点，又汲取了西方文化的养分，是一种崭新的生机勃勃的文化。原创性的中国理念是中国文化的组成部分，也是世界文化的重要组成部分，是人类共同的文化资源，中国的文化不会因分享和交流而褪色，在与其他国家相互学习借鉴的过程中，每个国家都可以从其他国家得到文化的源头活水，使自己国家的文化更加丰富多彩，涵融和塑造新的世界文化走向和文明格局，因此，理应在对外文化教材编写中为世界文明贡献原创性的中国理念。

二、秉持人类意识

文化影响力的根本特性在于"直指人心"，中国文化跨文化传播的目的在于使中国文化、中国模式、中国故事走进他国人民的内心，走进岁月和人类历史深处。中国人有个古老的梦，叫作"大同世界"，朗朗乾坤，天下为公，天下大同，没有压迫，没有战争。但《圣经》中讲，上帝害怕人类齐心合力造巴别塔（Tower of Babel），上出重霄，扰乱了天上的安宁，故意制造了语言差异，让大家说不到一块儿。目前，我们的世界被两大主义（社会主义、资本主义）、六大宗教（犹太教、基督教、伊斯兰教、印度教、道教、佛教）分开，每个国家的文化不同、利益不同、梦想也不同。如果我们单边强调中国文化"走出去"，也许会招致他国文化的排斥，并被冠以文化侵略、文化殖民主义的罪名。

文化接受是建立在相信和有用的基础上的，因此，在文化传播过程中，单一的弘扬和肯定有时候反而会阻碍文化的传播。中国文化跨文化传播的目的是赢得域外民心，而赢得域外民心需要超越民族意识，具有人类意识和人类情怀。

1912年4月15日午夜，泰坦尼克号在大西洋沉没，1 502人遇难，705人生还。生还者多为妇女和儿童。弃船时，船长爱德华斩钉截铁地说："让妇女和儿童先行！"最后87%妇孺获救，男性只有22%获救。无论就求生经验还是身体条件来说，船员都比乘客更有机会逃生，然而据事后统计，900名船员中有687人像船长一样永远留在了泰坦尼克号上，76%的船员葬身海底，而活下来的船员多是被派到救生艇上划桨的。头等舱有80多位乘客都是世界级富豪和名人，有人劝说全球最大百货公司——梅西公司的创始人67岁的斯特劳斯先生上救生艇，老人说："只要还有一个妇孺没上救生艇，我都绝不会上！"著名银行家古根汉姆，从容换上华丽的晚礼服，给太太写下遗言："这条船将不会有任何一位女性，因为我占据救生艇的位置而留在甲板上。我要死得体面，像一个绅士，一个真正的男子汉。"

面对弱者和死亡，最能体现我们的人性。赢得域外民心应该具有客观公正评价本国和他国政治、历史事件的气度，没有必要"谈虎变色"，对于中国文化的不足也应具有直面的勇气，这样，才能赢得相信和认同。也只有多看到他国文化的长处，反思中国文化的不足，中国文化才能有更辉煌的未来。人有个人属性、民族属性和人类属性，在这三重属性中，一直以来，我们主要强调的是中间层次的民族属性，个人利益服从中华民族的民族利益是中国代代传承的文化传统，我们不太重视人的个人属性和人类属性。小到岳飞"精忠报国"的誓言，大到各种版本的历史教科书对于民族斗争的判断无不表现了我们强烈的民族观念，这诚然是无可厚非并具有历史合理性的，然而在文化的跨文化传播实施的过程中，如果过分强调自己本民族的民族属性，则容易招致文化接受者的反感和排斥，只有超越民族和国家意识，强化人类属性，以世界性的眼光看待文化传播中的问题，以人类意识解决文化传播中的问题，才能降低文化接受者的文化异己感，取得良好的传播效果。

所谓的人类意识，是超越阶级、超越民族、超越国家的，例如，自由、平等、人权、博爱都属于人类意识。无论是中国的道德楷模，还是美国的自由女神，都不仅仅属于某一特定的阶级、特定的民族、特定的国家，而是属于全人类共同的精神财富。在中国文化教材编写中，只有具备"我属于世界""我属于人类"的人类意识、强化人同此心、情同此理的人类共同情感才能拉近与文化接受者的距离，才能使其接受中国的文化观和价值观。

三、贯彻"主体间性"的编写理念

对外文化教材是中国文化输出的重要载体，是外国学习者学习中国文化的重要依托。对外文化教材的编写理念可以分为"主体性"编写理念和"主体间性"编写理念两种类型。与"主体性"编写理念不同，"主体间性"编写理念强调教材的编写者与学习者之间的交互性和相互创造性，通过交互性达成编写者与学习者之间的理解和宽容，编写者和学习者不是彼此孤立的存在，而是以教材为纽带的对话和交往，用相互理解取代"主体性"编写理念的自我意识，在与学习者的对话和协调中确立教材的内容、教学目标以及编写方式。贯彻"主体间性"的编写理念能够避免陷入"唯我论"和"知识陈列"的陷阱，有助于实现对外文化教材与"零"同步，并提高外国学习者的跨文化交际能力。"主体间性"编写理念是对"主体性"编写理念的自我中心化倾向的纠偏，具有更加开放性的意义。

吕必松教授在评价对外教材建设时，曾指出："这些大同小异的教材，大部分有一个共同的缺点，就是内容和形式都比较呆板；有些教材的练习不是数量太少，就是练习的内容和方式与教学目的不一致；有些教材的外文翻译不太理想，国外反应比较强烈；专门针对国外汉语教学的特点编写的教材很少，大部分教材对国外不适用。"[①] 赵金铭教授曾列举了对外教材编写中存在的 10 个问题："（1）缺乏高层次的教材编写理论指导；（2）教材内容不够有意思；（3）词汇量大，复现率低；（4）练习种类单调，数量不足；（5）语法注释烦琐，术语过多；外文翻译艰涩难解，形同虚设；（6）文化取向有欠妥之处；（7）版面不活泼，缺乏插图；（8）教材系统不完善，各阶段教材之间衔接困难；（9）各单项语言技能训练教材未形成配套；（10）缺少教师用书。"并指出外国学习者对教材的意见主要集中在两点："一是教材内容没意思，二是词汇太多。"[②] 诚然，对外教材编写存在着诸多有待解决的问题，对于对外文化教材编写而言，最突出的

---

① 《语言教育问题座谈会纪要》，载于《世界汉语教学》1998 年第 1 期，第 4 页。
② 赵金铭：《论对外汉语教材评估》，载于《语言教学与研究》1998 年第 3 期，第 9～10 页。

问题是编写者的中国文化本位的意识强烈，将"对外传播的中国文化"简单地等同于"中国本体文化"，导致长期以来，教材内容与学习者希望学习的内容存在着错位。事实上，文化传播的目的在于得到对方的文化认同，那么，什么样的对外文化教材容易赢得外国学习者的认同呢？

受胡塞尔交互主体性理论、海德格尔共在存在论、伽达默尔接受美学理论的启发，笔者认为对外文化教材的编写理念可以分为"主体性"编写理念和"主体间性"编写理念两种类型。"主体性"编写理念是指在教材编写中，编写者具有权力性格、以编写者为中心、由编写者占据支配性地位，教材的内容、教学目标、编写方式等完全由编写者决定，学习者作为客体依附于教材，学习者学习的过程是编写者对学习者的改造过程；而"主体间性"编写理念是指在教材编写中，编写者认可并肯定学习者的母文化，学习者并非是沉默的客体，而是与编写者在平等合作中达成相互理解的有着主观能动性的主体，编写者通过教材帮助学习者学习中国文化，教学目标以学习者的能力提升为取向，教材依附于学习者并为学习者服务，编写者不是以自我为中心的支配性主体，而是聆听学习者声音、尊重学习者诉求、对学习者负责、与学习者平等、具有分享性意味的主体。以对外文化教材为载体的中国文化传播是一种双向度的对话式的授与受的关系，是不同文化的共享互鉴，笔者认为对外文化教材的编写者和学习者不是主体与客体的关系，而是"互为主体"即"主体间性"的关系，"主体间性"是更符合文明发展趋势的对外文化教材编写理念。

（一）贯彻"主体间性"的编写理念能够避免陷入"唯我论"陷阱

学习者不应被作为编写者自我意识的对象，学习者的自我意识同样需要在教材中予以体现。黑格尔提出："自我意识只有在别的自我意识里才获得它的满足。……自我意识是自在自为的，这由于并且也就是为另一个自在自为的自我意识而存在的；这就是说，它所以存在只是由于被对方承认。"[①] 对于教材编写而言，教材的学习者是编写者自我存在的前提和条件，教材的编写者也是学习者存在的前提和条件，教材的编写者与学习者的关系不是主体与客体的关系，而是"主体间性"即"互为主体性"的关系，学习者的召唤赋予了编写者从事教材编写的伦理责任，在承担责任的过程中，通过与学习者的交往和言说，编写者的主体性得以生成，编写者和学习者在交往实践中既彼此独立，又相互影响。

教学效果的达成不是通过教材的编写而达成的，而是通过学习者对教材的学习而达成的，学习者作为学习主体是一个能动的构成，需要全面考察学习者对教

---

① ［德］黑格尔：《精神现象学》（上卷），贺麟、王玖兴译，商务印书馆1979年版，第138页。

材的接受、反应、学习过程和学习者的审美经验以及接受效果等方面。文化教材编写可以借助经典接受美学的"期待视界""视界融合"等概念将编写者、教材、学习者联系起来，沟通教学内容和学习效果。文化教材不是静态文本，而是包括已有的文化教材与当下新的文化教材编写尝试的动态的、开放的文本。朱光潜说："'见'为'见者'的主动，不纯粹是被动的接收。所见对象本为生糙凌乱的材料，经'见'才具有它的特殊形象，所以'见'都含有创造性。比如天上的北斗星本为七个错乱的光点，和它们邻近星都是一样，但是现于见者心中的则为像斗的一个完整的形象。这形象是'见'的活动所赐予那七颗乱点的。仔细分析，凡所见物的形象都有几分是'见'所创造的。"① 文化教材的功能在于与学习者的"期待视界"融合，实现学习效果与教材接受的统一，其内容应该包括编写者的赋予、教材的内涵和学习者的增补，文化教材的历史应该包含教材效果与教材接受的历史。

巴赫金认为：每个个体在观察自己时都存在盲区，就如同我们无法看见自己的脸和后背一样，即"视野剩余"，但这个盲区可以被他者看见，"视野剩余"可以在社会互动中得到补充。② 实际上，教材编写的过程也是中国文化与其他民族国家文化的对话过程，外国学习者的"他者视角"可以有效弥补中国文化的"视野剩余"，贯彻"主体间性"的编写理念就是重视学习者的"他者"视角、"他者"立场以及"他者"的价值观念，把中国文化与其他民族国家文化置于"我－你"的对话关系中，这将促进中国文化超越自身、增强中国文化与其他文化互动的能力，因为"文化通过自身的关系构成自己，也通过与别的文化关系构成自己。"③

贯彻"主体间性"的编写理念要求编写者在教材编写中融入文化比较的内容，以帮助学习者理解中国文化，并具备跨文化视野。例如，初级对外文化教材在介绍中国的君子文化的时候，可以把中国的"君子"与西方的"绅士"加以比较，编写这样的课文对话内容：

大龙：有朋，中国的"**君子**"和西方的"**绅士**"意思差不多吗？

有朋：与西方的"**绅士**"相比，中国的"**君子**"的要求更高，"君子"是儒家最高的道德理想。

大龙：那什么样的人能算得上是**君子**呢？

---

① 朱光潜：《诗论》，引自《朱光潜美学文集》第二卷，上海文艺出版社1982年版，第53页。
② ［俄］巴赫金：《陀思妥耶夫斯基诗学问题》，白春仁、顾亚铃译，生活·读书·新知三联书店1988年版，第344页。
③ 单波：《跨文化传播的问题与可能性》，武汉大学出版社2010年版，第248页。

有朋：孔子说：文质彬彬，然后君子。孔子认为"君子"需要兼具质和文两个方面，把它们配合得恰到好处，就可以成为真正的"君子"了。

大龙：有朋，你认为我是个君子吗？

有朋：大龙，我认为你是一位文质彬彬的谦谦君子。

贯彻"主体间性"的编写理念，要求编写者在练习题的编写中同样融入文化比较的内容。例如，可以设置这样的文化理解练习题：（1）你所在的城市有没有像长城一样的名胜古迹？（2）你听说过"三人行，必有我师"这句话吗？你们国家有没有意思差不多的话？（3）子贡问孔子："有一言而可以终身行之者乎？"孔子回答："其恕乎！己所不欲，勿施于人。"在你的国家有这种可以终身行之的"一言"吗？请想一想，和大家分享一下。（4）在你的国家，人们是如何描写"月亮"的？"月亮"在你的国家有特殊的文化含义吗？（5）你怎么看待中国人对玉的喜爱和崇拜，请谈谈你的观点？在你们国家，有类似玉崇拜的现象吗？请介绍一下。（6）查资料找一找日本长屋王的诗《绣袈裟衣缘》和中国鉴真和尚东渡日本弘扬佛法之间的关系。你怎么看待中国的和平共处五项原则？介绍一下你们国家的外交政策以及近年来在对外交流合作上取得的成就。（7）模仿课文内容，介绍一下你的国家的教育制度，并比较与中国教育制度的差别，分析不同产生的原因。（8）学习了墨家思想，你认为现代文明进步需要什么精神？零和博弈还是兼爱天下？（9）西洋油画用颜色作画底，你知道中国画用什么作画底吗？你能说说中国画与西洋画有哪些相同之处和不同之处吗？（提示：绘画题材、绘画风格、绘画方法、绘画技巧、绘画工具）（10）中国宋代的大诗人苏东坡在《于潜僧绿筠轩》中写道："宁可食无肉，不可居无竹。无肉令人瘦，无竹令人俗。人瘦尚可肥，士俗不可医。"你可以理解诗的意思吗？在你的国家，有什么象征着"不俗"的植物吗？（11）《论语·里仁》有言：父母在，不远游，游必有方。请解释一下这句话的意思，并说说在你的人生规划中会考虑到父母的因素吗？

在教材的话题选择、风格呈现等关键要素上，"主体间性"的编写理念就是改变完全以编写者主体进行教材内容设计的思路，根据学习者感兴趣的话题和编写方式设计中国文化元素、中国话题、中国风格，通过文化教材，使外国学习者达成对中国文化知识体系的主动建构和对中国文化的准确认知。具体来说，确定教材内容的时候，一方面，应从已有的教学资源中整理、提取文化点，测试不同阶段学习者的适应度和接受效果；另一方面，可以采用调查问卷、施测量表与访谈相结合的方法，面向学习者展开调查访谈，内容包括：现有文化教材的使用情况；学习者眼中现有的文化教材存在的问题；学习者对中国文化的兴趣点和了解需求；学习者对新的文化教材内容及形式的期待等。引导学习者对"想知道什

么""已知道什么但不知道为什么""已知道什么但还想了解周边""已知道什么
但可能存在误差或误解"进行科学描述，帮助学习者把对中国文化的求知由感性
认识上升为理性认识，由"你教什么我学什么"演进为"我希望你教什么"。也
就是说，教材编写不是编写者的自我独白，更不是对学习者的强制灌输，教材编
写是编写者与学习者在平等的交往范式下、具有共识性的原则下，进行的具有开
放性、包容性、多维性的对话和互动。

前期研究数据显示，学习者对于他们感兴趣的大众体育、日常交通、大众传
媒、当代中国农村、城乡、教育、经济和金融的发展等当代文化内容掌握度不
佳，在他们急于掌握的日常交往、订票、登记手续，以及与"人际交往"相关的
关心、约会、邀请、谢绝、称赞、致谢、道歉、打电话、拜访、请客、隐私等蕴
含丰富文化要素的交际规约和习俗方面存在较多失误和文化冲突，这与现有的对
外文化教材的当代视角、日常视角的缺失有关，应在新的文化教材编写中予以
增补。

贯彻"主体间性"的编写理念，在教材编写体例上，可以以文化模块为基本
形式，为教师和不同文化背景、不同学习需求的学习者提供选择空间，注重文化
的双向交流，使教材具有弹性。举例来说，如果一个学期的课时数可以完成 10
个模块的教学内容，教材可以设置 15 个模块，学期开始以前，教师通过问卷调
查，了解学习者对哪些模块感兴趣，再根据学习者需求，选择学习者最感兴趣的
模块进行教学。例如，根据文化主题，文化教材可以设置以下文化模块：姓名文
化、饮食文化、科技文化、旅游文化、汉字文化、地理文化、历史文化、民俗文
化、节日文化、文化遗产、城市文化、建筑文化、服饰文化、休闲文化、戏曲文
化、书法文化、绘画文化、茶文化、酒文化、儒家文化、制度文化、器物文化、
诗歌文化、道家文化、中医文化、文化要义、文化精神、文化交流、墨家文化、
佛教文化、中国智慧。教师可以根据学习者的兴趣和需求，选择性地讲解不同的
文化模块。

（二）贯彻"主体间性"的编写理念能够避免陷入"知识陈列"的陷阱

对外文化教材编写，从宏观上来说，以学科创新、教学推广和新时代需要为
服务目标；从微观上来说，以帮助学习者建构系统的中国文化知识体系、提高学
习者的跨文化认知能力为目标。但帮助学习者建构系统的中国文化知识体系容易
陷入"知识陈列"的陷阱，贯彻"主体间性"的编写理念就是时刻对"知识陈
列"的陷阱保持警惕，传授文化知识，但不灌输文化知识，而是以激发学习者主
动学习、帮助其完成中国文化知识的建构为目的，在呈现中国文化知识的同时，

注重中国文化对学习者的内化作用与建构作用，注重向学习者传递中国情感、传递态度、传递理念、传递思想。

乔姆斯基说："任何一位优秀的教师都懂得，激发起学生的自然好奇心，刺激其自身探索的兴趣；与此相比较，教学方法和概述的教学材料都是微不足道的。学生对被动学习的东西快速遗忘。学生在自然好奇心和创造性冲动被启发起来时进行的探索和发现将获得铭记，并成为进一步探索的基础，可能构成关键的智力贡献。"① 贯彻"主体间性"的编写理念就是警惕教材编写中"知识陈列"的陷阱，对外教材的编写者不应是中国文化知识的陈列者和贩卖者，教材学习者也不应是贮存中国文化知识的容器。所谓"不愤不启，不悱不发"，"主体间性"的编写理念要求教材编写者不仅站在本国文化的立场，考虑自身想传达什么，同时要立足于教材学习者的立场，考虑学习者想了解什么、能接受什么。如果学习者不具备准备接受的心理状态，那么中国文化对他们的影响将不会发生。

对外文化教材的使用者是异文化者，因此教材编写者需要对异文化者接受中国文化的阶段和过程具有清醒的认知。"根据跨文化敏感的发展模型（DMIS：Developmental Model of Intercultural Sensitivity），个体对文化差异的组织或建构倾向一般经历六个阶段的发展变化。一、否认阶段（denial），即感觉个体之间不存在文化差异，只认知他国文化中熟悉的事物，或只能对其他文化作广泛模糊的归类。二、防御阶段（defense），即个体间文化差异较小。在这一阶段，人们意识到了文化差异，但持审慎态度，认为只有自己的文化才是可行的，对文化差异很感兴趣，可能喜欢与存在文化差异的人交往，有着清晰但不极化的'我们'感和'他们'感。三、最小化阶段（minimization），即认为个体间文化差异可以忽略。处于这一阶段的人们把自己的文化世界观视为普遍的，把所感受到的文化差异归入人类的相似性，如需要和动机，或是宗教、经济和哲学观念，认为交际中的共同点多于不同点。四、接受阶段（acceptance），即个体间文化差异呈中性。这时，人们意识到自己所属的文化只是很多种同样复杂的世界观中的一种。因此，个体会通过对不同文化的区别建构起元认知，能体验并平等地看待不同文化。五、调适阶段（adaptation），即个体间文化差异呈正向积极态势。人们能够产生同感，接纳其他文化的视角或转换原来的参照框架，愿意改变行为和态度去适应不同的文化规范。六、融合阶段（integration），即个体间文化差异已成为自身文化身份的一部分，人们在两种或两种以上的文化的边缘建构自我身份，不再处于某一种文化的中心。跨文化敏感发展模型的前三个阶段倾向于民族

① Chomsky, N. *Language and Problems of Knowledge.* Cambridge：Mit Press，1988：135. 参见卢德平：《语言之外的汉语传播》，载于《云南师范大学学报外（汉语教学与研究版）》2018 年第 4 期，第66 页。

中心主义，个体自身所属的文化被认为是现实的中心，换言之，现存的文化被个体视为最好的文化；后三个阶段则倾向于民族相对主义，个体把自己的文化看作现实世界的一部分，并放在不同的文化情境中体验，或者说，每种文化都被个体视为优秀的文化。"[1]

外国学习者在面对中国文化的时候，大致会经历上述的否认阶段、防御阶段、最小化阶段、接受阶段、调适阶段、融合阶段6个阶段。而且，外国学习者对中国的认知是复杂的、多重的，既因国别、历史、宗教而异，也因学习者的个体因素而异。贯彻"主体间性"的编写理念，就是避免"知识陈列"，把语言作为传播文化的工具，把文化作为语言传播的灵魂，呈现不带有美国"软实力"理论那样强烈的意识形态色彩，而是具有国际视野和人类情怀的中国文化，编写满足初级、中级、高级不同中文水平学习者需求并具有系统性、综合性、可操作性和实践性强的文化教材。

（三）贯彻"主体间性"编写理念有助于实现对外文化教材与"零"同步

笔者考察了从事国际中文教育历史最长、影响力最大的北京语言大学汉语国际教育学部外国学历生的课程设置，发现该学部针对大一、大二的外国学习者开设的课程是中文综合课、听力课、口语课等语言技能课，大三以后才开始开设中国文化课程。原因在于现有的文化教材的词汇过难，大一、大二的外国学习者无法理解，因此必须先花两年时间进行词汇的积累和储备。笔者进而考察了国内目前已经出版的250余种对外文化教材，发现：这些教材的适用对象基本上是中文水平中级或高级的外国学习者，而对于中文"零"基础或初级水平的外国学习者而言，则几乎没有可以使用的文化教材。

产生这种现象的直接原因有二：一是国际中文教育界有一个普遍的共识：对中文水平处于初级阶段的外国学习者，应以语言技能的教授和训练为主要目标，文化教学应该在学习者具备了一定的语言能力后再开展。二是"零"基础和初级阶段的外国学习者急需学习的是隐含在词汇、语法、语用中的文化因素，而中高级阶段的学习者则往往以学习显性直接的文化知识为主，两种编排标准难以纳入到一个统一的体例下，因此，对外文化教材的编写往往从中高级别开始。

产生这种现象的深层的根本原因则在于"主体间性"编写理念的缺失，编写者们因为没有站在外国学习者的立场，所以普遍忽略了国际中文教育所独具的跨

---

[1] 单波、王媛：《跨文化互动与西方传教士的中国形象认知新闻》，载于《新闻与传播研究》2016年第1期，第8～9页。

文化特性，实际上，中文学习本身就是跨文化交际的开始，外国学习者刚接触中文的时候，首先学习的"打招呼"就是一个交际文化的典型代表，这种日常交际中蕴含的文化因素恰恰是"零"基础或初级阶段的外国学习者最急需的，"零"基础对外文化教材和初级对外文化教材的阙如是初级中文水平的外国学习者进行日常交际的最大障碍和拦路虎，这意味着"零"基础或初级阶段的外国学习者只能从其他课型中分散习得附着在语言知识中的文化因素，而这部分文化因素是附着和隐含在语言之中的，往往会被教师忽略。

"主体间性"的编写理念提示编写者认识到中国文化的输出过程不应该是一个由语言技能到文化认知的先后过程，而应该是语言学习与文化认知同时进行的过程，因而对外文化教材编写可以与"零"同步，也理应与"零"同步。那么，在编写中应该如何落实呢？笔者认为，如果外国学习者是中文"零"基础，那么文化教材可以以图片、小视频等多种形式呈现长城、故宫等物质文化，或采用视觉符号的图片与语言符号的汉字并举的形式，这样就降低了学习难度，提高了学习者的学习兴趣。另外，初级对外文化教材对中国文化内容的呈现可以以日常交际文化为主，再循序渐进、层递深入。2021 年高等教育出版社出版的《文化密码：中国文化教程》是贯彻"主体间性"编写理念的范例，这个系列教程第 1册第 1 课的课文只有 4 句人物对话，内容如下：

> 李晶：伊人，伊人，我在这儿。
> 伊人：晶晶！好久不见。这是我男朋友，David。
> 大龙：你好！我叫大龙。比李小龙大的"大龙"。
> 李晶：你好！大龙。我叫李晶，三个日的"晶"。[①]

课文从"打招呼"的交际文化入手，同时蕴含了丰富的文化信息，例如，"伊人"的名字取自《诗经·秦风·蒹葭》"所谓伊人，在水一方"；"龙"在中国具有重要的文化象征含义；功夫巨星李小龙使中国功夫享誉世界；"晶"字由三个"日"组成，与"火"相关，而"火"是中国古代哲学的系统观"五行"包含的五种基本形态之一。可见，贯彻"主体间性"的编写理念，为中文"零"基础或初级水平的外国学习者编写初级对外文化教材是可以实现的。

从符号学视角来看，语言在社会场域中是一种契约性的存在，语言反映着社会的构成，中文这一语言符号深度地关联着中国文化和中国社会。对外文化教材编写应以文化理解、文化认同为主要目标，借助语言符号把握、呈现、阐释、传

---

① 于小植主编：《文化密码：中国文化教程》第 1 册，高等教育出版社 2021 年版，第 2 页。

播中国文化，把中文由作为一种社会规范的符号体系转变为日常生活的互动情景，转变为外国学习者在中国文化语境中的自我呈现。经由这样的自我呈现和社会互动，中国文化才能内化为外国学习者的存在方式和存在状态，进而内化为其文化基因中的构成要素。

（四）贯彻"主体间性"编写理念能提高外国学习者的跨文化交际能力

新中国成立以来的对外文化教材编写沿袭了对内文化教材的编写思路，以介绍中国文化事实和文化知识作为教学目的，教材整体呈现两个特点：一是课文多为说明文体例的文化介绍，二是课后习题量小，一般只设置几道思考题。与中国学习者不同，外国学习者普遍注重语言文化的交际功能，因此对单纯介绍文化知识的教材认同度不高。

实际上，对内文化教材和对外文化教材理应差异很大。对内文化教材的使用者基本上是汉语为母语的中国人，无需考虑语言难度和语言交际问题，因此课后习题只设置几道思考题是恰当的；而对外文化教材的使用者以外国学习者为主，语言和中国文化都是其学习的难点，贯彻"主体间性"编写理念，就是不单方面地考虑编写者想传达什么，而是同时站在外国学习者的立场，使对外文化教材服务于外国学习者日后的文化交往实践，从跨文化交际和认知语言学的视角出发，注重日常交际文化，避免照本宣科式的说明与讲授，而是围绕提高外国学习者的跨文化交际能力进行编写。在对外文化教材编写中，贯彻"主体间性"的编写理念，意味着增强课文内容的交际性、增加课后练习的比重，把针对文化常识和文化点的练习融入到真实的"生活世界"之中，使教师和学习者通过课文内容和课后练习进行以有效性为条件的平等的交流和对话，通过课后练习检验学习者对于课文内容的理解是否转化为了文化实践的能力，通过课后练习为学习者提供表达自己愿望、诉求、情感的机会，从而提高学习者的文化交际能力。

对话是文化传播的最佳途径，正如有学者指出的："传播是一个用符号交换观点和见解的过程，也是一个人类彼此相互理解的过程。对话是语言和语义交流的主要形式。在对话中，讲话、倾听、观察和反馈是重要的相互影响和相互理解的模式。"[1] 对外文化教材，尤其是初级对外文化教材的课文宜采用人物对话的体例，以"生活世界"为总体性的背景知识，模拟真实的生活场景，为学习者提

---

[1] Shan, Bo, & Xiao, Jincao. The Analects of Confucius and the Greek Classics: A Comparative Approach, in Bo Shan & C. Christians, eds., *The Ethics of Intercultural Communication* (ch.1, 17 – 34), New York: Peter Lang, 2015: 18.

供一种兼具现实性和实践性的"理想的话语情景"，以帮助外国学习者提高其跨文化交际能力。在对外文化教材中，课后练习应该占据极为重要的比例和篇幅，外国学习者在课堂上进行"交际练习"的过程也是学习者之间进行彼此交往的过程，外国学习者们使用汉语、围绕中国文化的相关主题进行对话对于促进学习者汉语水平的提高、增进其对中国文化的了解大有裨益。"生生交往是同伴交往，交往的个体能够在彼此的交流、合作、竞争中获得有用的信息、知识点，同时这种糅合了人际交往的同伴关系能够在培养学生社交能力、成员意识方面发挥独特的作用。"① 课后练习能够把外国学习者对中国文化的认知和理解由内化于学习者自身的不可见领域转化至可见领域，教师能够通过课后练习检验学习者的学习情况，调控教学进度、改进教学策略；学习者能够通过课后练习了解自己的学习效果，进行自我反思、自我矫正、自我规训和自我提高。《文化密码：中国文化教程》是近年出版的较好地贯彻了"主体间性"编写理念的对外文化教材，该教材每课的内容都包含：热身活动、课文、生词、课文理解练习、文化理解练习、课堂文化交际、课后文化实践、文化常识 8 个部分，以第 1 册第 6 课为例：

八大菜系 Eight Styles of Chinese Cuisines

一、热身活动 Warm up

1. 跟同学们说说你是怎么做饺子的？

Tell your classmates how to make *jiaozi*.

2. 在你们国家，通常会吃一整条鱼或者一整只鸡吗？

Do people usually eat a whole fish or a whole chicken in your country?

二、课文 Text（场景：在餐馆里。Scene：At a restaurant.）

有朋：大龙，这几个菜你觉得怎么样？

大龙：我都很喜欢，特别是这个宫保鸡丁和鱼香肉丝。

有朋：没想到你喜欢吃四川菜。

大龙：我知道中国有八大菜系，以后我打算都尝尝。

有朋：没问题！可是你怎么不吃鱼？

大龙：在美国，我们只吃成块的鱼肉。这样一整条鱼，我看着有点儿害怕。

三、生词 New Words and Expressions

1. 几个		jǐ gè	several
2. 觉得	（动）	jué de	think
3. 特别是		tè bié shì	particularly

① 柴楠：《面向他者的教学交往》，人民出版社 2017 年版，第 35 页。

4. 没想到		méi xiǎng dào	unexpectedly
5. 打算	（动）	dǎ suàn	to plan
6. 尝	（动）	cháng	taste
7. 可是	（连）	kě shì	but
8. 怎么	（代）	zěn me	how
9. 鱼	（名）	yú	fish
10. 美国	（名）	měi guó	United States
11. 只	（副）	zhǐ	only
12. 成块		chéng kuài	piece
13. 肉	（名）	ròu	meat
14. 这样	（代）	zhè yàng	this way
15. 整	（形）	zhěng	whole
16. 条	（量）	tiáo	*a measure word for fish*
17. 看	（动）	kàn	look
18. 着	（助）	zhe	*an auxiliary word used for expressing ongoing events*
19. 有点儿	（副）	yǒu diǎnr	a little bit
20. 害怕	（动）	hài pà	fear, scared

文化词语 Cultural words

1. 宫保鸡丁	Gōngbǎojīdīng	（a dish name）Kung Pao Chicken, spicy diced chicken with peanuts
2. 鱼香肉丝	Yúxiāngròusī	（a dish name）fish-flavoured shredded pork
3. 四川	Sìchuān	Sichuan Province in China
4. 八大菜系	bá dà cài xì	Eight Styles of Chinese Cuisines

四、课文理解练习 Text comprehension

（一）看图回答问题 Choose Pictures and Answer Questions

1. 下面哪一个菜是大龙喜欢吃的？为什么？Which dish is David's favourite one？Why？

图1：汉堡包　　图2：生鱼片

图3：鱼香肉丝　　图4：涮羊肉

2. 下面哪一种食物是大龙不喜欢的？Which kind of food is not David's favourite？

图 1：清蒸鱼　　　图 2：烤鸭

图 3：宫保鸡丁　　图 4：涮羊肉

（二）看图说一说 Say Sentences According to the Pictures

1. 我都很喜欢，特别是宫保鸡丁。

句型：特别是 + （谁／什么）

图 1：宫保鸡丁、鱼香肉丝和烤鸭（这些菜我都喜欢，特别是……）

图 2：天安门、颐和园和长城（我喜欢北京的很多地方，特别是……）

图 3：春夏秋冬（北京每个季节都很美，特别是……）

图 4：大龙、伊人、有朋和李晶（他们都很好，特别是……）

2. 以后我打算都尝尝。

句型：打算 + （做什么）

图 1：上海

图 2：功夫（学）

图 3：跑步（每天）

图 4：做宫保鸡丁（周末）

五、文化理解练习 Cultural Reading Comprehension

读一读，选一选 Read and Choose

1. 我叫山姆，是英国人。在我们国家，最有名的菜是炸鱼薯条。可是我们做鱼的方法跟中国不一样。第一次在中国吃鱼的时候，吓了我一跳，因为是一整条鱼做好了放到桌子上的。

问：下面哪张图片是错的？为什么？

图 1：一个英国人在开心地吃炸鱼薯条。

图 2：一个英国人看到清蒸鱼非常开心的样子。

图 3：几个中国人在吃糖醋鱼。

图 4：一个外国人看到烤全鱼时惊讶的样子。

补充词语：

（1）英国	yīng guó	the United Kingdom（U. K.）
（2）炸鱼薯条	zhá yú shǔ tiáo	fish and chips
（3）方法	fāng fǎ	method
（4）吓了一跳	xià le yí tiào	be shocked

2. 我是大龙。这次来中国一定要尝一尝各种风味的中国菜，比如：四川菜、北京菜、新疆菜、广东菜等等。这些菜里我最喜欢四川菜，很辣但很好吃。我最不喜欢广东菜，因为太甜了。

问：下面哪张图是大龙不喜欢的菜？为什么？

图1：辣子鸡

图2：北京烤鸭

图3：大盘鸡

图4：叉烧肉

补充词语

（1）新疆　　Xīnjiāng　　Xinjiang Uygur Autonomous Region of China

（2）广东　　Guǎng dōng　　Guangdong Province of China

六、课堂文化交际 Cultural Communication

全班活动 Class Activity

如果你的朋友去你们国家，你最想推荐的菜是什么？为什么？

If your friends come and visit your country, what dish do you recommend? Why?

提示词：觉得　喜欢　特别是　没想到　打算　尝　没问题

七、课后文化实践 Cultural Practice

个人活动 Individual Activity

选一个你喜欢的中国菜，上网查一查它的介绍或者与它相关的小故事，下次课讲给大家听听。

Choose a Chinese dish that you like. Search for its introduction or related stories online, and share them with your classmates in the next class.

八、文化常识 Culture Knowledge

1. 八大菜系 Eight styles of Chinese Cuisines

中国饮食文化的菜系是指在一定区域内由于气候、地理、历史、物产及饮食风俗的不同，经过漫长历史演变而形成的一整套自成体系的烹饪技艺和风味流派。其中知名度较高、普遍受到认可的是"八大菜系"，即鲁菜、川菜、粤菜、苏菜、浙菜、闽菜、湘菜和徽菜。

The Chinese cuisine system refers to Styles of systematic cooking skills and flavors characteristic of different regions. The Styles were formed through a long period of time and feature the local climate, geography, history, natural produce and food customs of the regions. The Eight styles of Chinese cuisines enjoy widespread recognition, namely the Lu (Shandong) cuisine, Chuan (Sichuan) cuisine, Yue (Guangdong) cuisine, Su (Jiangsu) cuisine, Zhe (Zhejiang) cuisine, Min (Fujian) cuisine, Xiang (Hunan) cuisine, and Hui (Anhui) cuisine.

2. "宫保鸡丁"的故事 The Story About Kung Pao Chicken

"宫保鸡丁"是川菜中的名菜,据说这道菜是由清朝山东巡抚、四川总督丁宝桢所创。他对烹饪颇有研究,尤其喜好辣味。他在山东当官时曾命家厨改良鲁菜"酱爆鸡丁"为辣炒,后来到四川以后将此菜推广开来,创制了一道将鸡丁、红辣椒、花生米下锅爆炒而成的美味佳肴——"宫保鸡丁"。这道美味本来是丁家的私房菜,但后来尽人皆知,成为了人们熟知的宫保鸡丁。"宫保"是丁宝桢的荣誉官衔,人们为了纪念他,就把他发明的这道菜命名为"宫保鸡丁"。

Kung Pao Chicken (spicy diced chicken with peanuts) is a signature dish of Sichuan cuisine. Legend has it that the dish was created by Ding Baozhen, Patrol officer of Shandong Province and Governor of Sichuan Province in the Qing Dynasty (1616AD–1911AD). He was also an expert in cooking and had a great appetite for spicy food. When he was in office in Shandong Province, he ordered his family chef to add spice to the famed Lu dish Diced Chicken with Soy Sauce. Later, this dish-now stir-fried chicken with red chilli and peanuts-became popular when he assumed the position of Governor of Sichuan Province. The term "Kung Pao" was Ding Baozhen's honorary official rank, and people named this dish "Kung Pao Chicken" as a mean of commemoration. [1]

祖晓梅提出"目前汉语教学领域中使用的大多数文化教材缺乏练习活动的设计,没有完全体现第二语言教学中文化教学的本质特点。汉语文化教材设计编写练习活动旨在培养汉语学习者对中国文化的理解力和跨文化能力,体现以过程为本的文化教学模式特点,有利于实现文化教学和语言教学的结合。"[2] 重视教材中练习题的设计和编排,是帮助外国学习者提高跨文化交际能力的有效途径。针对不同的文化内容或文化主题应设置不同形式的练习题,同时要控制好练习题的难易程度;初级、中级对外文化教材的练习题要把文化讨论与语言表达能力的训练结合起来,以语言的交际功能训练为基础,以"体演文化"教学为指导,结合"听说法""情境法""交际法""任务法"等多种教学方法的长处,为学习者提供多角度、多层次的语言练习,以期达到使学习者在语言实践中掌握中国文化的效果。高级对外文化教材的练习题可以以总结归纳、评价比较类型的练习题为主,提高外国学习者对于文化意义和文化差异的理解和把握。

---

① 于小植主编:《文化密码:中国文化教程》第 1 册,高等教育出版社 2021 年版,第 44 ~ 51 页。

② 祖晓梅:《汉语文化教材练习活动的编写》,载于《语言教学与研究》2018 年第 1 期,第 8 页。

贯彻"主体间性"的编写理念，需要在对外文化教材中设置"课堂文化交际"练习，即小组任务活动练习，练习可以采取：角色扮演、情景模拟、课上演讲、课上辩论等形式，以提高外国学习者的文化交际能力。例如，可以设置这样的练习题：（1）假设你们一个是孔子，一个想当孔子的学生，想象你们第一次见面的情景，并编排一段对话。（2）假设你们一个是老子，一个是国家的执政者。执政者向老子请教治理国家的方法，老子告诉执政者应该采用无为而治的治理方法。请设计老子和执政者的对话并表演出来。

贯彻"主体间性"的编写理念，从提高外国学习者的跨文化交际能力出发，对外文化教材的课后作业不应以书面作业为主，而应采取灵活多样的形式，例如姓名文化单元可以设置这样的"课后文化实践"作业：试着找几个中国人采访一下，问问他们都姓什么？都叫什么名字？汉字是怎么写的？饮食文化单元可以设置这样的"课后文化实践"作业：（1）上网看看饺子制作的视频，试着和同学一起包包饺子，最好把你们包饺子的视频拍下来。（2）选一个你喜欢的中国菜，上网查一查它的介绍或者与它相关的小故事，下次课讲给大家听听。旅游文化单元可以设置这样的"课后文化实践"作业：（1）请看电影《古今大战秦俑情》，下次上课给同学们介绍一下兵马俑。（2）上网搜一搜中国的四大名园，记下它们的名字，下次上课给大家介绍一个中国园林。历史文化单元可以设置这样的"课后文化实践"作业：（1）请看看《梦回大唐》的纪录片，然后试着向你的中国朋友介绍一下唐朝。（2）采访来自"一带一路"共建国家的同学，问问他们国家的人民对"一带一路"倡议的看法。城市文化单元可以设置这样的"课后文化实践"作业：请到北京的胡同里转一转，或者在网上查一查，下节课给大家介绍一个你最喜欢的胡同！科技文化单元可以设置这样的"课后文化实践"作业：（1）中国有哪些品牌的共享单车？跟你的同学几个人一组开展一下调查，看看哪个品牌的共享单车最便宜，哪个品牌的共享单车最方便。（2）选择三个中文购物网站，比较一下每个网站的优势和不足。服饰文化单元可以设置这样的"课后文化实践"作业：旗袍在不同的时期有不同的流行样式，请在网上找一找相关的图片，下节课给大家介绍一下。节日文化单元可以设置这样的"课后文化实践"作业：（1）请找一首描写"月亮"的中文诗，并试着说说"月亮"在诗中的文化含义。（2）今天我们学习了中国的清明节，请你采访一位中国人，请他/她谈谈对中国孝道文化的理解。道家文化单元可以设置这样的"课后文化实践"作业：今天我们学习了"反者道之动"，请你选择一对含义相反的概念，想一想它们是如何相反相成、相互转化的。然后找一个朋友交流一下，交换你们的看法。诗词文化单元可以设置这样的"课后文化实践"作业：今天我们学习了李白的《独坐敬亭山》，请采访3位中国人，问问他们对李白的哪首诗的印象最深？中国智慧单元可以设置这样的"课后文化实践"作业：（1）请你采访几个中国人，问问他们，除了孔子以外，中国古代还有哪些有名的思想家？他们说过什么有名的话？（2）《论语》里还有哪些有名的话？请你上网查一查，下次上课的时候教给同学们。（3）《道德经》里还有哪些有名的话？请你上网查一查，下次上课的时候给大家讲一讲。（4）请你上网查一查中国历史上还有哪些故事体现了辩证思想？（5）今天我们学习了"唇亡齿寒"的中国智慧，请你采访几个中国人，问问他们中国有哪些智慧是值得分享给世界的。

总的来说，笔者认为对内文化教材可以单纯地以中国文化为本位，而对外文化教材编写则须贯彻"主体间性"的编写理念，秉持多元文化观、秉持对异文化的理解和尊重的态度，一方面准确把握中国文化的本质精神、准确抓取中国文化精华，对中国文化的教学内容进行准确编码；另一方面明确传播要点，将传播内容放在与异文化互为关照的大背景下，加强传播内容的普世性，避免将文化传播异化为文化灌输。过分强烈的中国文化本位意识极有可能招致外国学习者的反感，降低他们学习的热情。

值得注意的是，贯彻"主体间性"的编写理念需要参考外国学习者的习得需求，但并不等于教材编写由外国学习者来主导，而是注重中国本位文化和外国学习者国家文化双方的立场，将"编码者"（编写者）与"解码者"（学习者）双方的意见进行充分结合，以期达成最终使外国学习者理解并认同中国文化的效果。

四、重视文化传统、注重传统文化的当代阐释与当代文化展示

对外文化教材是外国学习者学习中国文化的重要依托，在编写中需要注重四个关键性问题：首先，中国传统文化是中国文化的重要组成部分和中国当代文化的源头，具有极高的文化价值，因此对外文化教材编写需要重视中国的文化传统；其次，传统文化尽管重要，但无法直接解决当代的现实问题，因此对外文化教材编写需要注重对传统文化进行当代的创新性阐释；再次，多数外国学习者对当代中国的情况更感兴趣，因此对外文化教材编写需要注重当代文化展示；最后，为达成最佳传播效果，对外文化教材应注重展示魅力文化，并采取柔性的传播方式进行传播。

新中国成立以来出版的对外文化教材的一个普遍特点是教材内容多以中国传统文化为主，立足于中国传统文化的直接展示，而对传统文化进行当代阐释和当代文化展示的内容则稍显不足，尤其缺乏展现当代中国成就和当代中国人精神风貌的文化内容，也缺乏对文化内涵丰富的语用规约和交际习俗的系统展示，在一

定程度上导致了外国学习者对中国文化的认知和理解障碍。笔者认为对外文化教材编写应加强古代中国与当代中国的有效链接，在重视文化传统的同时，应注重对中华传统文化进行当代阐释与当代文化展示问题，注重提纯中国文化的本质精神，注重展示魅力文化并采取柔性的传播方式。

（一）重视文化传统

文化的发展不同于科学技术的进步，科学技术的发展是线性的，当新的科学技术出现，旧的技术就因被取缔而变得没有价值。而文化的发展则不同，中国古代曾出现过老子、孔子、庄子等多位圣人思想家，令后世之人望尘莫及；中国古代的"诗三百"同样令后世之诗难以超越，清初叶燮曾说："譬诸地之生木然，《三百篇》则其根，苏、李诗则其萌芽由蘖，建安诗则生长至于拱把，六朝诗则有枝叶，唐诗则枝叶垂荫，宋诗则能开花，而木之能事方毕。自宋以后之诗，不过花开而谢，花谢而复开，其节次虽层层积累，变换而出，而必不能不从根柢而生者也。"[1] 以文学作品为例，后出现的作品只能与先前的作品不同，却无法替代或超越先前的作品。鲁迅有过著名的判断："一切好诗，到唐已被作完，此后倘非能翻出如来掌心之'齐天大圣'，大可不必动手。"[2] 闻一多则认为："诗的发展到北宋实际也就完了，南宋的词已经是强弩之末。"[3] 当代学者启功也将下限确定在宋代，他形象化地指出："唐以前诗是长出来的，唐人诗是嚷出来的，宋人诗是想出来的，宋以后诗是仿出来的。"[4] 中国传统文化是中国文化的重要组成部分和中国当代文化的源头，具有极高的文化价值，因此理应成为中国文化教材的内容。

但值得注意的是，在对外文化教材编写中，重视文化传统不能满足于对中国传统文化进行单纯的文化介绍，只呈现文化材料和显的、浅层次的文化内容。而是要注重对中国文化本质精神和文化精华的萃取，注重对中国文化核心价值的提炼和呈现。中国文化历史悠久，是一种仰之弥高、钻之弥深的文化，既包含积极向上的体现中华文化精髓的优秀文化，又具有杂糅共生、多元并进的特性，涵纳一些消极性的文化因子。近代中国的落后，使部分外国民众对中国抱有"文化刻板印象"，即对中国抱有相对简单的、单一的、笼统的固定看法；国外媒体偶尔的不实报道和恶意抹黑，也造成了部分国外民众对中国认识的偏狭，这些都是需要在对外文化教材编写中扭转和改变的问题。具体而言，在对外文化教材编写

---

① 王夫之：《清诗话》，上海古籍出版社 1978 年版，第 588 页。
② 鲁迅：《书信·致杨霁云 341220》，引自《鲁迅全集》第 12 卷，第 631 页。
③ 闻一多：《文学的历史动向》，引自《闻一多全集》第 10 卷，湖北人民出版社 1993 年版，第 18 页。
④ 《启功讲学录》，北京师范大学出版社 2004 年版，第 6 页。

的过程中，需要遵循合适的文化逻辑对中国传统文化的本质精神、历史地位及其社会功能进行提纯和构建，克服间歇性、单向度的局限，依据"文化—社会"交互作用的基本理论框架，对中国传统文化在振兴中国进程中的复杂作用进行深度分析，改变从社会发展的角度分析传统文化的模式，采用以传统文化的角度分析社会发展的方法编写对外文化教材。

另外，重视文化传统并不是将对外文化教材文本化。传统文化典籍并非是中国传统文化的全部，传统文化同样具有实践性特征。正如有学者指出的："文化是人类主体在和自然分离的过程中，在认知、行为，甚至心理等方面形成的规则化系统，而以文化典籍形式出现的文本，不过是这种规则系统的记载。文化系统的再现或再生产方式，除了成文典籍，尚包括生动、具体的社会交往实践。"①中国文化研究在通过考古过程和典籍整理来探究文化的时代面貌的历史研究上成就最丰厚，可见，文化传统或传统文化都不只是静态的文本，而是包含着动态的文化实践，除了文化典籍、经典文本之外，对外文化教材编写还可以遵循文化的实践性特征，从中国人的生活方式、伦理观念、性格特征、思维方式等更内质的层面对中国文化精神的本质特征进行分析和概括。

（二）注重对传统文化进行当代阐释

中华传统文化是我们的思想资源，但传统文化不能直接解决当下的现实问题，也不能为当下的现实问题提供预案和答案，因此，在对外文化教材编写中，不能按照现有的文化典籍照本宣科，而是要依据中国文化特性和传播对象国的文化特征对传统文化典籍进行当代的创新性阐释或创造性转化，这种阐释和转化既是文化自身发展的内在要求，也是使中国传统文化原有的价值体系适应新时代的时代需求，这种转化是在对中国传统文化的传承中发生的，应以中国乃至世界发展的客观需要为导向。伽达默尔说："传统并不只是我们继承得来的一种先决条件，而是我们自己把它生产出来的，因为我们理解着传统的进展并且参与到传统的进展之中，从而也就靠我们自己进一步地规定了传统。"② 对外文化教材编写，不能停留在对传统文化的简单继承和呈现，而是要对传统文化进行再生产和再创造，不仅要理解传统的进展，并且要参与到传统的进展之中。

对传统文化进行创新性转化，也就是对传统文化进行当代阐释，这种创新性转化或当代阐释既是中国文化对外传播的需要，也是中国文化自身发展的内在要

---

① 卢德平：《文化、跨文化、语言交流的重新命题》，载于《汉语英用语言学研究》2018 年 9 月，第 107 页。

② ［德］伽达默尔：《时间距离的解释学意蕴》，甘阳译，载于《哲学译丛》1986 年第 3 期，第 62 页。

求和使中华传统文化原有的价值体系适应新时代的时代需求。习近平主席曾指出："历史总是要前进的，历史从来不等待一切犹豫者、观望者、懈怠者、软弱者。只有与历史同步伐、与时代共命运的人，才能赢得光明的未来。"①

在文化传播中，可知可感的文化形态是最易传播的。例如，中国过去不吃白糖，中国最初叫"糖"的东西是用麦芽做的，在汉朝被称为"关东糖"，但糖被制造出来以后，糖的甜味毫无阻碍地赢得了全世界人民的喜爱，因此糖迅速流传到了全世界。中国的丝绸、瓷器的传播也是毫无阻碍的，文化交流一般从物质文化开始就是因为人民最容易接受的文化形态就是以自然形态存在的物质文化，其次是以行为形态存在的风俗文化。对于这种两种文化形态，可以运用图片、文字、多媒体相结合的方式，编入对外文化教材之中，例如中秋节的吃月饼、赏月，端午节吃粽子、赛龙舟，春节包饺子、放鞭炮等风俗习惯；或者中国的文化名山、传统建筑等物质形态存在的文化，都是在对外文化教材中容易编写、容易传播的内容。

最不容易传播的是以文字形态存在的典籍文化，是用汉语方块字写下的中国人的思想传统。由于存在着时间和空间的双重阻碍，这些文化对外国学习者来说无疑是晦涩艰深的，要想把这些文化传播给外国人，让他们理解和接受，难度可想而知。这就要求我们对这些传统文化进行当代阐释，从当代的角度出发，对中国传统文化进行重新塑造，寻找新的生长点，在旧义上生发出新意。在具体阐释时要注重前后联系、多层面贯通，将传统文化与当下现实层面的文化现象相互联系，一方面介绍传统文化产生的时代背景和发展脉络，另一方面对传统文化进行当代阐释，并列举与之相关的当代文化现象帮助外国学习者对中国文化从"了解"层面上升到"理解"层面。

如何在对外文化教材中，对传统文化进行当代阐释呢？例如，在讲解道家文化时，可以说明天人合一思想对当下处理人与自然关系等问题有何借鉴意义，中国传统文化追求人与自然和谐相处，与以西方为肇始的现代文明征服大自然、改造大自然的思维方式具有本质差别，中国传统文化倡导的天人合一的境界在"孤舟蓑笠翁，独钓寒江雪"一句诗歌中也得到了最好的呈现；在讲解墨家文化时，可以阐明墨子的科学精神对当下科技创新的启发意义，并联系2016年中国将自主研发的世界上首颗空间量子科学实验卫星命名为"墨子号"等时事新闻进行阐发，而不是单单囿于中国经典文本白话文翻译。此外，中国古代的诗词、书画、戏剧、音乐等艺术形式是中国传统文化的结晶，对外文化教材可以阐发中国传统艺术特点、精神品格与当代中国人的艺术追求、生活态度、行为方式的关联。

---

① 《习近平谈治国理政》第2卷，外文出版社2017年版，第32页。

叶朗在评价中国传统文化时指出："人类科学技术的发展和建设逐渐超出了人类文明的把握能力，物质生活与精神生活失衡的状态加剧，超量的信息刺激与心灵的迷失成为互为因果的社会文化问题。在这个时候，人们回头去看，中国传统文化一贯强调'道'对'技'的引领作用。中国古人对技术、技艺的精益求精的追求总要超出技术本身，而归于'道'的层面。这就意味着，任何技术的发展都不能忽视它对于人类生活、生命、精神、心智的整体效应。"① 中国追求的现代化，是经过人文反思的现代化，人的价值理想、人文关怀、人生意义，都被重新给予更大的关注。从这种关注出发会看到，一方面，中国传统文化对中国的现代化具有重要的调节作用，因而中国传统文化的继承、阐释和转化对中国的现代化意义重大；另一方面，中国传统文化的继承、阐释和转化能满足人类终极关怀的需要，能对世界整体的现代化进程发挥调节作用，因而理应成为中国文化对外传播的重要内容。在对外文化教材编写中，应避免泛化、文本化以及均质化倾向，注重古代中国与当代中国的接合，在阐释好中国传统文化的永恒思想价值的同时，贴合中国最新发展趋势，厘清中国当代文化的多种形态与传统文化的辩证关系，对中国传统文化进行当代阐释，使中国传统文化"古为今用"，焕发崭新的生命力，创造性地将中国传统文化融摄到以对外文化教材为载体的世界思想体系之中。

（三）注重当代文化展示

从已出版的对外文化教材的情况看，绝大多数教材的内容以传统文化为主，但如果对外国学习者的学习需求加以考察，则能发现与传统文化相比，多数外国学习者对中国现行的政治制度、经济贸易、外交政策、教育情况、民族人口、宗教信仰等当代中国的情况更感兴趣，因此，长期以来，对外文化教材的内容与外国学习者的兴趣点之间存在着一定程度的错位。

习近平总书记在全国宣传思想工作会议上指出，要"在全面对外开放的条件下做宣传思想工作，一项重要任务是引导人们更加全面客观地认识当代中国。"② 编写侧重反映当代中国的国情与民情、带有鲜明时代特征、展现中国文化自信的对外文化教材是对国家号召的响应。对外文化教材不仅要呈现纵向线索的"历时"的传统文化，也要呈现横断面的"共时"的当代文化。中国当代文化丰富多元，不同地域、不同民族的文化有不同的地域特色和不同的民族传统，百花齐

---

① 叶朗：《21 世纪，中国将在精神层面影响世界》，载于《中国文化报》2013 年 7 月 29 日。
② 《胸怀大局把握大势着眼大事 努力把宣传思想工作做得更好》，中国共产党新闻网，2013 年 8 月 21 日，http://cpc.people.com.cn/n/2013/0821/c64094-22636876.html。

放、百家争鸣，汇聚成和谐统一的当代文化。在中国文化教材编写的过程中，既要考虑到中国当代文化的统一性和系统性，也需要注重中国当代文化的丰富性和复杂性，不偏重弘扬，而是从跨文化角度心平气和地对中国当代文化进行世界性讲述，重点呈现当代中国的进步文化和社会主义先进文化。

实际上，当代中国以其特有的魅力吸引着世界的目光。例如，高铁、支付宝、共享单车、网购被外国人称为中国新四大发明。《2016—2017中国国家形象全球调查报告》显示：59%的海外受访者对中国的科技创新能力表示认可，这一比例在发展中国家达到71%。高铁（36%）是海外认知度最高的中国科技成就，其次是载人航天技术（19%）和超级计算机（16%）。发展中国家对中国科技成就的认知度整体上高于发达国家。海外年长群体对高铁和载人航天技术的认知度高于年轻群体，但是对超级计算机、北斗卫星导航系统等的认知度则低于年轻群体。除了科技，中国饮食文化也拥有广泛的海外市场。近八成的海外受访者表示接触过中餐。发达国家和海外年长群体接触过中餐的比例高于发展中国家和年轻群体。尝试过中餐的人群中，72%的受访者给出好评。"中国文化的代表元素"，海外受访者首选中餐（52%），其次是中医药（47%）和武术（44%）。中国民众选择较多的有：中餐（64%）、中医药（62%）、传统历法（56%）、儒家思想（62%）、文化典籍（55%）。国内外民众对中国文化代表元素选择的差异在于：在孔儒思想、文化典籍、曲艺杂技等传统文化方面，海外受访者对其作为中国文化代表元素的认可度明显低于国内受访者，而在中国产品、科技发明等元素方面则要高于国内受访者。[1]

《中国国家形象全球调查报告2019》显示：68%的海外受访者认为中国科技创新能力强，高铁是认知度最高的中国科技成就。中餐、中医药和武术被海外受访者认为最能代表中国文化。2019年，海外受访民众对中国的整体印象为6.3分，较2018年提升0.1分。发展中国家对中国形象好感度较高，达7.2分，呈持续上升趋势。在中国参与全球治理的实践中，海外受访者最为认可的3个领域为：科技（66%）、经济（63%）和文化（57%）。此外，六成以上海外受访者认可新中国成立70年来取得的成就。63%的海外受访民众认为中国国家形象在过去70年整体上不断上升，其中发展中国家受访者持此观点的比例高达80%。[2]

在掌握了外国人对当代中国的整体印象和整体评价的基础上，对外文化教材

① 参见《中国国家形象全球调查报告2016—2017》，该报告是由当代中国与世界研究院联合调查机构凯度华通明略等共同完成的调查报告，是中国国家形象调查平台开展的第5次中国国家形象全球调查。2018年1月5日，该报告中、英文版在北京发布，http://www.199it.com/archives/673248.html。
② 《中国国家形象全球调查报告2019》，载于《经济日报》2020年9月16日。该报告是由当代中国与世界研究院联合调查机构凯度华通明略等共同完成的调查报告，是中国国家形象调查平台开展的第7次中国国家形象全球调查。

内容的呈现不必求多全求，而应注重典型性和代表性，上述的高铁、支付宝、共享单车、网购，以及中餐、中医、中华武术等内容都是适合被编入对外文化教材的内容，因为这些与当代中国人的生活息息相关，有助于展现积极向上、生动活泼的当代中国形象和新时代的中国风貌，能够使外国学习者对中国的认知与时俱进。

另外，在编写过程中，编写者应注重从文化对比、文化共融的视角选择合适的中国当代文化内容。中国文化的跨文化传播包含了中国文化内容的确定、中国文化内容的传播、中国文化内容的接受三个层面，是包含了传播语境、传播主体、传播对象、传播过程等要素在内的动态立体的传播。从传播学角度看，传播者编码与接受者解码构成了文化传播的基本过程，而在编码与解码之间又存在着多种因素的共同作用，接受者的接受过程并非是线性的，传播效果的达成受到多种因素的交叉影响，从宏观层面看，与中国文化的基本特征、中国经济的发展状况、中国社会的政治氛围密切相关；同时，也与传播对象国的意识形态属性、政策舆论导向，以及经济、政治、社会、文化、教育、历史等多方面的因素相关。从微观层面看，与对外文化教材的质量、传播渠道、传播媒介、传播者的能力与态度、接受者的前理解背景、需求与情感等要素相关。为使文化传播顺利进行，就要让接受者的解码最大程度地符合传播者的编码意图，因此编码与译码同等重要。

落实到教材编写上来说，以对外文化教材为载体的中国文化传播是教材编写者与外国学习者之间的双向互动，要达成最佳传播效果，编写者需要对外国学习者所在国家的政策法律、宗教信仰、风俗习惯、文化背景、文化偏好、文化禁忌等因素都有所了解，这些因素也可以称为文化变量，了解这些文化变量才能廓清文化传播中的盲点和误区，使教材内容与外国学习者所在国家的文化原则不发生冲突，依据不同文化的基础模式，设计相互交叉的路径和新的文化平面，从而跨越因文化相异而带来的接受障碍。对于外国学习者而言，从"了解"中国文化到"理解"、认同并接受中国文化是一个逐渐深入的过程，对外文化教材编写的目的就是帮助外国学习者有效避免"误解"和"歪解"，跨越"了解"的层面，达到"理解"的深度。

（四）注重呈现"魅力文化"

随着中国经济的发展，中文和中国文化加速了国际传播的步伐。在国内，"汉语推广""汉语国际推广""中国文化海外推广"等"力拔山兮"的话语不绝于耳；一首名为《中国话》的流行歌曲火遍大江南北。在国外，孔子学院却遭到了部分国家的警惕、反拨、反弹，甚至闭门羹。如何降解其他国家对中国意识形态输出的偏见、误解和戒备呢？是否由于我们锋芒毕露、如鲠在喉、操之过急、用力过猛呢？历史上，中国文化跨文化传播的成功案例或许可以为我们重新思考传播策略提供一些启发。

1935 年 9 月，林语堂的英文著作 "*My Country and My People*" 在美国出版，到 1935 年年底便再版了 7 次，并登上了美国畅销书排行榜，此书后来被翻译成中文，书名是《吾国与吾民》，也被译成了欧洲多国文字。《纽约时报》星期日书评副刊以头版刊登克尼迪（R. E. Kennedy）的书评说："读林先生的书使人得到很大启发。我非常感激他，因为他的书使我大开眼界。只有一位优秀的中国人才能这样坦诚、信实而又毫不偏颇地论述他的同胞。"[①] 美国著名书评家 T. F. Opie 评论道："不管是了解古老的或是现代的中国，只要读一本《吾国与吾民》就足够了。"[②] "1989 年 2 月 10 日，美国总统布什对国会两院联席会谈到他访问东亚的准备工作时，说他读了林语堂的作品，内心感受良深。布什说：'林语堂讲的是数十年前中国的情形，但他的话今天对我们每一个美国人都仍受用。'"[③] 1938 年，林语堂的英文著作 "*The Importance of Living*"（《生活的艺术》）再度成为美国年度畅销书。

20 世纪 30 年代，中国国力与美国相差悬殊，为什么一个中国人的著作能够热销美国并赢得无数积极评价呢？其中的原因值得探究。与中国相比，西方率先完成了产业革命、实现了现代化，在初期，西方人因为充分享受到了现代化给生活带来的便利，因而坚信西方文化的优越性和先进性。而随着现代化的深度发展和消费时代的到来，西方人逐渐看到了资本主义的矛盾和弊端，西方所提倡的工具理性和价值理性使"人日益渺小，无关紧要，日益成为人自身机器中的一个齿轮"[④]，一些西方人开始厌倦都市喧嚣和过度消费，此时，林语堂在著作中以真挚坦率又不失幽默的笔调书写了中国人的生活方式和闲情逸趣，向西方呈现了一个西方只能望其项背，而永远无法到达的世界——中国人的闲逸世界，让西方人看到了古代中国人无与伦比的审美能力，因此西方说是一个中国人教了他们 "The Importance of Living"，"*The Importance of Living*" 也就是林语堂《生活的艺术》著作的英文书名。

与其频频主动出击，试图推动中国文化迅速走向世界，也许"种下梧桐树，吸引凤凰来"是更善的选择。罗素（Bertrand Russell，1872 ~ 1970）1920 年曾在中国教书，对中国文化有深入的了解，他认为中国社会比西方更文明、更合乎人情。他认为西方人的好战与忙乱产生邪恶，使他们不快乐，不能享受美丽。他希望中国能给西方社会一些中国人的容忍和沉思恬静的心境，以报答西方传授的科

---

① 林太乙：《林语堂传》，中国戏剧出版社 1994 年版，第 157 页。
② 林语堂：《吾国与吾民》，黄维德译，湖南文艺出版社 2018 年版，封底。
③ 施建伟：《林语堂传》，北京十月文艺出版社 1999 年版，第 682 页。
④ ［德］马克斯·舍勒：《价值的颠覆》，罗悌伦等译，三联书店 1997 年版，第 166 页。

学知识。① 无疑，中国文化中宁静与和谐的质素对于西方现代文化能够发挥一种补益作用。尽管"文化凝结着人们不同的智力发展水平、不同的思维方式、不同的价值观念和审美情趣。"② 但在继承人类文明成果、不断趋近理想生活方面，世界各国人民具有同一性的需求。因此，中国文化跨文化传播的着力点不应放在海外传播机构的扩张上，而是应放在挖掘中国的魅力文化、催生新的优质文化和探寻新的传播模式上。在对外文化教材编写中，传播具有客观性和普遍性的中国文化知识固然重要，但有魅力的文化才可能对外国学习者产生文化吸引力和影响力，因此"沉浸醲郁，含英咀华"（唐代韩愈《进学解》），编写体现中国趣味、中国价值、中国特色和中国审美的文化内容更为重要。

以茶文化为例，如果遵循传播中国文化知识的编写思路，则课文内容往往是介绍中国茶的分类，例如，按颜色分类，可以分为红茶、白茶、绿茶、黑茶、乌龙茶、白茶、黄茶六种；按加工分类，可以分为紧压茶、萃取茶、花茶、果味茶等；按采制季节分类，可以分为春茶、夏茶、秋茶、冬茶。然而，中国茶文化的魅力并不在于中国茶的历史悠久、种类丰富、制作方法精良，这些内容不能引起外国学习者情感上的共鸣和对中国文化的向往之情，用袁宏道的话来讲"此等皆趣之皮毛，何关神情"③；中国茶文化的魅力在于茶境，在于品茶人丰富的情感和闲逸的生活趣味。周作人曾写道："喝茶当于瓦屋纸窗之下，清泉绿茶，用素雅的陶瓷茶具，同二三人共饮，得半日之闲，可抵十年的尘梦。喝茶之后，再去继续修各人的胜业，无论为名为利，都无不可，但偶然的片刻优游乃正亦断不可少。"④ 这就是物质形态的中国茶所包含的中国趣味，也是中国茶文化的魅力所在，对外文化教材应着力呈现此类魅力文化。再如，落霞、孤鹜、秋水、长天是自然景观，但"落霞与孤鹜齐飞，秋水共长天一色"（唐代王勃《滕王阁序》）就是能够表现出中国审美趣味的魅力文化，对外文化教材应重点呈现能够表现中国美学观念和审美趣味的魅力文化。

对于"初次见面应该如何打招呼？"这个问题，普通的中文综合教材或者口语教材一般会介绍诸如："你好！""初次见面，请多关照！"等打招呼的方式。为了体现中国文化的魅力，对外文化教材可以向外国学习者介绍"久仰！"这种中国人的问候方式，并阐明"久仰"一词的文化内涵是：您像高山一样，让我久久地仰望，今天有幸得见，我是何等的喜悦和激动啊！

应该如何询问中国人的年龄呢？普通的中文综合教材或者口语教材一般会介

---

① 《罗素选集之五》，载于《中西文化之比较》，胡品清译，水牛出版社1971年版，第23～24页。
② 陈先达：《文化自信中的传统与当代》，北京师范大学出版社2017年版，第6页。
③ 袁宏道：《叙陈正甫〈会心集〉》，引自《袁宏道集》，凤凰出版社2009年版，第152页。
④ 周作人：《喝茶》，引自《雨天的书》，上海三联书店2018年版，第76页。

绍诸如："你多大了？""你几岁？""你属什么？""您高寿？"等提问方式，而对外文化教材可以向外国学习者介绍下面一段对话：

A：阁下春秋几何？

B：今年是不惑之年。

A：阁下春秋正盛！

一春一秋即为一岁，"春秋几何？"就是询问对方的年纪，这种提问方式表现出问话人不仅关注对方的年纪，也关注季节的变化、草木的枯荣，体现了问话人天人合一的人文情怀。

询问对方的工作时，普通的中文综合教材或者口语教材一般介绍的是"您在哪里工作？"等提问方式，而对外文化教材可以向外国学习者介绍"阁下哪里高就？"这样的询问方式，还可以在教材中呈现能够体现中国文化魅力的文化词汇，诸如：阁下、府上、令尊/令严、令堂/令慈、令爱/令媛、家严/家父、家慈/家母、舍妹/舍弟、小犬、拙荆/贱内、在下/鄙人、贵庚、高寿、春秋几何、春秋正盛、校史增光、宝眷、寒舍、薄酒、春釐（禧）、忝列、内子、末学、趋前拜谒、粗保贱安、薄酬、仰呈、涂鸦、学书、献丑、搜索枯肠、叱正、惶恐无似、万望谅宥等。

又如，思乡诗也是中国魅力文化的典型代表，下文唐代王绩的《在京思故园见乡人问》和王维的《杂诗》为例加以说明。

在京思故园见乡人问
王绩（唐）

旅泊多年岁，老去不知回。

忽逢门前客，道发故乡来。

敛眉俱握手，破涕共衔杯。

殷勤访朋旧，屈曲问童孩。

衰宗多弟侄，若个赏池台？

旧园今在否？新树也应栽？

柳行疏密布？茅斋宽窄裁？

经移何处竹？别种几株梅？

渠当无绝水？石计总生苔？

院果谁先熟？林花那后开？

羁心只欲问，为报不须猜。

行当驱下泽，去剪故园莱。

　　这首诗描写了离乡多年的诗人偶然遇到来自家乡的故人，激动不已，缘于思乡，诗人连续问了故人 11 个问题，包括：我的老朋友们还好吗？孩童们长大了吧？我家的兄弟侄儿，谁常去观赏园池亭台？我家的老园子还在吗？已经栽上新树了吧？柳树种得疏密合适吗？茅草房修剪得有宽有窄吗？竹子是从哪里移来的？又种了几棵梅树？渠沟里的水流没断吧？石头上长青苔了吧？院里的果树哪种先熟？林中的花朵哪种后开？一口气问完 11 个问题后，诗人又敦促故人细说详情。这首诗通过 11 个问题使诗人的思乡之情跃然纸上，容易引发外国学习者的共鸣，无疑是适合编入对外文化教材的中华魅力文化。

　　与王绩将所有想问的问题和盘托出不同，唐代王维的《杂诗》描绘了一幅"近乡情更怯"（唐代宋之问《渡汉江》）的感人画面，可谓魅力十足。

杂诗

王维（唐）

君自故乡来，应知故乡事。

来日绮窗前，寒梅著花未。

　　这首诗的语调很缓慢，或许是缘于诗人内敛、沉稳的性格；或许因为诗人忽然见到来自故乡的人不知从何问起；又或许因为离乡多年，诗人料想故朋变故必多，经历过沧桑所以不敢问沧桑，诗人娓娓地说：您是从我家乡来的，应该知道我家乡的事。您来的时候，我家雕着花纹的窗前的梅花，开花了吗？

　　思乡是世界文学的母题。身处异乡之人，遇到刚从故乡来的同乡时，心情必然是激动万分、百感交集的，在第一首诗中，王绩开了一个长长的清单，提供了一连串繁复的意象，和盘托出他所关心的所有事情来表现思乡；在第二首诗中，王维则把脑海中所映现出的故乡的种种景物、人物一一删减，只留下窗前的一株寒梅，这净化得无法再净化的极简意象来表现思乡，王维的含蓄、暧昧和留白引发了读者无穷的遐想。黄叔灿评价王维的《杂诗》云："'绮窗前'三字，含情无限。"（清代黄叔灿《唐诗笺评》）"绮窗"意为雕着花纹的美丽的窗户，"绮"是诗眼，窗外有梅花，窗内有人，窗因人美，此人何人？是诗人魂牵梦萦的恋人吗？诗人因何而独独记挂窗外的这一株"寒梅"呢？难道"寒梅"是诗人爱情的见证或象征吗？"寒梅"是诗人与恋人共同栽植的吗？或者昔日诗人曾与恋人在"寒梅"旁喃喃细语吗？诗人没有询问故乡的亲朋旧友，而是询问"寒梅著花未？"这样一个"淡绝妙绝"的问题，读者可以从中体味出诗人对往事的回忆、眷恋、对恋人的思念，这种表现方法是含蓄的、浓烈的、深厚的、中国的。王绩"一连串的发问，其艺术力量却远远抵不上王维的这一问"。①王维的《杂诗》显然是中国趣味、中国魅力文化的典型代表，适合编入对外文化教材之中。

中国文化的魅力也可以从文化比较中得到凸显。西方崇尚自由，"生命诚可贵，爱情价更高。若为自由故，两者皆可抛。"（匈牙利裴多菲《自由与爱情》）匈牙利诗人裴多菲（1823～1849年）在诗歌中生动诠释了自由是西方最高的价值追求。2000多年前，中国的庄子说，"泉涸，鱼相与处于陆，相呴以湿，相濡以沫，不如相忘于江湖。与其誉尧而非桀也，不如两忘而化其道。"（战国庄周《庄子·大宗师》）表明了宁可彼此相忘，也要追求自在的逍遥游状态的价值立场。西方崇尚自由，中国古人推崇逍遥；自由关联着理性，而逍遥中有洒脱和不羁，充满了感性的力量。有学者指出，"中国仍需给西方及全球一些他们没有而令他们欣羡的东西。这些东西可以是物质文明，像以前的瓷器、纸张；也可以是精神文明，像以前的儒家伦理及和谐秩序，但必然是新的'我有人无'的东西。"②

中国文化是一种"仰之弥高，钻之弥坚，瞻之在前，忽焉在后"的充满张力和魅力的文化类型，是"一种基于交往与劝服的多元文化，一种共识与差异能够共存的文化，一种允许改变但会使改变更温和的文化"。③"我们要使国际社会了解，自古以来中国人尊重自然、热爱生命、祈求和平、盼望富足、优雅大度、开放包容、生生不息、美善相乐，这才是真正的中国。"④孔子说"近者悦，远者来"（春秋孔子《论语·子路》），一个国家要使你的邻国欢乐，要使远方国家的人因为仰慕你的文化，到你的国家来。

德国文化理论家施宾格勒曾这样评价中国园林："中国的园林避免那种朝气蓬勃的景色。它布置的景色重叠，不将目标指明，却引起信步漫游。具有通过重门、丛林、台阶、桥梁和庭院的通路的中国早期的'教堂'——辟雍，从来不曾有过埃及式或哥特式的排闼直入。"⑤"庭院深深深几许""曲径通幽"的中国园林设计是中国含蓄美的美学风格的体现，这对于对外文化教材编写具有启发意义，一方面，应着力发掘并呈现中国的魅力文化；另一方面，应避免排闼直入，而是采用风吹草偃、循序渐进、潜移默化的柔性的传播方式。中国文化不是静态的显现，而是无时不处于与其他文化的对话和交往之中，泰勒曾言："只有在某

① 萧涤非、程千帆等：《唐诗鉴赏辞典》，上海辞书出版社1983年版，第186页。
② 单波、刘欣雅主编：《国家形象与跨文化传播》，社会科学文献出版社2017年版，第82页。
③ Almond, G. & Verba, S.. *The Civic Culture: Political Attitudes and Democracy in Five Nations*. Thousand Oaks, CA: Sage, 1968: 8.
④ 叶朗：《21世纪，中国将在精神层面影响世界》，载于《中国文化报》2013年7月29日。
⑤ 《中国印象——世界名人论中国文化》上册，广西师范大学出版社2001年版，第89页。

些对话关系中，我才是我""自我只存在于'对话网络'中"① 有学者也指出："要促进中西跨文化交流与理解，就必须在认知他者文化时去中心化、去标准化，增加异质文化间的接触并以更加积极的心态应对跨文化冲突，从而在互动中形成更具宽容性和对话性的形象认知和互构。"②

总的来看，笔者认为新时代的对外文化教材编写应秉持注重"中国思想文化源流与当代中国内在联系"的编写理念，在重视传统的同时加强对中华传统文化的当代阐释，在注重当代文化展示的同时着力发掘和呈现魅力文化，并以文化知识为主线，以文化因素为隐线，遵循科学、系统、实用的原则，建构具有选择性而非面面俱到的、具有发展性而非固化不变的、具有开放性而非封闭保守的、具有灵活性而非按部就班的螺旋式文化主题体系，呈现具有"可分享价值"的、助力中华民族复兴和世界和平兴盛的中国文化内容，讲述洋溢中国精神、凝聚中国智慧的中国故事，以帮助外国学习者形成对中国文化的系统印象。

第二节　对外文化教材编写体例的着力点问题

对外文化教材是国际中文教育的基础教材，包含着知识、技能、态度、情感以及教育理念和思想等多重内涵，文化教材的呈现方式体现着编写者不同的方法论和认识论。文化教材应具有系统性、综合性、可操作性和实践性强的特点，因而在编写中需要重点解决：建立"思维导图"式的树状文化词汇表、多收录文化交际中易发生语用失误的词汇、关联统筹概念之"型"与现象之"例"、以名家名篇为教材主要内容等问题，以使外国学习者在习得中国文化的过程中由低至高，逐渐具备文化认知能力、文化理解能力、文化讲述能力、文化交际能力、文化阐释能力、跨文化比较能力、文化迁移创新能力。

教材的编写具有复合多义性，文化教材的使用者是外国学习者，因而中国文化教材应以激发外国学习者主动学习为目的，在传授知识的同时着眼于知识的内化与建构，教师不是灌输者，而是外国学习者学习中国文化的主导者和引导者。文化教材呈现的内容不仅是中国文化本身，同时应该向学习者传递中国情感、传递态度、传递理念、传递思想。文化教材应该带有知识型的国际中文教育教材的一般特点，这是它的基本定性，如与中文学习的共生关系；与课堂教学目的密切

---

① 泰勒：《自我的根源——现代认同的形成》，韩震等译，译林出版社2001年版，第50～51页。
② 单波、刘欣雅主编：《国家形象与跨文化传播》，社会科学文献出版社2017年版，第133页。

相关；带有一定的学科性质；有助于培养外国学习者的跨文化意识；要能更好地理解外国学习者并能更好地被外国学习者所理解；要能与外国学习者进行价值观对话并能建立起信任关系等。同时，与综合教材、听力教材、口语教材等国际中文教育的其他教材相比，文化教材在知识与语言难度、跨文化理解方面有更高的标准，因此设置目标与原则也有更高追求。

对于对外文化教材来说，整套教材的课程目标、每册教材的课程目标、每个单元的课程目标乃至每节课的课程目标，需要既是明确的、具体的，又具有系统性、综合性、可操作性和实践性强的特征，使外国学习者在习得中国文化的过程中由低至高，逐渐具备文化认知能力、文化理解能力、文化讲述能力、文化阐释能力、跨文化比较能力、文化迁移创新能力。如何能达成这一编写目标呢？笔者认为文化教材编写需要解决的关键性问题有：文化类词汇的定义与等级划分问题；在知识文化的呈现中如何增加交际文化的溢出效果问题；文化教学内容的分类和层次系统的标识度问题；文化教学与语言能力的关系问题；不同区域与国别、不同宗教和族群的文化理解力、认知力的特点规律问题等。同时，文化教材编写需要注重：（1）知识文化的效用性和凝练性。指教材的编写理据和呈现方式将会使中国文化知识点的教与学更集中，更系统，更有实际效用。（2）交际文化的溢出性（Spillover Effect）。溢出效果原是一个社会学术语，指事物的一种发展带动了该事物其他方面的发展，这里指学习者通过获取知识文化，产生更多更深层的交际文化的理解效应。文化教材的编写需要注重文化周边知识的延展，提高学生举一反三的能力。（3）难度匹配的适切性。文化教材知识模块的编排需注重难易度的匹配，充分考虑到教学对象的汉语水平，同一文化点在不同等级教材中的呈现方式需要有所不同。（4）与当代中国国情的贯通性。指教材对文化知识点的说明和叙述与外国学习者所见所感的当代中国具有一致性和通贯性，并积极引导学习者进行文化对比。（5）教学效果的多维性。文化教材施教后应产生多维的教学效果，例如：学习者对中国文化的学习兴趣增强；理解能力、解释能力增强；产生主动传播中国文化的意识；对中国的态度更加友好等。

概括而言，文化教材编写应以不同国别、不同汉语水平的外国学习者为目标群体，建构科学的、体现新时代对外文化交往观的中国文化课程体系；设置课程标准和教学大纲；重新规范中国文化课程的教学内容和教学方式。

首先，在编写文化教材前，应结合教育学、社会学、心理学理论，运用统计学方法，就教材难度、编排形式、内容组织、针对性、趣味性等方面设计问卷，考察外国学习者的兴趣点和关注点，以及一线教师对于教材的看法、意见，作为教材编写的重要参考。

其次，在文化教材编写过程中，应充分考虑教材与使用环境之间的匹配问题，为共同市场设计的文化教材不可能完全适用于某一特定群体的学习者。针对各国不同情况，因地制宜，寻找中国文化与他国文化交叉点，为外国学习者更好地理解与接受中国文化创造条件。如在为西方国家的学习者编写的中国文化教材中，可以适当加入儒家思想与苏格拉底、柏拉图等古希腊哲学家思想的异同比较，中国的"和"理念与西方多元文化理论的接合等元素，在差异中寻找共同点，以期引发外国学习者的兴趣和共鸣。

再次，在中国文化教材的编写中，也应注重中国传统文化思想的现代阐释问题，如注重儒家思想、道家思想对当今世界人与技术、人与自然等问题的借鉴意义，而不是仅囿于中国经典文本的单向阐释，应注重现代中国与古代中国的接合，在阐释好中国传统文化的载乾坤永恒思想价值的同时，贴合中国最新发展趋势，将新中国的时代风貌呈现给外国学习者。

最后，文化教材投入使用后，应从课程定位规范性、文化知识建构性、跨文化认知主动性等原则出发，探索制定中国文化课程标准及配套的测评体系，研究课堂教学的改进方法与路径，形成服务于学科创新、教学推广和新时代需要的中国文化课程教学体系，采用李克特五点量表尺度（Likert Scale）针对这一课程质量的定性评价指标进行量化，包括难易程度、学习者接受程度、学习者需求、教师态度等方面。同时，可以对学习者和一线教师进行深度访谈，收集学习者和教师的主观评价，将调研结果进行时间上的纵向对比与地域上的横向对比，对文化教材内容和进度安排进行及时反馈。

课程质量反馈与教材内容反馈之外，可以针对学习者设计文化教学综合效果反馈。以问卷调查法与访谈法，运用传播学、社会学、认知心理学与跨文化理论，将学习者按照国别、中文水平、宗教信仰等变量进行分层，考察学习者学习中国文化教材前后对中国文化的理解程度的变化，评价参数主要以文史知识储备与价值认同程度为主。

为了推动国际中文教育事业的良性发展，定期监测教学效果、更新教学内容是不可或缺的环节。从目前的情况看，绝大多数孔子学院和国内高校开设的中国文化体验课无法触及中国文化的精神内涵，因此必须针对不同的国情、语情、宗教、民俗以及不同中文水平的外国学习者编写不同的文化教材，通过教材对外国学习者展开国际理解教育，因为基于语言能力训练而展开的"国际理解教育"是一种可以影响"情感地缘政治"的过程，是造就国际社会情感沟通的重要力量。

笔者认为对外文化教材在编写体例上有以下着力点。

一、建立"思维导图"式的树状文化词汇表

"词汇重要，词汇难"是国际中文教育领域的一个共识。"作为语言中最容易受时代与社会感染的基本要素，词汇自它产生的那一刻起，便包含着深刻而又丰富的文化信息，古今中外，从内容到形式，从系统到个体等莫不如此，并因随时与社会语境发生谐振而成为语言中最为活跃、文化承载量最大的成分。"① 词汇的新旧更替最快最显著，也常常被烙上深深的时代和民族的历史文化印记，因此，和语音、语法相比，词汇的重要性更为显著。

文化教材编写需要重视"词汇"问题，教材可以分列普通生词表和文化词汇表，比如"伯乐""千里马"，就是文化词汇，俗话说，千里马常有，伯乐不常有。意在说明：不仅人才重要，发现人才的人更加重要。体现了中华民族珍惜人才的传统，同时又表现了中国人思维方式中的辩证色彩。

比如，汉语中的 0、1、2、3、4、5、6、7、8、9、百、千、万，不仅是科学、严肃、准确的数字，同时是活泼而富有诗意的。如：

山村咏怀

（宋）邵康节

一去二三里，

烟村四五家。

亭台六七座，

八九十枝花。②

在文化教材编写中，应尽量选择文化色彩鲜明、文化内涵丰富的词汇，呈现语音、文字、词义、语法等语言知识的同时，要展示语言所蕴含的文化内涵、介绍词语的文化背景；要点明语言交际训练中存在的文化现象，并从中透视中华民族的文化心态和思维方式。要提示教师在讲授语言单位时，讲解蕴含在词语中的文化内涵。比如讲太阳这个词，可以引申出许多词汇：太阳－太阴（月亮）、阳电－阴电、（提问：我们现在待的是什么地方？用阳来说？）阳间－（死后去的呢?）阴间、阳光－阴暗，等等，学习者可能会产生为什么汉语中有许多带"阴"或"阳"的词汇的疑问，文化教材可以以"文化常识"的形式说明，中国

---

① 周一农：《词汇的文化蕴涵》，上海三联书店 2005 年版，第 3 页。

② 李定广评注：《中国诗词名篇名句赏析 下》，华文出版社 2020 年版，第 123 页。

古代先哲把世界上的复杂现象抽象出"阴""阳"两个基本范畴。中国古代先哲认为四季的交替是阴阳消长引起的，自然灾害或人体疾病是阴阳失调造成的。这也是中国古代朴素的辩证法。祸兮，福之所倚；福兮，祸之所伏。

字或词语的文化意义都是需要在文化教材或者配套的教师用书中予以呈现的。比如，"取"字为什么从又从耳？古代战争杀敌得胜后，割下战俘的左耳去报功叫"献馘"，后来，常用义不是取"耳"了，而是取"一切东西"。再如，"要"是"腰"的本义，表示这个部位重要；"要领"指腰部与脖子都是致命要害的地方，后来这个词表示"重要"，读音也变了。再如，为什么汉语用"东"表示主人？说："房东、股东、东家"，而不用"西"，因为古代主位在"东"，宾位在西。汉语具有"字本位"的特点，一字有一字的文化内涵，汉语词语特别是成语往往与中国古代文化有关联，成语运用不仅牵涉到日常语言运用问题，还有文化内涵知晓问题。这些都是需要在文化教材中强调的。中国文化教材应该使学习者在掌握"中国文化"知识点的同时，兼顾文化词汇的难度，让学习者先学习易于掌握的文化词汇，再逐步深入、扩展，以层递、复现的方式呈现文化词汇，建立"思维导图"式的树状文化词汇表，使学习者最终了解全面、立体的中国文化。

二、多收录文化交际中易发生语用失误的词汇

从个人语用交际层面来看，语用失误一般分为语言的语用失误和社交的语用失误两类，语言的语用失误大多是由学习者的发音错误或对于字、词语的误用所致，影响语言交际，但一般不会造成情感伤害。而社交的语用失误则"由于事关社会文化的差异如社会文化规则、社会距离、思维习惯、语言心理、价值观念、风俗习惯等不同而极易造成误解，以致严重伤害感情，导致交际失败甚至更严重的后果。"[1] 在外国人学习中文的过程中，语言的听说读写能力再强，如果不了解一个国家的文化，就不了解语言的使用范围和使用语境，极容易造成误解甚至情感伤害。

张志公曾举过一个例子："一对新婚夫妇举行婚礼，有一位外国朋友对着新娘说：'啊，真漂亮！'又对新郎说：'我祝福你娶这么一个漂亮的新娘。'新郎赶紧说：'哪里，哪里。'这位外国朋友很愕然，心想中国人真麻烦，你说他漂亮，他还非得要指出地方，只好说：'眼睛，还有鼻子。'"[2]这就是外国人因不

---

[1]　毛嘉宾：《外国人学汉语的语用失误探析》，华中师范大学 2000 年硕士学位论文。
[2]　张志公：《关于对外汉语教学的几个问题》，载于《汉语学习》1994 年第 4 期，第 3 页。

了解"哪里"除了疑问代词以外，还有表示自谦的含义而造成的语用失误。

在国际中文教育中，不仅要向外国学习者教授字、词等语言知识，而且要教授字、词的使用场景，使学习者能够在不同的交际语境中正确地使用这些字、词。外国学习者发生语用失误的例子还有：一个外国学习者给喜欢的中国女孩写信时想写"亲爱的姑娘"，由于不会写"娘"字，于是想到"娘"与"妈"的意思基本相同，就提笔写下了"亲爱的姑妈"。

另外，"方便"一词因在不同的语境下具有不同的含义，所以也是外国学习者容易误用的高频词，外国学习者误用"方便"一词的例子在学界广为流传。其一是：几位中国同学邀请刚来中国学中文的外国男同学吃饭。一名中国同学说："我出去方便一下"。外国男同学不懂其意，中国同学告知：方便就是上厕所。这位外国男同学记住了。一天，一名中国女同学对外国男同学说："希望在你方便的时候，我到你这里来做客。"外国男同学听后，立即摆手说："不，不！你什么时候都可以来，但在我方便的时候不要来。"其二是：中国服务行业的口号是："为顾客提供方便"，外国同学把这句话的意思理解成这里有厕所。其三是：中国人请客时很客气、很谦虚，明明是丰盛的酒席，却对客人说："请大家吃顿便饭。"外国客人看到中国主人把如此的大餐称为"便饭"，就竖起大拇指赞美说："这是一顿大便饭！"

文化教材对于外国学习者而言，既是一次语言接触，也是一次文化接触。在文化教材编写中，应多收录外国学习者容易发生语用失误的交际文化词汇，综合运用"隐性导入"和"显性导入"两种文化因素的导入方式，其中"隐性导入"是指把"文化因素"依附和隐含在语言之中导入，寓"有意"于"无意"，将文化内容与语音、文字、词汇、语法内容结合起来；"显性导入"是指使用语言媒介直接传达文化内容，突出重点。把文化交际中易发生语用失误的词汇以"隐性导入"或"显性导入"的方式收录在文化教材中能够减少外国学习者的语用失误，帮助其顺利完成跨文化交际。

三、关联统筹概念之"型"与现象之"例"

文化教材的编写具有复合多义性，在编写过程中，要注重内容与形式、目的与路径、过程与结果的统一，也需要注重"型"（type）和"例"（token）的辩证统一。"型"揭示事物的普遍性、规则性、必然性，属于概念层级；"例"是"型"的具化，属于现象层级。中国文化在教材中的呈现是可知可感的"例"，教材使用者需要通过"例"获得对中国文化的理性把握，掌握中国文化的肌理、脉络和本质，即中国文化之"型"。也就是说，在文化教材的内容编排方式上，需要将"文化知识的介绍""文化内核的提炼""在现实生活中的应用"这三个层次进行关联统筹，先按照层级体系所选取出的文化内容进行分层次分类别的介绍，再将每部分文化内容中包涵的核心文化信息进行提炼和总结，最后阐述这些文化信息在现实层面的表现。这三个层次形式上是"分""统""分"三个步骤，内在是有递进、有逻辑、有系统的一个整体，帮助学习者由表层文化上升到深层文化，由知识文化过渡到交际文化，进而使学习者能够更灵活、更自觉地学习掌握文化。这样的编排方式既照顾到了文化内容的全面性，同时又有内在核心将其统筹，使得本显散乱的文化内容变得有条理。在学习教材的过程中，学习者一方面能够扫除交际生活中遇到的因不理解中国国情产生的障碍，另一方面可以通过把握中国文化的特点而自觉地与其本民族文化进行对比，从而消除偏见或误解，这对于培养学习者的跨文化交际能力大有裨益。

同时，在教材编写过程中，需要注意前后联系、多层面贯通，将现实层面的文化现象联系其最初产生的时代背景、地域环境，理出其发展脉络，帮助学习者建立对现象背后深层文化的理解，从而举一反三，理解更多类似的文化现象。例如，在阐释"儒家核心思想"时，需要使学习者知道儒家思想"是什么"，并理解"为什么"，同时需要举例说明儒家思想影响下的中国人的生活态度，引导学习者思考现实层面的相关文化现象。又如，阐释中国的书画、戏剧、音乐等传统艺术时，可以通过分析中国艺术的特点来帮助学习者理解其中蕴含的哲学思想与思维方式，总结出中国艺术形式里的精神品格，进而解释在这样的艺术品格的熏陶下中国人的生活态度和行为方式。再如，讲述"名山大川"时可以联系这些旅游资源在中国历史上的地位、作用、象征意义，通过揭示其中蕴含的文化内核来帮助学习者建立对名物现象的深层次理解，带着这样一层观照，学习者在实际参观游览时便容易理解与之相关的现实中的文化现象。

实际上，由于中国文化博大精深，因而大量精神层面的内容对于外国学习者而言难以理解。例如，"孤舟蓑笠翁，独钓寒江雪"，这种古代中国人追求的人与自然和谐相处、天人合一的境界，与西方现代文明征服大自然、改造大自然的思维方式因有本质差别而不易被西方的学习者理解。再如，东西方在审美观念上也存在差别，王国维曾将审美意境区分为"有我之境"和"无我之境"，他说："有我之境，以我观物，故物皆著我之色彩。无我之境，以物观物，故不知何者为我，何者为物。古人为词，写有我之境者为多，然未始不能写无我之境，此在豪杰之士能自树立耳。"[①] 诚如斯言，在中国传统文化中，与"有我之境"相比，更推崇一种"无我之境"和自然之境，这种审美观念对于异文化背景的外国学习

───────────────

① 王国维：《人间词话》，中国人民大学出版社 2011 年版，第 2 页。

者而言也是难以理解的。因而，编写者不仅需要将天人合一、有我之境、无我之境等与中国文化相关的重要关键词作为概念之"型"呈现在文化教材中，也需要举出现象之"例"，深入浅出地帮助外国学习者理解中国文化的相关内容。

概念之"型"可以帮助学习者从理性的高度把握中国文化，现象之"例"有助于对概念之"型"的理解。例如，可以把"性善论"理解为概念之"型"，这个"型"对外国学习者来说，不容易理解，孟子曾针对"性善论"举了一个例子，说如果看见小孩子要掉进井里面去，人都会有要去救这个孩子的本能冲动，这种现象可以说明人性本善，就是"性善论"。中国古代哲学家都很善于举例，善于用生动的故事阐明相对抽象的道理，这为对外文化教材编写提供了启示。例如，在讲中国人对于宗教的态度时，常用"信而不虔"这个词，这个词过于抽象，外国学习者不易理解，我们可以把"信而不虔"作为一个"型"在文化教材中进行展示，再把"平时不烧香，临时抱佛脚"等俗语作为现象之"例"对"型"进行进一步阐释，以帮助学习者加深对于抽象的"型"的理解。同样，"过犹不及"也可以理解为概念之"型"，也可以举现象之"例"帮助学习者理解，比如，运动对身体有益，但是运动过量反而会损坏身体，这就是过犹不及；父母关爱孩子，但是关爱过度就变成了溺爱，反而不利于孩子的成长，这也是过犹不及。

四、中高级阶段以名家名篇为教材主要内容

外国学习者习得中国文化与中国学习者习得中国文化的不同之处在于：因为中文并非外国学习者的母语，因而外国学习者具有同时习得中文和中国文化的双重需求，这一点是对外文化教材编写中需要重点考虑的问题。文化与语言的关系极为复杂。语言可以被看作是一种特殊的文化，语用可以通过其某种程度上的透明性而使作为内在规则、精神观念等隐形性特质的文化得以被传达、被彰显。就此意义而言，如果我们把语言当作"存在的家"的话，语言同时也是文化的家。在某种程度上，这又会形成一个语言与文化的新的二元对立现象。即语言是一种表达者，文化是一种被表达者。通晓了语言，就可以了解文化，语言是作为文化的表达者的那个特殊部类，语言的习得变成了洞悉文化的一个条件。然而，如果我们进入文化史、文学史，可能会发现相反的现象。即文化成为一种表述的符码，它成为表述和认知现实与语言的一个先在的条件，这种情形在作为文化重镇的文学经典里表现得尤为突出。

国际比较文学学会主席张隆溪教授是世界知名的华裔学者，美国哈佛大学、耶鲁大学及韦斯理大学杰出学人讲座教授，也是瑞典皇家人文、历史及考古学院

现在唯一健在的华裔外籍院士和欧洲科学院院士,《中华英才》杂志赞誉其为"中西方文化的摆渡者"。张隆溪教授曾经和笔者分享了他学习英语的体会,他说:"很多外国人夸我英语好,不是会说英语就是英语好,语言有语感和美感,语感好、有美感才是语言好。正如我们会评价这个作家的语言是好的,那个作家的语言是不好的。我的英语语感为什么好呢?我学习的窍门是读原典,我读过《莎士比亚全集》等许多原典。"张隆溪教授的求学经历是从北京大学硕士毕业后,到美国哈佛大学攻读博士学位的,也就是说,与许多外国来华留学生相似,张隆溪教授也是成年后才到目的语国家的语言环境中学习目的语的。笔者阅读了新中国成立至今出版的 250 本对外文化教材,发现这些对外文化教材的共同特点是偏重文化知识的介绍,以说明文文体为主,语言美感低,比较枯燥。相反,笔者发现高级别的汉语语言综合教材倒选择了一些名家名篇作为教材内容。笔者对使用范围较广的三种汉语高级别综合教材《捷径(上、下)》《桥梁(上、下)》《现代汉语高级教程(四年级)》进行了统计,在《捷径》上册 15 课、下册 13 课,《桥梁》上册 15 课、下册 15 课,《现代汉语高级教程(四年级)》10 课,三套教材 68 篇课文中,有 16 篇课文是外国学习者比较感兴趣的名家名篇,详见表 3 - 1。

表 3 - 1　　　　　　　外国学习者比较感兴趣的名家名篇

作者	篇目
吴敬梓	《范进中举》(古代小说,反映中国古代科举制度的问题)
胡适	《差不多先生传》(现代微型小说,讽刺有些中国人做人做事"不认真"的态度)
鲁迅	《孔乙己》《药》《阿Q正传》(中国现代小说,深刻剖析了中国人的国民性)
曹禺	《雷雨》(中国现代话剧,反映了现代中国人在家庭伦理、道德、爱情等问题上的矛盾冲突)
老舍	《祥子买车》(现代小说)、《茶馆》(现代话剧,描述了裕泰茶馆的兴衰和众茶客的命运,是中国社会自戊戌变法失败到抗战胜利五十年历史变迁的缩影)
萧红	《我和我的祖父》(现代散文,作者回忆自己和祖父相处的往事,寄托了作者对祖父的深切怀念)
汪曾祺	《胡同文化》(当代散文,介绍北京胡同的特点,讲述北京的胡同文化,以及作者对于胡同文化日趋消失的复杂心情)
梁晓声	《普通人》(当代散文,讲述父亲做群众演员的经历,阐明"认真"二字是父亲性格的主要特点,字里行间透露出父子情深)

作者	篇目
叶圣陶	《〈苏州园林〉序》（现代散文，介绍苏州园林在建筑布局方面的特点，可以从中窥探中国人的审美观念）
季羡林	《清塘荷韵》（当代散文，满怀深情地描述了北京大学池塘的美景）
于是之	《幼学纪事》（当代散文，讲述作者幼年的求学经历和对幼年时期良师益友的怀念）
张正	《悬壶日志》（当代作家的学医日记，展现了老一辈医生严谨治学的行医态度和青年学生行医态度的转变过程）
马瑞芳	《等》（当代散文，通过小事展现母亲对子女的教育方式，反映了母亲对子女的爱）
王蒙	《成语新编》（当代小说，讲述当代刻舟求剑的故事）

这些作品包括：古代小说、现代小说、现代话剧、现代散文、当代散文、当代日记。内容有人物描写、景物描写、事件描写等。作者以优美的笔触全面地展现了处于不同时代的中国人、中国社会和中国文化，与说明文体的介绍相比，名家名篇语言往往凝练生动，有趣味性，有助于使学习者学到"好的汉语"，建构好的语感。与平铺直叙地对中国文化进行说明性的介绍相比，经典的名家名篇能够跨越现实、历史和语言而成为一种更加具有表述能力的元符码，我们完全可以推论，在文化的其他部类诸如历史、哲学等方面，都可能隐含着许多具有这种表述能力的元符码，元符码对于了解一个族群的生活、文化甚至语言，都具有优于语言的力量，因而，选择名家名篇作为文化教材的基本内容无疑是一个很好的选择。

但需要特别指出的是，笔者认为对外文化教材选择的名家名篇应以散文体裁为主，尽量少选择小说文本作为对外文化教材的内容。原因在于：中国文化虽然具有自身召唤性的结构，但中国文化的阐释边界是相对确定的，不能不加限制地依据自己的想象进行阐释，而小说体裁的篇目则可以完全依赖作者想象等主观因素，采用假定性的逻辑表述虚拟的人物或情境，甚至可以违反常识和逻辑以作者自己的视界掩盖史料的视界，因而不适合作为对外文化教材的选篇。对外文化教材的选篇应以那些遵守常识和逻辑的、其内容是被验证过的、以现实为指向的、能准确而详实地反映中国文化内容的散文为主。

1953 年，美国心理学家 Harry Stack Sullivan 提出了"重要他人"的概念，

"重要他人"指在某人心理人格形成过程中使其摆脱内心独白式的自我建构而对其产生过重大影响的那个人。实际上,对外国学习者而言,文化教材就扮演着"重要他人"的角色,在学习过程中,学习者对教材内容进行认识、理解和吸纳;在学习过程结束后,教材的内容便内化为学习者认知的一部分,会继续在学习身上发挥持续的影响,外国学习者会在有意识或无意识之中,以中国文化为镜重塑自身,正如拉康所言:"'自我'是在由无意识决定的新的主题布局中根据'他者'而构成的,自我其实就是伪自我,他者就是自我的缺失。"[①] 文化教材作为中国文化的载体将对外国学者建构自身发挥重要作用,因此我们需要选择言简意深的名家名篇作为文化教材的篇目。

朱光潜说:"以'景'为天生自在,俯拾即得,对于人人都是一成不变的,这是常识的错误。阿米尔(Amiel)说得好:'一片自然风景就是一种心情。'景是各人性格和情趣的返照。情趣不同则景象虽似同而实不同。比如,陶潜在'悠然见南山'时,杜甫在见到'造化钟神秀,阴阳割昏晓'时,李白在觉得'相看两不厌,惟有敬亭山'时,辛弃疾在想到'我见青山多妩媚,料青山见我应如是'时,姜夔在见到'数峰清苦,商略黄昏雨'时,都见到山的美。在表面上意象(景)虽似都是山,在实际上却因所贯注的情趣不同,各是一种境界。我们可以说,每人所见到的世界都是他自己所创造的。物的意韵深浅与人的性分情趣深浅成正比例,深人所见于物者亦深,浅人所见于物者亦浅。诗人与常人的分别就在此。同是一个世界,对于诗人常呈现新鲜有趣的境界,对于常人则永远是那么一个平凡乏味的混乱体。"[②] 名家名篇是一个国家文化发展成熟程度的标志性界碑,面对同样的中国文化内容,例如面对同样的名胜古迹,名家往往能够发掘出独特的意蕴,名家的表述往往不止于"皮毛",而是关涉"神情",是中国文化的浓缩和结晶,对外文化教材选用名家名篇的目的是为学习者提供最为优质的学习资源,帮助学习者高效地汲取中国文化精粹,完善自我。对于外国学习者而言,中国文化作为他者文化,是其补充自我缺失和完善自身的工具,学习者能够借助中国文化实现指向自身的、更加趋向于完善完整的文化更新。

实际上,外国学习者对于中国文化的认识和评价对于我们反思、完善中国文化同样重要。萨特说:"我关于我的身体知道的主要的东西来自别人认识它的方式。这样,我的身体的本性把我推向他人的存在和我的为他的存在。""人的实在在其存在中应该以同一个涌现成为'为他的自为'。"[③] 萨特的话为我们提供一个重要的思考问题的理路,如果把萨特所言的"我的身体"替换为"中国文化",

---

① 拉康:《拉康选集》,褚孝泉译,上海译文出版社 2001 年版,第 475 页。
② 朱光潜:《诗论》,北京出版社 2005 年版,第 62 页。
③ [法] 萨特:《存在与虚无》,陈宣良等译,生活·读书·新知三联书店 1997 年版,第 289 页。

则可以认为：一方面，外国学习者对中国文化的认知和评价能够向我们揭示中国文化是什么；另一方面，中国文化不仅是为中国人而存在的，同时也是为他文化者、即外国学习者而存在的，中国文化是一种为他的自为，他文化者（即外国学习者）的反馈有助于本位文化者（即我们）更为全面地把握中国文化的结构和肌理，更为理性客观地认识中国文化的本质精神。

第四章

对外文化教材编写的理论资源

第一节 从西方到中国：70 年来跨文化
传播研究的发展历程回溯

　　20 世纪以降，现代化与后现代化的推进使世界文化的多元面貌和深层特质被人们所意识到，全球化的进程也加速了不同文明的交往与融合，跨文化传播研究应运而生。西方的跨文化传播研究肇始于 20 世纪 50 年代的美国，70 年代进入了深化发展期；70 年代末，中国改革开放后，西方跨文化传播研究的诸多成果进入中国学者的学术视野，中国学界开启了跨文化传播研究的历程，此后主要形成"以西释中论"和"内部转向论"两种观点。"以西释中论"强调在延续、吸收西方跨文化传播理论资源的同时，建立符合中国实际的跨文化传播理论；"内部转向论"，强调从中国传统的典籍文献和中国自身的文化传播实践出发，建构具有中国特色的跨文化传播理论。近年来，人与媒介以及社会关系、"人—机"交互与现代文明演进、工具理性与价值理性等问题成为中国跨文化传播的研究热点。对 70 年来中西方跨文化传播研究的发展历程回溯既有助于反思中国的跨文化传播实践，也有助于探寻建构世界文明传播的新范式。

　　跨文化传播现象因何出现？首先，人生活在具有差异性的文化系统之中；其次，不同文化系统中的人具有彼此交往的需求，他者文化能为自身文明注入新鲜血液，而且自身文化需要寻求他者的认同，于是，跨文化传播产生了。正如萨姆瓦所言："生产的流动性、不断增多的文化交流、全球化市场以及具有多元文化的组织和劳动力的出现——这些都要求我们掌握适应多元文化社会和全球村生活的技能。"① 随着这种经济和文化交流需求的增加，跨文化传播也呈现越来越迅猛的趋势，20 世纪以降，不同文化系统的跨文化传播行为在加速拓展，因而在客观上促进了文化的融合和发展。

而围绕跨文化传播现象展开的研究也愈发深入。跨文化传播研究以"文化他者"为研究对象，以文化和传播为双焦点，综合运用文化研究和传播学领域的思想成果，研究文化在人、组织、机构、国家等层面的传播过程和规律，同时研究传播媒介在文化传播中的基础性和调节作用，进行新的文化主体的生产和新的知识生产，探讨实现不同文化之间的理解、合作、共存、共荣的可能与机制。② 也就是说，跨文化传播研究是一个阐释不同文化相互交流、彼此影响的知识系统，跨文化传播研究的内容主要包括：人与人、族群与族群、国家与国家之间的文化交往和文化互动，以及各种文化要素在全球范围内迁移、扩散、变动的过程及产生的影响。

就我国跨文化传播研究的发展而言，则大致经历了引进介绍西方跨文化传播研究成果、将西方研究成果本土化、与西方学界一起探讨当下面对的社会问题等三个阶段。就第一个阶段而言，西方的跨文化传播研究的成果被大量引进与运用，成为中国跨文化研究的重要根基，所以有必要进行详细的回顾。

一、西方跨文化传播研究的肇始

跨文化传播研究肇始于 20 世纪 50 年代的美国。"美国经历了二战结束初期向占领区驻军的文化震荡，40～50 年代的国际学生潮，60～70 年代的国际移民潮以及贯穿其间的美国内部不同文化少数族裔争取权利的运动"③，使美国人意识到不同国家、不同民族之间存在着文化差异，并试图从文化、国民性等角度深入了解其他国家和民族。1946 年，美国文化人类学家鲁思·本尼迪克特的著作《菊与刀》出版，这本著作借用"菊"与"刀"两种意象描绘了日本人矛盾的民族性格，影响了美国对战后日本的政策；1951 年，耶鲁大学政治系饶大卫

---

① 拉里·萨姆瓦等主编：《文化模式与传播方式》，麻争旗译，北京广播学院出版社 2003 年版，第 1 页。

② 姜飞：《从学术前沿回到学理基础——跨文化传播研究对象初探》，载于《新闻与传播研究》2007 年第 3 期，第 31～37 页。

③ 姜飞：《美国跨文化传播研究形成发展的理论脉络》，载于《新闻与传播研究》2010 年第 3 期，第 17 页。

（David Rowe）教授在美国政府的资助下组织数位学者共同编写了《中国手册》（China：An Area Manual），目的是为美国制定对华政策提供参考；1961年，哥伦比亚大学的夏志清教授在美国洛克菲勒基金会的资助下出版了《中国现代小说史》，目的是为美国提供有关中国文化的参考资料。这些都是美国早期跨文化研究的成果，其共性在于意识形态色彩强烈、文化霸权主义色彩浓厚。同时，作为跨文化研究的早期尝试，这些成果的局限性也很明显：在撰写《菊与刀》的时候正值二战时期，本尼迪克特此前没有去过日本，战争中更无法去日本进行本土化的田野调查，他的全部研究资源是有限的古代日本资料再结合他对于生活在美国的日本人群体的观察，因此，《菊与刀》中的日本人是以"均质化"的形态出现的，书中的日本文化同样是建立在作者自身的东方想象的基础之上的，与民主化改造后的真实的日本及日本文化不可同日而语；而夏志清的《中国现代小说史》在反共立场下对中国"左"翼文学的刻意贬低同样是由立场而造成的"阐述的偏狭"。虽然，这三部著作具有一定的学理价值，但是无论是本尼迪克特还是饶大卫、夏志清因为受到政治和时代话语的裹挟，都没有形成真正意义上的跨文化传播理论意识。

20世纪50~60年代，随着人类进入跨国资本主义时代，有关跨文化传播的研究日趋学理化、系统化。1955年，美国人类学家爱德华·霍尔（Edward Hall）首次提出"跨文化传播"概念，因此，学界普遍将霍尔视为系统研究跨文化传播活动的第一人，将其1959年出版的著作《无声的语言》视为跨文化传播研究的奠基之作。在《无声的语言》[①]中，霍尔首次使用"跨文化交流"（intercultural communication）概念，并将"语言分析"移植到"文化分析"中，将日常生活与文化行为视为一个宏观文本挖掘文化中的深层结构，在他看来，文化就像语言模型一样，同样具有基础的文化元素、集合以及固定模式，并且多以非语言的形式表现出来，从而在交际行为中形成心照不宣的文化共识，霍尔启发读者重新审视人际交往行为，提出了"文化即是交流"的命题，并指出文化交流可以使人挣脱文化枷锁、逃离文化牢笼。在《隐藏的维度》（1966年）中，霍尔提出"空间"是人类传播系统的组织框架，不同文化语境中的个体对"空间"的感知方式和使用方式不同，在人际交往中，人对"空间"的感知方式和使用方式与文化紧密相关。

这一时期，与跨文化传播研究相关的重要学术事件还有：1954年，美国人类学家卡莱沃·奥伯格（Kalvero Oberg）在其博士论文《克林基特印第安人的社会经济》中首次提出了"文化休克"的概念；1960年，奥伯格在《文化休克：适应新的文化环境》（Culture Shock：Adjustment to New Cultural Environments）一

---

① 参见［美］爱德华·霍尔：《无声的语言》，何道宽译，北京大学出版社2020年版。

文中将"文化休克"定义为人突然离开自己熟悉的社会交往符号而出现的焦虑状态；1955 年，利兹格德（Lysgaard）提出了"U 曲线"跨文化适应周期理论，他用"U 曲线"将人的跨文化适应过程分为三个阶段，分别是初始期（initial stage）、寂寞期（loneliness stage）、复原期（recovery stage）；1960 年，奥伯格进一步完善了利兹格德提出的"U 曲线"跨文化适应周期理论，将人的跨文化适应过程分为四个阶段，分别是：蜜月期（honeymoon stage）、危机期（crisis stage）、恢复期（recovery stage）、适应期（adjustment stage）；1963 年，葛勒豪（Gulla-horn）在"U 曲线"跨文化适应周期理论的基础上提出了"W 曲线"文化适应周期理论；1962 年，奥利弗的著作《文化与传播》（*Culture and Communication*）出版；1966 年，阿尔弗雷德·史密斯的著作《传播与文化》（*Communication and Culture*）出版；1967 年，帕里发表了重要论文《人际传播心理学》（*The psychology of human communication*）；20 世纪 60 年代末，美国匹兹堡大学率先开设了"跨文化传播"课程。

总的来看，20 世纪 50～60 年代的研究主要采用文化人类学范式，研究者逐步将宏观、历时性的研究视野转向了微观、共时性的研究视野，开始对"基本讯息系统"与"文化要素"进行抽丝剥茧般的分析。研究者们开始意识到，人经验中的文化要素决定人的文化身份，而文化身份就是文化交际中需要跨越的障碍，跨文化传播就是对母文化和异文化都有立体理解的人摒弃自身的"霸权潜意识"，以"超越文化"的姿态而进行的文化传播，其目的是把人从其固有的文化身份中解脱出来。可以说，"在这一时期，跨文化传播逐渐从人类学中分离出来，开始成为传播学研究的一个重要组成部分，主旨是对造成文化差异的文化、语言、非语言要素进行探讨，尤其是聚焦于理解人际层面的跨文化传播，以及增进有效传播的相关技巧。"[①]

二、西方跨文化研究的深化与转向

20 世纪 70 年代，跨文化传播研究进入深化发展阶段，并以一门独立学科的姿态出现在学术视野中，一方面，大量跨文化传播研究的成果集中问世；另一方面，全美传播学会设立了跨文化传播研究子学会并创办了专门的研究刊物，文化人类学和心理学学科范式下的有关跨文化研究的文化差异研究、文化适应研究次第展开。

首先，作为 20 世纪 70 年代发端的 1970 年被确定为"跨文化与跨国言语研

① 孙英春：《跨文化传播学》，北京大学出版社 2015 年版，第 20 页。

究交际年"。

其次，1972年跨文化传播领域的代表性成果面世，由美国传播学者拉里·萨默瓦和理查德·波特合编的论文集《跨文化研究读本》（*Intercultural Communication：A Reader*），对跨文化传播的相关概念，包括研究对象、研究领域等进行了界定，详细梳理了跨文化传播研究发展的历史脉络，确立了跨文化研究的基本范式。

从次，1972年7月，第一届跨文化传播国际会议在日本东京国际基督教大学召开，与会学者将跨文化传播的"传播"（communication）限定为人际传播，不包括大众媒体传播，也不包括电话等技术性传播设备的传播。至今，跨文化传播国际会议已先后在韩国、美国、中国等国家和地区成功举办了6届，有效推动了跨文化传播研究的深入发展，为跨文化传播研究范式的多元化转型奠定了良好的基础。

再次，1974年，《国际和跨文化传播年鉴》出版，至此，每个个体都应学会和远距离不同文化背景下的其他个体进行交流成为跨文化研究领域的共识。另外，1976年，霍尔在《超越文化》一书中提出了"高－低语境"文化理论、行为链、无意识文化与行为关系等命题，这些命题成为跨文化传播研究的基础概念，其中"高－低语境"文化理论最为著名，是后续解释文化差异、促进文化互通的理论核心；再有，1977年，跨文化教育、培训和研究学会主办的《跨文化关系国际期刊》创刊也有效推动了跨文化传播研究的深入发展。

此外，20世纪70年代还有一些学者的研究也深具启发意义：关注异文化间彼此互动的过程以及人在跨文化接触后发生的心理变化的加拿大心理学家约翰·白瑞（John Berry）在借鉴卡莱沃·奥伯格（Kalvero Oberg）的文化适应周期理论的基础上，提出了"文化适应理论"；美国俄克拉荷马大学传播学系教授金荣渊（Young YuKim）在其著作《跨文化能力：交际与跨文化适应的综合理论》中探讨了跨文化适应的六个关键层面，并提出了"交际与跨文化适应的综合理论"；美国亚利桑那大学的朱迪·伯贡教授（Judee Burgoon）提出了期望违背理论（Expectancy Violations Theory），用以描述在人际交往中，信息接受者对传播者有预设的行为期待，信息接受者根据自己的期待对传播者发出的信息进行评估。

时至20世纪80年代，学界将文化差异、文化适应等研究与传播者的身份、传播者的能力、传播的价值、传播的意义等因素相结合，推动了跨文化传播研究的进一步发展。为了打破西方中心的研究范式，1980年，美籍非洲裔学者阿桑蒂在《非洲中心性：社会变革理论》一文中提出建构跨文化研究的"非洲中心"范式的主张，标志着跨文化传播研究发生了研究范式的转向；1984年，斯波茨

135

伯格（Spitzberg）和库帕奇（Cupach）在论文《人际沟通能力》（Interpersonal Communication Competence）中提出跨文化交际能力涉及认知层面的"知识""动机""技巧"三个要素；1985 年和 1987 年，威廉·古迪康斯特分别发表了跨文化传播研究的综述文章《美国跨文化传播理论综述（一）》和《美国跨文化传播理论综述（二）》；1989 年，莫利菲·阿森特与威廉·古迪康斯特主编的《国际与跨文化传播手册》对跨文化传播中的文化调适理论、文化变异理论、有效传播理论、认同管理理论、传播网络理论等进行了详细阐述。另外，意义协同处理理论（克罗南和皮尔斯）、文化维度理论（霍夫斯泰德）、跨文化通融理论（盖洛斯）、面子协商理论（丁允珠）、文化认同理论模型（科里尔和托马斯）也在 20 世纪 80 年代被相继提出。

1991 年，以苏联解体为标志的"冷战"结束后，"和平与发展""全球化"成为世界的主旋律，文化交流与互鉴成为全球化过程中的重要面向，跨文化传播研究随之在这一时期发生了转向，即从服务于西方社会的对外扩张与文化控制转向为探寻文明与文明间、文化与文化间的和解与共存之道；学界的研究重心从"如何有效传播"转移至"文化多样性""现代性反思""文化接受的可能性""文化认同危机"等议题；利奥塔、萨义德以及福柯等的学说启发从事跨文化传播研究的学者对引发文化矛盾与冲突的根源进行重新检视；同时，跨文化传播研究的成果被广泛应用于外交、国际贸易、跨国管理等多个实践领域之中。

继美籍非洲裔学者阿桑蒂之后，美籍日裔学者三池贤孝也萌生了文化自觉意识，提出建构跨文化研究的"亚洲中心"范式的主张，所谓"亚洲中心"是指："坚持将亚洲价值与亚洲理想置于求索的中心位置，从亚洲人民作为主体的视角出发来看待亚洲现象。"[①] 2003 年，古迪康斯特发表了两篇论文《文化间交际理论》和《跨文化交际理论》；2005 年，古迪康斯特的专著《跨文化传播理论》（*Theorizing about Intercultural Communication*）出版，这三个研究成果相对系统和完整地梳理了现有的跨文化传播理论。2008 年起，《跨国跨文化传播研究年刊》由年刊变为季刊，年刊与季刊的区别在于：年刊是对全年跨文化传播案例和理论研究的梳理和汇总，因为年刊的时间跨度大，因此，年刊的理论研究能够反映当年跨文化传播的情况，但往往是总结性的，与现实关联不紧密；季刊则具有时间跨度小的优势，季刊的理论研究能够发挥推动现实中跨文化传播的作用，建设性更强。刊物的发行周期缩短后，内容更加包容和多元，跨文化研究范式的转型问题和传播能力的建构问题成为刊物重点关注的问题，古迪康斯特提出的焦虑与不

① Miike. Y. Rethinking humanity, culture, and communication: Asiacentric critiques and contributions. *Human Communication*, 2004, 7 (1): 67 - 82.

确定性管理理论、陈国明和斯塔罗斯塔提出的跨文化传播能力问题的相关成果都被此刊物刊载，该领域的研究逐步由"西方中心主义"转向多个中心。

总的来看，跨文化传播研究在西方社会的发展历程可以概括为：第一阶段，爱德华·霍尔首次提出"跨文化传播"概念，并提出"高－低语境"文化理论等命题。第二阶段，在古迪斯特等提出的文化适应理论的基础上，普适性理论成为研究重点，移民或其他新来者的行为动机被忽略，着眼于人们对于共同适应的经验分享，集中研究如何适应。第三阶段，玛格丽特·安德森等学者提出多元文化和文化播散的观念，关注的中心是种族主义、性别主义、偏见自我观念、权利等如何在人的内在传播中发生影响。第四阶段，发展传播与跨文化传播研究相结合，集中研究政府和各类组织在经济、政治、道德或意识形态等方面存在的诸多差异，提出了"创新—扩散"模式，探究跨文化传播研究的新观念和新方法如何得到有效推广。第五阶段，分析全球化趋势与本土化的矛盾，研究全球媒介环境对国家政治稳定、社会改革的影响，以及媒介网络、意识形态、语言符号的本土化问题。第六阶段，在政治传播层面，探讨国家主权与人权孰先孰后的问题；在文化层面，就多元化还是单极化的问题展开论争，探讨文化多元还是文化霸权的问题；在语言层面，探讨民族语言是否应保持独立性和纯洁性、是否具有国际化的可能问题。第七阶段，部分"左"翼学者秉持对西方全球扩张和西方文化价值观念的警觉对文化帝国主义展开批判，对后殖民时代的文化发展方向进行预判。第八阶段，重点关注现代性、反思性和文化认同危机问题。[①]

三、中国跨文化传播学术的引进与本土化历程

作为传播学的学科分支，跨文化传播研究在中国开展的时间要滞后于西方，但中华文明在发展进程中的跨文化实践则早已展开，不论是玄奘取经、郑和下西洋，还是川流不息的遣隋使、遣唐使，抑或是陆上丝绸之路、海上丝绸之路，与中华文明相关的享誉世界的跨文化传播历史事件不胜枚举。因此，可以说：中国的跨文化传播研究既是一种基于中国历史、中国文化与中国社会现实的知识建构和理论建构，也是中国学界面向人类命运共同体的智慧表达。中国跨文化传播研究的首先经历了 1978～1995 年的以引进介绍为主的初创阶段、1996～1999 年的普及阶段，在普及阶段同时开始了将跨文化传播学术本土化的理论探讨和实践。

---

① 参见吴予敏：《跨文化传播的研究领域与现实关切》，载于《深圳大学学报（人文社科版）》2000年第 1 期，第 80～81 页。

（一）中国跨文化传播研究的初创与普及阶段

起始于 20 世纪 70 年代末的改革开放为学界创造了良好的学科生态环境，西方跨文化传播研究的诸多成果从外语教学界进入了中国学者的学术视野，"intercultural communication" 当时被译为"跨文化交际"，虽在字面意义上与"跨文化传播"相比更侧重于"语言应用"背景，但实质上二者均为 Communication 一词的多义所指。

中国较早从事跨文化传播研究的是许国璋、何道宽等学者，1980 年、1983 年，许国璋、何道宽分别在《现代外语》和《外国语文》发表了题为 *Culturally-loaded Words and English Language Teaching* 和《介绍一门新兴学科——跨文化的交际》的论文，标志着中国跨文化传播研究的肇始。王显志、李海娟认为：起始阶段，中国的跨文化传播研究大致有三种研究理路：一是以语言为中心，通过中外语言对比揭示语言、文化、交际三者之间的关系；二是非语言交际研究，如体态语研究、环境语研究等；三是以"跨文化交际"为核心，结合其他学科进行的"交叉文化研究"，即从商务活动、管理策略、网络传播等视角进行的研究。[①] 可以说：肇始阶段，中国学者的跨文化传播研究基本是在"西体中用"的框架下，以语言为中心展开的，在整体上，倾向于外语教学和跨文化语用学的研究，侧重于学科的工具属性，并没有对"文化"本身展开专题式的探讨。在针对第二语言教学展开的研究中，以语言为载体的"文化教学"也没有得到足够的重视，文化仅作为帮助学习者理解并学习语言的因素而存在。直到 20 世纪 80 年代末，随着中国改革开放力度的不断增大和社会主义市场经济的日益活跃，中国的传播学研究也逐渐深入起来。

20 世纪 90 年代，中国的跨文化传播研究进入了普及阶段，大量西方有关跨文化传播研究的理论著作被译介到中国。例如，爱德华·霍尔的代表作《无声的语言》的中译本于 1991 年由上海人民出版社出版；莱杰·布罗斯纳安（Brosnahan，L.）的代表作《中国和英语国家非语言交际对比》的中译本于 1991 年由北京语言学院出版社出版；罗宾逊（Robinson，G. N.）的代表作《跨文化理解》的中译本于 1992 年由华夏出版社出版。这些译著与当时中国跨文化接受和跨文化传播的现实面向极为契合，促使中国学界跨文化传播研究的重心很快由"语用学""中外语言对比"转向至"文化传播学"。

与此同时，国内学者将研究视域聚焦在现实社会中的国际交流以及技术革新等方面，例如，1992 年贾玉新在《外语学刊》上发表了《美国跨文化交际研究》

---

① 参见王显志、李海娟：《中国跨文化交际研究述略》，载于《职业时空》2008 年第 3 期，第 55 页。

一文，同年，胡正荣在《现代传播》上发表了《大众传播媒介影响的扩展与控制——电视的跨文化传播初论》一文。1997 年，教育部将传播学学科确立为一级学科，从事传播学研究的学者人数急剧增长，传播学的研究范式也逐渐从二元框架发展为多元并存的局面，一方面，对西方传播学谱系上的杜威、帕克、李普曼等早期传播研究者的贡献进行全面重估；另一方面，大众传播、文化研究、跨文化交际、媒介环境学、符号学本体论、后现代传播理论等学说和研究方法都被中国学者纳入研究视野。此外，随着信息化社会和互联网时代的到来，中国学者尝试扩大跨文化传播的研究范围，关注社会热点事件和大众传媒的文化传播功能，注重内容分析和个案研究，例如，1998 年，钟大年的专著《电视跨国传播与民族文化》[①] 出版，对大众传媒形态下传播的特点进行了全面分析，并重点论述了意识形态与文化传播之间的权力关系。

（二）中国跨文化传播研究的本土化自觉

近几十年来，中国学界一方面积极译介、吸收、内化西方跨文化传播的研究成果，另一方面逐渐树立了建构具有中国特色的跨文化传播研究理论的自觉意识。1993 年，以"传播学本土化"为主题的全国传播学研讨会在厦门召开，会议集中探讨了"华夏传播研究"的视角与思路，即如何建构中国本土化的传播学理论体系的问题。这次研讨会提出的两种观点基本奠定了中国跨文化传播理论建设的方向：第一种观点是以孙旭培为代表提出的"内部转向论"，这种观点孙旭培在其主编的《华夏传播论》（1997 年）中也有所提及："中国学者要做出自己的特殊贡献，就必须研究中国的传播实践。"[②] 所谓"内部转向论"，就是认为中国的跨文化传播研究应该更注重对中华五千年文化的挖掘，从中国传统的典籍文献入手，进行系统性与科学性的资源整合，找到中华历史与传播理论的平衡点。第二种观点是"以西释中论"，强调在延续、吸收西方跨文化传播理论资源的同时，建立符合中国实际的跨文化传播理论，进一步探索"以西释中"是适用性与实践性。

这种有关跨文化传播本体属性的争论在新世纪以后有了更大的回声，如童兵提出应该在肯定西方政治文明所发挥的积极作用的基础上，引进他国的先进理论和成功经验，但同时更应看到自身不足，要在传承、弘扬自身传统文化的同时，在世界文化的竞合中发展具有中国特色的跨文化传播学；[③] 姜飞则对童兵的观点

---

① 钟大年：《电视跨国传播与民族文化》，北京广播学院出版社 1998 年版。
② 孙旭培：《华夏传播论》，人民出版社 1997 年版，第 3 页。
③ 童兵：《试析跨文化传播中的认识误区》，载于《新闻大学》2004 年第 3 期，第 23 页。

予以回应，认为建构中国的跨文化传播学就要识破跨文化传播理论的文化殖民主义属性，采取人类学、文化研究和传播学相结合的方法，以促进跨文化的理解和交流为己任。①

这两种研究范式分别是从历史和现实的角度对中国跨文化传播研究的再审视，其共同追求是中国跨文化传播研究的"本土化"。中国跨文化传播研究的"本土化"显然不是简单地用西方传播学的理论框架阐释中国的传播实践，也不是一味地从中国传统文化的故纸堆中进行探寻，而是一种理论"话语"（discourse）层面的内部重构，即考量西方跨文化传播理论在中国社会语境中的适用性与局限性，探索一种避免受到西方理论话语所支配的阐释方式，既要避免一味照搬照抄的"拿来主义"态度，也要努力摆脱中西二元论框架的束缚。只有不从"自我"与"他者"的前置逻辑出发，才不会将"本土化"的研究引入歧途。郑学檬主编的《传在史中（中国社会传播史料初编）》（2001年）、陈国明主编的《中华传播理论与原则》（2004年）、J. Z. 爱门森主编、赵明明编译的《"和实生物"——当前国际论坛中的华夏传播理念》（2010年）、谢清果编著的《华夏传播学引论》（2017年）、谢清果等著的《光荣与梦想——转播学中国化研究四十年》（2018年）、张金桐、李锦云主编的《改革开放四十年中国跨文化传播研究》（2018年）、邵培仁著的《华夏传播理论》（2020年）等成果反映了中国跨文化传播研究"本土化"的学术轨迹。

总的来看，中国的跨文化传播研究需要直面中西方在文化传统、意识形态以及思维逻辑方面的异质性，不盲目地对西方的思想观念以及西方跨文化的理论资源做价值判断，妥善处理本土现实、学术传统、西方理论资源以及跨学科影响的关系，聚焦学科本身，以对中国跨文化研究的实际影响为标准，去看待一个众声喧哗、多元共存的学科生态，正如孙英春所说："跨文化传播学不可能离开外部社会，也不可能离开中国社会而单独发展，需要在不同立场的检讨与对话中确定自身的路向。"② 一言以蔽之，中国的跨文化传播研究应以西方跨文化传播学研究的成果作为参考和借鉴，以"人类命运共同体"的宏观视野，积极建构中国自己的跨文化传播理论，探寻中国自己的研究方法。

四、中国跨文化研究的深化发展

新世纪以来，随着中国加入世界贸易组织、成功举办奥运会等一系列重大历

---

① 姜飞：《试析跨文化传播中的几个基本问题——兼与童兵先生商榷》，载于《新闻大学》2006年第1期，第27页。

② 孙英春：《跨文化传播学》，北京大学出版社2015年版，第10页。

史事件的发生，中国与世界各国的联系日益紧密，跨文化传播研究也随之进入了深化发展阶段，研究的深度和广度都有了质的飞跃，研究范围拓展到了国际传播、新媒体等领域；阐释学、仿真理论、后现代主体论等理论被应用到传播学领域；文化身份、"他者"话语等西方探讨的前沿问题也进入了中国学者的研究视野。罗以澄、夏倩芳的论文《他国形象误读：在多维视野中观察国际传播》（2002）基于后殖民视角对国家形象在传播过程的"误读"进行探讨；麻争旗的论文《翻译二度编码论——对媒介跨文化传播的理论与实践之思考》（2003）深入到语言文化的编码系统中，探讨媒介跨文化传播的问题，显现出了较为明显的学科建构意识。

近10年，伴随着社交媒体的兴起，人类社会在互联网带来的媒介革命中呈现了全新的景观，一方面，5G、虚拟现实技术进一步打破了文化传播的时空壁垒，模糊了虚拟与现实的边界，"而以算法推荐、机器学习为代表的人工智能技术则力求满足个性需求，提供智能化传播的技术平台"[1]；另一方面，"媒介技术促成的图像生产和传播正在使所有文化都成为视觉文化，人类文明呈现出高度视觉化的特征。"[2]于是，关于人、媒介与社会关系的探索，关于"人－机"交互与现代文明的演进，关于工具理性与价值理性的再度思考，都成为了中国跨文化传播研究集中讨论的热点话题。

同时，网络对于社会发展的深度介入令传播学研究中传统的量化研究方法出现瓶颈，日新月异的科学技术不断激发着传播学领域的革命。首先，社会网络分析法开始流行，以算法、数据库为主的大数据建设逐渐成为跨文化传播研究方法论的重镇；其次，麦克卢汉的媒介技术哲学再次被提及，学界在谱系学意义上界定出技术革命是根植于社会环境的历史延续；再次，"人文范式"所承载的价值理性使传播形态成为近来跨文化传播研究的主要内容；最后，"人联网"和智能传播被预测为未来主要的传播形式，从而衍生出了许多对信息、社会与人的价值偏向的讨论。

总的来说，中国跨文化研究经历了对西方跨文化研究成果亦步亦趋的引进介绍阶段后，展开了将其本土化的理论探讨和实践，在本土化探讨和实践的同时及稍后，则不仅与西方学者一起面对世界性的社会问题展开了深入的探讨，还在中国文化跨文化传播等自身面对的问题方面进行了独特而有深度的研究，在很大程度上形成了本学科的独立意识和探索意识，成为推动本学科研究发展的一股新的

---

① 陈昌凤：《未来的智能传播：从"互联网"到"人联网"》，载于《人民论坛·学术前沿》2017年第12期，第8页。

② 叶祝弟：《媒介技术驱动下的人类文明——转型与重塑》，载于《探索与争鸣》2020年第6期，第4页。

力量。虽然中国跨文化研究的独立探索阶段才刚刚展开，但已经出现了为数不少的不俗的学术成果，相信随着中国本身社会进程的独特进展和中国跨文化研究领域学者的成熟，这种具有新的探索性的学术成果会不断涌现。

整体而言，人类文明的加速融合带动了跨文化传播研究的迅猛发展。西方跨文化传播研究肇始期，意识形态色彩浓厚，随着西方哲学的"语言学转向"，语言学、社会学、文化人类学等不同学科都成为了跨文化传播学的理论资源，跨文化传播学在研究范式与价值标准上表现出复杂性，众多变量以及边缘式的文化现象都成为这一知识体系的"问题视域"，整体来看，西方的跨文化传播研究出现文化结构研究和文化表征研究两种研究面向，并呈现出了侧重"政治化倾向"——侧重"语言交际与应用"——侧重"文化本体"的学科发展路径。

改革开放后，中国的跨文化传播研究逐渐成为一门显学，实现学术"本土化"的呼声与自觉性空前高涨，伴随技术革命，后现代理论、控制论等诸多学说被引入中国的跨文化研究之中，面对各种"理论诱惑"，如何突破"文化中心论"的制约，以更加宏观的比较视野来观照中国跨文化传播的现实需要，如何把握好中国跨文化传播研究的现实指向，以本土实用的目的来确定中国跨文化传播理论的内涵、价值、功能和意义，建构中国跨文化研究的新范式，为重塑中国形象、提升中国文化的海外接受度提供理论指导，是当下中国本土化研究的重要努力方向。

第二节　对外文化教材编写中可资借鉴的中西方理论资源

对外文化教材的使命不仅是让外国学习者学习和了解中国文化，同时需要降解外国学习者感受到的中国文化与其母语国文化的文化冲突，因而编写对外文化教材既需要对中西思维方式与话语体系的差异熟稔于心，也需要借鉴西方跨文化传播学的相关理论和中国传统文化资源。"情景构架"理论与"情景教学法"、"高语境"与"低语境"理论、"面子协商"理论、"慎独知本"观念、"期望违背"理论、"重叠共识"观念与"母题叙述"策略都是对外文化教材编写中可资借鉴的重要资源，能够助力我们打开以对外文化教材为载体的中国文化跨文化传播的关键罅隙，通过文化传播调和文化间的冲突与摩擦。

对外文化教材是跨文化传播中国文化的重要载体。跨文化传播大致分为三种类型：第一种是来自不同文化背景的人们相互的交往行为，并在交往中通过合作与协商建构意义的象征性过程，拥有不同文化观念、生活方式以及国民性格的参与者在合作中创造彼此可以接受的意义；第二种是来自不同语境（context）的个体和群体进行信息的编码和解码，传播行为是否"跨文化"的标准在于双方信息编码和解码的重叠程度，在定量研究中以 70% 为界限；第三种是强调文化差异在跨文化传播中所产生的影响，由于参与传播的双方的符号系统存在差异，因而并非所有的传播内容都能构成有效传播，要注重跨文化传播中的有效传播，即能在不同文化的传播者之间创造一种共享意义的传播。[①] 这三种类型分别对应着三个关键词，即"共建""量化""影响"，其共性在于"差异性"，包括语言差异和文化差异。

在中国的"诸子时代"，各诸侯国之间的语言并不统一，文化形态也存在巨大的差异，如楚地有事神重祭的风尚，楚人关注神界，《楚辞》中便可见很多对天神、地祇、人鬼的描绘；而黄河平原的周王朝则更注重"人道"，强调文明与秩序，以"制礼作乐"奠定周王朝的政治和经济制度的基础。所谓"巫偏重鬼神，史偏重人事"[②] 是对巫官传统与史官传统的最好诠释，也正是由于这种差异，才会产生思想上"百家争鸣"的局面，儒家、道家、墨家、法家等诸家学派都尝试以自身的学说来共建意义。因此，在以对外文化教材为载体的跨文化传播中，我们应该从正向意义看待文化差异，因为文化差异是文化传播的动力和意义所在。

一、中西思维方式与话语体系的差异

中西思维方式和话语体系的不同是中国文化跨文化传播的最大障碍，对外文化教材编写需要首先明确中西方在文化习俗、价值观念、思维方式等方面的差异，以把握跨文化互动的特性。卡西尔说："各种语言之间的真正差异并不是语音和记号的差异，而是'世界观'的差异。"[③] 不同民族在对语音和文字的理解和运用上的差异构成了各民族不同的文化特色与生活形式，而产生差异的深层原因在于"认识世界的方法"。对外文化教材编写需要综合考量不同民族认识世界方法的不同，以及文化交际中的国别性差异、价值观冲突、身份焦虑以及文化敏感等诸多现实问题，需要综合地借鉴中外不同的"认识论"和"方法论"。

编写对外文化教材首先应以文化寻根的姿态进入中西方的历史语境中，对中西"文化叙述"的认识论与方法论进行识别。蒙培元认为：中国（或东方式的）主体思维"是从主体的内在情感需要、评价和态度出发，通过主体的意象活动

---

① 参见孙英春：《跨文化传播学》，北京大学出版社 2015 年版，第 14 页。

② 范文澜：《中国通史（第一册）》，人民出版社 1978 年版，第 148 页。

③ 恩斯特·卡西尔：《人论：人类文化哲学导引》，甘阳译，上海译文出版社 2013 年版，第 206 页。

（包括直觉、体验），获得人生和世界的意义。因此它不同于以外部事物及其客观性质为对象的科学思维或逻辑思维。""（中国）传统哲学的一个重要特点是人即主体自身就是宇宙的中心，人的存在就是世界根本的存在，换句话说，世界的意义内在于人而存在。因此，认识自身也就认识了自然界和宇宙的根本意义。"① 也就是说，中国传统哲学是一种自反式的思维方式，倾向认为"万物皆备于我"，自然界并非作为人的认识对象、即客体而存在，儒家追求的"天道"、道家追求的"自然"更多的是蕴藏于人的内心之中的；在中国传统文化中，对人的认识更多是在形而上的道德规范层面，如儒家文化对"君子"和"小人"进行了严格的界定与区分，如"有君子之道四焉：其行己也恭，其事上也敬，其养民也惠，其使民也义。"（《论语·公冶长》）、"君子求诸己，小人求诸人。"（《论语·卫灵公》）强调人的独立意志与人格，是一种对生命意义与人生价值的追问。

就西方文明的发展历程来看，从古希腊文明的自然主义哲学（认识世界），到文艺复兴时期的人本主义哲学（认识主体），理性是西方文明中最重要的认识工具，并由此衍生出了系统的逻辑思维与科学活动。西方传统哲学的认识论是以确定事物的"性质"为前提的，隐含着"主体/客体"的对立逻辑，无论是传播学领域的经验学派还是批判学派，都将经验性实证作为研究立场，寻求符合逻辑的普遍性规律。

谢清果曾对中西方传播学理论特质的差异进行过辨析，他认为西方传播学理论在思维方法上更注重科学实证与理论反思，注重实践性，以传播效果与传播技巧为研究重点，以媒介与人及社会的影响关系为价值取向，学理实践上更适用于媒介社会；而中国的华夏传播理论并无西方理论的系统性，多为生活经验升华的哲理反思，以和谐传播、引起受众的心灵共鸣为目的，注重传播过程的生活性，以追求"天下大同"为价值取向。② 如果我们把西方的话语逻辑概括为"逻各斯中心"主义，那么我们可以把中国的话语逻辑概括为"道"，西方的话语逻辑倾向于以系统化、清晰化、科学化的话语形态描述真理，而中国的话语逻辑则偏重感悟和领会。对外文化教材编写需要了解中西方话语逻辑的差异，处理好"道"与"逻各斯"的关系。

福柯认为："陈述是被语言的所有其他的分析假设出来的，而这些分析无需对陈述加以阐明。为了使语言成为对象，分解成不同的层次并得到描述和分析，就需要有一个总是可以确定的和非无限的'陈述的给定物'。"③ 所谓"陈述的给定物"就是陈述者自身的意识形态体系，隐含着西方知识分子对科学与理性主义

---

① 蒙培元：《中国哲学主体思维》，人民出版社 2005 年版，第 3 ~ 5 页。
② 参见谢清果、祁菲菲：《中西传播理论特质差异论纲》，载于《现代传播》2016 年第 11 期。
③ 米歇尔·福柯：《知识考古学》，生活·读书·新知三联书店 2003 年版，第 146 页。

的崇尚。而在中国的语言体系中，则更偏重于以抽象或感性的语言表述事物，如黄星民由《论语》中孔子对鲁国公室的评论："君子之德风，小人之德草，草上之风必偃。"[1] 而提出了"风草论"，以"风"比喻传播内容，以"草"比喻接受主体，以"风吹草偃"比喻传播过程和传播效果。可见，在西方式体系化的诉求与中国式抽象的阐释方式之间，在西方理论化的话语表述与中国体悟式的话语表述之间，存在着巨大的鸿沟。在对外文化教材编写中，一方面需要注意中西方话语体系的差异，另外，应尽量发挥中国传统"内向型"的哲学思维对于西方话语体系的补益作用。

在对外汉语教学中，相较于注重语词要素和句法结构的语言学习教材，中国文化教材更面临着更复杂的挑战。由于学习者的文化背景不同，在对异文化的接触过程中必然会产生一定的文化冲突现象。如中国人在说"给您添麻烦了。"这句话的意义指向是表达感谢，而并非正式的道歉。可见，汉语表述所蕴含的礼仪传承和道德判断在一定程度上会造成意义的误读，而造成这种误读的即"文化差异"。若从文化本身的原始生产及其现代性流动两个方面看待跨文化传播行为，文化差异是传播的最大阻力。人类文化的产生以族群社会为基础，并受到历史条件、地理环境等因素的制约，依照马克思主义的观点，文化作为上层建筑在根本上是由社会生产方式所决定的，而人类文化传播的动力是社会现实需要。在文化传播现代性流动的过程中，由于各民族国家所处的地理环境和历史条件不同，其呈现的文化景观及人们的文化价值必然具有异质性的特征。另外，不同民族国家通过长期的生活交往与文化互动，其文化主体同样拥有文化选择的合法性，异质性的文化形态中也必然存在着共同的文化追求，这种同构性根植于人类所共有的文化需要，如何挖掘出隐藏在文化异质性中的同构要素以谋求良好的传播效果，是对外文化教材编写需要重点考虑的问题。

二、"情景构架"理论与"情景教学法"对对外文化教材编写的启示

"情景"（context）是影响文化选择的重要因素，因此在对外文化教材编写中需要重视"情景"这个要素。众所周知，我们所处的情境或发生交流的场景，会因文化差异而具有不同的意义。如在教堂庙宇中，人与人的交际会产生"敬畏""安静"的交流期待，在热闹的商场中则会产生"欢快"的交流期待。爱德华·霍尔曾提出过"情景构架"概念："在与我们的文化一样繁复的文化中，情景构

---

[1] 毛子水：《论语今注今译》，重庆出版社 2011 年版，第 207 页。

架（situational framework）即使不以千计，至少也要数以百计。这些情景构架包括情景方言、物质财富、情景人格和行为模式……情景构架是最小的、能独立存在的文化单位。它可以作为一个完整的实体分析、传授、传输、传承。情景构架包含着语言、身势、身体距离、时间、社会、物质、人格和其他成分。情景构架的概念之所以重要，不仅是因为它提供了指认分析单位的基础，使之成为专家手里得心应手的工具，而且是因为它对学习一种陌生的文化有所助益。……情景构架代表着物质材料和环境，行动就在其中发生，情景构架是一切规划赖以为基础的模块。"①

"情景教学法"是在"情景构架"的基础上提出的一种教学方法，教学效果要优于传统教学法。例如，外国来华留学生用自己在传统课堂中学到的汉语到真实的生活情境中与中国人交流时，常常发现中国人不理解他的意思，自己也听不懂中国人在说什么。原因在于传统课堂的汉语教学严格遵循语法规则，教给学生的句子尽管是正确，但到现实情景中却不适用，导致学生在现实交际中反应迟钝，同时学习兴趣受损。在人际交往中，不同的"情景"下，人们会使用不同的语言，人在交际状态下，语言更像是自然流出的，而不是通过排列主、谓、宾、定、状、补语的语序，再思考语法规则后才说出的。

"情景教学法"就是让学生置身于真实或相对真实的"情景"中，如超市购物、饭店点餐、外出游玩等，在限定的情景框架之内，教给学生在这种情景下需要掌握语言，并进行多次反复操练，往往能够达成事半功倍的学习效果。20 世纪 40 至 60 年代风靡世界的听说领先外语教学法就是由"情景教学法"生发而来的。霍尔提出的"情景构架"概念以及由此生发的"情景教学法"理应成为对外文化教材编写的理论资源，在对外文化教材编写中，既可以把"情景"理解为文化背景，也可以把"情景"理解为文化的运行机制，实际上，"情景"是更深层次的文化内容，是表层文化的动因。

三、"高语境"与"低语境"理论对对外文化教材编写的启示

1976 年，霍尔在社会学意义上对"高语境"和"低语境"进行了区分："任何交流都表现为高语境、低语境或中语境（middle context）。高语境互动的特色是，预制程序的信息贮存在接受者身上和背景之中；此时传达的讯息（message）中只包含着极少的信息（information）。低语境互动则与之相反：大多数的信息必

---

① 爱德华·霍尔：《超越文化》，何道宽译，北京大学出版社 2010 年版，第 114 页。

须包含在传达的讯息之中，以弥补语境（内在语境和外在语境）中缺失的信息。"① 也就是说，言语交流与信息发送者所处的语境有密切关系，高语境文化的传播特征是一种内敛、含蓄的暗码信息，高语境文化中的成员更加崇尚一种集体需求，"我们"（而不是"我"）成为文化主体的首要认同；低语境文化则更多以一种外显、明确的明码信息进行传播，个体目标高于群体。

按照霍尔的分类，中国文化属于"高语境"文化，而西方文化则属于"低语境"文化。两相比较，"低语境"文化的传播能力更强，传播效果也更佳。为什么如此呢？因为就实质而言，文化传播也是一种人际交流（communication），在"低语境"的文化语境中，"言"背后的附着意义较少，"言"与"意"之间的对应关系也相对稳定。

为什么说中国文化属于"高语境"文化呢？如果遵循霍尔的逻辑，可以做这样的理解：中国文化中存在大量的"言外之意"或"言不尽意"的文化表述，如"是以圣人处无为之事，行不言之教"（《道德经》）、"多言数穷，不如守中"（《道德经》）、"古者言之不出，耻躬之不逮也"（《论语·里仁》）、"君子欲讷于言而敏于行"（《论语·里仁》）、"子贡问君子。子曰：'先行其言而后从之'。"（《论语·为政》）、"太上有立德，其次有立功，其次有立言，虽久不废，此谓之不朽"（《左传·襄公二十四年》）。中国古代的儒道传统推崇以"不言"传递思想，与"言"相比，中国古代先贤更加把文化观念的传播寄托在潜移默化的君子之"行"上，倡导"知""行""言"的统一。在日常生活中，推崇"不言""寡言""讷于言"；在教育上，认为"不言之教"是教育的至高境界，于是，"言语"和"交流"本身的意义被削弱，大量的信息隐藏在"不言"之中。

再以中国的文字为例，中国文字的历史有 3 000 余年，文字中不仅承载着中国人的哲学观念，也是中华民族审美意识的体现，每个文字背后所蕴含的大量信息在中国人彼此进行文化交际之前已经提前储存在了各自的"前理解"中了，而这些信息对于异文化者而言无疑是难以掌握和理解的。也就是说，中国文化和西方文化的语境不同，西方的接受者因为没有中国的文化背景，如果将中国文化的内容直接传播过去，则往往无法达成良好的传播效果。若想实现有效传播，则需要把中国的隐性文化转化为显性文化，把中国的"高语境"文化转化为和西方相同的"低语境"文化。

"高－低语境"理论启示我们：在对外文化教材编写中，要兼顾低语境文化的特点，要考虑到外国学习者并不具备中国人的统觉背景，一方面，应采用更为清晰直接的表述方式，并以文化点介绍、文化常识介绍、小知识库、文化拓展练

---

① 爱德华·霍尔：《超越文化》，何道宽译，北京大学出版社 2010 年版，第 90 页。

习等方式向外国学习者交代文化背景知识；另一方面，也可以参照中国传统"非语言传播"的文化案例，引导外国学习者进入到中国传统哲学的思维模式中，帮助外国学习者了解中国人的思维方式、语言习惯、文化风俗，鼓励外国学习者在其母语文化和中国文化互为镜像的对比观照中进行文化反思和文化超越。

四、"面子协商"理论对对外文化教材编写的启示

美国华裔心理学家丁允珠结合自身独特的"东方"身份经验，提出了"面子协商"理论（Face – Negotiation Theory），试图为东西方文化差异所造成的文化冲突提供合理的解释。该理论从传播主体的"面子（face）"出发，认为文化主体在进行传播活动时，自我形象及其文化立场的代表属性是有效传播的重要因素，"面子"所反映出的是文化间权力与意识的深层关系，文化规范和价值观影响并改变着文化成员如何管理自己的面子以及如何解决冲突。在丁允珠看来，"面子"是由参与传播的双方共同决定的，在面对文化冲突时，从个人主义（低语境文化）的观念逻辑出发所呈现的行为与从集体主义（高语境文化）的观念逻辑出发所呈现的行为完全不同，前者更关心保全自我的面子，后者更注重保全双方和他人的面子。在策略的选择和运用上，与持个人主义（低语境文化）文化观念的文化群体成员相比，持集体主义（高语境文化）文化观念的文化群体成员会更多地采纳他人意见并采取保全他人面子的策略手段，包括以妥协、缓和矛盾等方式维持人际关系等（如日本）；相反，持个人主义（低语境文化）文化观念的文化群体成员则倾向于以寻求结果为主的解决方式（如美国）。在语言表达方面，持集体主义文化观念的文化群体成员偏爱于非直接表达，成员更为关心的是交际双方的情感交流而非某个字词、句子所表达的意思；而持个人主义文化观念的群体成员更倾向于直接表达的交流方式，认为言语的主要功能就是清楚、有说服力地表达个人观点。[①] 可见，"面子协商"理论探讨的是以某种文化立场为主导的观念性互动，即从个人主义或集体主义这种经验性的文化观出发，分析文化行为背后不同的价值追求。

由于中西方的"面子"观差异巨大，在交际实践中产生误解的例子比比皆是。如在一场商务谈判中，外国人要和中国公司的领导见面，得到的回复是"不太方便"，这就意味着中国人以委婉的方式拒绝了外国人的要求，没有直截了当的拒绝则充分保留了双方的"面子"。"面子协商理论"指出不同文化群体所采

---

① 参见陈国明、安然编著：《跨文化传播学关键术语解读》，中国社会科学出版社 2010 年版，第209 页。

取的协商策略不同，究其本质仍然是"高语境"文化与"低语境"文化的价值取向不同。"高语境"文化中的"面子"本身属于文化价值范畴，中国人对"面子"的终极追求是人际关系的和谐，其具体表现有：自制、不直接拒绝、给面子、看情面、重体面、礼尚往来、重视特殊关系等。对外文化教材需要让外国学习者了解中国人的文化取向和中国人"面子"背后的文化秩序，尽量展示出中国人在面对如师长、亲友、同乡、同学等不同身份的人时所采取的不同的交际方式，既需要使外国学习者掌握正确的"交际策略"，也应该让其理解背后的文化机制。

值得注意的是，"面子协商"理论探讨的跨文化语境下东西方的差异问题，没有论及同一文化群体内部的文化差异及情感应对问题。实际上，在一个文化群体内部，也有"面子"的问题，"面子"不是私下的自我评价，而是社会交往的产物，依存于个体与他人的交互性之中，具有外向性的特质。也就是说，只有人与人的交往中才会涉及"面子"问题，而个人独处的时候则不会涉及"面子"问题，这不由使人联想到中国儒家传统中"慎独知本"的修身观念。

五、"慎独知本"观念对对外文化教材编写的启示

中国儒家的传统要求人的"面子"与"内里"要相互统一，《中庸》有言："天命之谓性，率性之谓道，修道之谓教。道也者，不可须臾离也；可离，非道也。是故君子戒慎乎其所不睹，恐惧乎其所不闻。莫见乎隐，莫显乎微，故君子慎其独也。"[①] 这里的"君子慎独"即要求一个人即使在独处时，也要做到言行一致、表里如一。"面子"在儒家传统中是一种促进人的自我修养、强化传统人伦观念、稳定社会和谐秩序的具有积极意味的要素，但只有具有"慎独"品格的德才兼备之人才能弘扬（传播）天道。

另外，儒家强调修君子之道时要按次序，并遵循一定的规律，即"格物、致知、诚意、正心、修身、齐家、治国、平天下"所谓"物有本末，事有终始"（《礼记·大学》）。"知本"同样是中国传统文化所提倡的，只有"知本"，才能"求末"，才能达成"明明德"的目标。可以说，中国传统文化所提倡的"慎独知本"是对西方"面子协商"理论的补充，对对外文化教材编写同样具有启示作用：在面对文化差异或文化冲突时，传播主体不应该刻意标榜或迎合异文化者

---

① 朱熹：《四书章句集注》，载于《中庸章句》，中华书局1983年版，第14页。

的审美想象，而是要以"慎独"履行"修身"的内向型传播①来达到"以己推人"的影响力。诚如杜维明所言："在儒家的视界中，学习成人使得一种深广的过程成为必要，该过程承认限定人类境况的所有存在方式的相互关联性。通过一种包括家庭、社群、国家、世界和超界的层层扩展的关系网络，儒家寻求在其无所不包的整全中实现人性。"②

可见，具有"内向型传播"特质的中国古代哲学思维超越了传统意义上的传播范畴，在当下全球"现代性危机"与消费语境中，中国儒家君子"慎独知本"的道德品格显得格外珍贵，其以提升文化主体的自我修养为发端，潜移默化地孕育着整体的社会风气，这种强大文化影响力并非基于一种"主动传播"，而是凭借发掘并弘扬人类内在的至善至美（天命之谓性）来吸引异文化者，谋求他们的理解和接受。这启发我们在对外文化教材的编写中，要注重挖掘对世界各国而言具有可分享价值的中国文化，挖掘能够引起世界各国人民共鸣和好感的中国文化，挖掘具有美感和善意的中国文化，挖掘有助于建构人类命运共同体的中国文化。

六、"期望违背"理论对对外文化教材编写的启示

20 世纪 70 年代，美国亚利桑那大学的朱迪·伯贡教授（Judee Burgoon）提出了"期望违背"理论（Expectancy Violations Theory）。该理论认为，目的性是传播活动的先决条件，虽然存在无意识的传播行为（如儒家传统的内向型传播），但传播者在文化互动中必然拥有预先认知与行为预期（expectations）。而当预期违背了传播者的文化观念时，传播便出现障碍，传播者在感到焦虑的同时也会提升对异文化的接受度。传播作为一种具有丰富关系的信息交换过程，可以让人们获得对他人行为积极或消极的预期，预期违背理论所关注的就是跨文化互动适应过程中，传播双方对违背预期的认定、解释、价值判断，以及据此对双方行为的调整。2015 年，孙英春在《跨文化传播学》中引介了该理论涉及的主要方面：第一，对预期的界定，即它由哪些内容组成，受何种因素影响；第二，对预期违背的认定，即何种行为会被认为是违背预期的行为阐释，并提出认定的依据；第三，对被认定的未被预期的行为进行解释，同时做出相应的价值判断；第四，基于对违背预期的行为的价值判断，调整互动中的行为以达成适应。③

"预期效应"属于心理学的范畴，因此期望违背理论是西方学者在跨文化传

---

① 谢清果：《作为儒家内向传播观念的"慎独"》，载于《暨南学报（社会科学版）》2016 年第 10 期，第 39 页。

② 杜维明：《东亚价值与多元现代性》，中国社会科学出版社 2001 年版，第 120 页。

③ 孙英春：《跨文化传播学》，北京大学出版社 2015 年版，第 66 页。

播领域进行的研究方法论的变革，西方学者试图突破文化维度的框架来研究文化实践中的具体行为。"期望违背"理论为对外文化教材编写提供的参考价值在于：在期望违背理论的体系中，偏重个人主义文化的社会，预期成员间的关系是大胆的、亲密的，成员一般采用直接的方式进行交流；偏重集体主义文化的社会，预期成员间的关系是有礼貌的、不亲密的，成员一般采用间接的方式进行交流。中国是偏重集体主义文化的社会形态，而大多数西方国家是偏重个人主义文化的社会形态，处于不同社会形态中的个体习惯采用的交流方式不同，这一点需要对外文化教材编写者在编写课文对话或者课后对话练习时重点考虑。

七、"重叠共识"观念与"母题叙述"策略对对外文化教材编写的启示

建构文化的"重叠共识"也是跨越文化障碍的重要方法。1993 年，美国政治理论家约翰·罗尔斯在《政治自由主义》一书中提出了"重叠共识"[①] 概念用以阐述正义的普遍性。1999 年，加拿大哲学家查尔斯·泰勒在阐述人权的非强制性共识问题时说："我觉得它可能是罗尔斯在其《政治自由主义》中描述为'重叠共识'之类的东西。"[②] 他认为，在所有文化中都可以找到对种族灭绝、暗杀、酷刑和奴隶制的谴责，而这些谴责所表达的就是各民族有共识的行为规范。在这些共同的行为规范背后的，则有一些"深层的作为基础的价值"。泰勒认为，尽管人们处于不同文化背景，但对于正义、仁爱的重要性的认识，人们的意见往往是高度一致的。[③] 之后他还以西方的人道主义和佛教的不杀生观念都可以同样用来论证人权为例，表明普遍的是非标准和正义原则是可以获得跨文化共识的，可以引起具有不同价值观念和伦理生活方式的人们的认同。

在古代中国的跨文化传播实践中，佛教传入中国可以作为"重叠共识"的典型案例，对当下的对外文化教材编写也有启发意义。公元纪元前后，作为宗教文化形态的佛教文化陆续传入中国，传播者主要以僧侣、士大夫阶层与世俗信徒为主，传播内容大体围绕佛学信仰展开。佛教在传入中国的过程中，曾经面临意识形态与文化选择间的冲突，如"宋太宗说浮屠之教'有裨政治'，必须'存其教'，但绝不能像梁武帝那样沉溺其中，以致'舍身为寺奴，布发于地，令桑门

---

① 约翰·罗尔斯：《政治自由主义》，万俊人译，译林出版社 2011 年版，第 123 页。

② Charles Taylor. *Conditions of an Unforced Consensus on Human Rights*，East Asian Challenge for Human Rights，edited by Joanne R. Bauer and Daniel A. Bell，London：Cambridge University Press，1999：124.

③ Charles Taylor. *Sources of the Self：the Making of the Modernity Identity*，Harvard University Press，Cambridge，Mass，1989：515.

践之',丧失君主至高无上的地位。"① 可见,如果佛教的文化地位过高,危及到统治阶级的统治时,就会受到规训。

那么,佛教何以顺利传入中国并在中国产生了巨大的影响力呢?原因在于:佛教中的"因果""轮回""修持"等内容与中国的儒道传统具有一定程度的同构特征;而佛教所包含的慈悲、包容、孝道、牺牲等利他主义精神又与儒家所倡导的"仁爱""忠""孝""节""义"等传统伦理观念相互契合,也就是说,佛教的诸多教义与中国儒道传统形成了"重叠共识","重叠共识"的部分为佛教在中国的顺利传播提供了动力机制,并使信众在行为方式上萌生了自觉践行佛教教义的内在驱动力。

另外,佛教在中国的成功传播还得益于传播中采用了化繁为简、实用之上的策略。魏晋时期,般若学的盛行使众人对佛教关注的焦点集中在"空"的观念上,当时佛教界探讨的核心问题也可以称为佛教的本体论问题,包括"缘起"(世界的本原)、"性空"(万物的本性)、"诸行无常"、"诸法无我"、因果序列等。在这里,信徒的实际需求(如何成佛)替代了形而上的概念问题,因而传播效果极好;在传播技巧上,则以"应病与药,随机设教"的方式消解传播隔阂,汤用彤曾指出"佛教之传播民间,报应而外,必亦藉方术推进。"② 虽然佛教创立之初曾禁止偶像崇拜,但是在历史发展过程中逐步形成了自身的神明信仰体系,借助固有的习惯和中国人对鬼神的刻板印象,佛教终以黄老道术的名义跻身中国鬼神信仰的序列,从而成功消除了初入他乡时身份的尴尬和传播隔阂。③ 可见,建构"重叠共识"、注重传播策略是佛教成功传入中国的重要因素。

在对外文化教材编写的过程中,寻找中国文化与其他国家文化"重叠共识",至关重要。大多数国家发展至今,都经历了一个大体符合相同规范的社会化过程,在法制、道德、价值观念和生活方式上都有一定的雷同之处,这些普遍被接受的规范是现代生活方式和社会系统赖以存在的基础,也是一种"重叠共识",这种已在日常生活中成为共识的地方可以作为对外文化教材中文化内容的生长基点。也就是说,我们有必要将"重叠共识"理念引入对外文化教材编写中,我们需要考虑到尽管外国学习者与我们处于不同的文化背景之下,但我们可以与他们在很多方面形成共识,例如对于生命和死亡的思考、人与人之间的情感、人与自然环境的关系、人和社会环境的关系等,这样的共识根植于每种文化背景下个体的生活体验中,近似的生活体验就是我们彼此的"重叠共识",这为我们以对外文化教材为载体的中国文化传播打下了坚实的基础,而且,我们需要意识到:外

---

① 杜维文:《佛教史》,江苏人民出版社 2008 年版,第 418 页。
② 汤用彤:《汉魏晋南北朝佛教史》,北京大学出版社 2011 年版,第 108 页。
③ 王国庆:《佛教传播系统研究》,吉林大学 2015 年硕士学位论文。

国学习者自有的文化意识与对外文化教材所呈现的中国文化的特点越接近，外国学习者越容易理解和接受。

对外文化教材同时是讲好中国故事的平台，若要讲好中国故事，需要找到好的切入点，而人类共同拥有的基本情感就是一个好的切入点。从普通人都要面对的问题出发，针对个体的生命体验去选取具有共识性和活力的文化内容，在展示中华文化的特殊性的同时，不忽视与其他文化的共同性，基于共识确定对外文化教材的文化内容不失为一个好的选择。2013 年，莫言在孔子学院演讲时提到："一部文学作品只有表现了人类的最普遍、最基本的感情，然后翻译成外文之后才可能打动外国的读者，一件艺术作品也只有表现了人类最基本的感情之后也才能够感动其他国家的观众。我们的汉学教育实际也是这样。只有把我们最基本、最符合人的基本情感的东西拿出来率先介绍出去，也许更能赢得其他国家人民的认同。"[①] 文学作品如此，对外文化教材亦然。

另外，在对外文化教材编写中，"搭建母题"，即采用"母题叙述"的策略同样至关重要。也就是说，对外文化教材讲述的"中国故事"应该把落脚点放在人性共通的闪光与感动之中，选择超越国别与族裔的"母题"（motif），并紧扣时代脉搏，才容易引发外国学习者的文化共鸣。所谓"母题"，就是具有普世性、跨时代性特征，曾被人类文化所共同反复书写过的话题，如爱国情怀、家庭亲情、深厚友情、甜蜜爱情，以及对和平的渴望、对自由的向往、对公平正义的追求等。只有采用"母题叙述"的教材编写策略，才能在搭建宏大叙述语境的同时，吸引外国学习者的发声与在场。

整体而言，对外文化教材编写的理论基础是跨文化传播学，在对外文化教材编写中，既应借鉴西方传播学理论的"他山之石"，也应从中国传统文化的"本土之矿"中进行挖掘和探寻。当下，世界各国在历史语境、文化习俗、价值观念、利益诉求等方面存在巨大差异，因此，通过对外文化教材向世界讲好中国故事、培养"知华、友华、爱华"国际人才是一次高难度的跨文化交际，如何满足不同民族国家、各种文化圈层的对中国的期待，是亟需我们思考并解决的重要议题。

---

① 莫言：《己之所欲，也不要强加于人》，第八届孔子学院大会闭幕式上演讲，2013 年。

第五章

对外文化教材的知识铨选

在当前全球化的语境中,文化已成为民族和国家发展的精神动力和力量源泉,且在综合国力的竞争中的地位和影响日益凸显。对外文化教材是外国人学习中国文化的重要依托,它不仅向外国学习者传递中国文化知识,同时向外国学习者传递理念思想和情感态度,在中国文化的传播推广、中国文化影响力和感召力的发扬、中国文化世界地位的提升方面能够发挥重要作用。此外,对外文化教材能够使外国学习者同时拥有其本国文化和中国文化两种文化经验,并且能够置身于中国文化的所指结构中理解中国文化,这是中国文化跨文化传播的魅力和价值所在。应因世界性历史语境的巨大改变,在对外文化教材编写中,应呈现具有典型性、通约性、时代性特征的中国文化知识,具体而言,对外文化教材铨选的中国文化知识应是凝聚着中华文化的独有的思想渊源和发展智慧的典型性的中国文化知识、应是汇通着全人类的普遍情感的具有通约性特征的中国文化知识、应是能反映当下中国作为一个现代民族国家的真实面貌的具有时代性特征的中国文化知识。

关于汉语国际教育中的中国文化教学问题,学界曾发生过争议,争议的焦点主要在于:汉语国际教育中应该教授狭义的中国文化还是广义的中国文化? 如何界定? 有何区别? 张战一、毕继万、赵金铭、张建民等学者曾对此进行过辨析,大家基本认同的观点是:"文化就是语言习惯,文化就是生活习惯,文化就是风俗习惯"①。李泉从学习者接受的视角出发,认为中国文化的范畴可以较为明晰

① 赵金铭:《国际汉语教育中的跨文化思考》,载于《语言教学与研究》2014 年第 6 期,第 2 页。

地界定在"中国人的生活方式、价值观念、处世哲学、思想文化、习俗文化以及中国历史、当代国情"① 等方面。对于文化范畴的争议直接影响着对外文化教材编写中对文化素材的取舍和提炼问题，为了避免对外文化教材编写中"文化设计的随意性还比较大"② 的问题，我们有必要对"文化"的含义以及对外文化教材应该呈现哪些"文化内容"进行重新辨析。

第一节　"文化"含义的古今变迁与对外文化教材的内容呈现

"文化"是一个极为宽泛的概念，"文化"规定着人、规定着社会、规定着历史，同时是丈量人、丈量社会和丈量历史发展的重要标准。铨选对外文化教材的中国文化知识，需要首先厘清"文化"这一概念的意义。

中国古典文献中将"文"与"化"两个单音节词并联使用最早可见于《周易·贲卦·彖传》："观乎天文，以察时变。观乎人文，以化成天下。"③ 在这个句子中，"文"是从"纹理"的"纹"演化而来，有"规律"的涵义。"人文"指人伦社会的规律和人际交往的社会法则。这句话是说，治国者须观察自然规律，以明了时序的变化；观察人伦社会规律，使天下人行为合乎文明礼仪。在这里将"人文"与"化成天下"相联系，其中包含着明显的教化意图。实质上，在形成"文化"这一合成词的过程中，无论是"文"，还是"化"，在中国古代传统中均指向道德观念。西汉以后，"文化"一词多指与自然、质朴、野蛮相对的概念，如《说苑·指武》有言："文化不改，然后加诛"；《文选·补之诗》有言："文化内辑，武功外悠"，可见，中国古典意义上的"文化"概念的核心在于道德教化、道德涵化。以"人文"来"化成天下"，就是使自然世界变为人文世界，改变人自身具有动物性的那一部分，以体现人的尊严感。

西方的"文化"（culture）一词传入中国后，现代意义上的"文化"概念逐渐在中国生成。中国传统的"文化"概念强调的是"教化"这一过程，在教化人的过程中必然产生情感的互动，而其中的情感联系也构成了中国传统文化特有的诗化性格。1871 年，英国人类学家爱德华·泰勒（Tylor Edward B.）提出：

---

① 李泉、丁秋怀：《中国文化与传播：当代视角与内涵》，载于《语言文字应用》2017 年第 1 期，第 118 页。

② 朱志平、江丽莉、马思宇：《1998—2008 十年对外汉语教材述评》，载于《北京师范大学学报（社会科学版）》2008 年第 5 期，第 134 页。

③ （宋）朱熹撰，苏勇校注：《周易本义》，北京大学出版社 1992 年版，第 95 页。

"文化或文明，就其广泛的民族学意义来说，是包括全部的知识、信念、艺术、道德、法律、风俗以及作为社会成员的人所掌握和接受的任何其他的才能和习惯的复合体。"① 泰勒强调的是文化作为一个群体的精神综合实体的基本含义，这是早期西方影响较大的对于"文化"概念的定义。西方对于文化的定义不可避免地影响了中国现代意义上"文化"概念的生成。

新民主主义时期，陈独秀认为："文化"是相对于政治和军事而言的，"文化"的内容"包含着科学、宗教、道德、美术、文学、音乐这几种。"② 这个定义虽有着五四新文化运动的特殊背景，仍能够从侧面反映出在西方文化的冲击下，中国知识分子对"文化"认知的转变。从"开眼看世界"到"师夷长技"，中国文化在危机中走向现代，其中经历了物质层面、制度层面、观念层面的艰难变革。雷蒙德·威廉姆斯 1962 年把"文化"简洁地定义为"一种特殊的生活方式"，它由一个社会群体所分享，由价值观念、传统、信念、物质和领域构成。③

由于"文化"是一个宽泛的命题，因此对于"文化"的界定也处于发展变化之中，《现代汉语规范词典》对"文化"的解释是："人类创造的物质财富和精神财富的总和"。④ 既然"文化"是人类一切行为的总和，那么"文化"必然是鲜活而生动的，包含人类全部的精神活动以及日常生活的方方面面，诸如人类如何工作、如何休闲、如何吃食物、如何谈话、如何穿衣、如何跳舞、如何唱歌、如何尊重父母、如何教育孩子、有何种爱好和信仰等都属于"文化"的范畴。

而由于"文化"本身的广义性和复杂性，"文化"的分类也一直存在争议和分歧，一般而言，从文化性质的角度，文化可分为物质文化、精神文化；从文化类属角度，文化可分为地域文化、饮食文化、服饰文化、心态文化、民俗文化、器物文化、宗教文化等；从时间角度，文化可分为历史文化、当代文化；从功能角度，文化可分为交际文化、知识文化等。而"文化的突破，是文化自新的基本模式，是文化的自我超越、自我完善和自我调整。作为历史的概念，一种文化唯有能够实现自我的不断突破，从一种'稳定结构'中蜕变为另一种'稳定结构'，才能够实现文化的延续。"⑤ 异质文化间的文化传播能促使一个国家的文化由一种"稳定结构"中蜕变为另一种"稳定结构"，有助于文化的自新和繁荣。

此外，"文化"带有辩证性和统一性的双重特征。传统与现代、群体与个体、自由与限制，都体现着"文化"的辩证性内涵。文化的统一性特征表现在：不同

① ［英］爱德华·泰勒：《原始文化》，连树生译，上海文艺出版社 1992 年版，第 1 页。
② 陈独秀：《新文化运动是什么？》，载于《新青年》第七卷第 5 号，1920 年 4 月。
③ 雷蒙德·威廉斯：《漫长的革命》，倪伟译，上海人民出版社 2013 年版，第 50～51 页。
④ 李行健主编：《现代汉语规范词典》，外语教学与研究出版社 2004 年版，第 1364 页。
⑤ 曹胜高：《论中国传统文化的当代重构》，载于《探求》2007 年第 2 期，第 72 页。

的中国文化个体在进行中国文化跨文化传播的时候，即便存在个体间的差异，却是中国文化限制下的差异，其传播内容和传播方式总体看来会显示中国文化的统一性，从而与其他国家的文化个体区别开来。人们常讲东方文化、西方文化，就是因为文化为同一文化体内的成员提供衔接，同一文化体内的社会成员长期在规范的制约之下会养成一定的行为习惯，因此在感知、相信、评价、交流、行动方面具有大致相同的标准，这些标准就是文化的内在规则支撑的统一性特征。同一文化体内的成员在相互交往的过程中，这些标准往往不易被察觉或感知；而在与其他文化体成员交往的时候，则会体现得十分明显。总的来看，"文化"的形态结构和内在规律决定文化传播的实践过程和实践效果，而文化传播的实践过程和实践效果又会反作用于"文化"的形态结构和内在规律。

中国文化传播的目的是促进不同国家地区、不同民族的人正确认识中国社会、真正了解中国文化，并与中国进行有益的沟通、互利的交流。然而，纵观中国文化传播的历史与现状，我们缺少用具体生动的故事展现中国文化魅力的微观实践。与西方文化在中国的巨大影响力相比较，当代中国文化在其他国家以至整个世界的影响十分有限，中国文化传播力和影响力还没有得到充分展现，中国文化传播需要从传播理念、传播内容、传播方式等方面进行有效改进。

对外文化教材是中国文化的载体，是有效讲述中国故事、传递中国和平发展观等中国声音的平台。对外文化教材编写是中国文化传播的微观实践，对外文化教材需要通过简明扼要、深入浅出的方式在教学中传播中国文化，满足外国学习者对中国文化与社会的了解需求。在教材中，呈现何种文化内容能最好地达成中国文化传播的目的是编写者需要认真思考的问题。

在国际中文教育领域，文化有两种分类方式：一是按内容分类，二是从语言教学的角度出发进行分类。

如果按内容分类，一般把文化分为物质文化、精神文化、制度文化、习俗文化四类。物质文化以实物的形态表现，如名胜古迹、琴棋书画等；精神文化通过人的思维活动表现，包括人的思想价值观念、伦理道德观念以及信仰等；制度文化与习俗文化是在物质文化的基础上产生的，制度文化是人们共同遵守的社会规范，习俗文化是人们约定俗成的行为方式。在对外文化教材编写中，这四个层面的文化都需要有所体现。

如果从语言教学的角度出发，一般把文化分为知识文化、观念文化、交际文化三类。知识文化包括长城等物质文化、婚丧嫁娶等习俗文化、武术等行为文化。观念文化指的是儒家文化、道家文化等中国思想观念层面的文化，观念文化决定着中国人的处事方式。交际文化存在于人际交往之中，主要体现在言语上，例如口语中的"哪里哪里！"和"吃饭了吗？"就属于交际文化，交际文化能够减少实际交际场景中的"误读",对于外国学习者而言至关重要,因而需要在对外文化教材中予以重点呈现。

李善邦提出,文化教学的内容应该包括以下方面:

(1)语用文化:社交表达包括招呼、问候、介绍、感谢、告别、辞行、送行、祝贺、祝愿、邀请、欢迎、接受、拒绝、谦让、约定、称谓、馈赠、挽留等;情感表达包括:喜爱、厌恶、高兴、愿意、满意、期盼、失望、担忧、称赞、懊悔、抱怨、庆幸、吃惊、好奇、信任、讨好、诅咒、批评、指责、质问、袒护、羡慕等;使命表达包括:请求、要求、命令、建议、叮嘱、告诫、委托、劝阻等;交际策略包括:开始话题、转变话题、强调、插话、回避、结束交谈等。

(2)生活文化:衣食住行、迎来送往、休闲娱乐、人际关系、行为模式等日常生活中的文化现象。

(3)习俗文化:婚丧嫁娶、年节、禁忌等。

(4)国粹文化:四大发明、中医中药、气功武术、京剧杂技、诗词书画、音乐歌舞、工艺陶瓷、建筑艺术等中华民族几千年沉淀下来的文化瑰宝。

(5)制度文化:政治、经贸、外交、军事、法律、科技、教育、文化、民族、人口、宗教、社会发展、环境保护方面的制度、政策。

(6)观念文化:价值取向、伦理道德、审美趣味、人生态度、思维方式、处世规范等社会文化心理结构,即中国人的精神世界和意识形态。

(7)历史、自然文化、中国国情、社会状况及其发展变化。①

此外,在对外文化教材编写中,我们需要高度重视的问题是:当下,世界性历史语境发生了巨大改变。

首先,中国的现代化进程在时间轴上发生于西方之后,使西方文化对中国的影响力具有历史的惯性,而中国文化的崛起不但容易遭到曾经的强势文化的抵抗,其向西方的传播也会遇到惯性的抵制。西方学者对中国的刻板印象,以及对中国文化的广泛的误读和曲解,封堵着中国文化走向世界的路径。然而以工具理性为主导的西方主流文化不仅使世界范围内的对抗和非良性竞争大幅度增多,也使世界陷入了广泛的焦虑和迷茫之中。在这样的历史语境下,作为有着悠久且优秀文化资源的中国,有责任贡献自己的力量。中国文化的广泛传播,不仅能够扩大中国的影响力,还可以加深其他国家对中国的了解,减少中国发展的阻力。

其次,交通的发达给世界各国人民的相互往来提供了便利,各国人民越来越紧密地连接在了一起,资讯的发达则让世界更加完整而清晰地呈现在各个角落的

---

① 参见李善邦:《文语兼顾 育教并重——浅谈汉语课教学中的文化引导》,载于《华侨大学学报(人文社会科学版)》2001年第3期。

人们面前，人类已经形成了一个牢不可破的命运共同体。然而，由于世界的发展并不均衡，导致对抗日益加剧，因此这个人类命运共同体的形成必然需要一个世界性的文化来理解、阐释和调节。这种文化中应该不仅有工具理性主导的增进发展效率的要素，而且要有兼顾合作、内心安宁的要素。中国文化里的"和"要素、道家的无为思想、禅宗的超越语言逻辑羁绊等资源的现代化阐释，正是消融焦虑与对抗的良药。中国优秀传统文化的再生产及其传播，是对人类进入命运共同体时代的应答，是一种非常有价值的文化构建行为。

再次，西方现代化前期以主客体对立为哲学根基的世界关系理解已经被逐渐发展起来的后现代思想的主体间性的理解所代替。前期的主体理性导致把他人当作客体，进而导致人与人之间的相互客体化，进而导致意识形态甚至军事领域的战争。而以强调交往理性为代表的主体间性思想，则可以更大程度地弥合纷争。在文化传播领域，多元文化主义日益得到世界各国人民的广泛认同，成为世界性的主流理解。

最后，文化传播不再是简单的大众媒体的拟态环境的塑造，我们已经处于信息海量、多点传播、人人有能力主动传播信息的新媒体时代。这种传播媒体的变化，势必带来传播内容、形式、理念等多个层面的巨大变化，在带来传播自由和权利的同时，也会带来焦虑、自卑、自我重复等各种各样的负面心理问题。

一方面，中国文化包罗万象、世界性历史语境正在改变；另一方面，文化具有自我中心性、相互交叉性、可习得性、可迁移性、动态性等多重属性，而对外文化教材的容量有限，在对外文化教材编写中，如何对中国文化知识进行铨选，才能达成预期的传播效果，实现文化观念移动和文化融合的目的呢？这是教材的编写者需要着力思考的问题。编写者不仅需要对中国文化的特征、中国文化的广义性和复杂性具有深刻的体认，更需要注重中国文化知识的融通性与可分享性，应重点呈现具有典型性、通约性和时代性特征的中国文化知识。只有如此，才能达成"文以载道""以文化人"的目标，才能推动国际文化交流，通过文化和谐互动构建文化共同体和人类命运共同体。

第二节　典型性：呈现凝聚中华文化的思想渊源和发展智慧的中国文化知识

中国文化凝聚着中华民族在几千年发展过程中形成的知识和思想，是中华民族智慧的结晶和中华民族的文化基因。正如习近平总书记所说："中华文化源远流长，积淀着中华民族最深沉的精神追求，代表着中华民族独特的精神标识，为中华民族生生不息、发展壮大提供了丰厚滋养。"① 对外文化教材是中国文化知识传播的稳定、高效的平台，在对外文化教材中呈现何种文化知识需要进行慎重考量，既应包含物质文化、精神文化、行为文化等诸多层面，更需要树立国际中文教育在中国文化传播中的理性精神；既要注重体现中国文化的开放性和包容性，更要在挖掘中国文化精髓、取舍中国文化内容上下功夫，挖掘和阐释具有典型性的中国文化知识，并以此作为教材内容重点呈现。

对外文化教材的文化内容不是简单地对于中国的一器一物、一技一艺的呈现，因为这种呈现无法穷尽，因而无论如何呈现都只能是一种以偏概全。法国诗人瓦莱里说："如果我们仍然无视一个外民族的情感和内心世界，而仅仅欣赏他们创作的花瓶、瓷器、牙雕、青铜器和玉器，那是无法真正评价和发掘一个外民族的聪明才智的。因为远比这些只供摆饰、消遣的珍贵纪念品的艺术宝贵的是：一个民族的生命力。"② 民族生命力就是国家民族的基本精神，对外文化教材编写者需要首先对中国文化的精神有整体把握，确立需要在教材中传达的中国文化的基本精神，例如"'天行健，君子以自强不息'的奋斗精神，民胞物与的和谐精神，和而不同的包容精神，兼爱非攻的和平精神，便国不法古、与时俱进的求实和变革精神"③，以及儒家提倡的仁爱、礼仪、中庸；道家提倡的无为自在；禅宗提倡的纯任本然的精神；孙子兵法中的"不战而屈人之兵"思想等，这些都可以称为中国文化的基本精神和根本特征。

中国文化教材需要围绕中国文化的基本精神确定适合的文化内容，选择能够反映中国人的价值观念、民族性格和中国社会历史背景、当下文化语境的内容，可以概括为："以语带文""以文为纲""以交为首""以文传道"。张公瑾指出，"语言是文化的凝聚体，是文化总体的一个组成部分，二者在一定范围内、一定程度上是同质的：语言即文化，文化即语言。所以语言既是文化的载体，同时还是文化的实体。"④ 这里，"以语带文"指的是：以语言教学带动文化教学，突出语言蕴含的文化因素和文化含义；"以文为纲"指的是：文化线索明晰，呈现的中国文化知识具有系统性和针对性；"以交为首"指的是：以提高学习者的文化交际能力作为首要任务；"以文传道"指的是：通过文化知识阐明中华民族精神之"道"。

巴克（Barker）提出国民性"是一个通过像丝绸一样优质、像钢铁一样坚硬

---

① 《习近平谈治国理政》，外文出版社 2014 年版，第 164 页。
② 《中国印象——世界名人论中国文化》上册，广西师范大学出版社 2001 年版，第 89 页。
③ 陈先达：《文化自信中的传统与当代》，北京师范大学出版社 2017 年版，第 157 页。
④ 张公瑾：《文化语言学发凡》，云南大学出版社 1998 年版，第 45 页。

的关系和联系，连接全国社群所有成员思想的精神组织。"① 哈贝马斯（Habermas）说："一个'民族'可以从他们共同的出生、语言和历史当中找到自身的特征，这就是'民族精神'；而一个民族的文化符号体系建立了一种多少带有想象特点的同一性，并由此让居住在一定国土范围内的民众意识到他们的共同属性，尽管这种属性一直都是抽象的，只有通过法律才能传达出来。正是一个'民族'的符号结构使得现代国家成为民族国家。"②

中国传统文化凝聚着人类文明的智慧，这些智慧并没有随着历史的推进而被淘汰，而是在不断创新发展中展现独特的价值。中国文化的发展有着曲折而漫长的历程，从上古时代发端到殷商时期由神转向对人的关注，春秋战国呈现爆发式的发展状态，再到秦汉"罢黜百家，独尊儒术"实现文化统一，历经宋元明清吸收各家各派优秀思想成果的基础上对儒家思想内涵的丰富，到近代以来西方文化对中国文化的冲击和影响，中国文化精神虽然数度陷入过困境，但仍表现出强大的包容和强化力，从未中断。"中华优秀传统文化是中华民族的精神命脉，是涵养社会主义核心价值观的重要源泉，也是我们在世界文化激荡中站稳脚跟的坚实根基。"③

中华优秀传统文化凝聚的是古老民族在社会实践的长期积淀中逐步形成的智慧，生命与生命的接触所引发的心灵与情感的互动是中国文化传统世代相承的核心价值，由此生发出的人与人、人与社会、人与自然、家与国的关系亦具有全面系统的中国特色，这种中国特色在当下的时代语境中仍然闪烁着智性的光芒。如修身、齐家、治国、平天下是中国人特有的逻辑思维与伦理价值观。这样的价值观念与社会制度融为一体，已成为中国文化的显性标志。中国传统文化蕴含的优秀思想观念和处事方法，如自强不息、实事求是、和而不同等，为中华民族的繁荣发展提供了法宝，具有正确性和典型性的中国文化特征。此外，中华传统文化的思想体系具有注重整体性和系统性的特点，在探索人与外在世界的关系时，惯于将天、地、人作为一个系统的整体进行思考，这种思维方式不仅体现在《道德经》《周易》《大学》《中庸》等古代典籍中，更表现在中华民族的传统观念中。在中国传统观念中，通常以群体作为思考问题的基本出发点，天下一家、天人合一等基础理念催生了集体主义、人与自然和谐共存的观念。在中国历史上名垂千古的豪俊英杰无不秉持坚持大我、国重于家的理念；近代以来更是有无数英雄先烈，为中国的国家独立和民族解放不畏牺牲、坚持奋斗。至现代社会，集体主义精神在中国的建设与发展中仍发挥着重要作用，集体利益高于个人利益、个人发展要融

---

① Barker, E. *National Character and the Factors in its Formation.* London：Methuen，1927：4.

② ［德］哈贝马斯：《后民族结构》，曹卫东译，上海人民出版社 2002 年版，第 76 页。

③ 习近平：《在文艺工作座谈会上的讲话》，载于《人民日报》2015 年 10 月 15 日。

入社会和国家的发展进步中为当代中国特色社会主义发展提供了精神动力。

无论是"乐民之乐者，民亦乐其乐；忧民之忧者，民亦忧其忧"的君民情深、"苟利国家生死以，岂因祸福避趋之"的报国之志、"我自横刀向天笑，去留肝胆两昆仑"的家国情怀、"落红不是无情物，化作春泥更护花"的无私奉献精神，还是"先天下之忧而忧，后天下之乐而乐"的豪迈气概、"富贵不能淫，贫贱不能移，威武不能屈"的浩然正气、"安得广厦千万间，大庇天下寒士俱欢颜"的博爱情怀，抑或是程门立雪、孔融让梨、子路受牛、蔡顺拾椹、曾子避席等具有典型中国文化特征的道德故事，都体现着中华民族的最根本的民族精神，这些宝贵的民族精神不是一种新生产物，而是贯通于中华文化的发展历程中，既"孕育了以爱国主义为核心的民族精神"，同时"蕴含了以德治国与依法治国的思想"，是"涵养社会主义核心价值观的重要源泉"。[①] "坚持严以修身""坚定理想信念""坚持实干兴邦"是中华民族精神的当代体现。这些中华民族精神既有深厚的历史渊源，又被当代中国所传承，能够体现中国文化的典型性特征，有助于外国学习者更好地理解中国，理应是对外文化教材重点呈现的内容。

一些对外文化教材用大量篇幅介绍中国古代器物和古代文化现象，却忽视了对器物或文化现象背后的文化精神的传递，这无异于"买椟还珠"。对外文化教材应该着重呈现的是中国文化中对于当代人仍然起着重要影响作用的价值追求和哲学思想。中华优秀传统文化中既蕴含着丰富的哲学思想与道德理念，同时包孕着渊博的人文精神与教化内涵，这些深厚的文化积淀既能为世界各国人民调适日常生活提供借鉴，也能为部分发展中国家的治国安邦提供借鉴。

党的十九大报告指出，"中国特色社会主义进入了新时代""给世界上那些既希望加快发展又希望保持自身独立性的国家和民族提供了全新选择，为解决人类问题贡献了中国智慧和中国方案。"[②] 在中华民族发展的历史长河中，曾多次出现"文景之治""开元盛世""康乾盛世"等国泰君安的局面，很重要的原因是中华优秀传统文化中凝聚着"讲仁爱、重民本、守诚信、崇正义、尚和合、求大同"的力量为盛世繁荣提供了智慧支持和精神支柱。在对外文化教材编写中，需要对中华文化的源头活水进行萃取和提炼，撷取中华传统文化中的积淀的优秀文化基因，并把这种文化基因与当下中国乃至世界的繁荣发展结合起来，同时呈现中国文化的原创动力和中国文化的青春活力，以增加外国学习者对中国文化的接受度和认同度。

---

① 贾付强、赵春风：《论"家国情怀"的当代价值及其教育》，载于《华北电力大学学报（社会科学版）》2016年第5期，第99页。

② 《决胜全面建成小康社会 夺取新时代中国特色社会主义伟大胜利——在中国共产党第十九次全国代表大会上的报告》，中国共产党网，2017年10月18日。

值得注意的是，面对丰富驳杂的中华传统文化，对外文化教材编写要立足于现实，以"取其精华、去其糟粕"的态度，去粗取精、批判性地继承和采纳。如中华传统文化中"三纲""五常"等传统伦理道德早已不适合当今世界的时代语境，因此不适于作为对外文化教材的内容。"三纲""五常"等传统伦理道德萌发、孕育在古代中国的社会政治语境中，特定的社会结构和经济发展状况决定了此种道德理念、价值观念在当时具有一定的合理性，然而随着中国的社会政治经济结构的调整乃至翻天覆地的变化，中国传统文化中部分文化内容已不适应当前社会发展的需要，不能与当下中国乃至世界的发展相配适，因此也不适出现在对外文化教材中，这是需要编写者加以甄别的。

第三节　通约性：呈现汇通人类普遍情感的中国文化知识

不同国家民族的文化具有不同的特点，也就是说，每个国家民族的文化都具有一定的独异性，这种独异性有助于形成国家民族的凝结性力量，也为不同国家民族的自立自主提供了文化自信。然而，在不同国家民族的社会成员进行文化交际时，各自文化中独异性的部分会导致彼此沟通的困难，成为跨文化交际的障碍，诚然，这困难和障碍是文化传播、文化扩散、文化融合、文化交往的动力所在，但过多地呈现中国文化的独异性、中外文化的差异性却并不是对外文化教材编写的最善选择，在对外文化教材编写中，应树立文化知识传播内化于心、外化于形的理念，在中国上下五千年的璀璨文明中，选取与世界各国文化具有相通之处、反映人类普遍情感的内容，或者在世界各国文化背景中有着较高认可度的文化素材，要注重推介中国文化与世界各国文化在互融互通、多元融合的基础上所形成的共同的文化观念。我们必须要注意到：能在世界范围内广泛传播的中国文化知识需要具有通约性和"可分享价值"，对外文化教材需要重点呈现具有通约性和"可分享价值"的中国文化知识。

任何文化都不能凌驾于其他文化之上，中国文化的普遍有效性是建立在文化认同之上的。换言之，中国文化实现其世界价值需要寻求与他者文化的相互承认，即须达成价值共识与视界融合。为实现这一目标，要以尊重世界文化的多样性为前提，对自身文化中所具有的普遍性内涵进行有效传播和输出。文化的认同也是文化软实力的核心，是增强民族自信心的来源。"只有能够得到社会成员普遍认同的文化才是具有生命力与创造力的文化，才能够为本民族和其他民族所共享，才能说是有实力的文化。"①

对外文化教材编写，不能仅把中国人的礼仪习俗、衣食住行等方面的内容进行简单罗列，更需要系统地规范和重点关注中国文化中的"可分享价值"，在教材的内容规划及章节设置中，要将庞大驳杂的中国文化知识进行分门别类地爬梳整理，将凝聚着中国优秀传统文化精髓、体现着中国传统道德、传递着中国当下国情民情的文化知识进行重点整理，逐步形成编排脉络相对清晰的知识体系。如哲理性文章的选择要避免过于含蓄，历史故事的选取则要注重与当下呼应的链条意识，应注重择取中国文化资源中占据着主流地位且极具代表性，能为广大的外国学习者所接受、认同的文化素材。

也就是说，对外文化教材需要呈现能代表中国并被世界广泛认同的文化内容和社会文化精神，对外文化教材编写就是在中国文化与他国文化的多元共生中追求一种价值共识，需要避免陷入简单的二元对立状态；对外文化教材编写就是寻找一种既有自身特色与多样性基础又有全球共识的文化公共地带，这是中国文化获得世界认同的关键，也是进行有效的文化传播的前提和基础，因为文化交流本质上是交流主体之间自由且自愿的选择过程，是一种内心的认同与接受。

在数千年的发展中，中国文化形成了爱好和平、自强不息、以人为本、诚实守信、开放包容的精神特质。在"天人合一"的文化体系下，中国传统文化精神在思想、制度、伦理、历史各个层面分别发挥了指导、安排、协调和反思的功能。自强、尊重、包容的精神使得中国文化拥有独特的世界价值优势，对于世界各国都有着普遍适用性。

例如，博爱情怀是为中华民族的生生不息提供了丰厚滋养的精神元素之一，《孟子·梁惠王上》有言："老吾老，以及人之老；幼吾幼，以及人之幼"，这是博爱情怀的体现，与印度泰戈尔之言"我相信你的爱"，以及英国雪莱之言"道德的最大秘密就是爱"相同，反映了人类的普遍情感，在对外文化教材中呈现这样的内容是最容易被外国学习者接受的。

又如，爱家人、重亲情也是普遍的人类情感，在对外文化教材中呈现反映中华传统家庭美德的内容，也容易拉近外国学习者与中国文化的距离。中国有着较为深厚的家风传统，勤俭持家、勤劳致富、父慈子孝、兄友弟恭、耕读传家、家和万事兴等都是中华民族薪火相传、生生不息的宝贵精神财富和融入亿万中华儿女心田的精神支柱，这种需要家族成员共同遵守的价值观念，是历经数代传承下来的风尚，历经波折仍具活力，其中的精髓之处对当下人们的行为规范、道德理念仍产生着重要的影响。家庭的安居乐业、和美幸福是国泰君安、国家兴旺的基

① 刘德定：《当代中国文化软实力研究》，人民出版社 2013 年版，第 206 页。

础，"家是小小国，国是千万家""民惟邦本，本固邦宁"的理念是中华优秀传统文化的重要组成部分，这一精髓在当下社会仍在通行。"修身""齐家"与"治国""平天下"在当下仍然被视为中华儿女的立身之道，这种"修齐治平"的理念在其他文化语境也同样适用，因而理应在对外文化教材中有所体现，但具体的对外文化教材编写需要化繁为简、化难为易，可以将抽象的"修齐治平"等表述具化为生动易懂的文化故事，讲述其来龙去脉及在当下社会文化生活中的呈现，讲述中华传统文化中积淀的良好家风、家教等，撷取典型事例进行介绍分析，使外国学习者在了解当下中国社会文化现状之时，也将中华优秀传统文化的精髓于潜移默化之中熟稔于心。

中华传统文化固然源远流长、灿烂辉煌，但随着近代中国的起落沉浮，也曾屡遭质疑，新文化运动的蓬勃兴起使西方的思想文化进入中国，百年来，中国文化进行了数次深度的自我更新，拥有了更加开放、包容的姿态。中华人民共和国的成立使广大工农兵登上社会历史的舞台，人民当家作主的愿望得以实现，普通民众参与国家社会建设的热情急剧高涨，尤其是随着改革开放的到来，中国文化的巨大生机与活力得以最大化地呈现，中国文化的独特优势日趋凸显。伴随着中西文化的交流，中国传统文化也走向了复兴之路，受到越来越多世界各国人民的认可。当下的中国文化是在融汇了中国传统文化和世界其他国家的基础上产生的新的文化样态，"外之既不后于世界之思潮，内之仍弗失固有之血脉"[1]，更包容，也更具活力，其中包含着更多与其他国家文化的可通约的因素，因而也更易被外国学习者接受。

总的来说，外国学习者的文化背景、民族特色、价值观念不同，因此对文化教材中呈现的文化信息产生的共鸣点不同，对中国文化的接受程度也有所不同。外国学习者对中国文化的学习过程就是中国文化与异质文化的融合过程。中华文化博大精深、璀璨辉煌，对于母语是汉语的学习者而言，达到较高的文化造诣尚且需要长时间的积淀，对于外国学习者来说，中国文化的学习和接受更是一个循序渐进的过程。在对外文化教材编写中，应充分注重中国文化与其他国家文化的可通约性，选择与其他国家在价值理念上有更多契合点的中国文化知识；选择面向全人类的和谐发展、具有广泛世界价值基础的中国文化知识；选择具有世界性视野、能够反映全人类终极关怀的中国文化知识；选择容易获得外国学习者认同、有助于保持其继续学习中国文化热情的中国文化知识。所谓"万物并育而不相害，道并行而不相悖"，[2] 对外文化教材编写需遵循"亲诚惠容"理念，注重

---

① 鲁迅：《文化偏至论》，见《鲁迅全集》第 1 卷，人民文学出版社 1998 年版，第 56 页。
② 《中庸》第三十章，中华书局 2012 年版，第 129 页。

中国文化与其他国家文化的互惠、包蕴、融合，铨选具有可通约性特征、可分享价值的中国文化知识，注重发扬中国文化对世界的普遍有效性，建构起崭新的世界文明格局及文化体系。

第四节　时代性：呈现反映当下国家面貌的中国文化知识

综观现有的对外文化教材，[①] 普遍存在着历史文化内容过多、古代文化知识占比过大的弊端，选取的文化素材陈旧，笔墨鲜有触及当下的中国文化，这在一定程度上造成了外国学习者通过教材接受到的文化信息与当下中国人的实际生活偏差大，导致了外国学习者认知上的模糊不清和文化理解中的障碍。

传统的延续有赖于它在现实中的再生产，中华优秀文化传统的延续无疑有赖于当代中国人对于传统文化中优质要素的挖掘与运用。中国传统文化对中国当代文化具有塑造作用，中国当代文化也对传统文化进行了创新性改造。20 世纪以来，中国社会发生了一系列变革并对文化发展产生了不可磨灭的影响，我们需要把这种变革体现在对外文化教材中，让外国学习者有所了解。如果说中国古代的辉煌成就是中国人引以为傲的宝贵财富、是我们希望展现给外国学习者的优秀传统，那么近代中国发生的变革则是中国人集体记忆的重要组成部分。而当代中国的全新面貌是中国人民继往开来，以传统文化为基础、近代的文化变革为经验生成的具有中华民族特色的世界性的文化。

"每一种文化、每一个时代都有它喜欢的感知模式和认知模式，所以它都倾向于为每个人、为每件事规定一些受宠的模式。"[②] 当外国学习者生活在其母语国的文化场域中时，通过与共同体成员之间频繁的社会交往即可建构起能指和所指的关联，因为这不仅与语言相关，也与文化相关。而当外国学习者来到中国时，他们需要完成文化的社会功能的跨境整合，完成脱节、重组等多种任务才能理解并适应中国文化。对外文化教材就是帮助外国学习者建构汉语能指和所指的关联，使中国文化的语义场与其母语国文化的语义场在其身上发生重组，从而加深其对中国文化语义场的深入理解，进而增加对于中国文化的认同感。因为生活

---

① 如赵守辉、张东波主编：《中国文史浅说》，Cengage Learning Asia，2010 年版；中国教育部课程教材研究所和对外汉语课程教材研究开发中心编：《中国文化读本》，人民教育出版社 2007 年版；王海龙主编：《文化中国·中国文化阅读教程》《解读中国·中国文化阅读教程》，北京大学出版社 2002 年版；张英、金舒年主编：《中国传统文化与现代生活》，北京大学出版社 2004 年版；任启亮主编：《中国文化常识》，香港中国旅游出版社 2004 年版；等等。

② ［加］马歇尔·麦克卢汉：《理解媒介——论人的延伸》，何道宽译，译林出版社 2011 年版，第 6 页。

在当下，外国学习者无疑更想了解当下的中国，其所要交际融入的也是当下的中国社会，需要掌握的是当下中国社会的通用道德和礼仪准则，因此对外文化教材编写需要注重时代性，重点呈现反映当下中国面貌的文化知识和当下实用性较强的文化常识，并根据中国当下发展的新形势与世界发展的新潮流，展示充满时代活力的中国当代文化，促进文化理解与文明共鉴。

中华传统文化中的优质要素对现代社会生活中面临的诸多问题深具借鉴价值，习近平主席指出："要认真汲取中华优秀传统文化的思想精华和道德精髓，大力弘扬以爱国主义为核心的民族精神和以改革创新为核心的时代精神，深入挖掘和阐发中华优秀传统文化讲仁爱、重民本、守诚信、崇正义、尚和合、求大同的时代价值。"[1] 习近平主席还提出了对中华传统文化进行"创造性转化，创新性发展"的"双创原则"，对对外文化教材编写深具启发性的意义。

中国传统文化在古代漫长的岁月里形成了自己独特的体系，后又吸收了其他国家文化的养分，形成了新的更具有包容性的文化。近年来，随着全球化的发展，中国文化致力于对传统文化加以创造性地发展与创新性地继承以顺应世界发展潮流，一方面，中国文化要在世界文化的建构中保持自身的文化特征；另一方面，中国文化传统中的某些要素经由与外来文化的互动焕发了新的生机，对于世界而言，带有普遍有效性的特征。实际上，当代中国倡导的社会和谐即是以儒家孔子"仁"与和谐发展为基础的；而孟子"民贵君轻"的思想则是当代中国以人为本思想的基础；当代中国倡导的人与自然和谐相处、保持生态平衡理念是对道家老子"道法自然"思想的传承；法家提出的"法治"观念是当代中国"依法治国"思想的雏形。[2] 当代中国文化既是对传统中国文化的传承，同时也更具多重性、兼容性特征，拥有更为丰富的内容和广泛的范围。概而言之，中国文化既包括源远流长的传统文化，又包括通过对传统文化的革新和继承而生成的近代现代文化以及当下的社会主义文化。中国文化的精神内容也大致可分为三个部分：源远流长的传统文化追求天人合一，革命时期文化追求和平发展，社会主义文化追求人类命运共同体。

对外文化教材编写就是要将中国经验、中国传统文化精华进行创造性地整合、梳理，进而转化为具有不同文化背景的学习者愿意学习、乐于接受的文化知识；要从中国具体故事的讲述中表现当代文化对于优秀传统文化的传承与创新，将"传统文化与现代生活紧密结合，从当代中国人的交际文化，深入到相关的传

---

① 《习近平总书记在中共中央政治局第十三次集体学习时的讲话》，载于《人民日报》2014年2月26日。

② 参见彭林：《礼乐文明与中国文化精神》，中国人民大学出版社2016年版，第54~55页。

统观念和民族心理。"① 以更直观的形式将中国文化展现在外国学习者眼前。因此，教材编写者要以国际视野和国际情怀来搜集、整理中国文化素材，尤其注重全球化的频繁交流中焕发出新的生机与活力的中国文化元素，包括中国的历史国情、风土民情、生活哲学、价值观念、处世理念等方面的文化元素，并根据学习者的接受层次、国情语境、宗教习俗等，为学习者的个性化需求提供丰富多样化的选择，使教材更具针对性。因为外国学习者不仅学习汉语和中国文化，他们也于有意识或无意识之中，扮演着传播中国文化的"民间使者"角色，在提高中国文化影响力的过程中发挥至关重要的作用。

从宏观层面看，对外文化教材的内容需要关注中国文化的历史性复兴。在具有历史里程碑意义、全面建成小康社会，实现第一个百年奋斗目标的新时代，全体中华儿女正同心同德、奋力为实现中华民族的伟大复兴添砖加瓦。民族复兴、国家兴盛是每一位中华儿女最大的心愿，也是中国日益走向世界舞台、造福于人类的开端，对外文化教材的编写要注重汲取最具生机和活力的素材，彰显中国优秀传统文化的深厚影响力、革命文化传统的巨大感召力，以及社会先进文化的强大凝聚力。

从微观层面看，要与时俱进地挖掘当下社会生活中新的文化素材，例如，"二维码""微信支付""花呗""高铁""共享单车"等词汇是当下中国社会生活的常用词汇，理应在对外文化教材中有所体现，在教材编写中，可以把这些词汇与过去常用的如"现金""银行卡"等词汇进行对比式的呈现和剖析，让外国学习者对中国的发展变化形成整体的认知和把握。当代中国的发展与中华传统文化孕育的中华民族自强不息的精神特质息息相关，因此在对外文化教材编写中，也应讲清当下的文化现象和社会发展的思想渊源，在弘扬优秀传统文化的基础上，更要关注传统文化的现代化转化成果、立足中国又面向世界的文化创新成果，要注重激活中华优秀传统文化在新时代语境中的重新焕发，要在世界文化的激荡中凸显中国文化特色。

又如，北京故宫博物院等世界级文化遗产对外国学习者而言，具有天然的吸引力。在对外文化教材中向外国学习者讲述故宫时，不应限于介绍历史古迹意义上的故宫，还应介绍近年来故宫推出的多种文创产品，这些文创产品将创意元素与故宫文化紧密融合，使北京故宫随着文创产品的热销而产生了全球性的影响，是中国当代文化与传统文化深度融合的成功典范。

但需要注意的是，对外文化教材编写需要适当地"弱化"政治色彩，当然，

---

① 周小兵、罗宇、张丽：《基于中外对比的汉语文化教材系统考察》，载于《语言教学与研究》2010年第 5 期，第 3 页。

这里说的"弱化"并非指在教材编写中要完全遮蔽政治方向与政治观点，而是指文化素材的择取及讲述方式的选择要避免给人灌输感或说教感，尽量采用熏陶感染式、浸润感化式的编写方式呈现中国文化知识，使外国学习者乐于接受。

实际上，世界上不同的国家民族，尽管其文化的发展阶段有别，但文化本身是不分轩轾的，正如庞朴所说："文化之为物，不仅具有时代性质，而且具有民族性质。就时代性而论，不同文化类型之间，或因发展阶段之不同，而生先进落后之分，有其价值上的不同；若就民族性而论，不同文化类型之间的差别，正是不同民族文化得以存在的根据，无可区分轩轾。"① 文化的形成，早期因客观环境的不同而产生差异。人们在适应、调整、改变生存条件的过程中，形成特有的文化。之后随着时空的变迁、生存环境的改变，文化也随之调整或创新。原属同一文化的人们，可能在新的生存条件下产生另一种相近而略有差异的文化，虽然视为"文化圈"（如"中华文化圈"），但是圈内的各国文化也已截然不同。人的思想、情感等心理因素关联着适应或不适应的心理状态，因其调整的幅度与改变的速度而徘徊在接受与排斥之间，如全盘西化、坚持传统、中学为体西学为用等问题。加上文化本身强大的包容、吸收、融合能力，均使得文化间的特殊性、差异性更为明显。

编写对外文化教材的原因并非是中华文化比其他国家的文化更加优越，而是意欲加强不同文化间的理解和认同，因而，对外文化教材呈现的中国文化知识体系需要是相对完善的，应将中国传统文化与当代文化相结合，既要注重传播和阐释中国优秀的传统文化知识，也要注重传统文化在当代中国社会中的传承与影响、发展与延伸，更要注重介绍中国当代文化和社会发展以及与中国当下的社会日常生活密切相关文化现象，撷取和提炼凝聚了当下生活中鲜活生动的文化习俗、民族特色、文艺潮流等方面的中国文化中的"可分享价值"，以全球性的视角展现中国当代的社会文化和主流的价值观念，不只是让外国学习者看到一个文化底蕴深厚的中国，也让他们真切地感受到一个朝气蓬勃、活力四射的中国。也就是说，对外文化教材所要展现的是一个与时俱进的、全面立体的、开放包容又充满生机的中国形象，所要呈现的是具有典型性、通约性和时代性特征的中国文化知识，要以外国学习者喜闻乐见的方式呈现，以激发外国学习者积极学习、主动运用中国文化知识的热情，实现文化传播的"跨越时空"和"超越国度"。

随着全球化的深入发展，不同国家和民族间的交流与互动日益频繁，很多国家都把对外推广本国的语言文化作为提高本国影响力的重要手段。不可否认，任何一门语言文化的对外推广，其价值都远远超过了语言文化本身的意义，因为语

① 庞朴：《文化结构与近代中国》，载于《中国社会科学》1986年第5期，第96页。

言和文化通过作用于人类心理能够产生更为持久和广泛的影响力，这是军事与经济影响力无法比拟的。语言和文化传播与推广虽然会受到国家经济实力、军事实力、国际关系以及传播策略等多重因素的影响，但真正发挥文化影响力的核心要素其实是文化本身。对于外国学习者而言，中国与其本国之间存在着物理距离，中国文化与其本国文化之间存在着隔膜，作为中国文化载体的对外文化教材所呈现和阐释的中国文化知识和价值体系、所讲述和传播的中国故事对于建构和树立中国形象、帮助外国学习者了解中国而言至关重要。在对外文化教材编写中，编写者应以高度的文化自觉与文化自信，铨选能够代表中国并被世界广泛承认的优秀文化，这种文化应具备典型性、通约性和时代性特征，惟其如此，才能使中国文化在世界文化激荡中具有强大的渗透能力，才能更好地更新外国学习者原有的文化体系，才能对建构世界文化共同体乃至人类命运共同体产生正向的促进作用。

第六章

对外文化教材塑造"中国形象"的四个维度

对外文化教材是"中国形象"塑造的有效路径，在中国文化跨文化传播中具有重要作用，对外文化教材应把"塑造全新的中国形象"作为叙述框架，围绕价值观念、文化内涵、外交政策等选择适合的文化内容，使得良好的"中国形象"深入到外国学习者的思想观念之中。新时代，对外文化教材塑造"中国形象"可以遵循：热爱和平、亲仁善邻；开放包容、宽厚平和；格调高雅、气韵闲逸；与时俱进、富有活力四个维度。良好的"中国形象"对于其他国家制定对华政治、经济、外交政策和中国的国际关系将产生有利影响。

对外文化教材是中国文化的载体，在中国文化跨文化传播及中国国家形象塑造的过程中，对外文化教材具有其他传播手段无可比拟的优越性，原因在于：首先，与普通受众相比，通过教材学习中国文化的外国学习者往往对中国抱有强烈的好感和浓厚的兴趣，他们了解中国文化的意愿强烈，因此容易取得最佳的传播效果。其次，与电视、报纸等其他媒介形式相比，教材内容往往会被学习者多次反复阅读，会给学习者留下难以磨灭的深刻印象，教材对学习者的影响往往更加深远。最后，从传播形式上看，对外文化教材可以避免由国家媒体对"中国形象"直接传播而引发的外国民众的抵触情绪。

中国文化的跨文化传播既是一种文化传播，也是一种话语传播，对外文化教材以展示文化内容的方式通过"中国式话语"来塑造"中国形象"，因而对外文化教材的话语策略和文化内容都影响"中国形象"。在世界多元文化交互激荡的语境下，通过对外文化教材塑造"中国形象"，在全球范围内推进"了解中国""理解中国"的行动无疑是推进中国文化"走出去"的一种实践形式。在对外文化教材中塑造积极、正面的"中国形象",要尽量选择"放诸四海而皆准,百世以俟圣人而不惑"的话语资源,讲清中国文化的本质精神和中国文化的演进历程,使外国学习者能够通过文化教材准确把握、正确理解、积极认同中国文化。具体而言,对外文化教材塑造"中国形象"可以遵循以下四个维度。

第一节 塑造热爱和平、亲仁善邻的"中国形象"

中华民族自古崇尚和平,主张以和为贵、协和万邦。在中国古代,"和"即"和美""和谐""和睦"。春秋时期,孔子说"君子和而不同",强调多样包容的人际关系,历朝历代对"和"的不断追求,使中国逐渐形成了一脉相承的和合文化,和合文化内涵极广,对于当代社会处理人与人之间的关系仍具有积极意义,家庭和睦、夫妻和顺、朋友和乐就是当代中国对于和合精神的传承以及和合精神在当代的表现。

以和为贵是中华传统文化源远流长的价值追求和政治理想,是中国人用以处理人与自然、人与人、人与群体以及群体与群体等各个层次关系的人伦法则。和合文化内涵极广,在人与人这一层次上,如夫妻间的琴瑟和鸣,朋友间的患难与共,抑或家庭和睦万事兴旺。可见和合文化对于当今社会处理人与人之间的关系仍具有积极意义。

对和平的热爱与追求,决定了中国在处理对外关系时始终秉持"以和为贵"的原则。在中国古代,"和"即"和美""和谐""和睦"。春秋时期,孔子说"君子和而不同",强调多样包容的人际关系;同时,孔子提出了"远人不服,则修文德以来之"(《论语·季氏》)的政治原则。对内仁政爱民,对外以德服人,是中国历代王朝的最高政治理想。《尚书·尧典》有云:"百姓昭明,协和万邦",主张人民和睦相处、国家友好往来;战国时代,孟子明确主张王道反对霸道。王道思想对内表现为仁政爱民,对外则表现为以德服人,代表了儒家的最高政治理想。中国历代统治者都以儒家王道思想为正统,将"内修文德""外治武备"作为处理对外关系的指导思想,面对争端往往追求以和平谈判方式解决,即使不得不开启战争也强调以最小代价结束战争。

墨家的兼爱非攻思想,同样体现了中国"以和为贵"的文化精神。习近平主席在第二届世界互联网大会开幕式上曾引用过墨子的话,他说:"'天下兼相爱则治,交相恶则乱',完善全球互联网治理体系,维护网络空间秩序,必须坚持同舟共济、互信互利的理念，摈弃零和博弈、赢者通吃的旧观念。"[1] 可见，习近平主席赞同墨子的观点，认为天下人如果彼此相爱就会天下太平；如果相互仇恨就会陷入混乱。墨家"兼爱"的和谐平等观、"非攻"的和平共处国际观是当代中国人和平理念的精神资源。"在当今经济全球化时代，继承和弘扬墨子的人文关怀和人道主义，对于解决人类社会发展中面临的许多现实问题都有着重要意义。"[2] 经过几千年的实践与深化，"以和为贵"的政治原则与"兼爱非攻"的思想交融，逐渐演化为中华民族"亲仁善邻、协和万邦"的对外交往理念。所谓"亲仁善邻"，是指亲近仁义、与邻国友好相处。中国有句俗语："远亲不如近邻"，与邻居和睦相处、守望相助，是中国人的处世之道；与不同国家和平相处、与不同文明对话交流是中华民族一以贯之的外交原则。"协和万邦"是指在社会和睦的基础上协调各个邦国的利益，引申到今天就是由近及远、推己及人，协调不同国家之间的关系，最终达成国家之间的相互协作、共同发展。"热爱和平"是中华民族的文化基因，"亲仁善邻"是中华民族的处世原则和外交理念，也是中国提出建设"人类命运共同体"思想的文化基础。

2013 年 4 月 7 日，习近平主席在博鳌亚洲论坛 2013 年会上的主旨演讲指出，"和平犹如空气和阳光，受益而不觉，失之则难存。没有和平，发展无从谈起。"将"和平"比喻为"空气和阳光"阐述了和平的重要性，同时也是在向国际社会表明中国倡导世界和平、捍卫世界和平的坚定决心。只要秉持以史为鉴、珍爱和平的理念，人类就能沐浴在和平的灿烂阳光和新鲜空气里，享受幸福生活。[3] 2014 年 5 月 15 日，习近平主席在中国国际友好大会暨中国人民对外友好协会成立 60 周年纪念活动上的讲话指出："中华民族的血液中没有侵略他人、称霸世界的基因，中国人民不接受'因强必霸'的逻辑，愿意同世界各国人民和睦相处、和谐发展，共谋和平、共护和平、共享和平。"[4] 习近平主席用中华民族的"和平基因"打破了国外"中国威胁"的舆论，坚定地告诉世界中国将坚持走和平发展的道路。

2015 年 10 月 22 日，习近平主席在伦敦金融城的演讲中提道："近代以后，中国人民经历苦难，所以更珍视和平；中国致力于发展，所以更需要和平；中国期待美好未来，所以更爱护和平。中国坚持走和平发展道路，不接受'国强必霸'的逻辑。"[5] 对和平的热爱与追求，决定了中国在处理对外关系时始终秉持

① 《传承优秀传统文化需重视墨家思想》，载于《人民日报》2017 年 9 月 29 日。
② 朱传棨：《传承优秀传统文化需重视墨家思想》，载于《人民日报》2017 年 9 月 29 日。
③ 苏格：《平易近人——习近平的语言力量（外交卷）》，上海交通大学出版社 2018 年版，第 22～25 页。
④ 习近平：《在中国国际友好大会暨中国人民对外友好协会成立 60 周年纪念活动上的讲话》，新华网，2014 年 5 月 15 日。
⑤ 《习近平在伦敦金融城的演讲》，中国政府网，2015 年 10 月 22 日。

"以和为贵"的原则。新中国成立70年来，中国始终以和平与发展为时代命题和国家方略，中国对外交往中所秉持的"和平共处""求同存异""永远不称霸""合作共赢"等政策主张都带有鲜明的中国热爱和平的文化基因的印记。

和为贵、和而不同、协和万邦等理念在中国世代相传，可以说"和"是中国文化的基本精神，也是中国文化的最高境界。中国的"和合文化"理应是对外文化教材的编写重点，教材既应系统梳理中国"和"思想不断深化演进的历史进程；也应讲清楚在"和"思想影响下中国当下的外交政策和外交理念，让外国学习者了解中国文化自古以来不带有侵略性的基因。例如，可以把郑和下西洋的历史编入文化教材。郑和下西洋奉行的外交准则是："循理安分，勿得违越，不可欺寡，不可凌弱，庶几共享太平之福"①，因此，彼时永乐皇帝统治的朝廷与远近各国都相安无事，可谓和顺万邦。永乐皇帝所提倡的"共享太平之福"的外交准则与当代中国的外交政策是一脉相承的。对外文化教材中呈现这样的内容有助于塑造热爱和平、亲仁善邻的"中国形象"。同时，中国独立自主的外交政策、和平共处五项原则，加入世贸组织、举办奥运会、世博会等外交活动都是适合编入教材的文化内容，这些文化内容同样有助于塑造热爱和平、亲仁善邻的"中国形象"。对外文化教材需要让外国学习者了解中国今天的"和平崛起"和建设"和谐社会"是在延续中国传统的"和合文化"的基础上发生的，中国虽然人口众多、幅员辽阔，但一直在和平中崛起，"国强必霸"逻辑不符合中国的历史和现实，中国以前没有、未来也不会对世界其他国家构成威胁，"和合文化"是中国文化的精髓所在，世界和平是中国人民的期望和理想。

中国的崛起被认为给西方国家带来了挑战性，实际上，"中国的历史发展逻辑和中国所崇尚的儒家文化，都表明中国并非一个具有扩张倾向的帝国"②，为了化解国际社会对中国的误解和担忧，我们需要建构的"中国形象"应该是具有时代深度和宽度的，是一个历史底蕴丰厚、和平友善、有担当的大国形象。"中国形象"的建构既承载着中国未来发展之路的前景展望，更肩负着重构中国在国际舞台上的地位及营造国际发展环境的使命。

自古以来，中华民族就是一个热爱和平、珍惜和平的民族，然而面对中国的迅速崛起，一方面，"西强我弱的国际舆论格局仍然没有发生根本改变"③，另一方面，部分国家对中国的崛起感到担忧，在国际舆论界弥漫着"中国威胁论"的

---

① 《纪念伟大航海家郑和下西洋580周年筹备委员会郑和家世资料》，人民出版社1985年版，第2页。

② 刘一川：《跨文化传播视域下的中国形象生成和建构——批判性对话视野下的研究》，复旦大学博士学位论文，2014年，第17页。

③ 张昆：《从"他塑"为主转向"我塑"为主：改革创新国家形象传播方式》，载于《人民日报》2016年6月19日。

声音，在这种时代语境下，中国所要塑造的新时代的大国形象，并非是强权夺霸，要取代西方国家在国际社会中的地位，而是要"加大向世界宣传中国"的力度①的同时，树立其"和平崛起"的中国姿态。对外文化教材所提供的"话语"有必要向外国学习者释放中国热爱和平、追求和谐的讯息，中国文化教材在编写过程中要尽力树立热爱和平、亲仁善邻的中国形象。

中国的外交政策也是外国学习者感兴趣的话题。今天，中国对外交往中所秉持的"和平共处""求同存异""永远不称霸""合作共赢"等政策主张都带有鲜明的中国文化基因印记。新中国成立 70 年来，始终坚持和平与发展的外交传统，这不仅是国家利益的需要，也是中国文化非侵略性特点的外在表现。在高级文化教材中可以向学习者介绍中国独立自主的外交政策、和平共处五项原则等相关的外交政策；加入世贸、举办奥运会、世博会等外交活动，以及中国在外交上的"一带一路"构想。围绕中国的外交政策，试编的课文如下：

当代中国外交政策

中国外交政策的宗旨是维护世界和平、促进共同发展。中国始终坚持独立自主和平外交政策，奉行互利共赢的开放战略，愿意在和平共处五项原则的基础上同所有国家建立和发展友好合作关系，推动建设持久和平、共同繁荣的和谐世界。

独立自主的外交政策

独立自主是新中国成立以后对外交往中一贯坚持的根本原则。

鸦片战争以后，中国经历了一段饱受外国侵略、民不聊生的黑暗历史，独立自主和和平成为一代又一代中国人的夙愿。新中国成立前夕，毛泽东强调："中国必须独立，中国必须解放，中国的事情必须由中国人民自己作主张，自己来处理，不容许任何帝国主义国家再有一丝一毫的干涉。"

后来，邓小平指出"中国的对外政策是独立自主的，是真正的不结盟"。当时的中国不同任何大国结盟或建立战略关系，不支持或反对任何一方，维护了外交上的独立自主。

如今，在新的国际形势下，中国的独立自主外交政策更加灵活务实。是否有利于中国国家利益和世界和平与发展，是当前中国独立自主外交的唯一标准。

---

① 中共中央宣传部《党建》杂志社：《印象中国——43 位外国文化名人谈中国》，红旗出版社 2012 年版，第 23 页。

和平共处五项原则

1953 年 12 月，周恩来在会见印度代表团时第一次提出了和平共处五项原则，后得到印度、缅甸政府共同倡导。这五项原则包括：（一）互相尊重主权和领土完整；（二）互不侵犯；（三）互不干涉内政；（四）平等互利；（五）和平共处。

和平共处五项原则是中国奉行独立自主和平外交政策的基础和完整体现，被世界上绝大多数国家接受，成为规范国际关系的重要准则。

积极融入国际社会

进入 21 世纪，中国更加积极地融入国际社会。2001 年加入了世界贸易组织（WTO），2008 年北京成功举办了第 29 届夏季奥运会，2010 年上海成功举办了世界博览会（World Expo）。

2013 年 3 月，习近平主席在俄罗斯访问时主张构建人类命运共同体，为解决当今世界面临的现实问题、实现人类社会和平发展，提出了中国理念、中国方案。

同年 9 月和 10 月，中国提出了建设"一带一路"的合作倡议，积极发展与沿线国家的经济合作。倡议提出以来，得到了 150 多个国家和国际组织的积极响应和参与，国与国的合作不断加强，促进了地区间的经济繁荣。

郑和下西洋前，永乐皇帝曾嘱咐他每到一处要向当地国王宣传自己提倡的国际关系的准则，那就是"信守天道，循理安分，勿得违越，不可欺寡，不可凌弱，庶几共享太平之福"。正是因为奉行了这样的外交准则，永乐皇帝统治的朝廷与远近各国都相安无事，可谓和顺万邦。永乐皇帝所提倡的"共享太平之福"的外交准则与当代中国的外交政策是一脉相承的。郑和下西洋的相关内容也有助于树立热爱和平、亲仁善邻的中国形象，例如，在高级文化教材中可以编写以下内容：

人类航海史上的壮举——郑和下西洋

1405 年 7 月 11 日，地球蓝色的海洋上，出现了一支庞大的船队，总共有 208 艘船。这是有史以来最大的一支船队，船上所载的各类人员有 27 500 多人，也是有史以来拥有最多航海人员的船队。

船队由一位名叫郑和的人统率。船队带着中国这个古老国家的瓷器、丝绸、茶叶等数不尽的珍奇，穿越岛屿众多的南海、马六甲海峡，横跨印度洋，到达亚洲、非洲等很多国家。在此后的 28 年间，船队由郑和统领，一共七下西洋，前后出海的人员有十多万人，访问了 30 多个国家。这就是历史上的"郑和下西洋"。郑和下西洋的路线被称为海上丝绸之路，那是一条向往陌生的海岸线的开放之路。

永乐皇帝派郑和下西洋，一方面是为了在世人面前显示大明帝国的强盛，另一方面也是为了实现和顺万邦，与远近各国相安无事，以共享太平之福的外交理想。

20 世纪 30 年代发现的郑和家谱中，记载着郑和出发时，永乐皇帝曾嘱咐他每到一处要向当地国王、酋长宣传自己提倡的国际关系的准则，那就是"信守天道，循理安分，勿得违越，不可欺寡，不可凌弱，庶几共享太平之福"。永乐皇帝的这几句话，就是要在国与国之间反对霸权，反对欺凌弱小，要互相尊重，保持和平的格局，这是永乐皇帝外交的总方针。郑和下西洋是严格按这一方针行事的。

郑和庞大的船队，七次大规模的航海，没有占领别人一寸土地，没有掠夺别人一丝财产，更没有在别国派驻一兵一卒。郑和船队每到一处，都无偿馈赠当地国王、王室和大小首领以及佛教寺院以各色丝绸、瓷器、衣物、钱币、金银铜铁器皿等物。同时，郑和船队还与各地官方和民间开展互通有无的货物交易。中国输出瓷器、丝绸、茶叶、金属制品等，换回珠宝、香料、药材、珍稀动物等。郑和船队还向这些国家传播中国的技术，如历法、农业技术、制造技术、医术、航海和造船技术等。

郑和下西洋已经过去 600 多年，它给中国人民留下了一个重要的历史经验和启示，那就是文明的建设需要开放的心胸，没有开放的心胸，也就没有民族的未来。（摘编自京社科：《人类航海史上的壮举——郑和下西洋》，搜狐网，2018 年 6 月 20 日，有删改。）

墨家的兼爱非攻的思想，也是中国以和为贵文化特征的一个显著代表。正因延续了墨家"兼爱"的和谐平等观、"非攻"的和平共处国际观是当代中国人和平理念的精神资源。

"天下兼相爱则治，交相恶则乱"出自《墨子·兼爱上》，意思是说天下人如果相亲相爱，天下就会治理好；天下人如果相互憎恶，天下就会大乱。墨子有言："天下之人皆相爱，强不执弱，众不劫寡，富不侮贫，贵不敖贱，诈不欺愚。凡天下祸篡怨恨可使毋起者，以相爱生也，是以仁者誉之。"[1]

---

[1] 《墨子·兼爱》，广州出版社 2001 年版，第 95 页。

"墨家的'兼爱'即尽爱、俱爱和周爱，爱的对象不分民族、等级、亲疏等差别，包括过去、现在和未来的众人。可以说，在当今经济全球化时代，继承和弘扬墨子的人文关怀和人道主义，对于解决人类社会发展中面临的许多现实问题都有着重要意义。"①

张载在《西铭》中说："乾称父，坤称母；予兹藐焉，乃混然中处。故天地之塞，吾其体；天地之帅，吾其性。民吾同胞，物吾与也。大君者，吾父母宗子；其大臣，宗子之家相也。尊高年，所以长其长；慈孤弱，所以幼其幼。圣其合德；贤其秀也。凡天下疲癃残疾、惸独鳏寡，皆吾兄弟之颠连而无告者也。于时保之，子之翼也；乐且不忧，纯乎孝者也。"②《庄子·齐物论》有言"天地与我并生，而万物与我为一"。自古以来，中国文化就崇尚"民胞物与""天人合一"的哲学思想，追求人与自然、人与社会、人与人之间的和谐统一。和为贵、和而不同、协和万邦等理念在中国世代相传，可以说"和"是中国文化的基本精神，也是中国文化的最高境界。在文化教材中，郑和下西洋等历史故事可以表现出和平基因早已深植于中华民族血脉之中，对中国外交政策的介绍也有助于树立热爱和平、亲仁善邻的中国形象，让学习者充分地体会到中国今天的"和平崛起"和建设"和谐社会"是一种优秀传统文化的继续，在和合文化指导下的中国文化原本就不具有侵略性。中国虽然人口众多、幅员辽阔，但一直在和平中崛起，"国强必霸"逻辑不符合中国的历史和现实，中国以前没有、未来也不会对世界其他国家构成威胁，和合文化是中国文化的精髓所在，世界和平是中国人民的期望和理想。

第二节 塑造开放包容、宽厚平和的"中国形象"

100 多年前，诗人惠特曼（Walt Whitman）写下了著名的诗句：

> 我自相矛盾吗？
> 那好吧，我是自相矛盾的；
> 我辽阔博大，我包罗万象。③

---

① 朱传棨：《传承优秀传统文化需重视墨家思想》，载于《人民日报》2017 年 9 月 29 日。
② 《正蒙·乾称篇第十七》，见《张载集》，中华书局 1978 年版，第 62～63 页。
③ Walt Whitman（1819—1892）：Song of Myself. 译文选自［美］惠特曼：《我自己的歌》，载《草叶集》，赵萝蕤译，上海译文出版社 1991 年版，第 148～149 页。

　　不同的地理环境和生活方式孕育不同特质的文化，文化差异是一种客观存在。但文化差异并不意味着文化冲突，不同文化之间的相互比较与借鉴可以促进人们反思自身的文化特点，完善自身的文化，同时也有助于降解文化冲突，孕育多元共存的文化观念。"不同文化在创造世界历史的过程中都是主体性存在，不同文化主体休戚与共，人类的未来命运处于相互构成的境遇中。所以，必须深刻认识到，只有包容互惠、开放创新，顺应和平、发展、合作、共赢的时代潮流，才能在不同文化交流与对话中增进共识，进而创造新文化、塑造新文明。"① 对外文化教材的使用者是不同语言、不同文化背景的外国学习者，在通过教材传播中国文化、塑造"中国形象"的过程中，要处理好中国与世界的关系，摒弃自傲或自卑的心态，对中国文化有自信，对他国文化有包容；要尊重文化差异、坚持对话观念，观照外国学习者的文化选择与文化偏好，异中求同、同中存异。

　　在传播中国文化、塑造中国形象的过程中，尊重文化差异、坚持对话观念是至关重要的。现代文化传播必须明了的是，文化差异并不意味着文化冲突，文化传播和文化交流有助于孕育多元共存的文化观念，降解文化冲突。同时，不同文化之间的相互比较与借鉴也更利于文化主体反思和重构自身文化。但仍有共通处，所谓人同此心、心同此理，应意识到中国文化中有些部分是放诸四海而皆准，百世以俟圣人而不惑的。

　　对外文化教材可以以历史上中外文化交流事件及其衍生创造的文化成果作为教材内容，塑造开放包容、宽厚平和的"中国形象"。敦煌莫高窟和敦煌飞天就是适合编入对外文化教材的内容。季羡林先生曾说："世界上历史悠久、地域广阔、自成体系、影响深远的文化体系只有四个：中国、印度、希腊、伊斯兰，再没有第五个了，而这四个文化体系汇流的地方只有一个，就是中国的敦煌和新疆地区，再没有第二个。"②例如，在《文化密码：中国文化教程2》中是以人物对话的形式介绍敦煌莫高窟的：

　　　　大龙：98、99、100，……还有好多啊！

　　　　有朋：哈哈，别数了，敦煌莫高窟有700多个石窟呢！

　　　　伊人：这些佛像的神态都不一样，真是精美绝伦！

　　　　李晶：可见佛教在古代中国十分兴盛！

　　　　有朋：除了佛像，莫高窟的壁画也很有名，壁画的总面积达4.5万平方米！

---

　　① 臧峰宇：《汇聚构建人类命运共同体的文化合力》，载于《光明日报》2019年7月15日。

　　② 季羡林：《敦煌学、吐鲁番学在中国文化史上的地位和作用》，见《佛教与中印文化交流》，江西人民出版社1990年版，第141～148页。

　　大龙：太震撼了！真是奇迹！这幅飞天太美了！对了，有朋，这里为什么叫"莫高窟"呢？

　　有朋："莫"是"不可能、没有"的意思，"莫高窟"的意思就是没有比修建佛窟更高的修为了。

　　李晶：敦煌莫高窟的建筑、彩塑、壁画、藏书都是伟大的文化遗产，有"墙壁上的图书馆"的美誉。

　　大龙：早就听说莫高窟是世界上现存规模最大、内容最丰富的佛教艺术胜地，这次真是大饱眼福啦！[①]

课后，可以以文化常识的形式中英双语介绍敦煌莫高窟和敦煌飞天：

敦煌莫高窟

　　敦煌莫高窟，俗称千佛洞，坐落在中国西北部的敦煌。它始建于十六国的前秦时期，经过十六国、北朝、隋、唐、五代、西夏、元等朝代的兴建，形成了巨大的规模。敦煌莫高窟有洞窟 735 个，壁画 4.5 万平方米、泥质彩塑 2 415 尊，是世界上现存规模最大、内容最丰富的佛教艺术胜地。1987 年，敦煌莫高窟被列为世界文化遗产。

　　Mogao Grottoes at Dunhuang, commonly known as the Thousand Buddha Caves, are located in Dunhuang at the Northwest of China. First built in the pre-Qin period, they went through further construction during the following dynasties including the period of the Sixteen Countries (304AD – 439AD), the Northern Dynasties (386AD – 581AD), Sui Dynasty (581AD – 618AD), the Period of Five Dynasties and Ten Kingdoms (907AD – 979AD), the Western Xia Dynasty (1038AD – 1277AD), Yuan Dynasty (1271AD – 1368AD) and other dynasties. Finally reaching the huge scale with 735 grottoes, 45 000 square meters and 2 415 painted clay sculpture. Now, it is the largest and richest Buddhist art place in the world. In 1987, Mogao Grottoes were listed as a World Cultural Heritage.

敦煌飞天

　　敦煌飞天就是画在敦煌石窟中的飞神，是敦煌莫高窟的名片，是敦煌艺术的标志。从艺术形象上说，敦煌飞天不是一种文化的艺术形象，而是多种文化的复合体。飞天的故乡在印度，敦煌飞天是印度文化、西域文化、中原

---

① 于小植主编：《文化密码：中国文化教程》第 2 册，高等教育出版社 2021 年版，第 114 页。

文化共同孕育而成的。敦煌飞天不长翅膀、不生羽毛、没有圆光、借助彩云
而不依靠彩云，主要凭借飘曳的衣裙、飞舞的彩带凌空翱翔，敦煌飞天是中
国艺术家的天才创作，是世界美术史上的奇迹。

Dunhuang Flying Apsaras, or the Flying Gods in the murals of the Mogao
Grottoes, are the business cards of the Grottoes and the symbol of Dunhuang art.
Artistically speaking, Dunhuang Flying Apsaras are not the product of one specific
culture, but a diversity of cultures. The hometown of Flying Apsaras is India. It
was under the joint nurturing of Indian culture, Western Region culture, and Cen-
tral Plains culture in China that the Flying Asparas were eventually born. Dun-
huang Flying Apsaras do not have wings, feathers, or round halos; the expression
of motion is supported by-instead of dependent on-colorful clouds. The movement
of their dresses and colored ribbons also make them lively. Dunhuang Flying
Apisaras are an excellent creation of Chinese artists and a miracle in art history of
the world①.

.

敦煌莫高窟是多种文化交融后产生的艺术瑰宝，是中国文化开放包容的明
证。敦煌的飞天壁画不是单一文化作用下的艺术形象，而是多种文化的复合作
用下产生的艺术形象，是中国开放包容文化理念所孕育的珍贵的文化遗产。

另外，精美绝伦的中国瓷器也是具有象征性意味的中国文化符号，适合编
入对外文化教材。四百多年前，中国瓷器通过"丝绸之路"走向了世界，以瓷
器为代表的中国器物作为中华文明的载体使中国之美广为流传，让世界认识了
中国。明清时期，中国瓷器"外销到了世界各地，成为第一种全球化的产品。
16 世纪开始，欧洲人开始了制造瓷器的尝试，与此同时，很多外国人来到中
国景德镇，探寻制作瓷器的秘方。而在 18 世纪之前，只有中国可以制造和生
产出瓷器。经过多年的发展，如今每个国家在陶瓷上也都出现了自己的风格，
越来越个性化。"② 可见，瓷器既有艺术价值，也是中外文化交流史上重要的
器物符号，可以作为开放包容"中国形象"的代表性器物，适合编入中国文化
教材。例如，可以以《中国瓷：中外文化交流的载体》为题编写高级文化教材
课文如下：

瓷器是一种与生活相伴而生的艺术品，从家家户户使用的茶具，到"一

---

① 于小植主编：《文化密码：中国文化教程》第 2 册，高等教育出版社 2021 年版，第 120～121 页。
② 《中国瓷：中外文化交流的载体》，光明网，2018 年 5 月 10 日。

带一路"峰会的国宴餐具，它集实用与审美于一身。中国是瓷器的故乡，瓷器的发明是中华民族对世界文明的伟大贡献。在英文中，"瓷器（china）"与"中国（China）"是同一个词，仅以首字母大小写区分，这说明精美绝伦的中国瓷器是中国的文化符号，具有象征性的意味。

瓷器是由高岭土等原料烧制而成，外表施有玻璃质釉或彩绘，一般要在窑内经过上千度的高温烧制，表面的釉色会因温度的不同而发生各种变化。

中国瓷器是从陶器发展演变而来的。早在公元前16世纪的商代中期，中国就出现了早期的瓷器，一般称为"原始瓷"。早期瓷器以青瓷为主，隋唐时代发展成青瓷、白瓷等以单色釉为主的两大瓷系。宋朝时，瓷业最为繁荣。当时五大名窑出产的瓷器工艺精湛、风格各异，被后世追捧。宋代瓷器以各色单彩釉为特长，釉面能作冰裂纹，并能烧制两面彩、釉里青、釉里红等。景德镇因为为宫廷生产瓷器而得名"瓷都"，在元代，景德镇出产的青花瓷成为瓷器中的珍品。明代流行"白底青花瓷"。清代生产"彩瓷"，图样新颖，瓷色华贵，以"珐琅瓷""粉彩"最为杰出。

瓷器是古代中国对外贸易中最具代表性的商品之一。中国的瓷器通过古丝绸之路传入欧洲，价格一度比黄金还贵，被称为"白色黄金"。明清时期，瓷器外销到世界各地，成为一种全球化的商品。16世纪，欧洲人开始了制造瓷器的尝试，18世纪初，德国梅森的一名科学家成功烧制出欧洲第一代瓷器。经过多年的发展，如今很多国家都能制造出精美的瓷器，并形成了自己的风格。

四百多年前，中国瓷器通过丝绸之路走向世界。如今，"一带一路"全新启航，以瓷器为代表的中国器物作为中华文明的载体，将把东方之美传播得更远。[1]

流行歌曲《青花瓷》意境优美、旋律动听，也很适合编入文化教材。

青花瓷[*]

素胚勾勒出青花笔锋浓转淡

瓶身描绘的牡丹一如你初妆

冉冉檀香透过窗心事我了然

宣纸上走笔至此搁一半

---

[1]　于小植主编：《文化密码：中国文化教程》第5册，高等教育出版社2024年版，第10~11页。

[*]　方文山作词、周杰伦演唱。

釉色渲染仕女图韵味被私藏

而你嫣然的一笑如含苞待放

你的美一缕飘散

去到我去不了的地方

天青色等烟雨 而我在等你

炊烟袅袅升起 隔江千万里

在瓶底书汉隶仿前朝的飘逸

就当我为遇见你伏笔

天青色等烟雨 而我在等你

月色被打捞起 晕开了结局

如传世的青花瓷自顾自美丽

你眼带笑意

从汉代起开辟的"丝绸之路"促进了中国和其他国家的贸易往来和文化交流，通过丝绸之路，张骞把海外的胡萝卜等植物种子带回了中国；把中国的丝绸等带到了海外。新时期，中国发起的"一带一路"倡议是对古代"丝绸之路"精神的继承和发扬，所开启的既是贸易之路、友谊之路，也是文化交流之路。古代"丝绸之路"的历史和今天的"一带一路"倡议都是中国对外交流愿望和开放心态的集中体现，昭示了一个开放包容、宽厚平和的"中国形象"，适合在对外文化教材中着重体现。面向初级汉语水平的外国学习者，课文内容不宜过难，可以以对话的形式呈现：

大龙：这件衣服真好看，是什么材质的？

李晶：这是汉朝丝绸，体现了当时高超的制作工艺。

有朋：这些薄薄的丝绸曾经被转销到罗马帝国。

大龙：是通过丝绸之路转销过去的吗？

李晶：是的，大龙。古代丝绸之路促进了中国和其他国家的贸易往来。

有朋：2013 年，中国发起的"一带一路"倡议就是对古代丝绸之路的发展。

大龙：我听说中国的"一带一路"是贸易之路，也是友谊之路。

有朋：大龙，你知道的事情可真不少！给你点赞！①

---

① 于小植主编：《文化密码：中国文化教程》第 2 册，高等教育出版社 2021 年版，第 36 页。

在课文的后面，可以以中英双语的形式向学习者介绍"丝绸之路"和"一带一路"：

丝绸之路

丝绸之路是指古代以中国为始发点，向亚洲中部、西部及非洲、欧洲等地运送丝绸等物的交通道之总称。通常分为陆上丝绸之路和海上丝绸之路。早在汉代，汉武帝就派张骞出使西域，开辟了以首都长安（今西安）为起点，经甘肃、新疆，到中亚、西亚（古称西域），并连接地中海各国的陆上通道——陆上丝绸之路。海上丝绸之路是古代中国与外国交通贸易和文化交往的海上通道，形成于秦汉时期，是已知的最古老的海上航线之一。

The Silk Road

The Silk Road refers to the ancient transport road that used China as a starting point to transport silk and other commodities to Central Asia, west, Africa and Europe. It comprises of the Land Silk Road and Maritime Silk Road. As early as the Han Dynasty, Emperor Wu of Western Han sent Zhang Qian to the Western region to open up the land road that started at Chang'an (today's Xi'an) and went through Gansu, Xinjiang all the way up to central and west Asia (the Western Region in ancient time), connecting the Mediterranean countries—the land Silk Road. The Maritime Silk Road is the passage on the sea connecting ancient China and other countries for transportation, trade and cultural communications. It was formed during the Qin and Han dynasties and is one of the oldest known sea routes.

"一带一路"倡议

"一带一路"倡议是"丝绸之路经济带"和"21世纪海上丝绸之路"的简称，2013年中国提出建设"丝绸之路经济带"和"21世纪海上丝绸之路"的合作倡议。"一带一路"旨在借用古代丝绸之路的历史符号，积极发展与沿线国家的经济合作伙伴关系，共同打造政治互信、经济融合、文化包容的利益共同体、命运共同体和责任共同体，促进世界的和平与发展。

The Belt and Road Initiative

The Belt and Road Initiative (BRI) is short for "the Silk Road Economic Belt" and "the 21st Century Maritime Silk Road", which was a cooperative initiative proposed by China in 2013. The Belt and Road Initiative aims to establish a modern incarnation of the historical ancient Silk Road. It aims to actively develop economic partnership with the countries along the route, jointly build a community of interests, destiny and responsibility with mutual political trust, economic integration, and cultural inclusion, promoting the peace and development of the world. ①

古老的丝绸之路和秉持丝路精神的共建"一带一路"倡议都是中国对外交流愿望和开放心态的集中体现。面向高级汉语水平的学习者，可以就古代丝绸之路的历史和今天的"一带一路"建设做更为详尽的介绍：

古丝绸之路与共建"一带一路"

古丝绸之路包括陆上丝绸之路和海上丝绸之路，是自古以来联系东方与西方、贯通亚非欧及拉美许多国家和地区的主要通道。2013年秋天，习近平主席在出访哈萨克斯坦和印度尼西亚时先后提出共建"丝绸之路经济带"和"21世纪海上丝绸之路"，即"一带一路"倡议。这一倡议提出后，得到了"一带一路"沿线的亚洲、非洲、欧洲国家和地区以及世界其他国家和地区的广泛响应与支持。

古丝绸之路是沿线国家和地区的人民共同奋斗、为促进东西方文明交流互鉴和共同进步、从而为整个人类文明发展作出巨大历史贡献的伟大之路。在古丝绸之路的历史长卷中，留下了许多至今仍广为传颂的不同文明和国家、地区之间交流互鉴的历史佳话。古丝绸之路的发展给我们带来深刻的历史启示。

"以和为贵""万国咸宁""协和万邦"。古丝绸之路的发展充分说明，只有坚持以和为贵，方能万国咸宁。今天，中国和各国共建"一带一路"，就是要坚持以和为贵，将"一带一路"建成和平之路，推动构建人类命运共同体。

互利互惠，方能合作共济。毫无疑义，这种认识和道理也贯通于古丝绸之路沿线各国各地区和各种文明之中。否则，古丝绸之路就不可能作为一条互通有无、互学互鉴的大通道而延续数千年。今天，中国和各国共建"一带一路"，就是要追求互利互惠、合作共赢，释放各国发展潜力，实现各国之间经济大融合、发展大联动、成果大共享。

"一带一路"倡议之所以能在国际社会形成重要共识，一个重要原因是它体现出新的全球治理观。贯穿"一带一路"建设的一个核心理念、本质要求和基本原则就是共商共建共享。共商意味着"一带一路"建设尊重各方愿

---

① 于小植主编：《文化密码：中国文化教程》第 2 册，高等教育出版社 2021 年版，第 42~43 页。

望、关切各方利益，相互多商量，集思而广益，多谋而共断，共商而后定。共建意味着合作建设的各方对于共同建设和发展的项目切实做到同心协力、同舟共济。共享意味着合作建设项目所形成的利益和成果要按照公平、公正的原则，由合作各方共同分享。

当今时代，世界各国人民要求维护持久和平、践行合作共赢、促进共同发展、实现共同繁荣，这是难以遏制的时代发展潮流。共建"一带一路"秉持古丝绸之路形成的丝路精神，符合各国人民的共同愿望，顺应时代发展潮流，因而具有重要现实依据和现实动力。①

在课文中，可以以中英双语的形式向学习者介绍"陆上丝绸之路"和"海上丝绸之路"：

陆上丝绸之路

陆上丝绸之路起源于西汉（前202年～8年）汉武帝派张骞出使西域开辟的陆上通道。传统丝绸之路，起自中国古代都城长安，经中亚国家、阿富汗、伊朗、伊拉克、叙利亚等而达地中海，以罗马为终点，全长6 440公里。这条路被认为是连结亚欧大陆的古代东西方文明的交汇之路，而丝绸则是最具代表性的货物。

The Land Silk Road

The Land Silk Road first took shape during the Western Han Dynasty (202 BC – 8 AD) when the Emperor Wu commissioned envoy Zhang Qian and his delegation to the Western Regions. The traditional Silk Road extended 6 440 kilometers from China's ancient capital Chang'an through the Central Asian countries to Rome in the Mediterranean, passing by countries such as Afghanistan, Iran, Iraq and Syria. This trade route is considered the bridge connecting the ancient Eastern and Western cultures flourishing on Eurasia, with silk being the most representative good.

海上丝绸之路

"海上丝绸之路"是古代中国与外国交通贸易和文化交往的海上通道，该路主要以南海为中心，所以又称南海丝绸之路。海上丝绸之路形成于秦汉时期，发展于三国至隋朝时期，繁荣于唐宋时期，转变于明清时期，是已知

---

① 摘编自滕文生：《古丝绸之路与共建一带一路》，人民网，2019年4月24日，有删改。

的最为古老的海上航线。

The Silk Road on Sea

The Silk Road on Sea was the major maritime pathway for trade and cultural exchange between ancient China and foreign countries. The Road finds most of its coverage in the South China Sea, and is thus also known as the South Sea Silk Road. This Silk Road came into existence during the Qin and Han Dynasties, developed during the period of the Three Kingdoms and the Sui Dynasty, thrived in the Tang and Song Dynasties, and transformed in the Ming and Qing Dynasties. It is the oldest maritime route known today.

不仅器物文化、历史经验和当下政策可以彰显中国文化的包容力，在文化教材中，也可以选取开宗明义阐释中国的文化心理、价值观念的内容以加深外国学习者对于中国文化内涵的理解。杨义在《中国优秀传统文化的生命之源》[①] 一文中，把中国文化的特征概括为：文化根本的深厚性、文化哲学的包容性、文化血脉的充沛性和文化景观的丰美性，并把中国形象概括为"独乐乐，不如与人乐乐；与少乐乐，不如与众乐乐"的"快乐中国"，让学习者了解到中国之所以能作为一个幅员辽阔的多民族国家而长久存在，其原因就在于中国文化的强大的包容力，适合编入文化教材。为了方便外国人学习，可以对文章进行了适度删改以降低难度，删改后的内容如下：

中国优秀传统文化的生命之源

结合文献、考古和文化田野调查来考察中华民族的立国之根和生命之源，有四个基本命题应引起注意：第一，中华民族文化根本的深厚性；第二，文化哲学的包容性；第三，文化血脉的充沛性；第四，文化景观的丰美性。

首先，中华民族文化根本的深厚性。中国有"二十四史"。《史记》根据口头传统与东周文献，从《五帝本纪》、从黄帝写起。跟黄帝有关的创造中，传为黄帝的史官仓颉造字，是人类由野蛮走向文明的坚实脚步。汉字成了中国文化的根中之根。后来把文字刻在竹片、木头和甲骨上，是一个了不起的发明。汉字的创造对国家的统一和稳定，对民族共同体的万世长存起了关键的作用。

---

① 杨义：《中国优秀传统文化的生命之源》，载于《华南师范大学学报（社会科学版）》2016 年第 3 期，第 5～17 页。

其次，中华民族文化哲学的包容性。"容"的偏旁"宀"是房屋，可以遮风挡雨，保护万物；下面的"谷"字是空虚的山坳，也就是以谦虚宽厚的态度容纳天下人类的德行和智慧。这种包容性以炎黄根脉为大宗，对不同部族之间的血缘差异、习俗差异，以海纳百川的文化胸襟包容起来。历史学家陈寅恪讲"中国是文化重于种族"，东方大地上不同种族之间的矛盾可以用文化来化解和包容，以和为贵、和而不同，在这个层面上的不同可以生发出更高的文化层面上的融合。

中华文化的分布，有其得天独厚之处。它的腹地存在着两条世界级的大江河：一条黄河、一条长江。它们滋育了中华民族族群的生存承续力和文化生命力。黄河文明加上长江文明，就像巨大无比的一双筷子，可以夹起各种肥肥瘦瘦的文化肉片，不管是鸡肉、羊肉、牛肉，在文明发展的大餐上具备施展的余地。

再次，中华民族文化血脉的充沛性。文化如水，畅流天地，润物无声。《老子》书中说："上善若水。水善利万物，又不争。"有了这种水一般的智慧，就可以在具体的历史认知中，还古人以古人应有的伟大，还现代人以现代人应有的充分的创造空间。

最后，中华民族文化景观的丰美性。只有原创性与共享性结合起来，才能创造民族文化新的辉煌。中华民族经过长期发展和广阔地域上多民族互相吸收、包容共进，创造了千姿百态的文化艺术形式，比如饮食、中医、武术、各种地方戏剧，等等。可以说，中华民族拥有世界上形式最丰富的非物质和物质的文化遗产，以不可抗拒的魅力吸引着世界的眼光，称得上是一个"独乐乐，不如与人乐乐；与少乐乐，不如与众乐乐"的"快乐中国"。

中华民族文化的四性，即文化根本的深厚性、文化哲学的包容性、文化血脉的充沛性、文化景观的丰美性，充分显示了这个民族博大精深的创造力；并由于其创新的价值和生动的魅力，获得了波澜壮阔的全民共享性。[①]

第三节　塑造格调高雅、气韵闲逸的"中国形象"

1827 年 1 月 31 日，歌德同爱克曼谈话时说："中国人在思想、行为和感情

---

① 摘编自杨义：《中国优秀传统文化的生命之源》，载于《华南师范大学学报（社会科学版）》2016 年第 3 期，有删改。

方面几乎和我们一样，使我们很快就感到他们是我们的同类人，只是在他们那里一切都比我们这里更明朗，更纯洁，也更合乎道德。在他们那里，一切都是可以理解的，平易近人的，没有强烈的情欲和飞腾动荡的诗兴………他们还有一个特点，人和大自然是生活在一起的。你经常听到金鱼在池子里跳跃，鸟儿在枝头歌唱不停，白天总是阳光灿烂，夜晚也总是月白风清。月亮是经常谈到的，只是月亮不改变自然风景，它和太阳一样明亮。……还有许多典故都涉及道德和礼仪。正是这种在一切方面保持严格的节制，使得中国维持到几千年之久，而且还会长存下去。"① 可见，歌德心目中的"中国形象"是格调高雅、气韵闲逸的，对外文化教材同样应该塑造和强化这种中国形象，选取名家名篇，用优美智性的中文讲述中国文化。

中国的书法文化和绘画文化不仅历史悠久，而且具有独特的中国气韵和美感，能够让外国学习者感受到一个格调高雅、气韵悠闲的中国。对外文化教材在讲述中国的书法文化、绘画文化时，不能满足于介绍文房四宝为何物、中国书法的书体种类、中国画的流派等文化知识，还应该阐明中国书法、中国画的审美范式和深层的文化意蕴。例如，讲述中国的书法文化，需要阐明何为中国书法的"线之美"、"力之美"、节奏之美、构型之美、动势之美、平衡之美、气韵之美等问题，以帮助外国学习者领悟中国书法艺术的真谛。也就是说，对外文化教材不可仅呈现中国文化的"皮毛"，还需关涉中国文化的"神情"；不能满足于仅向外国学习者展示文房四宝、书法作品等可观可感的书法文化之"形"，还需加强对中国文化魅力和感召力的阐发，帮助外国学习者把握中国文化的本质特征。而中国画也与西方绘画有诸多相异之处，例如，中国画不追慕自然的形态，而是把表现物象的精神作为作画的目的，追求"以形写神"；中国画最高的审美标准是"妙在似与不似之间，太似为媚俗，不似为欺世"② 等，因此，对外文化教材可以通过设置问题的方式引导外国学习者进行文化对比，在讲述文化差异的同时有意识地培养外国学习者用跨文化的视角看待中国文化，并在文化比较中加深对中国文化的理解。

说起中国的书法文化，我们可以找到很多谈论中国书法的创作特点和审美价值的名家名篇，梁启超的《书法在美术上的价值》、林语堂的《苏东坡传》和《中国书法》分别谈论了中国书法的"线之美"与"力之美"、中国书法的节奏之美、中国书法的构型之美问题，可以帮助外国学习者领悟书法的真谛，适合作为中高级文化教材的选篇。为了适合外国学习者阅读，在编入教材时，需要降低

---

① 朱光潜：《歌德谈话录》，人民文学出版社 1978 年版，第 112 页。
② 齐良迟主编：《齐白石艺术研究》，商务印书馆 1999 年版，第 447 页。

词汇难度，因此笔者对梁启超的《书法在美术上的价值》一文进行了适当的删改，删改后的内容如下文所示：

美术，世界所公认的可以分为图画、雕刻、建筑三种，中国于这三种之外，还有一种，就是写字。它比别的美术不同，却仍可以称为美术。

一、线的美

线的美，是不靠旁物陪衬，专靠本身排列的美。

在书法中，有一句话叫"计白当黑"，即写字的时候，先计算白的地方，然后再把黑的笔画嵌上去，才能从黑白两处看着都美。比如天地玄黄几个字，让王羲之写天字，欧阳询写地字，颜鲁公写玄字，苏东坡写黄字，合在一起，一定不好。大家的字自是好的，但下笔不同，计白当黑也不同。线的美，要字字计算，也要全部计算。真的美，是全部分的线都要妥帖。绘画，要用很多的线，表示最高的美。但字不比画，只需几笔，也就可以表示最高的美了。

二、力的美

写字完全仗笔力，笔力的有无是断定字的好坏的标准。旁的美术总可以设法补救，但写字，一笔下去，不能填，不能改，愈填愈笨，愈改愈丑。顺势而下，一气呵成，最能表现真力。有力量的飞动，遒劲，活跃；没有力量的则呆板，萎靡，迟钝。我们看一幅画，不易看出作者的笔力，我们看一幅字，有力无力，很容易鉴别。[①]

林语堂的《苏东坡传》阐释了中国书法的"节奏之美"也适合作为文化教材的素材使用：

艺术上所有的问题，都是节奏的问题，不管是绘画、雕刻、音乐，只要美是运动，每种艺术形式就有隐含的节奏。在中国艺术里，节奏的基本概念是由书法确立的。中国的批评家爱慕书法时，不欣赏静态的比例与对称，而是在头脑里追随着书法家走，从一个字的开始到结尾，再一直到一张纸的末端，仿佛在观赏纸上的舞蹈一般。

这个运动上的节奏美的概念，改变了所有艺术家对线条、质量、表面、材料的看法。因为，倘若美是动态而非静态的，所有平直的线条和表面，像

---

① 摘编自梁启超：《书法在美术上的价值》，见梁启超：《书法指导》，浙江人民美术出版社 2016 年版，第 4~9 页，为了配适外国学习者的接受水平，对该文章进行了删改。

工程蓝图的东西自然都不属于艺术的范围，而人必须寻求。在中国书法和绘画里，当力戒平直线条，除非另有必要。结构的概念也随之改变了。倘若那些线面是僵直死板的话，中国艺术家是不能满足于此种静态的安排与线和面的对比的。

为了寻求富有活力的线条，中国书法家转向大自然。自然中的线条永远是暗示运动，且其变化丰富无限。中国书法家想在笔下运动上所模仿的，就正是这些自然的节奏律动。[①]

"书法的节奏"问题对于外国的学习者来说，不容易理解，可以以"文化常识"的形式在主课文后面对此进行中英文双语说明：

书法的节奏

中国书法在漫长的发展中积累了无数的线条内部运动形式。既然是运动，势必有快慢急徐、轻重粗细，所以书写就有了运笔速率，就产生了节奏。"节奏"是书法作品中一个重要的构成因素，它通过书写时的运动而实现，由一些最细微的图形特征组合而成。书法中节奏的类型十分丰富。不同书体的作品、同一书体中不同作者、不同时代的作品，都有不同的节奏。拓本与墨迹线条的质感不同，节奏也有很大的区别。感受节奏的关键是"想见其挥运之时"。

The Pace of Calligraphy

During its long evolution, Chinese calligraphy has accumulated countless inner motion schemes for strokes. The discussion of motion cannot be separated from the speed, force and thickness of the strokes, thereby giving rise to brushwork speed, hence "pace" in calligraphy. "Pace" is an essential component consisting the motion of brushwork and the most minute graphical features. Pace enjoys a wide diversity in calligraphy, varying from font to font, from calligrapher to calligrapher, and even from era to era. Indeed, it is not exaggerating to say that every piece of work has its own pace. Pace also significantly interacts with the texture of paper and ink. The key to appreciating pace is to "visualize the moment when the brush is moved by the calligrapher"

---

① 摘编自林语堂：《苏东坡传》，湖南文艺出版社 2018 年版，为了配适外国学习者的接受水平，对该文章进行了删改。

林语堂的《中国书法》一文生动地阐释了中国书法中"枯藤"和"劲松"的笔法，也适合作为文化教材的内容：

欣赏中国书法，是不顾其字面含义的，仅欣赏它的线条和构造。中国字，尽管在理论上是方方正正的，实际上却是由最为奇特的笔划构成的，而书法家就要设法解决那些千变万化的结构问题。

中国的书法艺术是从大自然中捕捉灵感的结果，凡自然界的种种韵律，无一不被书法家所模仿。一人看到一枝枯藤，它那不经意的雅致，枝头几片叶儿悬挂其上，漫不经心，却又恰到好处，他就会把这种美融于自己的书法之中。另一人看到一棵松树树干弯曲、树枝下垂而不直立，表现出一种惊人的坚韧和力量，他也会将这种美融入自己的书法中。于是，我们就有了"枯藤"和"劲松"的笔法。

中国的"书圣"王羲之在谈书法艺术时，也使用了自然界的意象：每作一横画，如列阵之排云；每作一戈，如百钧之弩发；每作一点，如高峰坠石；每作一折，如屈折钢钩；每作一牵，如万岁枯藤；每作一放纵，如足行之趋骤。

需注意的是，这些动植物的外形之所以美，是因为它们蕴藏着一种动势。试想一枝盛开的梅花，具有多么不经意的美丽和充满艺术感的不规则变化！这种动势正是理解中国书法的钥匙。

单纯的平衡匀称之美，绝不是美的最高形式。方块字绝不应该是真正的方块，而应是一面高一面低，两个对称部分的大小和位置也不应该绝对相同。这条原则叫作"势"，代表着一种冲力的美，并且在冲力之中，创造看似不平衡，实际却十分平衡的结构形态。

这种冲力之美与纯静态之美的区别，有如一个人站立或静坐之图景，与把足球猛一脚踢上天时的图景的区别。又如一位女士把头往后一仰比她正视前方的照片动态感更强。所以中国字笔划起端总是侧向一方，这种结构的范例可见于《张猛龙碑》，其中字体似有倒塌之势，却又能很好地保持平衡。①

上述的前两篇短文介绍了中国书法的创作特点和审美方式，第三篇短文介绍了书法家在创作时从自然中寻求灵感以求赋予字体动势之美和平衡之美的特点。通过这三篇短文，学习者可以领会到中国书法是一种线条美学，讲求的是一种气

① 摘编自林语堂：《中国书法》，见《吾国与吾民》，江苏人民出版社 2014 年版，第 256～262 页，为了配适外国学习者的接受水平，对该文章进行了删改。

韵之美。文化教材编写要分清文化的"形"与"神",例如,文房四宝、书法作品就属于书法文化中"形",文化教材如果仅仅呈现这些内容,就是一种有形无神的编写方式,尽管可观可感,但是感召力和魅力不足,也无助于学习者把握中国文化的特质,而上述举的三篇短文相对比较靠近中国书法文化中的"神"的部分。如果把中国文化比作一个大花园,任何文化教材都无法将花园中的每一朵花都呈现给学习者,但好的文化教材可以为学习者提供一条进入花园的路径,提供"窥得门径"的方法,引导学习者进一步去探索中国文化的美感和内涵。

说起中国的绘画文化,冯骥才《话说中国画》、丰子恺《竹影》和宗白华《论中国绘画》比较适合作为文化教材的选篇。冯骥才的《话说中国画》对中国绘画做了面面俱到却相对简单易懂的阐释,笔者删改后内容如下:

> 中国画不追摹自然形态,而是把表现物象的精神作为目的。在形与神的关系上,主张"以形写神"。哪怕所画的形态在"似与不似之间",也要把内在的精神表现出来。这就使中国画家的注意力始终投射在事物内在的、深层的、本质的层面上。
>
> 中国绘画与书法密不可分。绘画书法都使用毛笔,而中国画又是以线造型,线条是画面的骨架。所以书法的笔墨便自然而然地过渡到绘画中来,提高了绘画用笔的技法和能力,也丰富了绘画的笔情墨趣和形式美。
>
> 除了和书法互通,人们还常在画旁题写诗文。所以一幅画既是绘画作品,也是书法作品,又是文学作品,再加上篆刻印章,所谓"诗、书、画、印"一体,构成中国画独具的形式美。这使得画家多是工诗善书、兼精治印的"通才"。
>
> 中国画的主要工具材料是纸、笔、墨。最早的画大多画在绢上,宋元以来渐渐搬到纸上来。中国画上最主要的颜色是黑色。中国画说"墨分五色",即用浓淡不同的墨色作画,来表现物象的丰富性。有时,画面也加入其他颜色。
>
> 中国画的分类非常繁杂。从题材内容上,可以分为人物、山水、花鸟、楼台、走兽、博古等;从画面笔墨繁简的程度上,分为写意、工笔、大写意、半工半写等;从设色上,分为青绿、金碧、浅绛、水墨等;从技法上,分为白描、双钩、单线平涂、泼墨等。
>
> 中国画在画成之后,要经过装裱工序,装裱的款式繁多,分为卷轴、扇面、斗方等。①

---

① 摘编自冯骥才:《话说中国画》,见《冯骥才艺术谈》,青岛出版社 2017 年版,第 291~294 页。为了配适外国学习者的接受水平,对该文章进行了删改。

课后，也可以把"中国画"作为"文化常识"以中英双语再向学习者做一个更加明了的介绍：

中国画

中国画，也称丹青、国画，指的是在绢、纸等载体上，用中国所独有的毛笔、水墨和颜料而创作的绘画。按照画家群体划分，中国画可分为院体画、文人画、民间画；按形式划分，大体分为工笔和写意两类；依照题材则大致可分人物画、山水画、花鸟画等。在技法上，中国画讲究写意、留白、虚实结合。在艺术表现上，中国画不强调艺术形象的外在逼真性，更强调其内在精神实质的表现。中国画在思想内容和艺术创作上，反映了中华民族的社会意识和审美情趣，集中体现了中国人对自然、社会及与之相关联的政治、哲学、宗教、道德、文艺等方面的认识。

Chinese Painting

Chinese painting, also known as danqing ("red and green") and the national painting, mainly refers to silk or Xuan paper paintings done with Chinese-style brushes, ink and paints. Sorted by artist type, Chinese painting can be divided into academic, literati, and folk painting. Categorized by form, we have fine- and freehand-brushwork painting. Grouped by theme, Chinese painting mainly features people, mountain and river landscape, and birds and flowers. In terms of techniques, Chinese painting pays special attention to the depiction of the nature of objects, the retaining of white space, and the combination of realistic and abstract images. As for artistic expression, Chinese painting does not emphasize resemblance of form, but aims at the portrayal of inner qualities and spiritual substance. The contents of Chinese painting offer a reflection of the social awareness and aesthetic values of the Chinese nation, epitomizing their cognition of nature, society and various relevant aspects including politics, philosophy, religion, morality, culture, and arts. [1]

如果从课文的生动性和帮助学习者排疑解惑的角度考虑，丰子恺的《竹影》一文用生动的语言讲述了中国画的竹子为什么不是绿色的问题，这大概不仅是文中"我和弟弟"的困惑，也是一个令外国学习者感到困惑的问题，因此，这篇也适合作为文化教材的课文呈现，为了凸显问题，在文化教材中，可以把《竹影》

---

[1] 于小植主编：《文化密码：中国文化教程》第4册，高等教育出版社2023年版，第100页。

改名为《朱竹与墨竹》：

我和弟弟蹲在地上用木炭描竹叶，问爸爸："马的确难画，竹有什么难画呢？照我们现在这种描法，岂不很容易又很好看吗？"爸爸："容易固然容易；但是这么'依样画葫芦'，终究缺乏画意，不过好玩罢了。画竹不是照真竹一样描，须经过选择和布置。画家选择竹的最好看的姿态，巧妙地布置在纸上，然后成为竹的名画。这选择和布置很困难，并不比画马容易。画马的困难在于马本身上，画竹的困难在于竹叶的结合上。粗看竹画，好像只是墨笔的乱撇，其实竹叶的方向、疏密、浓淡、肥瘦，以及集合的形体，都要讲究。所以在中国画法上，竹是很重要的一部分。平生专门研究画竹的画家也有。"

"竹为什么不用绿颜料来画，而常用墨笔来画呢？用绿颜料撇竹叶，不更像吗？""中国画不注重'像不像'，不像西洋画那样画得同真物一样。凡画一物，只要能表现出像我们闭目回想时所见的一种神气，就是佳作了。所以西洋画像照相，中国画像符号。符号只要用墨笔就够了。原来墨是很好的一种颜料，它是红黄蓝三原色等量混合而成的。故墨画中看似只有一色，其实包罗三原色，即包罗世界上所有的颜色。故墨画在中国画中是很高贵的一种画法。故用墨来画竹，是最正当的。倘然用了绿颜料，就因为太像实物，反而失去神气。所以中国画家不喜欢用绿颜料画竹；反之，却喜欢用与绿相反的红色来画竹。这叫做'朱竹'，是用笔蘸了朱砂来撇的。你想，世界上哪有红色的竹？但这时候画家所描的，实在已经不是竹，而是竹的一种美的姿势，一种活的神气，所以不妨用红色来描。"爸爸又说："中国画大都如此。我们对中国画应该都取这样的看法。"

月亮渐渐升高了，我回到堂前，看见中堂挂着的立轴——吴昌硕描的墨竹，似觉更有意味。那些竹叶的方向、疏密、浓淡、肥瘦，以及集合的形体，似乎都有意义，表现着一种美的姿态，一种活的神气。[①]

课文的后面，可以把"国画竹"作为"文化常识"介绍给外国的学习者：

国画竹

国画竹别称为墨竹、写意竹、工笔竹。竹在中国文化中，象征有气节和

[①] 摘编自丰子恺：《竹影》，见《少年美术故事》，人民文学出版社 2021 年版，第 57~63 页，为了配适外国学习者的接受水平，对该文章进行了删改。

坚贞。墨竹在写意花鸟画中占有重要位置，其笔墨特征是以书入画、骨法用笔，画竹要"成竹在胸"，才能在运笔用墨时挥洒自如，表现出竹的神韵与气节。画竹的关键在于对竹枝叶的取舍、概括，要用笔自然、一气呵成，浓淡相映、妙趣横生，表现竹的无限生机。梅、兰、竹、菊在国画中合称"四君子"。

Bamboo in Chinese Paintings

In Chinese painting traditions, bamboo can be rendered in *shuimo* (ink and water), *xieyi* (expressive freehand), or *gongbi* (fine brushwork) styles. In Chinese culture, bamboo is a symbol for virtuousness and steadfastness. Ink bamboo is part and parcel of expressive freehand flower-and-bird paintings. Distinctive features of such paintings include their integration with calligraphy and the incredible force behind the brushstrokes. To paint bamboo, the painter needs to see the whole painting in his mind before setting brush to paper—only in this way can the painter muster the necessary mental freedom for the flexible use of ink, so as to fully express the spirit and uprightness of the plant. The key to painting bamboo lies in the selective depiction and summary of bamboo leaves and branches. Moreover, a natural rhythm and consistency must be maintained throughout the application of ink to portray the infinite vitality, tonal variation, and joy of bamboo. Bamboo is one of the "Four Gentlemen" in Chinese art, along with plum, orchid, and chrysanthemum. [1]

宗白华的《略论中国的绘画》阐释了中国画与中国传统的宇宙观的关联，深入透彻，适合作为文化教材的素材使用：

对于宇宙，中国人感到其深处是无形无色的虚空，而这虚空却是万物的源泉，是生生不已的创造力。老、庄名之为"道"、为"自然"、为"虚无"，儒家名之为"天"。万象皆从空虚中来，向空虚中去，所以纸上的空白是中国画真正的画底。西洋油画先用颜色全部涂抹画底，然后在上面依据远近法或透视法幻现出目睹手可捉摸的真景。它的境界是世界中有限的具体一域。中国画则在一片空白上随意布放几个人物，人与空间，融成一片，俱是无尽的气韵生动。我们觉得在这无边的世界里，只有这几个人，并不嫌其少。而这几个人在这空白的环境里，并不觉得没有世界。因为中国画底的空

---

① 于小植主编：《文化密码：中国文化教程》第 4 册，高等教育出版社 2023 年版，第 111 页。

白在画的整个的意境上并不是真空，乃正是宇宙灵气往来，生命流动之处，是画家的用心所在。

筆重光说："虚实相生，无画处皆成妙境。"这无画处的空白正是老、庄宇宙观中的"虚无"。它是万象的源泉、万动的根本。中国山水画是最客观的，超脱了小己主观地位的远近法以写大自然千里山川。或是登高远眺云山烟景、无垠的太空、浑茫的大气，整个的无边宇宙是这一片云山的背景。中国画的山水往往是一片荒寒，恍如原始的天地，不见人迹，没有作者，亦没有观者，纯然一块自然本体、自然生命。

但中国画中并非没有作家的个性，而是他的心灵早已化在笔墨里面。有时寄托于一二人物，浑然坐忘于山水中间，如树如石如水如云，是大自然的一体。所以中国宋元山水画是最写实的作品，而同时是最空灵的精神表现，心灵与自然完全合一。花鸟画所表现的亦复如是。勃莱克的诗句："一沙一世界，一花一天国"，真可以用来咏赞一幅精妙的宋人花鸟。一天的春色寄托在数点桃花，二三水鸟启示着自然的无限生机。中国人不是像浮士德"追求"着"无限"，乃是在一丘一壑、一花一鸟中发现了无限，表现了无限，所以他的态度是悠然意远而又怡然自足的。他是超脱的，但又不是出世的。他的画是讲求空灵的，但又是极写实的。一言蔽之，他是最超越自然而又最切近自然，是世界最心灵化的艺术，而同时是自然的本身。[①]

宋代的花鸟画艺术特色鲜明，可以作为"文化常识"在文化教材中以中英文双语的形式加以介绍：

宋人花鸟

宋代是中国工笔花鸟发展的历史高峰，宋人花鸟被赞誉为"夺造化而移精神"。宋人花鸟形式上注重写实、技法精湛，在精神层面，追求"虚静美"的审美趣味。宋人花鸟多为圆形或方形、矩形的扇面、册页，又称宋人花鸟小品，篇幅小就便于对物象局部进行精细的描绘，着意刻画细节和意韵，宋人对艺术的玩味，着意在于"开门出仕，闭门归隐"（苏东坡语），于现实生活中的矛盾所产生的各种情感，由这种"中隐"调和升华成一种"不执"的人格和人生境界。篇幅虽小，但小中见大、微中见著、以少胜多、以轻压重、"寸瑜胜尺瑕"。

---

① 摘编自宗白华：《略论中国的绘画》，见《天光云影》，北京大学出版社2005年版，第211～214页。为了配适外国学习者的接受水平，对该文章进行了删改。

Flower-and-Bird Painting of the Song Dynasty

The Song dynasty represents the peak in the history of Chinese flower-and-bird art, with masterpieces known to "rob Nature of both objects and spirit". Formally, Song flower-and-bird paintings stress the realistic rendering of objects and the sophisticated use of techniques. The spiritual pursuit of these works is embodied by the "beauty of emptiness and quietness". Flower-and-bird paintings back then are mostly round, square or rectangular in shape, created for fans or collected in albums. Such paintings are also called *xiaopin* ("small studies") for their dainty sizes. Limitation in size encourages the fine-grained depiction of localities and the presentation of detail and spirit. Song artists worshiped a "medium seclusion" living mode in which, in the words of great poet Su Dongpo, "one opens the door to participate in politics, and closes it to seclude in serenity". In this way, all the emotions generated in day-to-day conflicts can be mediated and elevated to bring about a free and easy state of mind and life philosophy. Although limited by size, Song flower-and-bird art allows one to see the infinite within the finite, and in this aspect can be said to outclass large-scale works.

中国画与西方绘画相异之处甚多，例如，中国画不追慕自然的形态，而是把表现物象的精神作为作画的目的，追求"以形写神"；中国画最高的审美标准是"妙在似与不似之间，太似为媚俗，不似为欺世"等，因此，在文化教材编写中，编写者可以设置问题，引导学习者进行中西方绘画的对比，在讲述文化差异的同时有意识地培养学习者用跨文化的视角看待异文化，在比较中，加深对中国文化的理解。

毋庸置疑，中国古诗词也是中国格调高雅、气韵闲逸的文化特征的集中体现。李白的《独坐敬亭山》篇幅短小，非常适合外国学习者学习。53 岁的李白第一次游览宣城的敬亭山，触景生情，写下此诗。全诗仅用 20 个字，就营造出了一个情景交融的寂静、悠闲的艺术境界。为了便于学习者理解这首诗的文化内涵，可以把对这首诗的阐释和分析作为课文内容呈现在文化教材中：

《独坐敬亭山》

李白

众鸟高飞尽，

孤云独去闲。

相看两不厌，

唯有敬亭山。

　　这首诗是作者李白五十三岁时写的。李白第一次游览宣城的敬亭山，触景生情，写下此诗。全诗只有二十个字，表面看是表达诗人对敬亭山如画风景的欣赏，但实际上我们却可以读出诗人对自己孤独处境的感慨。

　　前两句"众鸟高飞尽，孤云独去闲"，看起来是写眼前的景色，其实，把孤独之感写尽了：天上几只鸟儿高飞远去，直到无影无踪；辽阔的天空还有一片白云，却也不愿停留，慢慢地越飘越远，似乎世间万物都在厌弃诗人。"尽""闲"两个字，把读者引入一个格外"安静"的世界。

　　因此，这两句是写"动"见"静"，以"动"衬"静"。这种"静"正烘托出诗人心灵的孤独和寂寞。这种生动形象的写法，能给读者以联想，并且暗示了诗人在敬亭山停留了很久，勾画出他"独坐"出神的形象，为下面"相看两不厌"作了铺垫。

　　诗的下半部分写诗人对敬亭山的喜爱，用了拟人手法。鸟飞云去之后，静悄悄地只剩下诗人和敬亭山了。诗人凝视着秀丽的敬亭山，而敬亭山似乎也一动不动地看着诗人。这使诗人很动情——世界上大概只有它还愿和我作伴吧？"相看两不厌"表达了诗人与敬亭山之间的深厚感情。"相""两"二字，把诗人与敬亭山紧紧地联系在一起，表现出强烈的感情。

　　第四句中"只有"两字也是经过锤炼的，更突出诗人对敬亭山的喜爱。"人生得一知己足矣"，鸟飞云去又何必在意呢？这两句诗所创造的意境仍然是"静"的，表面看来是写了诗人与敬亭山相对而视，含情脉脉。实际上，诗人越是写山的"有情"，越是表现出人的"无情"。而他那怀才不遇、寂寞凄凉的处境，也就在这静谧的场面中透露出来了。

　　这首诗之所以如此动人，是因为诗人的思想感情与自然景物高度融合，从而创造出"寂静"的艺术世界。①

李白是非常重要的文化点，因此，在文化教材中可以以中英双语对李白加以介绍：

"诗仙"李白

　　李白（701～762年），字太白，号青莲居士，被后人誉为"诗仙"，是中国古代杰出的浪漫主义诗人。李白与他的诗是盛唐气象最典型的人格与艺术象征。李白是民间知名度最高的古代诗人之一。他的诗句，如"飞流直下

---

　　① 参见《李白诗歌鉴赏辞典》，上海辞书出版社2020年版，第309～311页，为了配适外国学习者的接受水平，对该文章进行了删改。

三千尺，疑是银河落九天"（《望庐山瀑布》）、"两岸猿声啼不住，轻舟已过万重山"（《早发白帝城》）、"桃花潭水深千尺，不及汪伦送我情"（《赠汪伦》）等，早已成为家喻户晓的名句，千百年来，感动着一代又一代中国人。

"Poem Immortal" Li Bai

Li Bai (701 – 762), style name Taibai, pseudonym Green Lotus Hermit, is honored by later generations as the "poem immortal". He is an outstanding poetic poet in ancient China. Li Bai and his poems were respectively the personified and artistic symbol of the prosperous style of Tang Dynasty at its peak. Li Bai was one of the ancient poets who enjoyed the highest popularity among ordinary people. His lines, such as "Its torrent dashes down three thousand feet from high, I wonder if it's Milky Way that falls from the sky"; "With monkeys' sad adieus the riverbanks are loud, my boat has left ten thousand mountains far away" and "However deep the Lake of Peach Blossoms may be, it's not so deep, O Wang Lun! As your love for me" etc., have long become famous lines known to every household. Over thousands of years they have touched generations after generations of Chinese people. ①

在现当代诗歌中，也不乏可以体现格调高雅、气韵闲逸的"中国形象"的优秀作品，比如，卞之琳的《断章》就是其中一例，对外文化教材可以把诗歌以及李健吾、余光中等学者对诗歌的解读一并呈现，以帮助外国学习者体会诗歌的秘妙：

《断章》

卞之琳

你站在桥上看风景，
看风景人在楼上看你。
明月装饰了你的窗子，
你装饰了别人的梦。

《断章》是中国现代诗歌中的名作，短短四句，含义丰富，为无数读者和评论者提供了广阔的解读空间。

关于诗的主旨，有几种代表性看法。

李健吾认为，这首诗的主旨重在"装饰"两个字。但作者卞之琳却不

---

① 于小植主编：《文化密码：中国文化教程》第 5 册，高等教育出版社 2023 年版，第 42 页。

认可，他坦言自己想表达的是"相对"，强调事物既是相对的，又是相互联系的。

台湾诗人余光中解释了这种相对。"你站在桥上看风景"，"你"是主，"风景"是客。但别人在楼上看风景，连"你"也一起被当成风景，于是变成别人为主，"你"为客了。"明月装饰了你的窗子"，"你"是主，明月是客。但是这里，"你"却"装饰了别人的梦"，于是，主客易位，轮到"你"做客，别人做主。同样一个人，可以为主，也可以为客。

除了"装饰说"和"相对说"，还有评论者认为本诗的主旨是爱情。香港一位作家就认为《断章》是首卓越的情诗。诗人透过旁观者的冷眼，写出了"人"对"情"的无奈和"情"对"人"的捉弄。

为什么这短短四行诗，能让人一读再读，而且各有各的读法呢？因为卞之琳是编织意象的高手，他把极简单的元素巧妙地组织在一起，创作成了两幅水墨丹青小品。就像中国画里的留白技法，为读者留下了巨大的想象空间。

可以说，此诗一成，便为风景。人们读它，就成了看风景的人，从各自的视角，感悟不同的诗情。①

在文化教材中可以以中英双语对诗人卞之琳加以介绍：

卞之琳

卞之琳，中国现代诗人、翻译家、文学批评家，先后担任北京大学西语系教授、中国社会科学院文学研究所研究员、中国社会科学院外国文学研究所研究员，长期从事对莎士比亚等外国作家及其作品的翻译、研究工作。

1929 年至 1938 年是卞之琳的重要创作期，他先后出版了《三秋草》(1933)、《鱼目集》(1935) 等诗集。他的诗歌常在不露声色之中深含着情感与哲理，他对现代诗歌的客观化、非个人化、戏剧性及小说性处理等艺术手法进行了有益的探索。

Bian Zhilin

Bian Zhilin is a modern Chinese poet, translator and literary critic. He held various positions of professor at the Department of Western Languages in Peking University, research scholar at the Institute of Literary Studies at the Chinese Academy of Social Sciences, and research scholar at the Institute of Foreign Litera-

---

① 于小植主编：《文化密码：中国文化教程》第 5 册，高等教育出版社 2024 年版，第 44～45 页。

ture Studies at the Chinese Academy of Social Sciences. He was long engaged in the translation and study of the works of foreign writers including English playwright Shakespeare.

Between the year 1929 and 1938 is the critical creation period of this poet, with publications of his poetry anthology such as *Three – Autumn Grass* (1933) and *Fisheyes Collection* (1935). He was particularly good at communicating deep feelings and philosophy with seemingly peaceful tones, and did fruitful exploration into means of artistic expressions of modern poetry such as objectification, impersonality as well as dramatic effect and novel effect. ①

在中国人中，如果选一位格调高雅、气韵闲逸的代表，大概很多人会选择陶渊明，林语堂在《爱好人生者：陶渊明》把陶渊明描写得惟妙惟肖，这篇文章也适合编入高级文化教材之中：

陶渊明是整个中国文学传统上最和谐最完美的人物，我想没有一个中国人会反对我的话吧。他没有做过大官，很少权力，也没有什么勋绩，除了本薄薄的诗集和三四篇零星的散文外，在文学遗产上也不曾留下什么了不得的著作。但至今还是照彻古今的炬火，在那些较渺小的诗人和作家心目中，他永远是最高人格的象征。

陶渊明生于第四世纪的末叶，他平常过着孤独的生活，很少和宾客接触，可是一看见酒，纵使他不认识主人，也会坐下来和大家一起喝酒。有时他做主人的时候，在席上喝酒先醉，便对客人说："我醉欲眠卿且去。"他有一张无弦的琴，这种古代的乐器，只能在心情很平静的时候，慢慢地弹起来才有意思。他和朋友喝酒时，或是有兴致想玩玩音乐时，便抚抚这张无弦的琴。他说："但识琴中趣，何劳弦上声？"他心地谦逊，生活简朴，且极自负，交友尤慎。判史王弘很钦仰他，想和他交朋友，可是无从谋面。王弘只好和一个朋友用计骗他，由这个朋友去邀他喝酒，走到半路停下来，在一个凉亭里歇脚，那朋友便把酒拿出来。陶渊明真的欣欣然就坐下来喝酒，那时王弘早已隐身在附近的地方，这时候便走出来和他相见。他非常高兴，于是欢宴终日，连朋友的地方也忘记去了。王弘见陶渊明无履，就叫他的左右为他造履。当请他量履的时候，陶渊明便把脚伸出来。此后，凡是王弘要和他见面时，总是在林泽间等候他。有一次，他的朋友们在煮酒，就把他头戴的

① 于小植主编：《文化密码：中国文化教程》第 5 册，高等教育出版社 2024 年版，第 50 页。

葛巾来漉酒，用过了还他，他又把葛巾戴在头上了。

他那时的住处，位于庐山之麓，当时庐山有一个闻名的禅宗，叫做白莲社，是由一位大学者所主持。这位学者想邀他入社。有一天便请他赴宴，请他加入。他提出的条件是在席上可以喝酒。本来这种行为是违犯佛门的戒条的，可是主人却答应他。当他正要签名入社时，却又"攒眉而去"。后来那位方丈想跟陶渊明做个朋友，所以他便请了另一位道人和他一起喝酒。他们三个人，那个方丈代表佛教，陶渊明代表儒教，那个朋友代表道家。那位方丈曾立誓说终生不再走过某一座桥，可是有一天，当他和他的朋友送陶渊明回家时，他们谈得非常高兴，大家都不知不觉地走过了那桥。当三人明白过来时，不禁大笑。这三位大笑的老人，后来便成为中国绘画上常用的题材，这个故事象征着三位无忧无虑的智者的欢乐，象征着三个宗教的代表人物在幽默感中团结一致的欢乐。

他就是这样地过他的一生，做一个无忧无虑的、心地坦白的、谦逊简朴的乡间诗人，一个智慧而快乐的老人。[①]

在对外文化教材中塑造格调高雅、气韵闲逸的"中国形象"，不应选择生硬死板的文化内容，而是应该从文化的审美性和趣味性的角度出发选择文化内容，帮助外国学习者体会中国文化的审美趣味和精神内核。

第四节　塑造与时俱进、富有活力的"中国形象"

中国文化具有强大的吐故纳新能力，在坚守优良传统的同时创新变革，现今，形成了传统文化与现代文化同构融合的新文化系统，产生了新的具有代表性的中国文化符号。因此，对外文化教材需要展示悠悠古韵，更需要展示勃勃生机；需要反映中国社会历史变迁，更需要展示传统与现代交融交汇的当代中国新风貌、展示与时俱进的中国文化新精神、展示富有活力朝气的中国新面相。在对外文化教材素材选择上，可以以当代中国人的生活状态为切入点，展示中国经济的飞速发展、文化的繁荣昌盛，展示社会主义制度下中国人民的价值取向和精神面貌。这些新面向和新面貌不是孤立存在的，而是体现了传统文化在当代中国的

[①]　摘编自林语堂：《爱好人生者：陶渊明》，见《生活的艺术》，湖南文艺出版社2018年版，第116～121页，笔者按外国学者适用进行了删改。

传承与发展，共同构成了富强民主、友爱文明、健康向上的新时代民族国家形象，而对外文化教材就是需要塑造这种与时俱进、富有活力的"中国形象"。

中国高铁、移动支付、网购、共享单车是当代中国城市生活中的标识性元素，既与来华留学生在中国的日常生活息息相关，又是中国的科技发展、社会进步的表征，能展现当代中国城市生活的活力；探月工程、"墨子号"世界首颗量子科学实验卫星、5G 通信技术能昭示当代中国智慧、科技活力和发展潜力，对外文化教材可以把这些具有时代精神的文化符号作为传达当代"中国形象"的载体，与长城、故宫等历史文化符号一起形成同构力量。

例如，在初级文化教材中，可以编写这样的课文对话，引入"共享单车"：

> 伊人：咱们怎么去找金爷爷？
>
> 有朋：有手机导航啊。我看看地址。
>
> （伊人给有朋地址）
>
> 有朋：你看，不太远。咱们骑车去吧。
>
> 伊人：可是我们没有自行车。
>
> 有朋：街上有共享单车，手机扫一扫就可以用了。
>
> 伊人：太方便了！在中国，我不用买自行车了！①

可以在课后以"文化常识"的形式用中英双语向学习者介绍一下"共享单车"：

共享单车

共享单车是指企业在校园、地铁站点、公交站点、居民区、商业区、公共服务区等提供的自行车共享服务，是一种分时租赁模式，也是一种新型绿色环保共享经济模式。共享单车符合低碳出行理念，受到人们的喜爱，在中国各个城市都可以找到不同品牌的共享单车。

Bike sharing refers to bike-sharing services provided by enterprises in locations such as campuses, subway stations, bus stops, residential areas, commercial areas, and public service areas. It operates on a time-based leasing mode and is also a novel environment-friendly sharing economy model. Bike sharing lives out the idea of low-carbon travel and thus has become very popular. Bike sharing serv-

---

① 于小植主编：《文化密码：中国文化教程》第 1 册，高等教育出版社 2021 年版，第 54 页。

ice comes in various brands and is accessible in virtually all cities in China. ①

网购是当代中国人的重要消费方式，也可以在初级文化教材中以人物对话的形式介绍给学习者：

> 伊人：有朋，你怎么总是看手机？
> 有朋：今天是"双十一"购物节呀，东西很便宜，我正在淘宝选购。
> 伊人：你常常在网上买东西吗？
> 有朋：是啊，我现在什么东西都在网上买，然后用支付宝付款。又方便又便宜！
> 伊人：都十二点了，我饿了。
> 有朋：咱们就在网上点外卖吧。②

可以在课后以"文化常识"的形式用中英双语向学习者介绍一下"网购"和"支付宝"：

网购

网购即网上购物，就是通过互联网检索商品信息，并通过电子订购单发出购物请求，然后填上私人支票账号或信用卡的号码，厂商通过邮购的方式发货，或是通过快递公司送货上门。中国国内的网上购物，一般付款方式是款到发货（直接银行转账，在线汇款）和担保交易则是货到付款等。

Online Shopping

Online shopping refers to searching commodity information through the Internet, sending out shopping requests through electronic purchase orders, and then filling in the number of personal check account or credit card. Manufacturers will deliver goods by the mail order or express delivery company. For online shopping in China, the general payment method is "the payment before delivery" (direct bank transfer, online remittance). And guarantee transaction is "the payment on delivery", etc.

支付宝

支付宝（中国）网络技术有限公司是中国国内的第三方支付平台，致力

---

① 于小植主编：《文化密码：中国文化教程》第 1 册，高等教育出版社 2021 年版，第 60 页。
② 于小植主编：《文化密码：中国文化教程》第 1 册，高等教育出版社 2021 年版，第 62 页。

于提供"简单、安全、快速"的支付解决方案。支付宝公司 2004 年建立，旗下有"支付宝"与"支付宝钱包"两个独立品牌。自 2014 年第二季度开始成为当前全球最大的移动支付厂商。支付宝与国内外 180 多家银行以及 VISA、MasterCard 国际组织等机构建立战略合作关系，成为金融机构在电子支付领域最为信任的合作伙伴。2019 年 11 月 5 日，支付宝发布国际版，外国游客来华首次可用移动支付。

Alipay（China）Network Technology Co., Ltd. is the third party payment platform in China, which is committed to providing "simple, safe and fast" payment solutions. Alipay was established in 2004, with two independent brands: "Alipay" and "Alipay Wallet". Since the second quarter of 2014, it has become the largest mobile payment manufacturer in the world. Alipay has established strategic cooperative relations with more than 180 banks at home and abroad, as well as international organizations and other institutions like VISA and MasterCard. It has become the most trusted partner of financial institutions in the field of electronic payment. On November 5th, 2019, Alipay released the international version and foreign tourists who first ame to China could use mobile payment.

高铁是当代中国人的重要出行方式，同样有必要在初级文化教材中以人物对话的形式介绍给学习者：

李晶：大龙，你去过长城吗？

大龙：还没去过呢。咱们什么时候一起去吧！

李晶：还等什么？现在就走吧。从这儿到八达岭长城坐城铁很方便。

大龙：你一说城铁，我就想到了中国的高铁。

李晶：那你知道什么是中国的"新四大发明"吗？

大龙：伊人只跟我说过火药、指南针、造纸术和印刷术。

李晶：那是中国古代四大发明。现在的"新四大发明"是高铁、网购、移动支付和共享单车。①

同样可以在课后以"文化常识"的形式用中英双语向学习者介绍"高铁"：

---

① 于小植主编：《文化密码：中国文化教程》第 1 册，高等教育出版社 2021 年版，第 70 页。

高铁

高铁是高速铁路的简称，指设计标准等级高、可供列车安全高速行驶的铁路系统。中国国家铁路局将中国高铁定义为设计开行时速 250 千米以上的客运专线铁路，并公布了相应的标准。"高铁"在民间通常指中国高速动车组旅客列车，即 G 字头车次。截至 2019 年底，中国铁路营业里程达到 13.9 万千米以上，其中高铁营业里程 3.5 万千米，居世界第一。

Gaotie（**High – Spead Railway**）

Gaotie is the abbreviation for High – Speed Railway in China, which refers to a railway system with high standards, safety and speed. National Railway Administration of the PRC defined the term "High – Speed Railway" as passengers transport on railways with a speed higher than 250 kilometers per hour, and meanwhile published standards pertaining to their regulation. Among the general public, the term *gaotie* often refers to G-series high-speed passenger trains. The total mileage covered by China railways by the end of 2019 was over 139 000 kilometers, of which 35 000 kilometers were contributed by High – Speed Railways, ranking the first in the world. [①]

共享单车和高铁是当代中国人重要的出行交通工具，网购是当今中国日益普遍的购物方式，既与来华留学生在中国的日常生活息息相关，又是能够展现中国科技发展和中国活力的代表性的文化符号。课文的最后引入新旧"四大发明"的对比，可以让学习者感受到古代中国的创造力和科技活力。

一个与时俱进的国家必定是一个在科技上不断创新的国家，新的科技成果可以昭示一个国家的活力和发展潜力，因此，探月工程、5G 通信等中国在经济腾飞和科技发展中的有代表性的文化符号也应该在文化教材中有所体现。例如，在介绍故宫的时候，可以向外国学习者介绍 5G 智慧故宫，这个传统文化与现代科技成功融合的新故宫是与时俱进、富有活力"中国形象"的典型代表。在初级文化教材中，可以编写这样的课文：

大龙：人好多啊！故宫每天都有这么多游客吗？

李晶：是的，每天都有约 5 万名游客来故宫参观。

有朋：北京故宫是世界上现存规模最大的木结构宫殿建筑群，被誉为世界五大宫之首。

---

① 于小植主编：《文化密码：中国文化教程》第 1 册，高等教育出版社 2021 年版，第 77 页。

李晶：没错！故宫不仅建筑宏伟，而且藏品丰富，有 186 万多件文物藏品。

伊人：快看！这个机器人正在介绍故宫的文物呢！

李晶：是的，故宫早在几十年前就启动数字化建设了。

有朋：最近，故宫博物院与华为公司合作建设"5G 智慧故宫"，我相信故宫会成为传统文化与现代科技融合的典范。

伊人：大龙，我听说故宫有许多网红文创产品，咱们也去买几件吧！①

课后，可以以"文化常识"的形式用中英双语向学习者介绍"故宫"和"5G 智慧故宫"：

故宫

故宫是中国明清两代的皇家宫殿，旧称紫禁城，位于北京中轴线的中心，是中国古代宫廷建筑的精华。北京故宫始建于明朝永乐四年（1406年），占地面积 72 万平方米，建筑面积 15 万平方米，有大小宫殿 70 多座，房屋 9 000 余间。故宫是世界上现存规模最大、保存最为完整的木质结构古建筑之一，故宫的文物藏品超过 186 万套。

The Forbidden City

The Forbidden City of Beijing is a royal palace of the Ming（1368AD – 1644AD）and Qing（1616AD – 1912AD）dynasties in China. Located in the center of Beijing's central axis，it is the essence of ancient Chinese palace architecture. The Forbidden City was built in the fourth years of Yongle's reign（1406AD）during the Ming Dynasty. It covers an area of 720 000 square meters and a construction area of 150 000 square meters. It has over 70 palaces and houses more than 9 000 rooms. The Forbidden City is one of the world's largest and most well-preserved ancient wooden structures，with more than 1. 86 million sets of cultural relics in its collection.

5G 智慧故宫

2019 年 3 月 15 日，故宫博物院和华为技术有限公司签署合作协议，由华为 5G 为故宫提供新的技术支撑，打造数字化、信息化、智慧化的故宫。在"5G 智慧故宫"里，远在世界各地的观众都能够随时身临其境地体验到

---

① 于小植主编：《文化密码：中国文化教程》第 2 册，高等教育出版社 2021 年版，第 106 页。

实地参观故宫博物院的乐趣。每一位观众都能够享受到高速的网络服务，瞬间获取眼前古建筑群、文物知识的链接和服务设施信息。文物出入库、修复、运输、展览的全流程能够被随时随地的安全监控，也可以汇集世界各地的文物医生和考古学家对文物进行修复会诊。

5G Smart Palace Museum

On March 15th, 2019, a cooperation agreement was signed between the Palace Museum and Huawei Technologies Co. Ltd. Huawei will provide the 5G technological support needed for the construction of a digitalized, informationized, smart Palace Museum. In the "5G Smart Palace Museum", visitors from around the globe can savour the joy of physically visiting the Palace Museum at any time where everyone can enjoy higher-speed Internet services and have instant access to link of the ancient building complexes and cultural relics, as well as service facility information. It implements security monitoring of the entire process of cultural relics access, including storage, restoration, transportation, and exhibition at any time and place. More over, it can ensure the smooth running of culture relic restoration and consultations sessions carried out by cultural relic doctor and archaeologists from all over the world. [1]

文化教材还适合呈现贯通古今的文化内容。例如，中国古代的墨子具有注重科学的精神，他在光学领域贡献卓著；而 2016 年，中国成功发射的世界首颗量子科学实验卫星被命名为"墨子号"，在文化教材中，可以通过对这两件事的并举来体现当代中国对古代中国在探索精神上的传承和发扬。朱传棨的文章《传承优秀传统文化需重视墨家思想》就是一篇适合编入高级文化教材的素材，改编降低词汇难度后的内容如下：

我国成功发射世界首颗量子科学实验卫星"墨子号"，标志着我国空间科学研究又迈出重要一步。之所以将这颗卫星命名为"墨子号"，主要是希望激发国人的文化自信。今天，我们传承中华优秀传统文化，把跨越时空、超越国界、富有永恒魅力、具有当代价值的文化精神弘扬起来，需要深入挖掘和阐发墨家思想。

墨家是春秋战国时期一个非常具有开拓创新精神的学派，其创立者为墨

---

① 于小植主编：《文化密码：中国文化教程》第 2 册，高等教育出版社 2021 年版，第 113 页。

子。在当时，儒墨常常并称，如韩非子在《韩非子·显学》中就曾讲："世之显学，儒、墨也。"可见墨家在当时的重要影响。墨家学派主要由从事工艺的能工巧匠组成，所谓"服役者百八十人"，个个都是技艺精湛的优秀工匠。后期墨家将前期墨家工匠群体的技艺经验上升到理论层面，形成《墨经》。其中关于力学、数学、物理学、光学等方面科学原理的阐述，在先秦诸子中独树一帜。特别是在光学方面，《墨经》中有章节以图文结合的形式讲述了小孔成像、光的反射等八大光学原理。因此，将世界首颗量子科学实验卫星命名为"墨子号"，也是对墨家在光学等领域所作贡献的肯定。

墨家除了极具原创性的科技思想，还拥有极富温情、极具智慧的人文思想。墨家学派针对当时不利于人民和社会发展的时弊，提出了"兴利除弊"十大主张。这些主张在当时虽未实现，但无疑具有进步意义，而且对于今天的社会治理来说仍然具有重要参考价值。比如，墨家提出了"兼爱"的和谐平等观、"非攻"的和平共处国际观、"尚贤使能"的社会政治观、"节用""节葬"的崇尚节俭观以及积极防御的军事观等。习近平同志在第二届世界互联网大会开幕式上的重要讲话中就曾引用墨子的话说："'天下兼相爱则治，交相恶则乱。'完善全球互联网治理体系，维护网络空间秩序，必须坚持同舟共济、互信互利的理念，摈弃零和博弈、赢者通吃的旧观念。""天下兼相爱则治，交相恶则乱"出自《墨子·兼爱上》，其意是说天下人若相亲相爱，天下就会治理好；天下人若相互憎恶，天下就会乱。墨子从"兼相爱"中提炼出"兼爱"和"兼"的范畴，用以表达其政治理想。墨家的"兼爱"即尽爱、俱爱和周爱，爱的对象不分民族、等级、亲疏等差别，包括过去、现在和未来的众人。可以说，在当今经济全球化时代，继承和弘扬墨子的人文关怀和人道主义，对于解决人类社会发展中面临的许多现实问题都有着重要意义。①

除了社会生活、科技文化之外，中国的制度文化也带有与时俱进的特征，中国的人民代表大会制度、政党制度、行政制度等内容都应在对外文化教材中有所体现，并应设置练习题引导外国学习者与其本国的制度文化进行比较分析，开阔学习者的视野，加深其对中国制度文化的理解，例如，可以为学习者编写这样的课文内容：

① 参见朱传棨：《传承优秀传统文化需重视墨家思想》，人民网，2017年9月29日，为了配适外国学习者的接受水平，对该文章进行了删改。

人民代表大会制度

人民代表大会制度是中华人民共和国（以下简称"中国"）的根本政治制度。

人民代表大会是中国国家权力机关。包括全国人民代表大会和地方各级人民代表大会。

人民代表大会由民主选举产生。全国人民代表大会由省、自治区、直辖市、特别行政区和人民解放军选出的代表组成。省、自治区、直辖市、设区的市、自治州的人民代表大会由下一级人民代表大会选出的代表组成。县、自治县、不设区的市、市辖区，以及乡、民族乡、镇的人民代表大会由选民直接选出的代表组成。

全国人民代表大会，是中国的最高国家权力机关。简单地说，它有三项权力：第一，它有权修改宪法和制定其他法律，并监督法律的实施。第二，它有权选举并罢免国家主席、副主席、国务院总理、最高人民法院院长和最高人民检察院检察长等。第三，通过审议和批准预算，它能决定整个国家运转中钱花在哪里和怎么花。

此外，全国人民代表大会还有权决定国家其他重大事项。包括批准省、自治区和直辖市的建制，决定战争和和平的问题等。

由于全国人民代表大会代表人数较多，不便于经常举行会议行使职权，所以全国人民代表大会设立了它的常务委员会，作为最高国家权力机关的常设机关。

中国的政党制度

1949年新中国成立以来，中国实行中国共产党领导的多党合作和政治协商制度。中国共产党是中华人民共和国的唯一执政党，八个民主党派在接受中国共产党领导的前提下，具有参政党的地位，与中共合作，参与执政。

政治协商是中国多党合作制度的重要内容，它以中国人民政治协商会议为组织形式。经过多年的实践，中国多党合作制度中的政治协商形成了两种基本方式：一种是中国共产党同各民主党派的协商；一种是中国共产党在人民政协同各民主党派和各界代表人士的协商。

中国的行政制度

中国的行政制度分为中央和地方两个层级。

1. 中央行政制度

中国的国家机构由全国人民代表大会、中华人民共和国主席、中华人民共和国国务院、中华人民共和国中央军事委员会、地方各级人民代表大会和地方各级人民政府、民族自治地方的自治机关、特别行政区的国家机关、人民法院和人民检察院、人民监察委员会组成。

中华人民共和国主席由全国人民代表大会选举产生，根据全国人代会的决定，有公布法律、人事任免、宣布战争状态等权力。

国务院，即中央人民政府，是最高国家行政机关。它的最高行政长官是国务院总理，由国家主席提名，全国人民代表大会决定，国家主席任免。国务院每届任期5年，总理、副总理连续任职不得超过两届。

2. 地方行政制度

中国现有23个省，5个自治区，4个直辖市，两个特别行政区。

在文化教材的编写过程中，有必要将当下中国的具体的制度文化以较为通俗易懂的方式进行说明和阐释，并设置练习题引导外国学习者与其本国的制度文化进行比较分析，开阔学习者的视野，加深其对中国制度文化的理解。课后，可以以"文化常识"的形式，用中英双语为学习者介绍两会和中国共产党。

两会

两会指的是中华人民共和国全国人民代表大会和中国人民政治协商会议全国委员会全体会议。由于两场会议会期基本重合，都是每年3月份召开，所以简称作两会。

The "Two sessions"

The "Two sessions" refer to the annual sessions of National People's Congress (NPC) and the Chinese People's Political Consultative Conference (CPPCC). Because the timings of the two sessions almost overlap—both take place in March every year, they're called the "two sessions" for short.

中国共产党

中国共产党，简称中共，创建于1921年7月23日，是中国工人阶级的先锋队，同时是中国人民和中华民族的先锋队，是中国特色社会主义事业的领导核心，代表中国最广大人民的根本利益。中国共产党领导中国新民主主义革命取得了胜利，建立了中华人民共和国；领导中国人民进行社会主义革命，建立了社会主义制度；领导中国进入改革开放新时代，带领全体中国人民为实现中华民族伟大复兴而努力奋斗。

The Communist Party of China

The Communist Party of China was founded on July 23rd, 1921. It's the vanguard of the Chinese working class, and the vanguard of the Chinese people and the Chinese nation. It's the core of leadership in the cause of building socialism with Chinese characteristics, representing the fundamental interests of the overwhelming majority of Chinese people. The Communist Party of China led China's new-democratic revolution and won victory, founding the People's Republic of China; it also led the Chinese people to carry out the socialist revolution and establish the socialist system; entering the new era of reform and opening-up, it leads the whole of Chinese people to strive for the great rejuvenation of the Chinese nation. [1]

北京奥运会和上海世博会等中国重要的外交活动，从成功申办到成功举行，都彰显了独特的大国风采和与时俱进的大国风貌，可以以"文化常识"的形式用中英双语介绍给外国学习者，以彰显与时俱进、富有活力"中国形象"。

北京奥运会

2008 年北京奥运会，又称第 29 届夏季奥林匹克运动会。于 2008 年 8 月 8 日至 24 日在中国首都北京举行。本届奥运会是中国首次举办的夏季奥运会，并以 51 枚金牌居金牌榜首位，是奥运历史上首个登上金牌榜首的亚洲国家。

本届奥运会口号是：同一个世界，同一个梦想。该口号体现了团结、友谊、参与和梦想的奥林匹克精神，反映了人文奥运所蕴含的和谐价值观。除了主办城市北京，上海、天津、沈阳、青岛、香港作为协办城市也参与了此次盛会。

福娃是本届奥运会的吉祥物。把五个福娃的名字"贝贝""晶晶""欢欢""迎迎""妮妮"连在一起，会读出北京对世界的盛情邀请——"北京欢迎你"。

The 2008 Beijing Olympics, also called the 29th Summer Olympics, was held in China's capital, Beijing, on August 8th, 2008. It's the first summer Olympic hosted by China, during which it topped the gold medal chart with 51 gold medals, becoming the first Asian country to top the gold medal chart in the Olympic history.

The slogan of this Olympics is: One World, One Dream. This slogan expres-

---

① 于小植主编：《文化密码：中国文化教程》第 5 册，高等教育出版社 2024 年版，第 117 页。

ses the Olympic spirit of unity, friendship, participation and dreams, as well as the harmonious value implied by Cultural Olympics. In addition to the host city Beijing, Shanghai, Tianjin, Shenyang, Qingdao and Hongkong also participated in this great event as co-host cities.

The mascots of this Olympics are the Friendlies. If you pronounce the names of the five Friendlies—Bei Bei, Jing Jing, Huan Huan, Ying Ying and Ni Ni—in a row, you will be reading out the warm invitation from Beijing to the world—Beijing huan ying ni (Beijing welcomes you).

上海世博会

中国 2010 年上海世界博览会，简称上海世博会，是第 41 届世界博览会，于 2010 年 5 月 1 日至 10 月 31 日在上海举行。它是中国首次举办的综合性世界博览会，也是首次由发展中国家主办的世博会。

该博览会主题为"城市，让生活更美好"，共有 256 个国家、地区、国际组织参展，吸引世界各地 7 308 万人次参观者前往，是史上规模最大的世界博览会。

本次博览会吉祥物叫"海宝"，意即"四海之宝"。海宝的主形态是水，体现了中国"上善若水"的哲学思想，也表明了中国融入世界、拥抱世界的崭新姿态。

The 2010 Shanghai China World Exposition, or Shanghai Expo for short, is the 41st World Exposition. It was held in Shanghai from May 1, 2010 to October 31. It's the first comprehensive world exposition China hosts, also the first World Expo hosted by a developing country.

The theme of this Expo is "better city better life". In total 256 countries, regions and world organizations took part, attracting over 73. 08 million visitors, making it the largest World Expo in history.

The mascot for this Expo is "Haibao", meaning "treasures from the four seas". Its main component is water, embodying the Chinese philosophy of "the highest excellence is just like water". It also demonstrates China's brand new attitude to integrate into and embrace the world.

中国的教育制度也是高级文化教材中不可或缺的内容。我们试编的课文如下：

中华人民共和国教育法第二章规定，中国实行学前教育、初等教育、中等教育、高等教育的学校教育制度。

通常来说，孩子们三岁进入幼儿园，开始适应集体生活，为上小学做准备。无论是私立还是公立的幼儿园，都不仅是托儿所（针对 3－6 岁的小孩），更是学前教育场所。在幼儿园，教育内容划分为健康、社会、科学、语言、艺术五个方面；教育手段是游戏、体育活动、上课、观察、劳动、娱乐和日常生活等。

6－7 岁时，孩子们会从幼儿园结业，进入小学，开始真正的系统学习。全日制小学学制有 5 年和 6 年两种。根据个人需要，家长可以通过就近分配让孩子进入学费较低的公办学校，也可以通过申请考试让孩子进入学费较高的民办私立小学。

小学毕业的学生升入初中，初中学制为 3 年或 4 年。中华人民共和国义务教育法规定：所有适龄儿童、少年必须接受小学加初中一共 9 年的教育，这就是中国的九年制义务教育制度。小学毕业的学生通过分配或考试进入初中，初中毕业，义务制教育结束，初中毕业的学生可以选择继续学业或者进入社会工作。

选择继续学业的初中毕业生需要通过"中考"，毕业生的志愿和分数排名共同决定毕业生能够升入哪所高级中学。如果分数没有达到任何高级中学的要求，初中毕业生也可以选择中等专业学校或者职业技术学校继续学习。

高中学制 3 年，高中毕业生如果希望接受大学教育，就要参加人生中最重要的考试——"高考"。近年来，中国参加高考的人数逐年增长，2018 年有 975 万人报名参加高考，2019 年，高考的报名人数达到了 1 030 万人。分数合格的高中毕业生可以进入大学学习，分数没有达到大学要求的毕业生可以选择进入专科学校或职业技术学校就读。

在中国，高等教育包括学历教育和非学历教育。高等学历教育分为专科、本科、研究生三个层次。大学专科学制为 2－3 年，本科学制为 4－5年，硕士研究生学制为 2－3 年，博士研究生学制为 3－4 年。

以上就是中国当前的教育体制。中国政府始终坚持"面向现代化、面向世界、面向未来"的教育发展方向，不断深化教育体制改革，加强素质教育，以培养更多的人才。

另外，可以以"文化常识"的形式，用中英双语介绍中国的"科举制度"和"中国高考"：

215

科举制度

科举制度，又称科举，是中国古代通过考试选拔官吏的基本制度。它创始于隋朝，确立于唐朝，完备于宋朝，兴盛于明、清两朝，废除于清朝末年，持续了一千多年。科举制改善了之前的用人制度，彻底打破了血缘世袭和世族垄断，为中下层有能力的读书人提供了施展才能的机会和上升通道。此外，它也为中华文化的传承、发展作出了贡献。但是，科举考试到明清时期实行八股取士、不讲求实际学问，束缚了当时知识分子的思想和创新精神。

The Imperial Examination System

The imperial examination system is a basic system in ancient China for selecting candidates for the state bureaucracy by using examinations. It was created in Sui Dynasty, established in Tang Dynasty, completed in Song Dynasty, flourished in Ming and Qing Dynasties, until it was abolished during the last years of Qing Dynasty, lasting over 1 000 years.

The imperial examination system improved the earlier selecting system, breaking completely hereditary kinship and aristocratic monopoly, providing the scholars from middle to lower social levels with an opportunity to display their talents and a rising pass way. However, during the Ming and Qing Dynasties, the imperial exam had always used the eight-episode essays as the only examining form and ignored true learning, which restrained the thoughts and innovation of the scholars at that time.

中国高考

高考，是中华人民共和国（不包括香港、澳门和台湾）普通高等学校的招生考试，是由普通高中毕业生和具有同等学力的考生参加的选拔性考试。

高考是考生选择大学和进入大学的资格标准，是国家考试之一。高考由国家统一组织调度，国家或省专门组织命题，在统一时间（每年的6月7日—9日）举行。高考成绩直接影响考生所能进入的大学层次，考上重点大学的前提就是取得优异的高考成绩。因此，对中国人来说，高考是人生最重要的考试之一。

China's National College Entrance Examination

National college entrance examination is the recruitment exam for higher educational institutions in the People's Republic of China (not including Hong Kong, Macao or Taiwan). It's a selective exam participated by senior high school graduate students and those with comparable educational levels.

National college entrance examination is the qualification the candidates need for choosing and entering colleges. It's one of the national exams. It's organized and scheduled on the national level, the test questions are organized to set up on the national level or provincial level and the exam date is unified across the nation (on June 7th to 9th each year). The scores of the national college entrance examination directly affect what level of university one can enter. The premise of entering a national key university is excellent scores in the national college entrance examination. For this reason, to the Chinese, national college entrance examination is one of the most important exams in their lives. ①

中国不仅是一个文明古国，更是一个在时代更迭中不断焕发新的活力的崛起之国。中国不仅有源远流长、浩博精深的传统文化，也有生机勃勃、开放多元的当代文化。对外文化教材既要呈现中国优秀的传统文化，也要呈现当代文化内容和当代文化符号，帮助外国学习者了解一个立体全面的中国，一个传承了传统文化，同时又创新了新的文化的与时俱进、富有活力的中国。

如果把中国文化比作一个大花园，对外文化教材无法将花园中的每一朵花都呈现给外国学习者，因此需要对中国文化进行精选和提取，将中国精神融入文化介绍中，汇成中国故事的多元图谱，使用具有代表性的中国文化的话语元素，深入挖掘中国文化世界价值，以文化为底蕴，塑造热爱和平、亲仁善邻的"中国形象"；开放包容、宽厚平和的"中国形象"；格调高雅、气韵闲逸的"中国形象"；与时俱进、富有活力的"中国形象"，为外国学习者提供一条进入中国文化大花园的路径，提供"窥得门径"的方式，帮助外国学习者了解中国文化的丰富性和多元性，引导外国学习者进一步探索中国文化的美感和内涵。应该说，通过对外文化教材塑造"中国形象"是一种既符合时代需求又能够产生预想效果的国家形象的建构方式。

---

① 于小植主编：《文化密码：中国文化教程》第5册，高等教育出版社2024年版，第124～125页。

第七章

对外文化教材编写中的故事讲述与精神传达

对外文化教材编写的目的在于向外国学习者介绍中国文化知识、提高外国学习者的跨文化交际能力，也在于通过中国文化的影响力更新外国学习者的文化意识，并以外国学习者理解、适应、认同中国文化为终极目标。目标的达成需要文化教材的编写者从蔚为大观的中国文化中选取最具感召力、最适宜传播的内容，同时呈现形式要符合跨文化传播和跨文化接受的基本规律、要行之有效。在众多的呈现形式中，故事无疑是最让外国学习者喜闻乐见的形式，以故事作为文化信息的载体来传达丰富的文化内涵最容易让外国学习者理解和接受。因而，对外文化教材编写需秉持中国文化贡献世界、中国智慧与世界分享的编写理念，为外国学习者讲述洋溢中国精神、凝聚中国智慧的中国故事；讲述由展示文化名片到传达文化内涵的中国故事；讲述富于真情实感、能够引发共情的中国故事；讲述中国"从何处来、向何处去"的中国故事。

有学者指出："在不同的历史时期，西方根据自身的想象和需要使'中国形象'在'智慧的摇篮''破败不堪的旧船''东方天堂''人间地狱''沉睡的巨龙''红色的威胁'等状态中东奔西突。"① 我们需要面向国际社会建构稳定而积极的中国形象，而对外文化教材是讲述中国故事、传达中国精神的最佳平台。

在已出版的对外文化教材中，大多数教材采用说明文的体裁，以术语化的方式讲述中国文化、推介中国的大国形象，这些教材涵盖了中国文化方方面面，详

---

① 于小植：《"中国形象"的他塑历程与自塑路径》，载于《华夏文化论坛》（CSSCI）2021 年第 2 期，第 257 页。

尽准确，但普遍说教感强，内容枯燥乏味。对外文化教材的编写和学习是一个编写者"编码"、外国学习者"解码"的过程，编码倘若枯燥，解码的效果必然大打折扣。采用故事的形式编写对外文化教材能够有效降低说教感，减少教材与外国学习者间的陌生感和距离感。在国际格局复杂多变、异质文化间的隔阂不断扩大的今天，"讲好中国故事"应成为对外文化教材编写方式的创新转向，而对外文化教材中的中国故事不能是生硬的"标语"或"口号"式的故事，而应是生动形象、丰富饱满、立体全面的故事。

第一节　讲述洋溢中国精神、凝聚中国智慧的中国故事

中国文化传统深厚，儒家文化、道家文化、佛教文化是中国的三大思想体系和文化根脉。这三大思想体系既各有特点，又彼此吸收、互相交织，逐步形成了"刚健有为、和与中、崇德利用、天人协调"[①]　"天人合一、以人为本、贵和尚中、刚健有为的中华文化基本精神"[②]，以及讲仁爱、重民本、守诚信、崇正义、尚和合、求大同的中国文化内核。

中国传统文化是中国文化的根基，中国故事正是因为有深厚的传统文化底蕴的支撑才愈加丰厚、愈加饱满。习近平总书记在 2013 年全国宣传工作会议上对于中国传统文化的论述为中国文化传播和讲好中国故事指明了方向和目标，他强调："宣传阐释中国特色，要讲清楚国家和民族的历史传统、文化沉淀、基本国情不同，其发展道路必然有着自己的特色；讲清楚中华文化积淀着中华民族最深沉的精神追求，是中华民族生生不息、发展壮大的丰厚滋养；讲清楚中华优秀传统文化是中华民族的优势，是我们最深厚的文化软实力；讲清楚中国特色社会主义植根于中华文化沃土、反映中国人民意愿、适应中国和时代发展进步要求，有着深厚历史渊源和广泛现实基础。"[③]　一直以来，中国传统文化在世界范围内具有很高的认知度和广泛的影响力，如何讲出新意，不老调重弹是需要认真思考的问题。我们需要在优秀传统文化所孕育的精神标识方面下足功夫，注重挖掘精髓，并对具有当代价值和世界意义的文化故事进行重点搜集和提炼。

[①]　张岱年：《论中国文化的基本精神》，见《中国文化集刊》（第 1 辑），复旦大学出版社 1984 年版，第 49 页。

[②]　张岱年、方克立：《中国文化概论》，北京师范大学出版社 2004 年版，第 6~7 页。

[③]　参见《习近平谈中华优秀传统文化：善于继承才能善于创新》，人民网，http://cpc.people.com.cn/xuexi/n1/2017/0213/c385476-29075643.html。

儒家文化是中国文化体系的重要构成部分，需要在对外文化教材中有所体现。但儒家文化思想体系复杂，外国学习者的汉语语言能力有限，如何在对外文化教材中呈现儒家文化的内容一直是教材编写的难点。以往的对外文化教材一般以专章的形式列举儒家文化的代表人物和主要思想。这种编写方式的优点是直观，缺点是没有考虑外国学习者的接受能力，思想价值观层面的文化原本就不易理解，再加上大量的生词、语法的负担，给外国学习者的理解造成了极大的困难，更无法奢谈文化接受和文化认同了。

对外文化教材可以采取"润物细无声"式循序渐进的方式来呈现儒家丰富的文化内容。初级文化教材和中级文化教材可以将最能代表儒家文化核心的名句或小故事自然而然地融入课文内容之中，让学习者通过具体生动的故事了解儒家的代表性观点。再以儒家名句或小故事作为切入点引出相关涉及的文化背景知识，文化背景知识以"文化常识"的形式出现，配以英文翻译，"文化常识"部分可以只要求外国学习者理解，不要求外国学习者掌握其中的生词和语法。高级文化教材可以以名家对于儒家文化深厚内涵的阐释作为课文内容。总的来说，理想的教材呈现方式是：初级文化教材呈现儒家名句；中级文化教材呈现儒家故事；高级文化教材呈现名家对儒家文化内涵的阐释文章。

也就是说，受外国学习者的汉语水平所限，初级文化教材只能对儒家文化的相关内容进行点滴渗透，帮助外国学习者形成对于儒家文化的感性认识。例如，在《文化密码：中国文化教程》第1册第3课《好美的名字》中，有这样的对话：

> 有朋：你们好！我叫王有朋，是李晶的男朋友。"有朋自远方来，不亦乐乎"的"有朋"。
> 伊人：有朋，你好！我叫宋伊人，很高兴认识你！
> 有朋：啊！"所谓伊人，在水一方"的"伊人"吧？好美的名字！认识你我也很高兴！[①]

课文对话中出现儒家经典名句"有朋自远方来，不亦乐乎"，可以配以孔子的图片，帮助学习者对孔子的形象形成一种感性的认知，并阐明"有朋自远方来，不亦乐乎"这句话出自《论语》。最后，把《论语》作为"文化常识"展开中英文双语介绍，"文化常识"可以不作为必须掌握的内容，教师可以酌情安排学习者自学，以增进学习者对文化点的了解。在初级文化教材中，就可以以"文化常识"的形式向学习者介绍《论语》：

---

① 于小植主编：《文化密码：中国文化教程》第1册，高等教育出版社2021年版，第18页。

《论语》是儒家经典之一，是以语录体为主、叙事体为辅，由孔子的弟子及其再传弟子编撰，较为集中地体现了孔子的政治主张、伦理思想、道德观念及教育原则，成书于战国前期，现存《论语》20 篇 492 章。《论语》的思想主要有三个既各自独立又紧密相依的范畴：伦理道德范畴——仁，社会关系、待人接物范畴——礼，认识方法论范畴——中庸。

The Analects of Confucius is a Confucian classic that contain mainly lecture-style writings and occasionally narratives recorded by Confucius's disciples and disciples' disciples. And it is major representation of the Confucian political doctrines, ethic views, moral opinions and educational principles. Compiled during the early Warring States Period (475BC – 221BC), the book is comprised of 492 chapters gathered into 20 articles. The three independent yet interrelated concepts in *The Analects of Confucius* are ren (benevolence) —ethic morality, li (etiquette) —social customs and relations, and zhongyong (the middle way) —epistemology. ①

"工欲善其事，必先利其器"也是比较重要的儒家智慧，编入初级文化教材的人物对话之中，可以帮助学习者掌握这句话的使用语境：

大龙：金爷爷，您好！我叫杜大龙，很高兴认识您。

金爷爷：我也很高兴。有朋自远方来，不亦乐乎。

大龙：金爷爷，这是《论语》里的句子，有朋教过我。

金爷爷：你手里怎么还拿着把锹啊？

大龙：孔子说过："工欲善其事，必先利其器"。今天要来种树，我当然应该先把工具准备好。您看，除了锹，我们还带来不少其他工具。②

而"孔子"和"儒家思想"可以作为"文化常识"以中英双语的形式呈现在初级文化教材之中：

孔子

孔子（前 551 ~ 前 479），姓孔，名丘，字仲尼，春秋时期思想家、教育家、儒家创始人，倡导仁、义、礼、智、信，并修订《诗》《书》《礼》

---

① 于小植主编：《文化密码：中国文化教程》第 1 册，高等教育出版社 2021 年版，第 24 页。

② 于小植主编：《文化密码：中国文化教程》第 1 册，高等教育出版社 2021 年版，第 132 页。

《乐》《易》《春秋》。传说孔子有三千弟子，他曾带领部分弟子周游列国。孔子去世后，后人把孔子及其与弟子的言行语录记录下来并整理编成《论语》。该书被奉为儒家经典之一。孔子及其思想对中国和世界都有深远的影响。

Confucius

Confucius（551BC – 479BC）, surname Kong, given name Qiu, style name Zhongni, was a great thinker, educator in the Spring and Autumn Period, who is the founder of Confucianism. He advocated the benevolence, righteousness, propriety, wisdom, and faith, and revised *The Book of Odes*, *The Book of Documents*, *The Book of Rites*, *The Book of Music*, *The Book of Changes*, *and The Spring and Autumn Annals*. It is said that Confucius had 3000 disciples, some of whom travelled with him to the various states. After Confucius' death, people recorded the words and deeds of Confucius and his disciples, and compiled them into *the Analects of Confucius*, which is regarded as a Confucian classic. Confucius and his thoughts have a profound impact on China and the world.

儒家思想

儒家思想是先秦诸子百家学说之一，由孔子创立，后来逐渐形成完整的思想体系，成为中国传统文化的主流。儒家思想不仅对中国，而且对东亚乃至全世界都影响深远。除孔子外，儒家思想的代表人物还有孟子。孔子主张"成仁"，孟子主张"取义"，孔孟思想的宗旨也始终相配合。

Confucianism

Confucianism is one of the hundred philosophical schools established in the Pre – Qin Period. It was founded by Confucius and gradually became a complete ideological system, which was set as the mainstream of Chinese traditional culture. Confucianism has a profound influence on not only on China, but also on East Asia and even the world. Apart from Confucius, Mencius is also the representative of Confucianism. Confucius advocated "benevolence" and Mencius advocated "justice". The tenets of Confucius' and Mencius' thought also match each other. ①

"三人行，必有我师焉；择其善者而从之，其不善者而改之。""己所不欲，勿施于人"也是适合在初级文化教材就出现的儒家名言，把儒家名言融入到日常

---

① 于小植主编：《文化密码：中国文化教程》第 1 册，高等教育出版社 2021 年版，第 138 ~ 139 页。

生活的对话之中，有助于帮助学习者理解儒家名言的意义和适用的语境：

> 大龙：有朋、晶晶，谢谢你们这些天教了我很多东西。
>
> 有朋：哪里！我也从你身上学到了很多。
>
> 李晶：大家互相学习嘛！三人行，必有我师焉；择其善者而从之，其不善者而改之。大龙，和你在一起，我们的英语也进步了不少！
>
> 大龙：你们的英语进步很大，可是以后还要每天坚持读 50 页英语书。
>
> 有朋：己所不欲，勿施于人。大龙，你能坚持每天读 50 页中外书吗？①

儒家文化核心思想的"仁"和"义"，以及"君子文化"可以以"文化常识"的形式用中英双语呈现在初级文化教材中，帮助学习者加深对儒家文化的理解：

儒家思想：仁

"仁"指仁爱，关注的是人与人之间的关系，是孔子思想体系的理论核心。它是孔子社会政治、伦理道德的最高理想和标准，也反映他的哲学观点，对后世影响十分深远。爱人者，人恒爱之。"爱人"即是仁的实质和基本内容，而此种爱人又是推己及人，由爱自己的亲人扩大到爱天下的所有人。

Confucianism：Benevolence

Benevolence focuses on the interpersonal relationship and is the theoretical core of Confucius' ideological system. This notion represent the loftiest ideal and standard of Confucius' social politics and ethics and reflects his philosophy, and therefore has a profound influence on later generations. If one treats others with benevolence, others will treat one in the same way. "To treat others with benevolence" is the essence and basic content of benevolence, and this kind of behaviour extends from oneself to others, and from one's own relatives to the general public.

儒家思想：义

义，原指"宜"，即行为适合于"礼"。孔子以"义"作为评判人们思想、行为的道德原则，即君子义大我，小人义小我。"大我"是指大众、社会；而"小我"就是指今天人们常说的哥们义气。孟子更是将"义"上升

---

① 于小植主编：《文化密码：中国文化教程》第 1 册，高等教育出版社 2021 年版，第 148 页。

到了新的高度，提出"舍生而取义"。

Confucianism：Justice

Justice originally refers to the "appropriation", namely, behavior that follows the standards of "propriety". Confucius took "righteousness" as the moral principle to judge people's thoughts and behaviors—gentleman's justice extend to the great self, while a base person's justice only extend to the little self. The "great self" refers to the public and society, and the "little self" is what we call brotherhood today. Mencius further promoted "justice" to a new height when he formulated the idea "lay down one's life for a just cause". [1]

君子文化

孔子说："君子之道者三，我无能焉：仁者不忧，知者不惑，勇者不惧。"孔子这里讲的"君子之道"包含了仁、智、勇三个方面。实际上，"君子"具有仁爱、正义、礼仪、诚信、宽恕、恭敬、廉耻等多方面的内涵。"君子文化"是建立在中国社会共同伦理基础上侧重于道德的人格文化，其内涵包括：高尚的品德、积极的担当等多个层面。入世有为、自强不息、厚德载物、文质彬彬的"君子品格"是中华民族的理想人格，"君子文化"是中华文明道德精髓的集中体现。

The culture of Man of Virtue

Confucius said, "The way of the man of virtue is threefold, but I am not equal to it. Virtuous, he is free from anxieties; wise, he is free from perplexities; brave, he is free from fear." In fact, beyond three aspects mentioned, the term "man of virtue" has more connotations, including benevolence, justice, etiquette, honesty, forgiveness, respect, and sense of honor. The "culture of man of virtue" is a morality-oriented personality culture based on the common ethics of Chinese society. Its various connotations include noble virtue and active responsibility. The "character of man of virtue" is promising, self-improving, self-disciplined and refined in manner, which is the ideal personality of the Chinese nation. The "culture of man of virtue" is an expression of the moral essence of the Chinese civilization. [2]

---

① 于小植主编：《文化密码：中国文化教程》第 1 册，高等教育出版社 2021 年版，第 154～155 页。
② 于小植主编：《文化密码：中国文化教程》第 2 册，高等教育出版社 2021 年版，第 155 页。

中级文化教材可以呈现难度稍高的儒家故事，例如，子贡赎人和子路拯溺就是适合编入文化教材的儒家故事：

> 鲁国有一条法律，鲁国人在其他诸侯国沦为奴隶时，如果有人把他们赎出来，那么这个人就可以从国家获得补偿金。有一次，孔子的学生子贡把一个鲁国人赎了回来，但他没有向国家领取补偿金。孔子说："子贡做错了！你向国家领取补偿金，不会损伤你的品行；可是你不领取补偿金，鲁国就没有人再去赎回自己受困的同胞了。"
>
> 子路救起一名溺水者，那人为了表示感谢，送了他一头牛，子路收下了。孔子高兴地说："鲁国人从此一定会勇于救落水者了。"孔子见微知著，洞察人情，实在是了不起。

原文：
> 鲁国之法，鲁人为人臣妾于诸侯，有能赎之者，取其金于府。子贡赎鲁人于诸侯，来而让，不取其金。孔子曰："赐失之矣。自今以往，鲁人不赎人矣。取其金则无损于行，不取其金则不复赎人矣。"
>
> 子路拯溺者，其人拜之以牛，子路受之。孔子曰："鲁人必多拯溺者矣。"孔子见之以细，观化远也。
>
> 选自《吕氏春秋·先识览·察微》①

在讲清要辩证地看待自己的行为可能带来的最终影响，学会见微知著，在洞察人情的道理的同时，也让学习者了解到了孔子教导学生的方法，强化了孔子的智者形象和师者身份。与儒家理念相比，儒家故事更加生动，趣味性更强，更易于被学习者接受。为了配合上述课文的教学，"文化常识"可以用中英双语向外国学习者介绍"孔门七十二贤"和"子贡"：

孔门七十二贤

中国古代著名的思想家和教育家孔子的七十二位圣贤弟子被称为孔门七十二贤。《史记·孔子世家》记载："孔子以《诗》《书》、礼、乐教，弟子盖三千焉，身通六艺者七十有二人。""孔门七十二贤"是孔子思想和学说的坚定追随者和实践者，也是儒学的积极传播者。孔子对弟子因材施教，始于德行、言语，达于政事、文学，先后有阶序，德才兼备是孔子教育弟子成

---

① 于小植主编：《文化密码：中国文化教程》第 3 册，高等教育出版社 2023 年版，第 146 页。

才的目标。

The Seventy-Two Virtuous Disciples of Confucius

The Seventy-Two Virtuous Disciples of Confucius refer to the 72 virtuous disciples of the great thinker and educator Confucius. As recorded in "the Biography of Confucius" of the *Records of the Great Historian*, "Confucius lectured in poetry, classics, etiquette, and music to roughly 3000 disciples, of whom 72 were fully versed in the six arts". The Seventy-Two Virtuous Disciples of Confucianism were devoted followers and practitioners of Confucian thoughts and theories, and worked ardently to spread them to a wider audience. Confucius tailored his teaching to fit the different characteristics of his disciples. Learning is progressive in nature—it starts with the study of morality and eloquence, and peaks at government management and literature. To cultivate students with both morality and ability was the ultimate goal of Confucius.

子贡

子贡（前520年—?），复姓端木，名赐，字子贡，春秋末年卫国（今河南省）人。他是孔子的得意门生之一，能言善辩，行事通达，也是社会活动家和杰出的外交家，曾任鲁国、卫国的丞相。子贡同时还是著名的富商，被尊称为"儒商"鼻祖。在《论语》中，子贡的名字多次出现。子贡在传播孔子的学说中发挥了重要作用，是孔子学说的主要"代言人"。司马迁《史记·仲尼弟子列传》对子贡所用笔墨最多，就篇幅而言在孔门众弟子中是最长的。

Zigong

Zigong (520 BC—?), family name Duanmu, given name Ci, was born in the State of Wei (today's Henan Province) during the late Spring and Autumn Period. Being eloquent and versed in the ways of the world, Zigong was a favourite student of Confucius. He was a social activist and distinguished diplomat, and served as Premiere of States of Lu and Wei. Meanwhile, he was a much famed businessman and is known as the forefather of Confucian businessmen. Appearing many times in *the Analects of Confucius*, Zigong is practically a spokesperson for Confucianism, and it was through his efforts that the Confucian doctrines spread to the masses. In his *Records of the Grand Historian*, Sima Qian devoted the most energy and space to Zigong in "the Biographies of Confucius' Disciples". ①

受学习者的汉语水平所限，初级文化教材只能对儒家文化的相关内容进行点滴渗透，而中级文化教材则可以对"儒家文化"进行专章介绍，可以分别以孔子、孟子、荀子三位儒家代表人物为中心，介绍他们的主要思想和主张。例如，可以分别以《孔子说"仁"与"君子"》《孟子说"义"》《荀子说"礼"》为题目，有序呈现儒家的三个代表人物和"仁""义""礼"三个儒家文化的核心要素，向学习者系统介绍仁者爱人、中庸之道、舍生取义等儒家文化的核心内容，以及"老吾老以及人之老，幼吾幼以及人之幼""家国天下"等中国传统的思想观念。试编课文如下：

孔子说"仁"与"君子"

孔子主张"仁"，他说："克己复礼为仁"，意思是人要约束自己，注重个人修养。因此，孔子强调"自省"，他说："见贤思齐焉，见不贤而内自省也。"他的弟子曾参也说："吾日三省吾身：为人谋而不忠乎？与朋友交而不信乎？传不习乎？"

对自己要善于"自省"，那如何对待他人呢？孔子说："仁者爱人""夫仁者，己欲立而立人，己欲达而达人"。孔子的学生子贡曾经问孔子："有一言而可以终身行之者乎？"孔子回答说："其恕乎！己所不欲，勿施于人。"这是"仁"的最低标准，是每个人都应该做到的。

另外，"君子"是孔子的道德理想，儒学可以说是"君子之学"。孔子认为"君子"需要兼具"质"和"文"两个方面，孔子说："质胜文则野，文胜质则史。文质彬彬，然后君子。""文"指"文化教养"，"质"指人的朴实本性，孔子的意思是把"文"和"质"配合得恰到好处，就可以成为真正的"君子"了。

孔子理想中的"君子"是以内心的"仁"为根本的，所以"君子之道"即是"仁道"。孔子说："君子道者三，我无能焉：仁者不忧，知者不惑，勇者不惧。"

"仁、智（知）、勇"是儒家"君子"理想的三要素，它们统一在"仁"这一最高概念之下。②

---

① 于小植主编：《文化密码：中国文化教程》第 3 册，高等教育出版社 2023 年版，第 150～151 页。
② 于小植主编：《文化密码：中国文化教程》第 4 册，高等教育出版社 2023 年版，第 124 页。

试编"文化常识"如下：

仁者爱人

"仁者爱人"是孔子伦理学思想体系的核心命题之一，也是儒家哲学的核心与基础，是关于人与人之间、人与世界之间的总的原则。孔子提出的"仁者爱人"的理念建立在人的生命价值高于一切的逻辑之上，"仁者爱人"不仅是爱自己、爱身边的人，还要推己及人。孔子的"仁"更多的是一种人伦思想。孟子说"仁者无敌"，他把孔子"仁者爱人"的人伦思想引申到政治哲学层面，把"仁学"上升为国家的治理原则，要求君主从爱人出发，施恩于人，实施仁政。

The Benevolent Love Others

The idea that benevolent people should love others is a core proposal of the Confucian ethical ideals, and also the foundation of Confucian philosophy. It is a general principle concerning the relationship between people, as well as that between human and the world. The rationale behind this proposal is that life should be prioritized over all else. Benevolence, in Confucius' view, is more of a concept of human relations; it does not only refer to "love" for oneself and people close by, but should rather be spread to "others". Mencius further elevated Confucius' benevolence to the political philosophical level, upholding benevolence as a strategy of state affair management. Under this view, rulers are obliged to practice benevolence by bestowing favour and practicing merciful policies.

中庸之道

"中"在先秦古籍中常见的字义有三，一指中间、中等、两者之间；二指适宜、合适、合乎一定的标准，用作动词；三指人心、内心，即人的内在精神。"中庸"的"中"与上述三种含义都有关系。《中庸》说圣人"从容中道"，指的是行为适宜。《中庸》中"喜怒哀乐之未发谓之中"里的"中"指人的内心世界。"中庸"的"中"还有中间、中等的意思，如"执两用中"的"中"，儒家通常反对走极端，在对立的两极之间寻求比较适中的解决方案，既不要"过"也不要"不及"，既不要太"进"也不要太"退"。"中庸之道"既是一种伦理学说，也是一种思想方法，强调内心之"中"与外部环境的准确契合，以达到"和"的功用；而"中"的基本原则是适度，无过不及，恰到好处。追求中常之道，内外协调，保持平衡，不走极端，这样一种思维方式使中华民族形成了一种稳健笃实的民族性格，对中国几千年的文明产生了深远的影响。

The Way of the Mean

In pre – Qin literature, the word 中 has three frequently occurring meanings: the first sense is "middle, between, mean"; the second sense is "suitable, moderate, or appropriate" (when used as a verb); the last sense concerns the heart or the inner world of people. In the term 中庸, the three senses are integrated. In the Confucian classic *Zhongyong* (*Doctrine of the Mean*), the sage is said to practice the "leisurely way of the mean" (从容中道), where the word 中 refers to the appropriateness of the sage's behaviour. In the sentence "Unleashed emotions are called 中", the word refers to people's inner world. The "middle, between" sense is also reflected in the idea that, when a situation involves polaristic oppositions, the best policy is to reconcile them and take the middle way. Confucianism heightens an anti-extremist approach—not stopping before reaching the goal, but not going too far beyond either; don't be too eager when moving forward, or too meek when drawing back. More than an ethical ideal, the way of the mean is also a method of thought that stresses the precise agreement between the internal and the external worlds so as to create harmony. The basic principle of "the way of the mean" is moderation: not too little, not too much. The pursuit of such a coordinated, balanced, anti-extremist mindset allowed the Chinese to develop a stable and reliable national character, having a profound influence on thousands of years of Chinese civilization. ①

试编《孟子说"义"》的课文如下：

孟子说：鱼是我喜爱的，熊掌也是我喜爱的；如果二者不能兼得，那么就舍弃鱼，而要熊掌。生命是我所喜爱的，义也是我所喜爱的；如果二者不能兼得，那么就牺牲生命，而选择义。生命是我所喜爱的，如果所喜爱的有比生命更重要的，就不苟且偷生；死亡是我所厌恶的，但我所厌恶的东西如果胜过了死亡，就不躲避祸患了。如果人们所喜爱的东西没有超过生命的，那么所有能够求生的方法，有什么不用的呢？如果人们所厌恶的事情没有超过死亡的，那么所有能够躲避祸患的方法，哪有不用的呢？采用这种做法就能够活命，可是有的人却不肯采用；采用这种办法就能够躲避祸患，可是有

① 于小植主编：《文化密码：中国文化教程》第 4 册，高等教育出版社 2024 年版，第 131 ~ 133 页。

的人也不肯采用，是因为有比生命更想要的，有比死亡更厌恶的。并非只是贤人有这种本性，人人都有，只是贤人能够不丧失罢了。

原文：

　　孟子曰：鱼，我所欲也；熊掌，亦我所欲也，二者不可得兼，舍鱼而取熊掌者也。生，亦我所欲也；义，亦我所欲也，二者不可得兼，舍生而取义者也。生亦我所欲，所欲有甚于生者，故不为苟得也。死亦我所恶，所恶有甚于死者，故患有所不辟也。如使人之所欲莫甚于生，则凡可以得生者，何不用也？使人之所恶莫甚于死者，则凡可以辟患者，何不为也？由是则生而有不用也，由是则可以辟患而有不为也，是故所欲有甚于生者，所恶有甚于死者。非独贤者有是心也，人皆有之，贤者能勿丧耳。（《孟子·告子上》）

试编的"文化常识"如下：

孟子

　　孟子（约前372年~前289年），名轲，战国时期儒家学派的代表人物，他继承并发扬了孔子的思想，孔子是大成至圣，孟子被称为亚圣，孔子与孟子合称"孔孟之道"。孟子的主要思想是：仁、义、善。在社会治理方面，孟子宣扬"仁政"，提出"民为贵，社稷次之，君为轻"的著名命题。而在价值观方面，他强调舍生取义。在人性方面，他主张性善论，认为人生来就具备仁、义、礼、智四种品德，人可以通过内省去保持和扩充这些品德，否则将会丧失这些善的品质，因而他要求人们重视内省的作用。孟子的言论和思想被汇编为《孟子》一书，由孟子及其弟子共同编写完成。南宋时朱熹将《孟子》与《论语》《大学》《中庸》合在一起称"四书"。

Mencius

　　Mencius (372 BC – 289 BC), given name Ke, was a representative of Confucianism of the Warring States Period, who inherited and developed Confucius' ideas. After Confucius, the Greatest Sage, Mencius was acclaimed as the Second Sage, and their thoughts are known as the "Way of Confucius and Mencius". The major Mencian ethics are benevolence, justice, and kindness. In terms of social management, Mencius upheld the exercise of "benevolent policies" and formulated the influential proposal that "people are the top priority, the state is a secondary concern, while the ruler should come last". His values were exemplified by the idea that one can sacrifice one's life for justice. As for human nature, he advocated the original kindness of man and argued that people are born with the four virtues of benevolence, justice, etiquette, and intelligence. In order to maintain and develop these virtues, one needs to constantly have self-introspection, which Mencius associated great importance to. Mencius and his students complied his ideas and remarks into the classic *Mencius*, which South Song Dynasty scholar Zhu Xi subsumed under the honorific title "The Four Books", along with *Lunyu* (*The Analects*), *Daxue* (*Great Learning*), and *Zhongyong* (*Doctrine of the Mean*).

义

"义"是中国古代一种含义极广的道德范畴。义谓天下合宜之理，道谓天下通行之路。"义"本指公正、合理而应当做的。清代陈昌治刻本《说文解字》对"义"的解读是：义的源字是羊在上，下边是人手持戈。上面的羊，有两种解释：一种是形，上边两点左右均分，中间也是左右对称，象征公平之意；第二种解释是祭祀的羊，表达的是信仰。而下边是持戈的武士，也可以是"我"的意思。源字的意思是为了公平或信仰而战斗，对个人则是我为公平或信仰而战斗。

《管子》非常重视礼义伦理在治国安民中的作用，其在开篇《牧民》中开宗明义，提出了著名的"四维"说，其曰："礼义廉耻，国之四维，四维不张，国乃灭亡。"《论语·里仁》记载，"子曰：君子喻于义，小人喻于利。""君子之于天下也，无适也，无莫也，义之与比。"儒家把"义"与"仁""礼""智""信"合在一起，称为"五常"。

Justice

"Justice" is a very broad ethical category in ancient China. Justice was understood as all appropriate rules under heaven, while the "way" referred to all the roads leading to a destination. Justice embodies things that are equal, reasonable and should be done. According to Qing Dynasty scholar Chen Changzhi's version of *Shuowen Jiezi* (*Explaining Graphs and Analyzing Characters*), the traditional Chinese character of justice, 義, is comprised of a goat (羊) on top of a human hand (手) holding a dagger-axe (戈). There are two explanations for the presence of 羊: first, the character is graphically symmetrical with the two dots situated at the same distance from the central axis, and thus is a symbol for equality. The second idea is that the goat, a sacrifice animal, represents belief, while the warrior holding a dagger-axe forms the character 我 (I). Therefore, the original meaning of this character for justice is "fight for equality or belief", either on the collective or the individual level. The book *Guanzi* (*Master Guan*) associates great importance to the application of justice and ethics to the management of state and civil affairs. This is made very clear in its opening chapter "Mumin" ("On shepherding the people") as the "Four Dimension" theory— "The sense of propriety, justice, honesty, and honour comprise the four dimensions of a state. Should the four dimensions be poorly established, the state's very existence would be threatened". Similar thoughts can be found in the chapter "Liren" ("Benevolent Neighbourhood") of *The Analects*: "The Master said: The mind of the superior man is conversant with righteousness; the mind of the mean person is conversant with gain"; "The superior man in the world does not set his mind either for anything or against anything; he will follow what is right". Confucianism combines justice with benevolence, etiquette, intelligence and honesty to form the "five constants". ①

试编的《荀子说"礼"》的课文如下：

礼是怎么产生的呢？荀子说：人生来就有欲望，有欲望得不到满足，就不能不想办法索取。如果一味追求而没有标准限度，就不能不发生争夺。发生争夺就会有祸乱，有祸乱就会陷入困境。圣王厌恶祸乱，所以制定了礼义来确定人们的名分，以此来调养人们的欲望、满足人们的要求。使人们的欲望决不会由于物资的原因而不得满足，物资决不会因为人们的欲望而枯竭，两者在互相制约中增长，这就是礼的起源。所以礼是调养人们欲望的。牛羊猪狗等肉食和稻米谷子等细粮，五味调和的佳肴，是用来调养嘴巴的；椒树兰草香气芬芳，是用来调养鼻子的；在器具上雕图案，在礼服上绘彩色花纹，是用来调养眼睛的；钟、鼓、管、磬、琴、瑟、竽、笙等乐器，是用来调养耳朵的；窗户通明的房间、深邃的朝堂、柔软的蒲席、床上的竹铺、矮桌与垫席，是用来调养躯体的。所以礼是调养人的欲望的。

原文：

礼起于何也？曰：人，生而有欲，欲而不得，则不能无求。求，而无度量分界，则不能不争；争，则乱，乱则穷。先王恶其乱也，故制礼义以分之，以养人之欲，给人之求。使欲必不穷于物，物必不屈于欲。两者相持而长，是礼之所起也。故礼者，养也。刍豢稻粱，五味调香，所以养口也；椒

① 于小植主编：《文化密码：中国文化教程》第 4 册，高等教育出版社 2024 年版，第 140～143 页。

兰芬苾，所以养鼻也；雕琢刻镂，黼黻文章，所以养目也；钟鼓管磬，琴瑟竽笙，所以养耳也；疏房檖貌，越席床第几筵，所以养体也。故礼者，养也。（荀子《礼论》）

试编的"文化常识"如下：

荀子

荀子（约公元前313年～公元前238年），名况，字卿，战国末期赵国人。著名思想家、文学家、政治家，时人尊称"荀卿"。荀子思想与孔子、孟子思想都属于儒家思想范畴，孔子的中心思想为"仁"，孟子的中心思想为"义"，荀子提出"礼""法"，重视人们行为的规范。孔子、孟子在修身与治国方面提出的实践规范和原则，虽然都是很具体的，但同时又带有浓厚的理想主义成分。孔子竭力强调"克己""修身""为仁由己"等。孟子则以"性善"为根据，认为只要不断扩充其"恻隐之心""羞恶之心""辞让之心""是非之心""求其放心"，即可恢复人的"良知""良能"，即可实现"仁政"理想。与孔子、孟子相比，荀子的思想则具有更多的现实主义倾向。他提倡性恶论，在重视礼义道德教育的同时，也强调了政法制度的惩罚作用。

Xunzi（Master Xun）

Xunzi（313 BC – 238 BC），original name Kuang, style name Qing, was a great thinker, literatus, politician of Zhao State in the Warring States Period. Same with Confucius and Mencius, Xunzi's thoughts also belong to the Confucian category. Following Confucius' and Mencius' ethics, respectively centered around benevolence and justice, Xunzi proposed the use of etiquette and law to regulate people's behaviour. Although Confucius and Mencius were both concrete in their principles of state management and personal cultivation, there is nevertheless a certain idealism to them. Confucius highly emphasized the significance of "selfrestriction", "self-cultivation" and "self-sourced benevolence". Along the same lines, Mencius based his principles on the goodness of human nature. He believed that, as long as one continuously sharpens one's perception of pity, sense of good and evil, courtesy, understanding of right and wrong, and keeps taming one's lost heart, the "goodness" of human nature can be ignited and thus "rule with mercy". Compared to these two thinkers, Xunzi believed that "human nature is evil" and exhibited more realistic tendencies by stressing the role of law and punishment, as well as the importance of etiquette and morality education.

儒家礼学

儒家礼学对于稳定社会，调治人心，具有积极意义。从稳定社会秩序来说，儒家有冠礼、婚礼、丧礼、祭礼、朝礼、聘礼、乡礼、射礼等。冠礼在于明成人之责；婚礼在于立夫妇之义；丧礼在于慎终追远，明生死之义；祭礼分为祭天、祭祖、祭百神，使民诚信忠敬；朝礼在于明君臣之义；聘礼表尊敬；乡礼明长幼之序；射礼可以观察德行。从个人修养的角度来说，儒家提倡"富而好礼""克己复礼"，主张通过修养节制骄奢淫逸。从交往的角度来说，儒家讲究施惠与报答，提倡"礼尚往来"。

Confucian Etiquette

Confucian etiquette plays a positive role in stabilizing society and modulating souls. To begin with, Confucianism has various rites to maintain social order, including the coming-of-age ceremony, wedding ceremony, funeral, sacrifice rite, court rite, betrothal, rural rite, archery ceremony. The coming-of-age ceremony aims to clarify the responsibilities of adults. The wedding ceremony aims to establish the meaning of husband and wife. Funeral seeks to glorify the culmination of life and clarify the point of life and death. Sacrifice rites are dedicated to Heaven, ancestors, and hundreds of gods, and help to make people honest and respectful. Court rites found the hierarchy of ruler and subjects. Betrothal highlights respect. Rural rites set up the order between generations. Archery ceremonies provide an occasion to observe morality. From the perspective of self-cultivation, Confucianism proposes the "suppression of the self and the revival of etiquette" and the idea that "if one manages to be wealthy, one needs to advocate etiquette". The idea is that self-cultivation and the suppression of the self can curb extravagance. Lastly, in terms of socializing, Confucianism associates importance to benefaction and returning favours. [1]

中国文化教材中儒家文化如果都是中国人讲述的，难免有自卖自夸的嫌疑，因此，也可以选择外国汉学家对于中国儒家文化的理解作为课文呈现，加拿大学者安乐哲的文章《儒学与世界文化秩序变革》认为儒学是世界文化秩序变革的重要文化资源，十分适合编入高级文化教材之中：

---

[1] 于小植主编：《文化密码：中国文化教程》第4册，高等教育出版社2024年版，第152~154页。

儒学与世界文化秩序变革

当今世界文化长期由西方强势的自由主义所主导。这种文化秩序如同世界经济、政治秩序一样，是否到了破旧立新的关键时刻？如果答案是肯定的，那么，中国传统思想和价值在新世界文化秩序的形成中会扮演什么样的角色？

美国哲学家詹姆斯·卡斯对"有限游戏"与"无限游戏"这两个概念作出了区分，其思想有助于我们思考儒学价值如何能对形成新的世界文化秩序发挥作用。"有限游戏"将参加游戏的人视为单独个体，并确立一套有限的规则，为的是在有限时间内产生结果：一个赢家，一个输家。西方到处蔓延的个人主义意识形态及与之伴随的"自由价值"，导致"有限游戏"成为流行思维模式。"无限游戏"的着眼点在于强化关系，而不是个体行动者的角逐。家庭成员之间的关系，可以成为说"无限游戏"的范例。对一位母亲来说，她肯定希望不断增强自己与儿子的关系。母亲和儿子之间存在血肉相连、唇齿相依的关系——一荣俱荣、一损俱损。也就是说，"无限游戏"总是双赢或双输的。

全球性危机逼迫我们认识相互依存关系的至关重要性，重视并发挥好"无限游戏"的价值和作用。这样，我们就不能不认真思考和对待个人主义这一理念的弊端，因为它与我们面临的世界性困境深刻地联系着。

个人主义的"教义"，深深植根于西方哲学传统中。它将人视为绝对个体，在个体与他人毫无关系的前提下来讨论心理学、政治学和道德问题。事实已越来越清楚，极端自由主义经济制度不仅无助于解决当今世界的痼疾，而恰恰是这个世界"病入膏肓"的主要诱因。儒学在关系结构中确立的人的观念，可以成为西方个人主义的强有力替代。

《论语》展现的是孔子作为一个特殊人物的故事，展现的是他怎样通过处理与他人关系来修炼人格和实现人生抱负。在阅读《论语》时，我们面对的是各种关系构成的孔子。孔子终其一生都在以最大努力承担好诸多角色：他是充满呵护之心的家庭成员，是严格的先生、导师，是一丝不苟、两袖清风的士大夫，是热心的邻居和村社一员，是批评型的政治顾问，是感恩祖先的子孙，是文化遗产的热忱继承者。孔子的真知灼见的持久价值，在于其直观的、令人心悦诚服的力量，在于能适应后来的时代，包括今天。

应当说，儒学比西方经验主义更具经验意义。这是因为，儒学产生的基础是彻底经验性的。儒学的智慧不在于提供一套堂皇的普世原则，而在于从特定时代条件出发，归纳概括应对天时人事的实践经验。《论语》对孔子的记述，本身就是一个范例。时移世易、人事代谢，儒学却能经得起时间的考验，与时俱进、生生不息。在我们这个时代，儒学仍然是世界文化秩序变革的重要资源。①

儒家文化是中国文化体系的重要构成部分，可以在初级文化教材中进行散点式渗透，在中级和高级文化教材中进行系统性介绍，有点有面、点面结合、层递深入的立体化呈现。在初级文化教材中帮助学习者形成对于儒家文化的感性认识，在中级和高级文化教材中帮助学习者上升到理性认识的层面，总的来说，编排方式需要有线索、有关联、有重点、有趣味、成体系，才能使学习者把握中国儒家文化的核心要义。

道家文化也是文化教材需要呈现的重要内容，同样可以采取循序渐进、层递深入的编写方法。习近平主席提出过"绿水青山就是金山银山"理念，这一理念既是当代中国的生态观念，又与中国传统文化中的"天人合一"思想一脉相承，可以把这句话以对话形式编入初级文化教材中：

> 伊人：金爷爷，您怎么不在北京享福，到这里来种树啊？
> 金爷爷：叶落归根！这里是我的老家，以前可漂亮了！
> 但是现在经济发展了，树却越来越少了。
> 伊人：是啊，我爷爷也总说要好好保护环境。
> 金爷爷：绿水青山就是金山银山。你们明白吗？
> 大龙：明白！我家在旧金山，妈妈在银行工作。我知道金山银山就是财富的意思。
> 金爷爷：对！我就是希望能把这些自然的财富留给子孙。②

可以以"文化常识"的形式介绍"天人合一"：

天人合一

"天人合一"是中国古代一种哲学思想，强调"天道"和"人道""自然"和"人为"的相通、相类和统一的观点。天人合一不仅是一种思想，而且是一种状态。宇宙自然是大天地，人则是一个小天地。人和自然在本质上是相通的，因此一切人事均应顺乎自然规律，达到人与自然和谐。

---

① 参见安乐哲：《儒学与世界文化秩序变革》，田辰山译，载于《人民日报》2014年11月7日，按照外国学习者适用进行了删改。

② 于小植主编：《文化密码：中国文化教程》第1册，高等教育出版社2021年版，第140页。

The Unity of Man and Nature

"The unity of man and nature" is an ancient Chinese philosophical idea that emphasizes the similarity and unification of the "way of nature" and the "way of human", as well as that of natural happenings and human deeds. This notion is not only a philosophical idea but also a state of being. The cosmos comprises the universe on the macro level, whereas each individual human being is a universe on the micro level—the two share the same essence. So everyone and everything should follow the natural law to achieve harmony between man and nature. ①

此外，上善若水、福祸相依、知足常乐等重要的道家思想，也应编入初级或中级文化教材中。以"上善若水"为例，可以编写课文如下：

场景：在景区

有朋：大龙，你认识这几个字吗？

大龙：当然认识！"上善若水"！来中国一年了，我已经变成了一个"中国通"！这么简单的字能考住我吗？

李晶：这个成语出自老子的《道德经》。大龙，你听说过老子吗？

大龙：我当然听说过了。老子是中国古代著名的思想家、道家学派的创始人。他在美国也很有名。

有朋：大龙，"上善若水"的下句是"水善利万物而不争"，你知道是什么意思吗？

大龙：这个，……你真把我考住了！

伊人：我知道！道家倡导人像水一样，贡献自己的力量帮助别人，但不与别人争夺功名和利益。

李晶：伊人，你说得太对了！

有朋：老子还说过："天下之至柔，驰骋天下之至坚。"这就是老子的智慧。②

这段对话既道出了道家文化中"上善若水"的思想内涵，也引出了道家名言："天下莫柔弱于水，而攻坚强者莫之能胜，此乃柔德；故柔之胜刚，弱之胜强坚。"

---

① 于小植主编：《文化密码：中国文化教程》第 1 册，高等教育出版社 2021 年版，第 146 页。
② 于小植主编：《文化密码：中国文化教程》第 2 册，高等教育出版社 2021 年版，第 132 页。

在道家文化的部分，为了帮助外国学习者建构明晰的认知，应该把"老子"和"道家思想"作为"文化常识"在教材中呈现：

老子

老子，姓李名耳，字聃，春秋时期人。中国古代思想家、哲学家，道家学派创始人，与庄子并称"老庄"。老子的思想对中国哲学发展具有深刻影响，其思想核心是朴素的辩证法。在政治上，老子主张"无为而治"。在哲学思想上，老子提出"物极必反"之理。在修身方面，老子是道家性命双修的始祖，提出"虚心实腹""不与人争"的观念。老子的传世之作《道德经》（又称《老子》）是全球文字出版发行量最大的著作之一。

Laozi

Laozi (Lao Tzu), family name Li, given name Er, style name Dan, lived in the Spring and Autumn Period (770BC – 476BC). As the great ancient Chinese thinker and philosopher who founded Taoism, Laozi, together with Zhuangzi, was acclaimed as "Lao Zhuang". Laozi's thought has had a profound impact on the development of Chinese philosophy. The core of his thought is a kind of simple dialectics. Politically, Laozi advocates noninterference and wordless teaching. In terms of power, Laozi believed that things will develop in the opposite direction when they reach extremity. In terms of self-cultivation, Laozi was the pioneer of the Taoism idea of coordinating physical and spiritual cultivation, stressing the significance of being modest at heart and having solid abilities, while avoiding competition with others. Laozi's classic, *Tao Te Ching* (also known as *Lao Tzu*), is one of the world's most widely published books.

道家思想

春秋战国时期，老子集古圣先贤之大智慧，总结了古老的道家思想的精华，形成了道家完整的理论体系。道家以"道"为核心，认为大道无为、主张道法自然，提出道生法、以雌守雄、刚柔并济等政治、经济、治国、军事策略。道家是"诸子百家"中一个极为重要的哲学流派，对中国乃至世界文化都产生了巨大而深远的影响。

Thoughts of Taoism

During the Spring and Autumn Period (770BC – 476BC) and Warring States Period (475BC – 221BC), Laozi, taking in the wisdom of ancient sages, summarized the essence of ancient Taoist thoughts into a complete and systematic theory of Taoism. With "Tao" as its core, Taoism proposes that the social law should conform to the law of nature and Tao is natural. He put forward "law deriving Tao", "act with tolerance" and "being rigid and flexible" and other strategies useful for managing political, economic, state and military affairs. Taoism is a very important philosophical school in "the Hundred Schools of Thought" in the pre – Qin period, and has had a significant impact on Chinese and even world culture. ①

中国有许多体现辩证思想的文化词汇，例如，"福祸相依""居安思危""苦尽甘来""否极泰来""塞翁失马"等，辩证思想是一种中国智慧，适合向外国学习者讲述和传播，例如，在初级文化教材中，可以把《道德经》第五十八章第二句"祸兮，福之所倚；福兮，祸之所伏"编入课文对话：

> 李晶：大龙，你手里拿的是什么？
> 大龙：这是我在银行抽到的奖品。
> 李晶：你真幸运啊！
> 大龙：我的银行卡丢了，我去补卡，正好赶上银行有抽奖活动。没想到我竟然中了奖。
> 李晶：哈哈！如果你不丢银行卡，也就不能中奖了。可真是"祸兮福所倚，福兮祸所伏"！
> 大龙：你说什么？
> 伊人：这句话的意思是坏事可以变成好事，好事也可能变成坏事。
> 大龙：这句话可真妙啊！
> 有朋：老子在这句话里讲了"祸"与"福"的辩证关系，这是中国传统思想体系中重要的哲学思想。
> 李晶：大龙，汉语中有很多表现辩证关系的成语，比如：居安思危、苦尽甘来、否极泰来、塞翁失马。
> 大龙：虽然我来中国一年多了，但是这些成语我还是第一次听说。②

"福祸相依"和"塞翁失马，焉知非福"与道家的辩证思想相关，可以以"文化常识"的形式呈现在初级文化教材中：

---

① 于小植主编：《文化密码：中国文化教程》第 2 册，高等教育出版社 2021 年版，第 138~139 页。
② 于小植主编：《文化密码：中国文化教程》第 2 册，高等教育出版社 2021 年版，第 140 页。

福祸相依

祸福相依的基本意思是比喻坏事可以引出好的结果，好事也可以引出坏的结果。出自《道德经》："祸兮福之所倚，福兮祸之所伏。"

The basic meaning of weal and woe is a metaphor that bad things can lead to good results and good things can lead to bad results. It is from the *Tao Te Ching* that disaster the place of blessing leans, good fortune lies evil.

塞翁失马

"塞翁失马"这个成语是指虽然一时受到损失，也许反而因此能得到好处。传说边境附近居住着一位老人，他家的马跑到了境外胡人的住地，人们得知后便前来安慰他。老人却说："这说不定是件好事。"几个月后，老人家的马不仅回来了，还带回了几匹胡人的宝马，人们又都前来祝贺。可是老人却说："这说不定是件坏事。"果然，老人的儿子骑胡马的时候摔断了腿，人们又都前来安慰，老人却又说："这说不定是件好事。"一年后，战争爆发，老人的儿子因为腿瘸的缘故免于去前线，父子得以保全了性命。

A Blessing in Disguise

"The old man at the fort lost his horse" (A Blessing in Disguise) is an idiomatic metaphor for something that seems bad at first, but result in something good happening later. Legend has it that there lived an old man at the frontier fort. His horse one day ran into the camps of the invaders for no reason. Others knew this and they all came to commiserate with him, but he said, "How do you know that this will not turn out to be a good thing?" Several months later, the old man's horse not only returned, but also took back with it several precious horses of the barbarian. People all came to congratulate him, but the old man said, "How do you know that this will not turn out to be a bad thing?" As expected, his son broke his leg while riding one of the precious horses. People come to comfort him again, but the old man said, "How do you know that this will not turn out to be a good thing?" A year later, the war broke out, the old man's son, because he was crippled, was exempt from the obligation of fighting in the frontier. Both the father and the son were thus able to survive. [1]

---

① 于小植主编：《文化密码：中国文化教程》第 2 册，高等教育出版社 2021 年版，第 146 页。

《道德经》第四十四章有云"故知足不辱，知止不殆，可以长久"①；第四十六章有云："故知足之足，常足矣"②，在许多当代中国人的身上都可以看到这种"知足常乐"的精神，如果把"知足常乐"编入课文对话，可以这样呈现：

（场景：在比赛现场）

主持人：本次"中国文化知识竞赛"二等奖的得主是——杜大龙同学！

……

伊人：大龙，你看起来怎么闷闷不乐啊？

大龙：我没得一等奖，所以闷闷不乐。

李晶：二等奖也说明你很优秀啊！

伊人：对！下学期再继续加油！我们看好你！

有朋：大龙，中国有一个成语叫"知足常乐"，你听说过吗？

大龙：这个成语我学过。"知足常乐"的意思是"知道满足，心里就总是快乐"。

有朋：没错，"知足常乐"并不是让我们不努力，而是告诉我们要用良好的心态去面对生活。

李晶：大龙，友谊第一，比赛第二！这是当代中国的君子文化！

大龙：谢谢你们这么关心我！我一定要做个知足常乐的谦谦君子，不辜负你们对我的帮助和鼓励！③

可以编写文化常识如下：

知足常乐

"知足常乐"是一个汉语成语，意思是知道满足，就总是快乐。它出自《道德经》："祸莫大於不知足，咎莫大於欲得，故知足之足，常足矣。"意思是天下最大的祸患莫过于不知足，最大的罪过莫过于贪得无厌。所以能够知道欲望有度，不贪得无厌，才能保持住恒久的满足，我们才会感到生活幸福。

Happiness Consists in Contentment

"Happiness Consists in Contentment" is a Chinese idiom meaning if one knows to feel content then he is always happy. It comes from *Tao Te Ching*："The

---

① （春秋）李聃著，赵炜编译，支旭仲主编：《道德经》，三秦出版社 2018 年版，第 98 页。
② （春秋）李聃著，赵炜编译，支旭仲主编：《道德经》，三秦出版社 2018 年版，第 101 页。
③ 于小植主编：《文化密码：中国文化教程》第 2 册，高等教育出版社 2021 年版，第 148 页。

greatest misfortune comes from not knowing contentment, the greatest mistake is having too much desire. So, if one knows to feel content, he is always satisfied. " It means there is no greater misfortune than what comes from not knowing contentment, there is no greater sin than being greedy. Therefore, only when one knows the limit to his desires and is never greedy can he hold long-lasting contentment and have happiness in his life. [1]

受限于学习者的汉语语言水平，在初级文化教材中只能零星地呈现一些与道家文化相关的句子，到了中级阶段，因为学习者的汉语水平已经有了很大提高，在中级文化教材中，可以通过生动的故事来阐述"柔弱胜刚强"的道家思想：

齿亡舌存

常枞病了。老子去探望他，问："老师病重了，还有什么教诲可以教给弟子的吗？"常枞说："你即使不问，我也要告诉你。"

常枞说："经过故乡要下车，你知道这是为什么吗？"老子回答："经过故乡下车，是要我们不忘记故土、乡亲吗？"常枞说："嘿，对了。"

常枞说："经过乔木就要小步快走，你知道这是为什么吗？"老子说："经过乔木小步快走，是让我们敬重故老吗？"常枞说："嘿，对了。"

常枞张开嘴给老子看，说："我的舌头在吗？"老子说："在。"常枞说："我的牙齿在吗？"老子说："没了。"

常枞说："你明白这其中的道理吗？"老子说："舌头还在，是不是因为它柔软啊？牙齿没有了，是不是因为它刚强啊？"常枞说："嘿，对了。天下的事理已经被你说透了，我没有什么可以再对你说的了。"

原文：

齿亡舌存

常枞有疾，老子往问焉，曰："先生疾甚矣，无遗教可以语诸弟子者乎？"常枞曰："子虽不问，吾将语子。"常枞曰："过故乡而下车，子知之乎？"老子曰："过故乡而下车，非谓其不忘故耶？"常枞曰："嘻，是已。"常枞曰："过乔木而趋，子知之乎？"老子曰："过乔木而趋，非谓敬老耶？"常枞曰："嘻，是已。"张其口而示老子曰："吾舌存乎？"老子曰："然。"

---

① 于小植主编：《文化密码：中国文化教程》第2册，高等教育出版社2021年版，第154页。

"吾齿存乎?"老子曰:"亡。"常摐曰:"子知之乎?"老子曰:"夫舌之存也,岂非以其柔耶?齿之亡也,岂非以其刚耶?"常摐曰:"嘻,是已。天下之事已尽矣,无以复语子哉!"

——刘向《说苑·敬慎》

《道德经》第七十八章有云:"天下莫柔弱于水,而攻坚强者莫之能胜,以其无以易之。弱之胜强,柔之胜刚,天下莫不知,而莫能行",这是道家思想的集中体现,但是对于外国学习者来说并不容易理解,最好的方式是将"柔弱胜刚强"和《道德经》作为"文化常识"以中英双语呈现:

柔弱胜刚强

《道德经》第七十六章有云:"人之生也柔弱,其死也坚强;万物草木之生也柔脆,其死也枯槁。故坚强者死之徒,柔弱者生之徒。是以兵强则不胜,木强则折,强大处下,柔弱处上。"意思是:人活着的时候身体是柔软的,死了以后身体就变得僵硬。草木生长时是柔软脆弱的,死了以后就变得干硬枯槁了。所以坚强的东西属于死亡的一类,柔弱的东西属于生长的一类。因此,用兵逞强就会遭到灭亡,树木强大了就会遭到砍伐摧折。凡是强大的,总是处于下位,凡是柔弱的,反而居于上位。

Softness over Hardness

In the 76th chapter of *Taodejing* (*Classic of the Way of Power*), there is the idea that life is soft and death is hard. When plants are alive, they are soft and fragile; when they wither, they become hard and dry. Thus, hardness belongs to death, and softness sides with life. Generalizing the rule, over-aggressive military attacks can backfire, and strong trees will be chopped down. Instead of strong things, fragile ones often have the upper hand.

《道德经》

《道德经》又称《道德真经》《老子》《五千言》《老子五千文》,传说是春秋时期的老子(李耳)撰写的,是道家哲学思想的重要来源。道德经分上、下两篇,原文上篇《德经》、下篇《道经》,不分章,后改为《道经》三十七章在前,第三十八章之后为《德经》,并分为八十一章。《道德经》主要论述"道"与"德":"道"不仅是宇宙之道、自然之道,也是个体修行即修道的方法;"德"不是通常以为的道德或德行,而是修道者所应必备的特殊的世界观、方法论以及为人处世之方法。

　　哲学上，老子认为"道"是天地万物之始、之母，阴阳对立与统一是万物的本质体现，物极必反是万物演化的规律。伦理上，老子之道主张纯朴、无私、清静、谦让、贵柔、守弱、淡泊等因循自然的德性。政治上，老子主张对内无为而治，不生事扰民，对外和平共处，反对战争与暴力。这三个层面构成了《道德经》的主题，同时也使得《道德经》一书在结构上经由物理至哲学至伦理至政治的逻辑层层递进，由自然之道进入到伦理之德，最终归宿于对理想政治的设想与治理之道。也就是从自然秩序中找出通向理想社会秩序的光明正道。

Tao Te Ching

Tao Te Ching (*Classic of the Way of Power*), alternatively known as *Daode zhenjing* (*The Real Classic of the Way of Power*), *Laozi*, *Five Thousand Words*, or *The Five Thousand Words of Laozi*, is a significant source text of Taoism supposedly authored by Laozi (original name Li Er) of the Spring and Autumn Period. Originally, *Tao Te Ching* was divided into not chapters but two volumes known as *Daojing* (*Classic of the Way*) and *Dejing* (*Classic of Morality*). The book was later changed into an 81-chapter text comprised of a 37 – chapter *Daojing* and a 41 – chapter *Dejing*. "The Way" and "Morality" are the two major themes of *Tao Te Ching*. The former concerns not only the rules of nature and the world, but also the method of self-cultivation. The latter does not refer to the common concept of morality or ethics, but rather the world views, methodology and worldly wisdom necessary for the practitioner of Taoism. Philosophically, the Way is the mother of all under Heaven, the opposition and unification of *yin* and *yang* is the fundamental representation of everything in the world, and the rule underlying the evolution of all things is that, once extreme is reached, things will go in the other direction. In terms of ethics, Laozi advocated virtues that conform to natural rules, such as purity, selflessness, quietness, humility, valuing softness and fragility, as well as unassumingness. For politics, Laozi proposed two different approaches for the management of domestic and international affairs—internally, rulers should practice inactivity and try not to disturb their subjects; externally, a nation should endeavour to maintain peace with other countries and avoid war and violence. The three layers of content form the theme of *Tao Te Ching*, meanwhile forming a progressive hierarchy which extends from the physical world to philosophy, ethics, and further to politics. The book elevates the rules of nature to those of ethics and eventually formulates an idealized political world, thereby discovering a bright way to achieve ideal social orders from natural orders. ①

《山木》以故事的形式讲述庄子不以物役的智慧，以及无用之用乃为大用的立身之道，适合编入中级文化教材之中，试编的课文内容如下：

山木

庄子行走于山中，看见一棵大树枝叶十分茂盛，伐木的人停留在树旁却不去砍伐。问他们是什么原因，伐木者说："这棵树没有什么用处。"庄子说："这棵树就是因为不成材所以才能够终享天年啊！"

庄子走出山来，留宿在朋友家中。朋友高兴，叫童仆杀鹅款待他。童仆问主人："一只能叫，一只不能叫，请问杀哪一只呢？"主人说："杀那只不能叫的。"

第二天，弟子问庄子："昨日遇见山中的大树，因为不成材而能终享天年；如今这位主人的鹅，却因为不成材而被杀掉。先生你将如何立身自处呢？"

庄子笑道："我将处于成材与不成材之间。成材与不成材之间，好像与大道相似，但实际上并非如此，所以也不能免于拘束与劳累。假如能顺应自然而自由自在地漫游就不是这样。没有赞誉，没有诋毁，时而像龙一样腾飞，时而像蛇一样蛰伏，跟随时间的推移而变化，而不偏滞于某一方面。时而进取，时而退守，一切以和谐作为度量，优游自得地生活在万物的初始状态中。役使外物，却不被外物所役使。那么，又怎么会受到外物的拘束和劳累呢？这就是神农、黄帝的处世原则。至于万物的情理，人世伦理的传习就不是这样的。有聚合也就有分离，有成功也就有毁败；棱角锐利就会受到挫折，尊贵显赫就会受到非议，有所作为就会遭受亏损，贤能就会受到谋算，而无能也会受到欺侮。怎么可以偏滞于某一方面呢？可悲啊！弟子们记住了，凡事只有顺其自然啊！"

原文：

山木

庄子行于山中，见大木枝叶盛茂，伐木者止其旁而不取也。问其故，曰："无所可用。"庄子曰："此木以不材得终其天年。"

夫子出于山，舍于故人之家。故人喜，命竖子杀雁而烹之。竖子请曰：

---

① 于小植主编：《文化密码：中国文化教程》第 4 册，高等教育出版社 2024 年版，第 163~165 页。

"其一能鸣，其一不能鸣，请奚杀？"主人曰："杀不能鸣者。"

明日，弟子问于庄子曰："昨日山中之木，以不材得终其天年，今主人之雁，以不材死；先生将何处？"

庄子笑曰："吾将处乎材与不材之间。材与不材之间，似之而非也，故未免乎累。若夫乘道德而浮游则不然，无誉无訾，一龙一蛇，与时俱化，而无肯专为；一上一下，以和为量，浮游乎万物之祖，物物而不物于物，则胡可得而累邪！此神农、黄帝之法则也。若夫万物之情，人伦之传，则不然。合则离，成则毁；廉则挫，尊则议，有为则亏，贤则谋，不肖则欺，胡可得而必乎哉！悲夫！弟子志之，其唯道德之乡乎！"（《庄子·山木》）

主课文后面，可以以"文化常识"的形式用中英双语向学习者介绍"庄子"和其著名的"物物而不物于物"思想：

庄子

庄子（约前369年~前286年），姓庄，名周。战国时期伟大的思想家、哲学家、文学家。庄子在哲学思想上继承和发展了老子"道法自然"的观点，是继老子之后道家学派的重要代表人物，与道家始祖老子并称"老庄"。他们的哲学思想体系被思想学术界尊为"老庄哲学"。庄子主张"天人合一"和"清静无为"，他认为"道"是宇宙万物的本源，是客观真实的存在。他的代表作是《庄子》，该书是中国古代典籍中的瑰宝，无论是在哲学思想方面，还是在文学语言方面，都对中国历代的思想家和文学家产生了巨大而深远的影响，在中国思想史和文学史上都占有极重要的地位。

Zhuangzi (Master Zhuang)

Zhuangzi (369 BC – 286 BC), family name Zhuang, given name Zhou, was a great thinker, philosopher and literatus of the Warring States Period. As a representative figure of Taoism, Zhuangzi's philosophy inherited and developed Laozi's idea that "the Way is abstracted from Nature". Zhuangzi and Laozi, as well as their thoughts, are often mentioned together for their similarity. Zhuangzi advocated the "unification of Heaven and man" and "quiet non-action", and believed that the "Way" is an objective entity which gives rise to everything in the cosmos. With its profound philosophical and literary influence, his representative work, *Zhuangzi* is rightfully a gem among classic Chinese writings and enjoys a significant status in the Chinese history of ideas and literature.

物物而不物于物

语出《庄子·山木》。大意是役使外物，而不被外物所役使。在庄子哲学中，"物物而不物于物"一语概括了道家的"超越"精神，指向的是从"物于物"的生命困境到"物物而不物于物"的逍遥和自主境界，指出生命可以通过不断修持从"物于物"走向"物物而不物于物"。这是教导人们不要为外物所役，要做物的主人，而不是奴隶。这是一个包含深刻的哲学智慧和人文精神的哲学命题，这种"超越"思想，可以启迪现代人不为物质主义、拜金主义、享乐主义所役。

Be a master of material, not the other way round

This sentence is from the chapter "Mountain Wood" in *Zhuangzi*. In Zhuangzi's philosophy, this idea summarizes the Taoist spirit of "transcendence", which points towards a state of untroubled ease and life at one's own initiative. This sentence points out a clear path leading away from the predicament of the latter situation towards the joy of the former situation, given continuous self-cultivation. The idea behind the saying is that people should be the master of, not the slave to, material. This is a proposal full of philosophical wisdom and humanitarian spirit. The "transcendental" spirit comes as an enlightenment to people today, guiding us out of the mental shackles of materialism, money worship, and hedonism. [①]

初级文化教材和中级文化教材可以根据学习者的接受能力陆续介绍道家的代表人物和重要思想，在高级文化教材中可以对道家文化进行系统梳理和专章系统介绍，也可以将《道德经》的原文、译文、解读一并作为课文内容呈现，例如：

相反相成

天下皆知美之为美，斯恶已；皆知善之为善，斯不善已。故有无相生，难易相成，长短相形，高下相倾，音声相和，前后相随。

是以圣人处无为之事，行不言之教，万物作焉而不辞。生而不有，为而不恃，功成而弗居。夫唯弗居，是以不去。——《道德经·上篇·二章》

译文：

天下人都知道怎样算是美，这样就有了丑；天下人都知道怎样算是善，这样就有了不善。所以，实有与虚无相互滋生，难与易相辅相成，长与短相

---

① 于小植主编：《文化密码：中国文化教程》第 4 册，高等教育出版社 2024 年版，第 184～185 页。

互比较而显现，高与下相互依靠而存在，音与声相互应和而成曲调，前与后相互接随而成顺序。

因此圣人用无为的观点对待世事，用不言的方式施行教化，听任万物自然生长而不加以干涉。生养万物但不据为己有，养育万物但不仗恃己力，成就万物而不自居有功。正由于不居功，所以功绩不会离开他。

解读：

通过对常见的自然现象和社会现象的观察与研究，老子得出结论——世间万事万物都是相互依存、相互联系、相互作用的。他由此提出了朴素的辩证法思想，即对立统一这个永恒的、根本性的哲学法则。

为了进一步形象地说明这一理论，老子举出一些相互对立的概念，如善恶、美丑、有无、难易、长短、高下、前后等。这些相互对立的概念存在于人类社会生活的每一个角落，深刻影响着人们生活的方方面面。

在老子看来，事物的发展和变化，无不是由对立统一的矛盾催生出来的。对立着的两个方面互相依存，并能在一定条件下向其对立面转化。老子将这种变化看作是自然的本质。

老子认为，宇宙万事万物从产生至消亡，无不处于运动变化之中。可以说，除了"道"之外，宇宙间再无永恒不变之物。关于事物的运动变化，老子给出了"相反相成"的解释。他认为，事物都有自己的对立面，其对立面是其存在的前提条件。没有"有"，"无"也就无从说起；没有"难"，"易"也就没有着落，反之亦然。这是老子哲学中的精华部分。

面对这个矛盾对立的世界，人们该怎样做事呢？对此，老子给出了一个建议——无为。这里所说的"无为"不是什么也不干，而是以辩证法的思想指导人们的活动，使人们的活动能够顺应天道。老子提倡用不言的方式施行教化，听任万物自然生长而不加以干涉；养育万物但不仗恃己力，成就万物而不自居有功。[①]

围绕"道"和"反者道之动"可以编写文化常识如下：

道

"道"是中国古代极为重要的哲学范畴，同时也是极为重要的美学和诗学范畴。"道"的本义是人走的道路，引申为规律、原理、准则，以及宇宙

---

① 于小植主编：《文化密码：中国文化教程》第 5 册，高等教育出版社 2024 年版，第 54～55 页。

的本原、本体等意思。中国古代的道家和儒家都讲"道"，但内涵不同。

道家学说里，"道"的概念最早见于《道德经》，是老子哲学的中心范畴和最高范畴。从《道德经》全书看，"道"是宇宙的本体和生命，有以下几个性质和特点：第一，"道"是原始混沌；第二，"道"产生万物，所谓"道生一，一生二，二生三，三生万物"；第三，"道"没有意志和目的，所谓"道法自然"；第四，"道"自己运动，而非静止；第五，"道"是"无"与"有"的统一，所谓"天下万物生于'有'，有生于'无'。"

Tao

Tao is a very important philosophical category, as well as aesthetic and poetic categories of ancient China. The original meaning of the character is the paths that people walk on, then extended to mean laws, principles and norms, and the origin and ontology of the universe and so on. Both Taoism and Confucianism in ancient China talked about "Tao", but with distinctive implications. In Taoism, the concept of "Tao" first appeared in *Tao Te Ching*. It's the central as well as highest-rank category in the philosophy of Laozi. According to *Tao Te Ching*, "Tao" is the origin and ontology of the universe, having the following nature and characteristics: first, "Tao" is the primitive Chaos; two, "Tao" generates all—the so-called "One is the child of the divine law. After one comes two, after two comes three, and after three come all things" (translation by Xu Yuanchong); three, "Tao" doesn't have a will or purpose—the so-called "'Tao' is abstracted from what is beneath abstraction"; four, "Tao" is always in motion instead of in stagnation; five, "Tao" is the unification of "being" and "nothingness". As Laozi says, "Everything on the earth is generated by being, and being comes from nothingness."

反者道之动

"反者道之动"是老子的哲学命题，语出《道德经·下篇》第四十章。"反者道之动"的"反"有两层涵义：一指对立的两种事物之间的关系，即"相反"；二指事物向自己对立面转化的趋势。在老子看来，互相对立（相反）的事物，其间没有绝然的分界线，它们都会通过转化走向自己的反面，这种既对立又统一的运动过程，体现了"道"的运动规则。

"反者道之动"，肯定了事物向自己的反面转化（即自我否定）是合乎逻辑的运动，因而也合乎辩证法，这对中国古代朴素辩证法的发展产生过积极影响。

249

The contrary is the motion of Tao

"The contrary is the motion of Tao" is a philosophical proposition of Laozi. It comes from chapter 40 of *Tao Te Ching*. The "contrary" in "the contrary is the motion of Tao" has two layers of meaning: the first is the relation between two contrary objects, that is, being "contrary"; the second is the tendency of things transforming to their contrary. According to Laozi, there is no absolute boundary between opposite (contrary) things, because they will always turn to their opposites through transformation. This transformation, which is at once contrary and unified, embodies the law of the motion of "Tao". "The contrary is the motion of Tao", confirming that turning to one's contrary—which is self-negation—is logical motion, and so in accordance with dialectics, had a positive influence on the development of ancient Chinese naive dialectics. [1]

围绕道家的"无为而治"思想可以编写课文如下：

以正治国，以奇用兵，以无事取天下。吾何以知其然哉？以此：天下多忌讳，而民弥贫；民多利器，国家滋昏；人多伎巧，奇物滋起；法令滋彰，盗贼多有。

故圣人云："我无为而民自化；我好静而民自正；我无事而民自富；我无欲而民自朴。"——《道德经·下篇·五十七章》

译文：

用堂堂正正的方法来治理国家，用奇谋巧计来指挥打仗，用不扰害百姓的办法来治理天下，才能取得成功。我怎么知道是这样的呢？根据下面这些：天下禁忌越多，百姓就越贫穷；百姓的利器越多，国家就越昏乱；百姓的技巧越多，怪事就越增加；法令越繁苛，盗贼反而更多。

所以圣人说："我无所作为，百姓就自我化育；我爱好清静，百姓就自己端正；我不张罗折腾，百姓就自然富足；我没有过多欲望，百姓就自求淳朴。"

解读：

老子生活的时代，社会动乱不安，严峻的现实使他感到，执政者的胡乱

[1] 于小植主编：《文化密码：中国文化教程》第 5 册，高等教育出版社 2024 年版，第 60 ~ 63 页。

作为造成了天下"民弥贫""国有滋昏""盗贼多有"的混乱局面。对此，他将天道自然的思想应用到治理国家上，提出了"无为""好静""无事""无欲"的治国方略。

老子主张以正治国，以奇用兵。他认为，治国是对待本国的百姓，必须堂堂正正、实实在在。用兵则不然，它充满变数，因而要出奇制胜。

老子关心国计民生，重视"无为""质朴"，而把智巧当成导致社会混乱、盗贼多有的原因。客观地讲，老子并不是绝对地反对智巧，而是反对执政者用智巧统治国家、奴役百姓。

老子认为，仅仅通过控制、管理、禁止等手段，不能实现有效管理；"头痛医头、脚痛医脚"，反而会引发更多的问题。管理者最好洞察更本质的原因，并采取更多的治本措施。[①]

围绕"无为而治"和"道教"可以编写"文化常识"如下：

无为而治

"无为而治"是道家的治世主张。无为，即不违背事物的本然状态，顺其自然。无为而治，就是在治理国家时采取"无为"的做法。老子认为"道"作为万物本原和运动变化总规律，是自然无为的。人应该遵循"道"的自然无为法则。在老子看来，统治者越是政举繁苛地"有为"，百姓就越是不得安宁，国家就越难以治理。"民之难治，以其上有为，是以难治。"（《道德经·下篇·七十五章》）如果采取"无为"的做法，不以繁政苛举扰害百姓，百姓会纯朴自处，生活自然富足安定。

Govern by doing nothing

"Govern by doing nothing" is he governing proposition of Taosim. Doing nothing means letting things run naturally without resisting their natural states. "Govern by doing nothing" refers to taking the method of doing nothing when trying to govern a state. Laozi thinks that "Tao", as the origin of all and the highest law of the motions of all, is natural and actionless. Humans should follow the natural and actionless principle of "Tao". According to Laozi, the more frequent and severe political measures the ruler takes, the less peace people have, and the more difficult is the state to be governed. "The common people are not governable because of their ruler's actions. For this reason, they are not governable (Chapter 75, *Laozi*)". If

---

① 于小植主编：《文化密码：中国文化教程》第 5 册，高等教育出版社 2024 年版，第 64~65 页。

the ruler takes the method of "doing nothing", not interfering with and harming the common people with multiple, severe political measures, the people will stay simple and unsophisticated, and their life will be abundant and peaceful.

道教

道教是中国土生土长的宗教，大约形成于东汉末年，奉老子为教祖，以《道德经》为经典。道教对道家宣扬的"道"进行了宗教解释，认为通过修行，人就可以"与道合一"，最后得道成仙。其教徒称为"道士"。

道教祀神和做法事的场所叫作道观。现存著名的道观有北京白云观、成都青羊宫、湖北武当山紫霄宫、青岛崂山太清宫等。道教对中国古代哲学、文学、艺术、医学、药学、化学、天文、地理等领域曾产生过较大影响，是中国传统文化的重要组成部分。

Taoism

Taoism is a native-born Chinese religion. It was formed around the last years of East Han Dynasty. It worshiped Laozi as its ancestor, set up *Tao Te Ching* as the canon, and gave religious interpretation to the proposition of "Tao", believing that through practice, humans can become one with Tao, and finally attain immortality. Its followers are called "Taoist priests". The places for Taoists to offer sacrifice to gods and carry out ceremonies are called Taoist temples (guan). Some famous existing Taoist temples are Baiyun Guan in Beijing, Qingyang Palace in Chengdu, Zixiao Temple of Wudang Mountain in Hubei, and Taiqing Palace of Lao Mountain in Qingdao, etc. Taoism has had great influence on many fields in ancient China including philosophy, literature, arts, medicine, pharmacy, chemistry, astrology and geography and so on, being an important part of traditional Chinese culture. [1]

庄子和惠子濠梁观鱼的故事既生动有趣，又集中体现了道家思想，可以为高级阶段的外国学习者编写文化教材的课文如下：

知鱼之乐

庄子与惠子游于濠梁之上。庄子曰："儵鱼出游从容，是鱼之乐也。"惠子曰："子非鱼，安知鱼之乐？"庄子曰："子非我，安知我不知鱼之乐？"

---

① 于小植主编：《文化密码：中国文化教程》第 5 册，高等教育出版社 2024 年版，第 70 ~ 71 页。

惠子曰："我非子，固不知子矣；子固非鱼也，子之不知鱼之乐，全矣！"庄子曰："请循其本。子曰'汝安知鱼乐'云者，既已知吾知之而问我。我知之濠上也。"——《庄子·秋水》

译文：

庄子和惠子在濠水桥上游玩。庄子说："鲦鱼在河里游得多么悠闲自在，这就是鱼的快乐啊！"惠子问："你不是鱼，怎么会知道鱼的快乐？"庄子回答说："你不是我，怎么知道我不知道鱼的快乐？"惠子说："我不是你，当然不了解你；你也不是鱼，那你肯定也不知道鱼的快乐，这是完全可以肯定的。"庄子回答说："还是让我们顺着先前的话来说。你刚才说'你哪里知道鱼儿的快乐'，是在已经明白我知道鱼的快乐之后才来问我的，只不过是问我从哪儿知道的罢了，那我就告诉你，我是从濠水的桥上知道的。"

解读：

这是庄子和惠子濠梁观鱼的故事，后来被人们称为"濠梁之辩"。惠子即惠施，是先秦名家的代表人物，和庄子既是朋友，又是论敌。《庄子》一书，记载了他们之间的多场论辩，这是其中最著名的一场。

这场论辩究竟谁是谁非，谁输谁赢，历来仁者见仁、智者见智。名家研究逻辑，从逻辑上说，似乎惠施占了上风，因为人和鱼不同类，人怎么可能知道鱼的心理呢？但从审美体验上说，庄子似乎也有道理，人是可以通过观察动物的动作、表情感受它们的痛苦或快乐的。

另外，这场论辩也显示出两种不同的心态。庄子对外界的认识常带着观赏的态度，利用直觉来感悟生活，将主体的情感投射到外在事物上，会对外在事物产生移情。惠子则不然，他用分析的眼光来看事物，认为既然人和鱼不是同类，就很难了解对方的感受。庄子具有艺术家的心态，惠子则带有逻辑学家的性格；庄子偏向美学上的观赏，惠子则重在知识上的判断。①

可以把"仁者见仁，智者见智"和《庄子》以"文化常识"的形式呈现在文化教材中：

---

① 于小植主编：《文化密码：中国文化教程》第 5 册，高等教育出版社 2024 年版，第 72~73 页。

仁者见仁，智者见智

这句话出自《周易·系辞上》："仁者见之谓之仁，知者见之谓之知。"意思是仁义的人看到的是仁的方面，智慧的人看到的是智的方面。这句话常用来表示对于同一个问题，各人因观察角度不同而有不同的见解。

The benevolent see benevolence and the wise see wisdom

This sentence comes from *Zhouyi · The Great Appendix*, *Section One*："The benevolent see it and call it benevolence. The wise see it and call it wisdom." It means that the benevolent see the benevolent aspect, the wise see the wise aspect. This is used to explain that about the same issue, different people, because of their different perspectives, can have different views.

《庄子》

《庄子》不仅是一部道家思想的哲学著作，还是先秦时代艺术成就极高的文学著作，其突出特点是善用寓言论证说理。所谓寓言，就是隐含着哲理、教训、讽刺或寓意的短小故事。

比如，"庖丁解牛"的故事说明只有反复实践、掌握事物规律，做事才能得心应手；"井底之蛙"寓意人如果长期把自己束缚在狭小天地，就会变得目光短浅、自满自足；"东施效颦"的故事则讽刺了不顾自身条件而胡乱模仿、最终更加出丑的那些人。

Allegories in *Zhuang Zi*

Zhuangzi is not only a Taoist philosophical book, but also a literary work with high artistic achievement in pre – Qin period. Its outstanding characteristic is that it's good at arguing and reasoning with allegories. Allegories refer to short, concise stories that contain philosophical teachings or implied ridicule.

For example, the story "Paoding dismembering the ox" illustrates that only through repeated practice until one masters the laws of things can he do it with facility; The story "toad at the bottom of the well" implies that if one restrains himself in a small world for a long time, he will become shortsighted and self-complacent; The story "Dongshi mimicking the beauty" is a satire about those who imitate others regardless of their own conditions only to make a fool of themselves. [1]

如上所述，在高级文化教材中，因为学习者已经具备了较高的汉语水平，

---

[1] 于小植主编：《文化密码：中国文化教程》第 5 册，高等教育出版社 2024 年版，第 78～79 页。

"道家文化"可以作为独立单元分三课呈现，第一课由"反者道之动"入手让学习者了解美丑、善恶、有无等概念蕴含着相反相成、在一定条件下能够相互转化的道家观念；第二课通过"我无为，而民自化；我好静，而民自正；我无事，而民自富；我无欲，而民自朴"向学习者介绍道家"无为而治"的治国理念；第三课通过庄子和惠子的"濠梁之辩"让学习者了解道家的思辨传统。这样，基本上可以实现对于道家文化有层次、有逻辑的介绍。

儒家文化和道家文化之外，佛教文化也是中国文化教材需要有所提及的内容。很多外国学习者对佛教，特别是禅宗感兴趣，但是这方面的内容相对抽象，即使对于中国人来说，理解起来也具有一定的难度，李泽厚曾解释过禅宗的三种境界，"第一境是'落叶满空山，何处寻行迹'，这是描写寻找禅的本体而不得的情况。第二境是'空山无人，水流花开'，这是描写已经破法执我执，似已悟道而实尚未的阶段。第三境是'万古长空，一朝风月'，这就是描写在瞬刻中得到了永恒，刹那间已成终古。在时间是瞬刻永恒，在空间则是万物一体，这也就是禅的最高境地了。"[①] 类似的内容对于初级或中级汉语水平的学习者来说，不容易理解，但佛教作为中国文化重要的组成部分，又需要在文化教材中有所呈现，这就要求编写者尽量选择相对容易理解的内容编入文化教材之中。

方立天的《中国佛学思想精华》一文提出"缘起因果，求智修善，平等慈悲，中道圆融"是中国佛学的思想精华，文章言简意赅；楼宇烈的《正确认识佛教》一文，用浅显易懂的语言讲述了禅宗的问题；吴言生的《六祖慧能的传奇一生》一文故事性强，生动有趣。这三篇都比较适合作为对外文化教材的素材使用，但需要对文章进行删改，降低难度，例如，下文是为了适于外国学习者学习而删改后的成果：

中国佛学思想精华

中国佛教哲学体系的理论基石是缘起论，认为宇宙一切事物都是因缘聚合而生，因缘散失而灭。佛教在终极世界观上，是无神论的，而在信仰实践上，则是多神的，有十方诸佛菩萨、护法神灵，是多元而开放的信仰崇拜体系。佛教主张人人皆有佛性，只要不懈追求智慧，勤修善行，人人都可以觉悟成佛。

中国佛学思想的精华是：缘起因果，求智修善，平等慈悲，中道圆融。

缘起　缘起论自身包含着两个重要的理念："关系"和"过程"。缘起论认为事物是诸多因素的组合，凡事都是一种关系；既是关系组合，就是不

---

① 李泽厚：《中国古代思想史论》，三联书店 2017 年版，第 191 页。

断运动变化的，也即凡事都是一个过程。缘起论逻辑地肯定世界的多样性，肯定世界的多极格局，由此也必然提倡多边合作、和谐共赢的主张，也必然否定自我中心和单边主义的思维。

因果 由缘起直接推导出因果观念和因果法则，即有因必有果，有果必有因。这一法则，反映在伦理方面，则有善有善报、恶有恶报的惩戒规条。佛教强调因果相连，要求人们的行为必须考虑带来的后果，善恶有报。同时佛教的因果强调"自作自受"，强调了个人的主体性及其道德责任。

求智 佛教并不神秘，佛也是人，是"觉悟"了的人，是了解事物的真相，通晓缘起法则及事物的来龙去脉的觉悟者。佛教就是要给人智慧，给人办法，去解决人生面临的诸多烦恼、痛苦。

平等 佛教的平等观是基于缘起的学说，是建立在因果平等上的——众生与佛同具成佛的因"真如佛性"，也同能成就佛果，进入涅槃境界。由此又肯定人与人之间的平等、不同种类众生之间的平等，乃至众生与"无情"（山川大地、草木花卉等无情感意识的事物）之间的平等。

慈悲 这是与平等观念直接联系着的理念，是大乘佛教提倡的对众生的平等一如的深切关怀。慈是给众生以快乐，悲是拔除众生的痛苦。慈与悲结合在一起的心愿，即慈悲心，是维护众生平等、建设和谐世界的重要心理基础。

中道 中道被认为是认识事物的中正之道，也被认为是反映事物的实相，即最高真理。在修持上，远离苦行与快乐两端的不苦不乐中道，被视为正确的道路。中道思想是佛教能够兼容并蓄、协和诸方、适应变化的方法论基础。

圆融 圆融是中国佛教宇宙观和真理观的重要理念，同样是能够兼容和谐、调和适应的方法论基础。圆融要求尊重事物的不同因素，尊重差异各方的共存共荣。

佛教具有丰富的哲学范畴体系，在世界观、个人修养、人际关系、思维方式等方面都具有现代价值，是当今世界文明不可或缺的组成部分。①

如何正确认识禅宗

现在有很多人想了解佛教，特别是想了解禅宗，对于禅宗大家常常觉得把握不定。其实禅并不是彼岸世界的东西，禅就在我们中间，禅并不是很神

---

① 摘编自方立天：《中国佛学思想精华》，载于《中国民族报》2010年6月22日，为了配适外国学习者的接受水平，对该文章进行了删改。

秘的东西，禅就是我们日常的生活、言论、行为、思想。

有人问学禅有没有一个次第、一个道路可循？有。就是三句话。第一句就是"做本分事"。做本分事是赵州和尚在接引学人时讲的一句话。他的弟子不明白什么叫"做本分事"，他就解释说："树摇鸟散，鱼惊水浑"，树一摇动，鸟就飞散了；水里的鱼一惊动，水就浑了，这是很普通的事情。

有人听了不解，会问："既然你已经这样了，那你要修什么呢？"但这正是佛教所讲的"无修之修"。禅不是要让我们离开现实世界去幻想一个什么样的境界，而是就在现实生活中让你去体认你的自我。学人们经常会问这样的问题："你有什么办法帮我解决种种烦恼啊？帮我解脱掉绑在我身上的种种绳索啊？"很多禅宗祖师们在回答他们的时候，就会反问："谁绑住你了？"没有人绑住你，是你自己绑住你自己的，所以禅宗的第一个宗旨就是"自性本来清净、原无烦恼"。

第二句话是"持平常心"。这句话和前一句话是相通的，但是它对你的要求又提高了一步。平常心就是该做什么做什么，不动心，不起念。禅宗公案里有这样一个故事，有人问一个禅师："你平时修炼不修炼啊？"他说："当然修炼了。"又问："你怎么修炼啊？"他说我是"饥来吃饭，困来睡觉"。别人就纳闷，说你这也叫"修"吗？他说当然是修了，有多少人是吃饭的时候不好好吃，百般的思虑啊，睡的时候不好好睡，千般计较啊。

我常常讲一个故事，宋代的著名文学家苏东坡，他对禅学有很深的造诣。他跟佛印禅师关系相当好，平时经常来往。有一次苏东坡坐船过江去看望佛印，恰好碰到佛印不在寺庙里，他就一个人在寺庙里转悠，看到大雄宝殿里的佛像十分庄严，他就写了一首诗："稽首天中天，毫光照大千，八风吹不动，端坐紫金莲"。他写完自己觉得很得意，就交给小和尚。佛印回来看到这首诗，提起笔来在上面题了两个字："放屁！"就让这个小和尚给苏东坡送回去。苏东坡一看马上坐船去找佛印禅师，要跟他辩辩理。佛印就跟他说，你不是"八风吹不动"吗？我这么一屁怎么就把你打过江来了呢？

第三步就是"成自在人"。所谓"自在"，就是自由自在。做"自在人"是佛教所追求的最高境界，佛教里描写的佛、菩萨他们所追求的就是一种大自在的境界。《心经》的第一句就是："观自在菩萨，行深般若波罗密多时，照见五蕴皆空，度一切苦厄。"那么怎样才能成自在人呢？什么是大自在境界？禅宗里也有描写，就是"终日吃饭未曾嚼着一粒米，整日行走未曾踏着一片地。"禅宗讲你心净了，才能佛土净，心不净到哪都躲不掉。所以在这个花花世界里，如果你能做到对境不起心、不起念、不着相，那你就自在了。①

六祖慧能的传奇一生

慧能年轻时父亲去世，家境贫寒，靠打柴卖柴来养活母亲。有一天他听到买柴的客人说弘忍大师正在黄梅东山寺给大家讲《金刚经》，便安顿好母亲，前往黄梅拜见弘忍。

当弘忍知道他是从偏远的新州来的时候，就故意考他："你从蛮荒之地而来，是个南蛮，难道也想成佛？"慧能毫不胆怯地说："人的出生地虽然有南北的不同，但每个人的佛性都一样。人虽分南北，成佛不分南北！"

弘忍听了，心中暗喜，却不露声色，让他到碓房去干活。碓房就是舂米的作坊。慧能的身子轻，就在腰里绑了块石头，来增加身体的重量，这样在舂米的时候，就可以很方便地把杠杆压起来舂下去。就这样，慧能在碓房老老实实地做了八个月的活。

这一天，五祖为了考验弟子们禅学水平的深浅，好物色一个接班人，就让每个人写一首偈子呈上来。当时神秀担任上座，上座在寺院里是仅次于住持的位置。神秀才华杰出，大家都很服他，想着这个继承人是非他莫属了。神秀果然不负众望，写了一首偈子说：

身是菩提树，心如明镜台，时时勤拂拭，勿使惹尘埃！

这首偈子被书写在墙上，虽然没有署名，大家都知道是谁写的，很快，这首偈子就传遍了全寺。弘忍看了后，对大家说："后世如果能依照这首偈子修行，也能得到殊胜的果实，你们要好好念诵它！"

当时慧能正在碓房干活，听了大家纷纷念诵这首偈子，认为它还不够彻底，就让人把自己的偈子写在壁上。偈子说：

菩提本无树，明镜亦非台；本来无一物，何处惹尘埃！

弘忍大师见了这首偈子，就在慧能的头上轻轻地拍了三下，慧能知道师父的意思，在这天半夜三更的时候来到方丈室，弘忍把袈裟脱下来遮住蜡烛的光，秘密地给慧能传授了禅法，并把衣钵传给了慧能。弘忍考虑到其他弟子对这个位置看得很重，怕引起争执，担心慧能的安全，就送他到九江渡口，让他连夜往南方走。弘忍说："我来渡你过去。"慧能说："迷时师渡我，悟时我自度。"弘忍知道他的修行已经成熟，心里很踏实。

慧能遵从师父的教导，回到广东，隐遁于四会、怀集。十余年后，来到

---

① 摘编自楼宇烈：《正确认识佛教》，载于《菩萨在线》，2014年8月18日，为了配适外国学习者的接受水平，对该文章进行了删改。

广州法性寺，看见寺院前挂着旗幡，有两个僧人在辩论。一个说："是风在动。"另一个说："是幡在动。"两人争得面红耳赤，互不相让。慧能说："不是风动，不是幡动，是仁者心动！"两人听了，大吃一惊，觉得这个人的水平实在了得，连忙报告给印宗法师。印宗法师把慧能请到寺内，问："我早听说弘忍大师的禅法传到南方来了，莫非您就是他的传人？"慧能说："正是。"然后就把袈裟和钵拿了出来，大家见了，纷纷礼拜，请求慧能说禅。就这样，慧能正式出山说禅。①

其中，六祖慧能所做的偈："菩提本无树，明镜亦非台，本来无一物，何处惹尘埃。"② 以及"时有风吹幡动，一僧曰风动，一僧曰幡动，议论不已。慧能进曰：'不是风动，不是幡动，仁者心动。'"③ 在《六祖坛经》中也有记载，六祖慧能的故事是佛教智慧和境界的集中体现。

此外，几年前，一首与佛教相关的题为《那一天》的爱情诗感动了许多中国人，被谱曲后由降央卓玛演唱，歌声动人心魄，爱情是世界文学的母题，容易引发外国学习者的共鸣，因此这首诗也适合编入对外文化教材中：

> 那一天
> 我闭目在经殿香雾中
> 蓦然听见你颂经中的真言
>
> 那一月
> 我摇动所有的转经筒
> 不为超度
> 只为触摸你的指尖
>
> 那一年
> 我磕长头匍匐在山路
> 不为觐见
> 只为贴着你的温暖

---

① 摘编自吴言生：《六祖慧能的传奇一生》，见《凤凰佛教综合》，2016 年 1 月 18 日，为了配适外国学习者的接受水平，对该文章进行了删改。

② （唐）惠能著，陈国勇主编：《六祖坛经》，广州出版社 2004 年版，第 5 页。

③ （唐）惠能著，陈国勇主编：《六祖坛经》，广州出版社 2004 年版，第 7 页。

那一世

我转山转水转佛塔啊

不为修来生

只为途中与你相见

在佛教文化部分，应该让外国学习者对以下"文化常识"有所了解：

大乘佛教

佛教中用马车来比喻度众生的工具，大乘是大的车乘之意。在佛教声闻、缘觉、菩萨的三乘教法中，菩萨乘（或佛乘）为大乘教法。小乘佛教是以自我完善与解脱为宗旨；大乘佛教的精神是利益众生，把将众生在苦难中解救出来。中国汉地佛教，自隋唐以来，一直以大乘佛教为主。

Mahayana

The wagon is the Buddhist symbol for the tool for mass salvation, hence the name Mahayana (the "Great Vehicle"). Of the "Three Vehicles" in Buddhism-the Shravakayana (the "Vehicle of Listeners"), the Pratyekabuddhayana (the "Vehicle of the Self-Awakened Ones") and the Bodhisattvayana (the "Vehicle of the Bodhisattva") or alternatively known as Buddhayana (the "Vehicle of the Buddha"), the last one belongs to the Mahayana tradition. Contrary to the Hinayana (the "Little Vehicle") tradition, which aims at self-fulfilment and extrication, Mahayana Buddhism pursues the greater good and mass salvation. Ever since the Sui and Tang Dynasties, Mahayana has been the Buddhist tradition most widely practiced in China.

禅宗

禅宗是中国佛教宗派之一，以专修禅定为主。南朝宋末菩提达摩由天竺（古代印度）来中国传授禅法而创立。至五祖弘忍门下，禅宗分成北方神秀的渐悟说和南方慧能的顿悟说两宗，时称"南能北秀"。但北宗数传即衰，后只有南宗盛行，成为禅宗正系。唐朝后期禅宗几乎取代其他宗派，禅学成为佛学的代名词，影响了宋明理学。禅宗主张不立文字，教外别传，直指人心，见性成佛。

Zen Buddhism

Zen Buddhism is one of the Chinese branches of Buddhism focusing on Zen meditation. Zen Buddhism was established by Bodhidharma when he travelled from

Sindhu（today's India）to China to teach Buddhism in late Southern Song Dynasty. Passed onto the Fifth Patriarch Hongren，Zen Buddhism split into the Gradual Enlightenment branch formulated by Shenxiu in the North and the Sudden Enlightenment branch formulated by Huineng in the South，known at the time as "Neng in the South and Xiu in the North". The northern branch declined after several generations，while the southern branch prevailed and became the orthodox. By late Tang Dynasty，almost all other Buddhist branches were replaced by Zen Buddhism，and Zen became synonymous with Buddhism and influenced the Neo-Confucianism of the Song and Ming Dynasties. Zen Buddhism passes on Buddhist teachings not through text，but through resonance of the heart. Zen Buddhism stresses the uniqueness of this branch as opposed to the other Buddhist branches；it also advocates that once one sees the true nature of oneself，one becomes the Buddha.

《金刚经》

《金刚经》全称《金刚般若波罗蜜经》，是大乘佛教的重要经典之一，也是中国禅宗所依据的重要经典之一。般若，梵语，意为智慧；波罗蜜，梵语，意为到达彼岸。以金刚比喻智慧之锐利、顽强、坚固，能断一切烦恼。《金刚经》采用对话体形式，是如来世尊释迦牟尼在世时与长老须菩提等众弟子的对话纪录，由弟子阿傩记载。

The Diamond Sutra

The *Diamond Sutra*，or the *Vajracchedika Prajna Paramita Sutra* in full，is an important classic of Mahayana and also one that Chinese Zen relies on. In Sanskrit，"Prajna" stands for wisdom，and "Paramita" means reaching the other shore. The diamond image is used to symbolize the sharpness，perseverance and strength of wisdom，as well as its power to put an end to all afflictions in life. Written in dialogue form，the *Diamond Sutra* documents the conversations between Buddha Shakya Mani and his disciples such as Elder Subhuti，as recorded by disciple Ananda.

偈语

偈语，即偈颂，是佛经中的唱词。通常由四句组成，即一种略似诗的有韵文辞，兼具文学的形式与内容，读来朗朗上口。偈语是僧人读佛经后写的读后感，或在修行的实践中得到体悟后写成的语句。

Gatha

Gathas, or verses, are the script for Buddhist chanting. Each gatha is usually written in four-line stanzas in poetry-like rhyming verse. They resemble literature in both form and content, and there is often a musicality to them. Gathas are produced by monks as reading reflections of Buddhist classics or the feelings after religious practice.

佛教公案

佛教公案为禅宗独有。公案，原意指官府用以判断是非的案牍。由此转而为佛教禅宗用语，即指佛教禅宗祖师、大德在接引参禅学徒时所作的禅宗式的问答，或某些具有特殊启迪作用的动作。此类接引禅徒的过程，往往可资后人作为判定迷悟的准绳，犹如古代官府的文书成例，所以叫作公案。

Buddhist Cases

Buddhist cases are unique to Zen Buddhism. Cases are originally official documents feudal governments referred to when making legal judgments. The word "case" later evolved into a Zen Buddhist term, standing for the Q – and – A – style conversations or some specific illuminating gestures Zen masters make while receiving their disciples. Such "cases" are consulted by later generations as yardsticks for judging how far one is from true revelation, just in the way governments in ancient times based their judgment on legal documents.

墨子提出的"兼爱非攻"主张和墨家的科技思想不仅领先于他们所处的时代，对当今中国乃至世界仍然具有启发意义，因此，墨家文化也是文化教材之中不可或缺的内容。围绕墨子的"兼爱"思想和科技思想，试编课文如下：

春秋无义战，战国还要严重。楚国在战国时代是南方第一大国。但因偏居南方，长久以来一直想问鼎中原。楚要北进得先灭宋国，因此两国间战争不断。和前几代楚王一样，楚惠王仍然想大举攻宋。为了提高军队的攻城能力，惠王请来了最有名的工匠公输般。

公输般就是鲁班，后被奉为木匠的祖师爷。楚宋战争在即，鲁班得到楚惠王重用，当了楚国大夫，替楚国设计了新武器云梯。正当鲁班积极准备攻宋时，有一个人却反对这场恃强凌弱的战争，这个人就是墨子。

墨子是鲁班的老乡好友。当他听说楚要攻宋，做了两手准备，一是派三百名墨家弟子——墨者先携带守城器具去宋国严阵以待，做好打的准备；同时自己一个人风尘仆仆从鲁国出发，赶往楚都。墨子一路艰辛，鞋底也磨出了大窟窿，脚底都是血泡，如此走了十天十夜后赶到楚都郢。鲁班见到墨子，问他为什么来了？墨子说："有人侮辱了我，想托你去杀掉他。"鲁班忍不住发怒了，说自己信奉仁义，从不杀人。墨子说："我在北方听说你造了云梯，要去攻宋。宋没有罪，却要攻他，不能说是仁。"鲁班说不出话，只能点头。墨子追问，"那能不能不要攻打宋国了呢？"鲁班说："不行，我答应了楚王，要帮助他攻宋，怎么可以不讲信用呢？"墨子看他为难，请求引荐到楚王那里，鲁班答应了。

墨子见到楚王，说有这么一个人，放着自己家里漂亮的车子不要，打算去偷邻居的破车子，这是什么人呢？楚王说这人有病，好偷东西。墨子又说，楚国方圆五千里，宋方圆五百里；楚富有而宋贫穷，楚如果攻宋就像有偷窃病。如果一定要打，不仅丧失道义也注定失败为人耻笑。楚王一听说，"先生说得好。但是鲁班已造好了先进的武器，我有把握打下宋都。"墨子说，"那未必，他能攻我能守，你未必能讨得到便宜。"接下来当场演示，墨子和鲁班各拿着木片，像下棋一般，开始斗起来了。鲁班用一种方法攻城，墨子用一种方法守城，连用九招，鲁班没招了，墨子却还有招。

鲁班看着墨子，说："我知道怎么对付你，但是，我不说。"墨子也看着鲁班，说："我也知道你用什么办法来对付我，我也不说。"楚王糊涂了。墨子说："大王，鲁班的意思无非是把我杀了，就没人帮助宋国守城了。但是我的学生禽滑厘早已带了三百弟子守在宋都城上恭候了。"楚王于是决心放弃攻宋，一场迫在眉睫的大仗终于消弭于无形。①

墨家科技思想

先秦诸子中，墨家最重视科学研究和技术应用，其科技思想在当时独领风骚。英国著名学者李约瑟在《中国科学技术史》中这样评价墨家的科学技术成就："完全信赖人类理性的墨家，明确奠定了在亚洲可以成为自然科学的基本概念的东西"。

先秦诸子百家中，各家学派对于科学技术多持排斥的态度，而墨家则不然，墨家学派重视对自然科学的研究和对应用技术的探讨，形成了丰富的科技思想。

墨家的科技思想，与墨子及其弟子丰富的科学实践活动分不开，体现了

---

① 参见钱文忠：《班墨传奇》，根据百家讲坛 2009 年第 311 期节目内容进行了配适外国学习者接受水平的删改。

科学理论与科学实践的有机结合。墨家学派的创始人墨翟一身兼具经验家、技术家、工匠和科学理论家的素质和品格。他在力学、光学、数学、逻辑学等方面都进行过一定的研究，已经有意识地开展了一些科学观察和实验活动。墨子是手工机械制造的能手，会造车，善造守城器械，熟悉生产技术工艺，有丰富的科学技术知识。《韩非子·外储说》记载墨子砍削做出的飞鹰飞上高空，几日不落。《墨子·公输篇》记载，公输班是当时制造器械的高手，但是在与墨子的比赛中却甘拜下风。

墨家的科技思想，以生产实践为基础，以概念和理论分析为手段，既有浓厚的实践性、实用性，又有一定的抽象性和理论性。墨家科技思想的核心是"为天下兴利除害"，主张从有利于人民生产、生活的功利主义价值观出发，研究利用自然法则。《墨经》总结了辘轳、滑车、车梯等器械的工作原理，提出利用杠杆、斜面移动重物，提高生产效率，减轻体力劳动。墨子说："故所为功，利于人谓之巧，不利于人谓之拙。"墨家认为衡量手工技艺、发明创造的价值，是看其是否有利于人民的生产和生活，即所谓"功，利民也"。

在中国古代科技发展史中，不乏重大的科技发明，但是却缺少在科学实验的基础上进行理论探索和归纳的思维。墨家既能从实践中获得丰富的科学技术资料，又能对科学技术资料进行系统理论研究，并在科学研究活动中引入实验的环节，如光学投影、小孔成像实验，虽然比较粗糙，但表明墨家已建立了初具结构的科学活动过程。胡适在《中国哲学史大纲》中就曾说："墨家论知识，注重经验，注重推论。看《墨辩》中论光学和力学的诸条，可见墨家学者真能做许多实地实验。这是真正的科学精神，是墨学的贡献。"①

编写"文化常识"如下：

墨子

墨子（约前468～前376），名翟，春秋战国之际思想家、政治家，开创了墨家学派。他提出了"兼爱""非攻""尚贤""尚同""天志""明鬼""非命""非乐""节葬""节用"等观点。墨子曾学儒术，因不满其繁琐的"礼"，另立新说。反对儒家的"天命"和"爱有差等"说，力主"兼相爱，

---

① 摘编自陶贤都：《墨家科技思想》，载于《光明日报》2008年10月21日，为了配适外国学习者的接受水平，对该文章进行了删改。

交相利"。他的"非攻"思想，体现了当时人民反对掠夺战争、渴望和平的意向。墨子本人更有"摩顶放踵，利天下为之"的实践精神。现存《墨子》五十三篇，是研究墨子和墨家学说的基本材料。

Mozi（"Master Mo"）

Mozi（c. 468 BC – 376 BC）, given name Di, was a thinker and statesman during the Spring and Autumn Period. As the founder of Mohism, he formulated various doctrines, including "Inclusive Care", "Rejecting Aggression", "Elevating the Worthy", "Conforming Upward", "Heaven's Intention", "Elucidating Ghosts", "Rejecting Fatalism", "Rejecting Music", "Thrift in Funerals ", and "Thrift in Utilization". Mozi was once a student of Confucianism, but he was not content with its overelaborate "etiquette" and thus established a new thought tradition. Mozi opposed the Confucian views of "fate assigned by Heaven" and the "hierarchical nature of love" and advocated "universal love and benefits". His "rejecting aggression" philosophy reflected people's resistance for war and pillage and their hope for peace. Mozi himself was deeply involved in the practice of these values— "even though I am bruised from head to heel, I will keep doing my deeds as long as they can benefit the people". The 53-chapter text known as *Mozi* is the basic material for research on Mozi and his philosophy.

墨家巨子

墨家学派有严密的组织，严格的纪律，其首领称为"巨子"。下代巨子由上代巨子选拔贤者担任，代代相传。巨子要以身作则，实行"墨者之法"。墨门子弟必须听命于巨子，践行墨家的主张。墨子本人可能是第一任巨子。

Mohist Juzi（Mohist Leader）

As a philosophical school with rigorous organization and strict discipline, Mohism adopted a selection system for leader appointment. Each leader（"*Juzi*"）appointed the most promising disciple as his successor, and so the title passed on for generations. *Juzi* need to set personal examples for their disciples and practice the "Mohist Law"; on the other hand, the disciples ware obliged to obey *Juzi*'s orders and practiced Mohist ideals. Mozi himself was possibly the first ever *Juzi*.

不仅佛教文化的机锋禅趣和缘起性空的观世态度可以使外国学习者对中国文化具有更加丰富立体的了解，墨子提出的"兼爱非攻"主张、墨家的科技思想、《易经》中的"变动不居"思想都是中国智慧的集中体现，对当今中国乃至世界仍然具有启发意义，是对外文化教材中不可或缺的内容。

文化教材对于"中国智慧"的呈现方式不应是枯燥的说教，而是可以通过王戎识李、郑相却鱼、陶母退鱼、曾子杀猪等有趣的文化故事来表现。王戎识李是《世说新语》中记载的一个故事："王戎七岁，尝与诸小儿游，看道边李树多子折枝，诸儿竞走取之，唯戎不动。人问之，答曰：'树在道旁而多子，此必苦李。取之，信然。'"① 这个王戎识李的故事，体现了一种"见山不是山"的智慧。根据这个故事，可以在高级文化教材中编写这样的课文：

王戎识李："见山不是山"的智慧

王戎是三国至西晋时期的名士，也是著名的"竹林七贤"之一。在他七岁时，有一天和一群小朋友出去玩。突然，路边有一棵树吸引了大家的注意，因为这棵树上结满了李子。小伙伴们一哄而上，抢摘李子准备拿来吃，只有王戎一动不动，静静地看着小伙伴。

旁边有个大人感到奇怪，问王戎："你为什么不去摘李子啊?"王戎说："李子树长在路边，满树的李子，居然没有人摘，一定是不能吃的苦李子。"

后来，小伙伴们尝了一口摘下来的李子，果然是苦的。

王戎识李的故事告诉我们，遇到事情不要盲目行动，要多思考，学会观察分析。只有看到事情的本质，才能做出正确的选择。

中国人常说做人要"见山不是山，见水不是水"。这句话来自唐朝禅宗大师青原惟信的感悟。在大师看来，很多表面现象的背后都隐藏着规则或本质，眼花缭乱的表象很容易让人迷惑，陷入痛苦与挣扎。

大师提醒世人，要用心体会这个世界，对一切多一份理性与现实的思考。就像王戎那样，只要看到表象背后更大的存在，做出正确的判断就并不困难。

富含中国智慧的中国古代小故事生动有趣，非常适合作为对外文化教材的素材使用中，为了配适外国学习者的汉语水平，可以把古代故事的白话文翻译作为主课文，把原文附在白话文的后面，例如：

郑相却鱼

从前，有人赠送鱼给郑国的宰相，郑国的宰相没有接受。有人问郑国的

---

① （南朝宋）刘义庆：《世说新语·雅量》，见朱孟娟编译、支旭仲主编：《世说新语》，三秦出版社2018年版，第58页。

宰相，说："你平时爱吃鱼，为什么不接受别人赠送的鱼呢？"郑国的宰相回答说："我爱吃鱼，因此不能接受鱼。如果接受别人赠送的鱼会让我失去官职，没有俸禄，以后就无鱼可吃了；如果我不接受，清廉为官，就可以保住我的官职，我一辈子都可以吃鱼。"

原文：

昔者，有馈鱼于郑相者，郑相不受。或谓郑相曰："子嗜鱼，何故不受？"对曰："吾以嗜鱼，故不受鱼。受鱼失禄，无以食鱼；不受得禄，终身食鱼。"

选自刘向《新序·节土》

陶母退鱼

陶侃青年时代做管理河道及渔业的官吏，曾经派官府里的差役把一坛腌鱼送给度母亲。陶侃的母亲将送来的腌鱼封好交还给差役，写了一封回信责备陶侃，信中写道："你身为官吏本应清正廉洁，却用官府的东西作为礼品赠送给我，这样做不仅没有好处，反而增加我的忧愁。"

原文：

《世说新语·贤媛第十九》记载：陶公少时，做鱼梁吏。尝以坩鲊饷母。母封鲊付吏，反书责侃曰："汝为吏，以官物见饷，非唯不益，乃增吾忧也！"

选自《世说新语·贤媛第十九》

曾子杀猪

曾子的妻子要到集市去，她的儿子跟在她后面边走边哭。曾子的妻子对儿子说："你先回家，等我回来后杀猪给你吃。"妻子从集市回来后，曾子就想抓只猪准备杀了它，妻子制止他说："刚才我只不过是跟小孩子闹着玩的罢了。"曾子说："小孩子是不能和他闹着玩儿的。小孩子是不懂事的，要依靠父母而逐步学习，听从父母的教诲。现在你欺骗他，是教他学会欺骗。要是母亲欺骗儿子，儿子就不会再相信自己的母亲了，这不是正确教育孩子该用的方法。"于是曾子就杀猪、煮猪给孩子吃了。

原文：

曾子之妻之市，其子随之而泣。其母曰："汝还，顾反为汝杀彘。"妻适市来，曾子欲捕彘杀之，妻止之曰："特与婴儿戏耳。"曾子曰："婴儿非与戏耳。婴儿非有知也，待父母而学者也，听父母之教。今子欺之是教子欺也。母欺子，子而不信其母，非所以成教。"遂烹彘也。

选自《韩非子·外储说上》

变动不居也是重要的中国智慧，《易经》是这种智慧的集中体现。张其成在中央电视台《文明之旅》节目中讲的《〈易经〉里的人生智慧》可以作为高级文化教材中"变动不居"智慧的素材：

《易经》里的人生智慧

《易经》是非常奇妙的一本书。在人类轴心期时代，只有一本书是由符号系统与文字系统共同构成的，那就是《易经》；在中国文化历史上，只有一本书是为儒家和道家共同尊奉的，那就是《易经》；在中国科学文化发展进程中，只有一本书对人文和科学都产生过重大影响，那就是《易经》。

《易经》是华夏文明的总源头，是中华文化的聚集点！

《易经》是诞生于3 000年前的哲学经典，这部经典包括乾卦、坤卦等64个卦象，解释了宇宙万物发展变化的规律。几千年来，《易经》中的这个核心思想对于儒、释、道等学派都产生过巨大影响。

《易经》所有的智慧，都可以用"易"一个字来概括。"易"字的意思是蜥蜴，蜥蜴也叫变色龙。因为蜥蜴这个动物它随着光照不同，一天到晚会变，所以易就有"变"的意思。原来的易字加了"虫"字旁，和"易"构成古今字。所以《易经》就讲三个"易"，第一就是变易，世间万物都是变的。

我们都知道一句名言："失败是成功之母"，《易经》却让我们认识到万事万物都是在变的，成功当中潜伏着危机，它会变成失败。《易经》中有一个卦专门讲成功的，叫既济卦。这个卦上面是水，下面是火。上面三根爻，是阳在中间，两边是阴的，它是外面是柔，里面是刚，那是代表水，表明水是内刚外柔。下面离卦恰好相反，外面是阳的，里面是阴的，也就是外面是实的，中间是空的，那就表示火。这个卦上面是水，下面是火，水可以把火灭了，这个表示成功了。但是这个卦辞是这么说的："初吉终乱"，《易经》告诉我们变化的规律就在这里，成功当中潜伏着危机，它会变成失败，所以成功也是失败之母。

《易经》除了讲变易之外，还讲不易。什么是不变的呢？宇宙大规律是不变的。一年四季春夏秋冬，每日太阳东升西落的规律都是不变的。另外还有一个规律是不变的，"月满则亏，水满则溢"。乾卦就讲了这个规律。它六根爻代表了六个时空点，六个阶段。它是从下往上的，最到上面那已经是最高了。上九叫"亢龙有悔"，要反悔，要回过来，避免月满则亏，水满则溢。《易经》告诉我们，万事万物中不变的就是宇宙大规律。当人们顺应规律来做事的时候，就会处在顺境；反之，违背规律做事，就必然会失败。

《易经》还有一种智慧叫简易。做任何事情都要大道至简至易。现在人都在求多，《易经》叫我们要简易，要少，64 卦里有一卦叫损卦，山在泽上，"天之道，损有余而补不足"。

《易经》所有的智慧可以用一句话来概括，那就是找到不易，随时变易，回归简易。①

故事就是"叙事"，罗兰·巴尔特说："叙事是与人类历史本身共同产生的。……所以，叙事作品不分高尚低劣，它超越国度、超越历史、超越文化，犹如生命那样永存着。"② 中国文化底蕴是中国文化自信的源泉，中国文化教材编写需要对中国文化进行披沙拣金，在有限的教材空间中，呈现中国文化的风骨和萃取后的中国文化精华，讲好凝聚中国精神和中国智慧的中国故事。

第二节　讲述由展示文化名片到传达文化内涵的中国故事

对外文化教材承载着传播中国文化、讲述中国故事的重要使命。对外文化教材编写的目的是让外国学习者了解中国的文化现状及文化根脉，在情感上理解并认同中国的文化选择。在对外文化教材编写的过程中，通常面临的两大难题是文化素材的选取与素材的编排方式问题。教材编写者需要条分缕析地爬梳、整理沉淀着中华民族的精神追求和精神标识的中国故事，形成中国故事的文化素材库，然后再进行择取、编排和阐释，在中国故事讲述的过程中需要注重突出中国的特色理念和价值立场，而且需要创新中国故事的讲述方式，以使中国故事更加生动形象，更具吸引力和影响力。

文化符号是以语言、文字、图片为载体的文化信息，在国家与国家之间、国

---

① 摘编自张其成：《〈易经〉里的人生智慧》，CCTV《文明之旅》，2018 年 1 月 27 日，为了配适外国学习者的接受水平，对该文章进行了删改。

② ［法］罗兰·巴尔特：《叙事作品结构分析导论》，见张寅德编选《叙述学研究》，中国社会科学出版社 1989 年版，第 2 页。

家与民众之间或民众与民众之间的文化交流中，文化符号被误读的情况普遍存在。在中国文化传播的过程中，要避免被误读、避免外国学习者混淆中国元素与其他国家的元素符号，就需要文化教材的编写者注重选取独具中国民族特色和代表性的文化内容。中国文化符号是中国文化中极富生命力、传承性和代表性的部分，历经漫长的历史积淀依然熠熠生辉。文化符号具有强大的文化形象建构能力，可以用来表征文化特性，帮助外国学习者生成对中国文化的最初感知并形成生动鲜明的文化记忆点。具有经典性、标识性和象征性的传统文化符号是饱含中国民族特色的文化名片，它们组成了中国传统文化的图谱，可以展示出中国文化的独特魅力。长城、故宫、中医药、瓷器、丝绸、玉器等就是具有经典性、代表性和象征意味的中国文化名片，中国故事从这些为外国学习者所熟悉的中国文化名片讲起，有助于帮助外国学习者快速建构起对于中国的认知。

例如，编写"旅游文化"单元可以选择的长城、苏州园林、兵马俑等中国文化名片；编写"地理文化"单元可以选择三山五岳、长江、黄河等中国文化名片，同时还可以将"不到长城非好汉""上有天堂下有苏杭""登黄山，天下无山""五岳归来不看山，黄山归来不看岳"等俗语名言编入课文，以此介绍这些中国文化名片的文化内涵；编写"城市文化"单元，可以以北京、上海、西安三个城市为代表进行编写，例如，可以编写"城市文化"单元的课文如下：

北京城

世界上像北京设计得这么方方正正的城市很少见。因为住惯了这样布局齐整的地方，一去外省，总是迷路转向。瞧，这儿以紫禁城（故宫）为中心，前有天安，后有地安，前后对称；北城有钟、鼓二楼，四面是天、地、日、月坛。街道则有东单西单、南北池子。全城街道就没几条斜的，斜街都特别标明了，有条樱桃斜街，鼓楼旁边儿有个烟袋斜街。胡同呢，有些也挨着个儿编号：从头条、二条一直到十二条，编到十二条，觉得差不多了，就不往下编了，给它叫起名字来，什么香饵胡同呀，石雀胡同呀，都起得十分别致。（摘编自萧乾《布局和街名》，有删改）①

围绕北京这一中国名片，可以介绍"胡同"和"烟袋斜街"两个文化常识：

胡同

胡同在北方用为巷道的通称，一般连通两条或多条主干街道，并一直通

---

① 于小植主编：《文化密码：中国文化教程》第 3 册，高等教育出版社 2023 年版，第 2 页。

向居民区的内部。它是交通中不可或缺的一部分。根据道路情况，有种胡同称为"死胡同"。"死胡同"只有一个开口，末端深入居民区，并且在内部中断。北京最有特色的胡同是南锣鼓巷、烟袋斜街、帽儿胡同、国子监街、琉璃厂文化街、金鱼胡同、东交民巷、西交民巷、菊儿胡同和八大胡同。

Hutong

Hutong generally refer to narrow lanes or alleys connecting major streets in cities and usually lead to residential areas in the northern part of China. An indispensable booster for local mobility, hutong usually connects two or more major streets. However, there is the "dead Hutong" which only open up at one end and break off in residential areas. The famous hutong in Beijing are Nan Luogu Xiang (South Gong Lane), Yandai Xie Jie (Inclining Pipe Street), Mao'er Hutong (Hat Hutong), Guozijian Jie (Imperial Academy Street), Liuli Chang Culture Street (Glass Factory Street), Jinyu Hutong (Goldfish Hutong), Dong Jiaomin Xiang (East Jiaomin Alley), Xi Jiaominxiang (West Jiaomin Alley), Ju'er Hutong (Chrysanthemum Hutong), and Bada Hutong (Eight Great Hutong).

烟袋斜街

烟袋斜街位于北京什刹海历史文化保护区的核心区内，东起地安门外大街，西邻什刹海前海，为东北西南走向，全长232米，宽5米至6米，是北京最古老的商业街之一。烟袋斜街始建于元朝，清末这里主要经营烟具、装裱字画和售卖古玩玉器。目前，烟袋斜街的商业业态有以工艺品、服装服饰为主的零售业和以餐饮、酒吧及经济型酒店为主的住宿餐饮业。由于烟袋斜街的胡同肌理没有改变，基本建筑风格没有改变，并富含历史文化信息和城市记忆，2010年，烟袋斜街被中国文化部认定为"中国历史文化名街"。

Yandai Xie Jie (Inclining Pipe Street)

Located in the core of Shichahai Historical and Cultural Preservation Area, Inclining Pipe Street is the oldest commercial street in Beijing. Going from the northeast to the southwest, it is 232 metres long and five to six metres wide with its east end on the Di'anmenwai Street and the west end to the Qianhai (Front Sea) of Shichahai. Inclining Pipe Street was first built in the Yuan Dynasty; by the end of the Qing Dynasty, it was used as a marketplace for smoking paraphernalia, painting frames, antiques, and jade ware. Today, the two pivotal industries in this area are retailing (craft and clothing) and accommodation and catering (such as restaurants, bars, hostels, and so on). Undiluted in its hutong texture and basic constructional style, Inclining Pipe Street was listed "Chinese Historical and Cultural Street" by the Ministry of Culture for its rich historical and cultural contents as well as urban memory. ①

围绕上海，可以编写课文如下：

上海的弄堂

上海的弄堂，条数巨万，纵的、横的、斜的、曲的，如入迷魂阵。每届盛夏，大半个都市笼在炎雾中，傍晚日光西射，建筑物构成阴带，人们都坐卧在弄堂里。藤椅、竹榻、帆布床、小板凳，摆得弄堂难于通行，路人却又川流不息。纳凉的芸芸众生时而西瓜、时而凉粉、时而大麦茶绿豆汤和莲子百合红枣汤，暗中又有一层比富炫阔的心态，真富真阔早就庐山避暑了，然而上海人始终在比下有余中忘了比上不足。老太婆衣履端正，轻摇羽扇，曼声叫孙女儿把银耳羹拿出来，要加冰糖，当心倒翻；老头子，上穿讲究的衬衫，下穿笔挺的长裤，乌亮的皮拖鞋十年也不走样，小板凳为桌，一两碟小菜，啜他的法国三星白兰地，消暑祛疫，环顾悠然。（摘编自木心《弄堂风光》，有删改）②

围绕上海这一中国名片，可以以"文化常识"的形式介绍一下"弄堂"和"外滩"：

弄堂

弄堂即小巷，是上海、江苏、浙江地区特有的民居形式，它是由连排的老房子所构成的，并与石库门建筑有着密切的关系。弄堂曾经是普通上海人最常见的生活空间，它也是近代上海城市最重要的建筑特色，创造了形形色色、风情独具的弄堂文化，是近代上海城市文化的重要组成部分。弄堂可分为广式里弄、新式石库门里弄、新式里弄、花园式里弄等形式。其中，上海的典型弄堂有：王家楼、左家宅、亨昌里、范园、春光坊、姚村、薛家厍、涌泉坊。

Longtang （Lane）

Longtang are lanes characteristic of Shanghai, Zhejiang and Jiangsu. Closely

---

① 于小植主编：《文化密码：中国文化教程》第 3 册，高等教育出版社 2023 年版，第 8 页。
② 于小植主编：《文化密码：中国文化教程》第 3 册，高等教育出版社 2023 年版，第 10 页。

related to Shikumen (Stone-ringed Door)-style architecture, longtang form a unique dwelling mode consisted of old terraced houses. In modern Shanghai, longtang were once the most commonplace living space for ordinary urban dwellers and the most significant local architectural style. The diverse, exotic longtang culture created thereon also became an integral cultural component of modern urban Shanghai. The various types of longtang include Cantonese-style lilong (namely, longtang), new Shikumen-style lilong, new-style lilong, and garden-style lilong. The most typical longtang in Shanghai are Wangjia Lou (the Wang-Family Building), Zuojia Zhai (the Zuo-Family Manor), Hengchang Li (Hengchang Neighbourhood), Fan Yuan (the Fan Garden), Chunguang Fang (Spring-Light Lane), Yao Cun (Yao Village), Xuejia She (the Xue-Family Village), and Yongquan Fang (Bubbling Spring Lane).

外滩

外滩位于上海市中心黄浦区的黄浦江畔，长约 1.5 千米。外滩是旧上海时期的金融中心，外滩西侧矗立着数十幢风格各异的高楼，素有"外滩万国建筑博览群"的美誉，它们表征着上海城市的历史、见证了上海昔日的辉煌。与外滩隔江相对的浦东陆家嘴则坐落着东方明珠、金茂大厦、上海中心大厦、上海环球金融中心等新上海的标志性建筑，这些建筑是中国改革开放成就的象征和上海现代化建设的缩影。

The Bund

The Bund, about 1.5 kilometers long, is located on the banks of the Huangpu River in the Huangpu District of Shanghai. The Bund was a financial center in the old Shanghai era. On the west side of the Bund stands dozens of high-rise buildings of various styles known as "the Exotic Building Cluster in the Bund of Shanghai". They represent the history of Shanghai and witness the glory of old Shanghai. Across the river and opposite the Bund is Lujiazui Finacial Zone in Pudong New Area, home to Shanghai Oriental Pearl Radio and TV Tower, Shanghai Jinmao Tower, Shanghai Tower, Shanghai World Financial Centre and other landmark building of new Shanghai. These building are the symbol of China's reform and opening up, and the epitome of Shanghai's modernisation. [1]

---

① 于小植主编：《文化密码：中国文化教程》第 3 册，高等教育出版社 2023 年版，第 16～17 页。

西安是文化古都和历史名城，向外国学习者介绍西安，可以选择贾平凹的散文《西安这座城》，删改后编入对外文化教材中：

西安这座城

时至今日，气派不倒的，风范依存的，在全世界的范围内最具古城魅力的城市，西安是其中之一。它的城墙赫然完整，独身站定在护城河上的吊板桥上，仰观那城楼、角楼，再怯懦的人也要豪情长啸了。大街小巷方正对称，排列有序的四合院和四合院砖雕门楼下已经黝黑如铁的花石门墩，让你可以立即坠入了古昔里高头大马拉着木制的大车喤喤喤开过来的境界里去。如果有机会收集一下全城的数千个街巷名称，你会突然感到历史并不遥远，以至眼前飞过一只并不卫生的苍蝇，也忍不住怀疑这苍蝇的身上有着汉时的模样或有唐时的标记。现代的艺术日夜在上演着，但爬满青苔的如古钱一样的城墙根下，总是有人在观赏着中国最古老的属于这个地方的秦腔，或者皮影木偶。①

围绕西安这一中国名片，可以以"文化常识"的形式介绍一下"西安"和"秦腔"：

西安

西安，古称长安，现为陕西省省会。西安地处渭河平原中部，北濒渭河，南依秦岭，历史上先后有十三个王朝在此建都，是中国著名的古都之一。西安是中华文明重要发祥地之一，也是古代丝绸之路的起点。西安是中国第一批国家历史文化名城之一。西安目前有多处遗产被列入《世界遗产名录》，如秦始皇陵及兵马俑坑等。此外，西安还有大雁塔、小雁塔、钟鼓楼、碑林等著名的旅游景点。

Xi'an

Xi'an, known in ancient times as Chang'an, is today's provincial capital of Shaanxi Province. Situated in the Weihe Plain, Xi'an neighbours River Wei to the north and the Qin Mountains to the south. Throughout its history, 13 dynasties have made Xi'an their capitals, making it one of the famous ancient capitals of China. Xi'an is a significant cradle for the Chinese civilization, and also served as

---

① 摘编自贾平凹：《西安这座城》，见《贾平凹散文精选》，长江文艺出版社 2017 年版，第 179～183 页。为了配适外国学习者的接受水平，对该文章进行了删改，参见于小植主编：《文化密码：中国文化教程》第 3 册，高等教育出版社 2023 年版，第 18 页。

the starting point of the Silk Road. Xi'an is also among the very first national historic cities of China. Xi'an boasts several UNESCO World Heritage Sites, such as the Mausoleum of the First Qin Emperor and the Terracotta Warriors. Tourist attractions also abound in Xi'an, such as the Big Wild Goose Pagoda, the Little Wild Goose Pagoda, the Bell and Drum Towers, and Xi'an Beilin Museum, etc.

秦腔

秦腔是中国西北地区的传统戏剧，流行于陕西、甘肃等地，是中国最古老的戏剧之一。2006年，秦腔入选第一批中国国家级非物质文化遗产名录。因为古时陕西、甘肃一带属秦国，所以称之为"秦腔"。早期秦腔演出时，常用枣木梆子敲击伴奏，故又名"梆子腔"。秦腔的表演技艺朴实、粗犷、豪放，富有夸张性，生活气息浓厚，技巧丰富，因其表演体系成熟完整，流传于中国全国各地，对其他剧种产生了不同程度的影响。秦腔脸谱是舞台美术的有机组成部分，绘制风格古典独特，与京剧脸谱、川剧脸谱一起形成中国曲艺特有的脸谱系统。

Qinqiang Opera

Qinqiang Opera is a traditional opera in Northwest China. As one of the most ancient operas of China, Qinqiang is popular in Shaanxi Province and Gansu Province. In 2006, it became one of the first Chinese National Intangible Cultural Heritages. Back in ancient times, the area of today's Shaanxi Province and Gansu Province was under the rule of the Qin State, hence the opera was named as "Qinqiang (Qin Tune)". In the early stages of Qinqiang, jujube wood clappers were often used to accompany Qinqiang performance, therefore the opera is also called "Bangziqiang (Clapper Tune)". Qinqiang performance is characterised by a simple, bold, exquisite yet exaggerated style that showcases a wealth of vitality and skills. Owing to its mature and complete performance system, Qinqiang has spread across the country and impacted on other operatic forms to various degrees. An organic component of the ancient art of Qinqiang is its face painting. Unique and classical in its style, Qinqiang ranks among the great face painting systems of Chinese operas along with Beijing and Chuan Opera.[1]

---

[1] 于小植主编：《文化密码：中国文化教程》第3册，高等教育出版社2023年版，第24~25页。

文化教材的"建筑文化"单元可以向外国学习者介绍故宫、老北京的四合院、廊、亭、桥等中国建筑文化名片。例如，中级文化教材的课文可以这样编写：

故宫：千篇一律与千变万化

在艺术创作中，往往有一个重复和变化的问题。只有重复而无变化，作品就必然单调枯燥；只有变化而无重复，就容易陷于散漫零乱。古今中外的无数建筑，除去极少数例外，几乎都以重复作为取得艺术效果的重要手段之一。

历史中杰出的例子是北京的明清故宫。从天安门到端门、午门是一间间重复着的"千篇一律"的朝房。再进去，"前三殿"与"后三宫"是大同小异的重复，就像乐曲中的主题和"变奏"；而东西两侧的廊、庑、楼、门，又是比较低微的，以重复为主但亦有相当变化的"伴奏"。然而整个故宫，它的每一个组群，每一个殿、阁、廊、门却全部都是按照统一规格、统一形式建造的，连彩画、雕饰也尽如此，都是无尽的重复。我们完全可以说它们"千篇一律"。

但是，谁能不感到，从天安门一步步走进去，就如同置身于一幅大"手卷"里漫步；在时间持续的同时，空间也连续着"流动"。那些殿堂、楼门、廊庑虽然制作方法千篇一律，然而每走几步，前瞻后顾、左睇右盼，那整个景色的轮廓、光影，却都在不断地改变着，一个接着一个新的画面出现在周围，千变万化。空间与时间，重复与变化的辩证统一在北京故宫中达到了最高的成就。①

围绕故宫，可以向外国学习者介绍"太和殿"和"乾清宫"两个文化常识：

太和殿

太和殿，俗称"金銮殿"，是中国现存最大的木结构大殿之一。它位于北京故宫南北中轴线的显要位置，是故宫内体量最大、等级最高的建筑物。明清两朝24位皇帝都在太和殿举行盛大典礼，如皇帝即位、皇帝大婚、册立皇后、命将出征，此外每年万寿（皇帝生日）、元旦、冬至三大节，皇帝在此接受文武官员的朝贺，并向王公大臣赐宴。太和殿于明永乐十八年

---

① 摘编自梁思成：《千篇一律与千变万化》，见《人世文丛 云梦生涯》，北京师范大学出版社1997年版，第44～49页。为了配适外国学习者的接受水平，对该文章进行了删改，参见于小植主编：《文化密码：中国文化教程》第3册，高等教育出版社2023年版，第28～29页。

（1420 年）建成，原称奉天殿。明嘉靖四十一年（1562 年）改称皇极殿，清顺治二年（1645 年）改今名。太和殿自建成后屡遭焚毁，又多次重建，今殿为清康熙三十四年（1695 年）重建后的形制。

Taihe Dian（Hall of Supreme Harmony）

Taihe Dian（Hall of Supreme Harmony）, commonly referred to as Jinluan Dian（Hall of Golden Chimes）, isone of the largest of all existing wood structure halls in China. It is located at a prominent position on the north-south axis of the Palace Museum in Beijing, Taihe Dian is the largest hall and the highest-ranked building in the Museum. Twenty-four emperors of the Ming and Qing Dynasties had held grand ceremonies here, such as enthronement, wedding, empress crowning, army deployment, along with the three major holidays-Wanshou（Emperor's Birthday）, New Year, and the Winter Solstice. It was also here where the emperors received courtesy from civil and military officials and held feasts for imperial princes and court ministers. First built in the 18th year of Emperor Yongle's reign（1420）as Fengtian Dian（Hall of Offering to Heaven）, it was renamed as Huangji Dian（Hall of Imperial Supremacy）in the 41st year of Emperor Jiajing's reign, before the Qing Emperor Shunzhi changed it to the present name in the second year of his reign（1645）. Since its construction, Taihe Dian has gone through many fires and reconstructions, and what we see today is the result of the reconstruction undertaken in the 34th year of Kangxi's reign（1695）.

乾清宫

乾清宫是内廷正殿，是所谓"后三宫"（乾清宫、交泰殿、坤宁宫）中的第一座宫殿。乾清宫面阔 9 间，进深 5 间，高 20 余米，重檐庑殿顶，殿的正中有宝座，东西两侧有暖阁。宝座上方悬着由清朝顺治皇帝御笔亲书的"正大光明"匾。乾清宫是明清 16 位皇帝的寝宫。在乾清宫前露台两侧有两座石台，石台上各设一座鎏金铜亭，称作"江山社稷金殿"，俗称"金亭子"，"金亭子"圆形攒尖式，上层檐上安有铸造古雅的宝顶，象征江山社稷掌握在皇帝手中。

Qianqing Gong（Palace of Heavenly Purity）

Qianqing Gong（Palace of Heavenly Purity）is the main palace in the inner living area of the Forbidden City, and also the first of the three rear residential palaces, the other two being Jiaotai Dian（Hall of Union and Peace）and Kunning Gong（Palace of Earthly Tranquility）. Standing over 20 metres tall, Qianqing

Gong is 9 rooms in width and 5 rooms in depth, with a double-eave Wudianding roof. In the middle of the palace is the throne and on the east and west side are warm pavillions. Above the throne hangs a plaque board inscribed with "Zhengda Guangming (Fair and Square)" by Qing Emperor Shunzhi. Qianqing Gong was the living residence of 14 Ming emperors and 2 Qing emperors. The front terrace of Qianqing Gong is flanked with two stone platforms, on each of which is placed a gilded copper pavilion called "Golden Pavilion of the Rivers, Mountains, Earth and Grain" or colloquially Jin Tingzi (Golden Pavilion). On the upper round pyramidal roof of each pavilion is a genteel dome, which symbolizes the emperor's control of everything under heaven. [1]

四合院是老北京典型的建筑样式，围绕四合院，可以编写这样的课文：

老北京的四合院

　　老北京四合院之好，在于它有房子、有院子、有大门、有房门。关上大门，自成一统；走出房门，顶天立地；四顾环绕，中间舒展，廊栏曲折，有露有藏。如果条件好，几个四合院连在一起，那除去"合"之外，又多了一个"深"字。"庭院深深深几许""一场愁梦酒醒时，斜阳却照深深院"……这样中国式的诗境，其感人深处，是和古老的四合院建筑分不开的。

　　四合院好在其"合"，贵在其"敞"。"合"便于保存自我的天地；"敞"则更容易观赏广阔的空间，视野更大，无坐井观天之弊。这样的居住条件，似乎也影响到居住者的素养气质：一是不干扰别人，自然也不愿别人干扰；二是很敞快、较达观、不拘谨、较坦然，但也缺少竞争性，自然也不斤斤计较；三是对自然界很敏感，对春夏秋冬的岁时变化有深厚情致。[2]

"文化常识"部分，可以用汉英双语向学习者介绍北京四合院：

北京四合院

　　四合院又称"四合房"，是一种中国传统合院式住宅。所谓"四合"，

---

　　① 于小植主编：《文化密码：中国文化教程》第3册，高等教育出版社2023年版，第36~37页。

　　② 摘编自邓云乡：《老北京的四合院》，见《云乡漫录》，中华书局2015年版，第1~4页。为了配适外国学习者的接受水平，对该文章进行了删改，参见于小植主编：《文化密码：中国文化教程》第3册，高等教育出版社2023年版，第38页。

"四"指东、西、南、北四个方向,"合"即四面房屋围在一起,形成一个"口"字形的结构。经过数百年的历史,北京四合院从平面布局到内部结构和装修都形成了特有的京味风格。北京四合院有内外两院,内院是住宅的中心,围绕院子,四面布置有北房(正房)、南房(倒座房)和东、西厢房,四周再围以高墙连接围合。四合院的院落宽绰疏朗,四面房屋各自独立,彼此之间有走廊连接,人们住在里面起居方便,活动自如。

Beijing Siheyuan(Courtyards)

Beijing siheyuan(literally "quadrangular courtyard"), also known as sihe-fang(quadrangular house), is a traditional Chinese building compound. "Si(four)" refers to the four directions of east, west, north and south; "he(closed)" means that the houses on the four sides of the courtyard are combined into one "口"-shaped compound, hence the term "siheyuan". Through hundreds of years of evolution, Beijing siheyuan has developed a unique Beijing style in terms of layout, interior, and decoration. A standard siheyuan in beijing mostly have Zhengfang, main house, Nanfang(south house, also known as Dao-zuofang, reverse-facing house) and Xiangfang(side house) on the east and west sides. A high wall runs around the houses, forming a spacious courtyard with only one main gate. The houses on four sides are connected by corridors and each house enjoys relative independence. Siheyuan provides convenience and spacious living conditions. [1]

介绍廊、亭、桥等中国建筑,可以编写这样的课文:

廊·亭·桥

廊

"别梦依依到谢家,小廊回合曲阑斜。"一千多年前的唐诗,点出了廊在庭院中的妙用。中国古代建筑的单体与单体之间,必依靠廊来作联系,才能成为一个整体。廊在园林中是游览线,又起着分隔空间、组合景物的作用。廊引人随,水石其间,移步换影,幅幅成图。像驰名中外的北京颐和园的长廊,漫步其间,得以饱览昆明湖的湖光景色。而苏州拙政园的水廊,轻盈婉约,人行其上,宛如凌波漫步。扬州西园前的香影廊,未至其境,名已醉人。

---

① 于小植主编:《文化密码:中国文化教程》第3册,高等教育出版社2023年版,第44页。

亭

人们在游览中，每见一亭，总想小憩片刻，借以缓解疲劳与观赏四周的景色，即"亭者，停也"。北京的景山五亭，地理位置高，吸引人们来此饱览首都景色。苏州拙政园的扇面亭，亭名"与谁同坐轩"，小亭临流，静观自得。而网师园的"月到风来亭"又正点出此亭观景之妙。至于亭的形式，真是变化多端，可分方、圆、多边等多种。它在园林建筑中展示了最美丽的一页。

桥

桥是架在水上的行道。中国古代人民把桥和生活、感情、艺术结合起来，富于诗情画意。北京颐和园十七孔长桥卧波陆水之间，为颐和园增添了几许光彩。江南园林之桥，以雅洁精巧取胜。而水平线条的石桥，则贴水而过，观赏游鳞莲藻，益得情趣。美丽的中国园林桥梁，形式丰富多姿，有梁式桥、拱桥、浮桥、廊桥、亭桥等，在世界建筑艺术上放出一种独特光彩。①

"文化常识"部分可以围绕《廊·亭·桥》介绍"拙政园"和"月到风来亭"：

拙政园

拙政园位于江苏省苏州市，始建于明正德初年（16 世纪初），是江南古典园林的代表。拙政园与北京颐和园、承德避暑山庄、苏州留园并称为中国四大名园。拙政园全园以水为中心，山水萦绕，厅榭精美，花木繁茂，具有浓郁的江南水乡特色。花园分为东、中、西三部分，各具特色，其中，中花园是全园精华所在。园南为住宅区，体现典型江南地区传统民居多进的格局。著名景点有见山楼、听雨轩、小飞虹等。1997 年拙政园被列入联合国教科文组织的《世界遗产名录》，2007 年被评为首批中国国家 5A 级旅游景区。

The Humble Administrator's Garden

Built in the first year of the Ming Emperor Zhengde's reign (the beginning of the 16th century) in today's Suzhou, Jiangsu Province, the Humble Administrator's Garden is a representative Suzhou classic garden. It is one of the

---

① 摘编自陈从周：《廊·亭·桥》，为了配适外国学习者的接受水平，对该文章进行了删改，参见于小植主编：《文化密码：中国文化教程》第 3 册，高等教育出版社 2023 年版，第 46 页。

four most famous Chinese gardens along with the Summer Palace in Beijing, the Mountain Resort in Chengde, and Lingering Garden in Suzhou. The Humble Administrator's Garden is centred on water with winding hills and streams, exquisite halls, water pavilions, and exuberant vegetation, it gives rise to a rich characteristic of Jiangnan water towns. The Humble Administrator's Garden consists of East, Central and Western sections, each with its own unique features. The Central section is the true essence of the Garden. The southern part of the Garden contains residential houses with multiple courtyards, which is typical of traditional residences in the Jiangnan area. Famous attractions in the Humble Administrator's Garden include Jianshan Lou (Mountain-in-View Tower), Tingyu Xuan (Listen-to-the-Rain Pavilion) and Xiaofeihong (Small Flying Rainbow Bridge). Listed as a UNESCO World Heritage Site in 1997, the Humble Administrator's Garden was nominated as one of the first National 5A Tourist Scenic Areas in 2007.

月到风来亭

月到风来亭位于江苏省苏州市网师园内彩霞池西，亭名取意宋代邵雍诗句"月到天心处，风来水面时"。此亭踞西岸水涯而建，三面环水。亭东二柱上，挂有清代何绍基的题字"园林到日酒初熟，庭户开时月正圆"。月到风来亭是临风赏月的好地方，特别是金秋时节，天高气爽，此时的风爽于别日，月明于平时，天上明月高悬，池中皓月相映，金桂盛放，香气满园。

Yuedao Fenglai Pavilion

Yuedao Fenglai Pavilion is located to the west of Caixia Chi (Rosy Cloud Pond) in the Master-of-Nets Garden in Suzhou City, Jiangsu Province. The name of the Pavilion originated from a poem by Song Dynasty poet Shao Yong, "The moon travels to the heart of heaven; the wind lands on the surface of water". The Pavilion sits on the west bank of the river and is enclosed by water on three sides. Hanged on a couple of pillars in the east of the Pavilion are the inscription by Qing Dynasty poet He Shaoji, "Wine was mature when we arrived at the garden; we opened the windows to a full moon". One can savour the most stylish fun of the Pavilion when one admires the moon in the wind and cool air in golden autumn. During this time of year, the wind is cooler and the moon is fuller than usual. The bright moon high above is accompanied by its reflection in the pond, the sweet fragrance of osmanthus blossoms wafts through the garden. ①

中山装、旗袍、唐装是三种最具中国特色的服饰，可谓是中国服饰文化的名片，在文化教材中可以选择这三种特色服饰介绍给学习者，张爱玲说："各人住在各人的衣服里。"② 如果把经常穿此种服饰的文化名人与服饰一并介绍，可以让服饰"活"起来，增强课文的故事性和叙事色彩。以"中山装"为主题，试编课文如下：

百年中山装

中山装因孙中山提倡而得名，被视为中国典型的现代服装。1911 年辛亥革命后，中国提倡"剪辫易服"，人们设计制作了一款新式礼服——中山装。后来经过反复修改，中山装最终形成"封闭式小翻领，袖口边三个扣，四袋五扣"的上衣样式，并开始在中国流行。

渐渐地中山装的很多细节被赋予了文化含义：中山装的四个口袋代表礼、义、廉、耻，前面五颗扣子代表孙中山倡导的区别于西方三权分立的五分立权，即行政、立法、司法、考试、监察。袖子上的三颗扣子代表三民主义，即民族、民权、民生。后背是一个整块面料制作而成，代表了国家的统一。上衣口袋带盖、带尖，叫"倒笔架"，代表对文化和知识分子的尊重。

新中国成立后，中国人都非常喜欢穿中山装。现在，中山装已经成为中国男装一款标志性的服装。③

这段课文由中山装的款式特点引申到孙中山的治国理念，可以使学习者既了解了中山装，又了解到中国的文化名人和其思想理念。

介绍"旗袍"，为了避免枯燥，同样需要淡化"说明文"的色彩。把"旗袍"与"穿旗袍"的人结合在一起进行讲述，课文就会生动许多：

宋庆龄和旗袍

宋霭龄、宋庆龄、宋美龄是中国历史上著名的"宋氏三姐妹"，她们是20 世纪初中国影响力很大的女性人物。宋氏三姐妹都曾在美国留学。在着装上，她们三人都偏爱旗袍。

宋庆龄是孙中山先生的夫人，1925 年孙中山先生去世后，她的服饰一

---

① 于小植主编：《文化密码：中国文化教程》第 3 册，高等教育出版社 2023 年版，第 52~53 页。
② 张爱玲：《更衣记》，见来凤仪选编：《张爱玲散文》，浙江文艺出版社 2000 年版，第 18 页。
③ 于小植主编：《文化密码：中国文化教程》第 3 册，高等教育出版社 2023 年版，第 56 页。

直以深色调的旗袍为主，素雅是宋庆龄的旗袍的一个显著特点。现在的旗袍两侧开衩很高，而当时宋庆龄穿的旗袍开衩都很低，最高的也仅及于膝盖。

抗战时期，宋庆龄曾经送给美国友人波利·巴布科克一件中式旗袍。波利正是穿着这件旗袍，为中国的工业合作社运动筹集了很重要的一笔资金。

从三十多岁到七十多岁，无论是接待外宾，还是到国外出访，身着旗袍的宋庆龄给人的感觉总是从容端庄、高雅脱俗的，她把旗袍穿成了中国的国服。①

成龙是中国的功夫巨星，在海外享有广泛的影响力，他曾经写过一篇题为《为什么穿唐装》的文章，适合作为文化教材的素材使用：

为什么穿唐装

我是电影演员成龙。在美国拍《炮弹飞车》的时候，好莱坞还没有人认识我。我在电影里饰演一个日本人，在片场就被国外演员当成日本人，我解释了也没什么用。那段时间，我出席很多活动都穿西装。大家问我是哪里人，"Where are you from？""HongKong．"那个时候他们都不知道香港在哪里。在很多地方，亚洲人在他们眼里长得都差不多，再都穿西装，根本分不出来。那时候我就想，不行，以后我要你们一看衣服就知道我是中国人，所以我就开始穿唐装。久而久之，人家一看就知道，哦，你是中国人。

后来真的在全世界都有名了之后，唐装就变成了我的一个标志，到哪里都不会跟别人撞衣服，永远都是很特别的。你们看很多女明星害怕撞衫，但我很少会跟别人撞衫。②

此外，茶、酒、玉器、瓷器、中国扇、书法、绘画等都是中国文化的重要名片，对外文化教材都需要有所涉及。茶作为一款饮品，早已全球普及，每个国家的人都喝过茶，然而茶对中国人来说，却不仅是一种饮品，而是中国人日常生活中不可或缺的文化元素，茶兼具生活性和艺术性，世俗和高雅是中国茶的两种文化品格。鉴于茶在中国人生活中的重要地位，对外文化教材对茶的介绍不应该停留在黑茶、白茶、绿茶、红茶、乌龙茶、白茶、黄茶等茶的分类层面，而是要讲出中国人对茶的理解以及中国的茶文化。无论是"琴棋书画诗酒茶"，抑或是

① 于小植主编：《文化密码：中国文化教程》第3册，高等教育出版社2023年版，第64页。
② 摘编自成龙：《为什么穿唐装》，见《成龙：还没长大就老了》，江苏凤凰文艺出版社2017年版，第197～198页。为了配适外国学习者的接受水平，对该文章进行了删改，参见于小植主编：《文化密码：中国文化教程》第3册，高等教育出版社2023年版，第72页。

"柴米油盐酱醋茶",茶从未远离中国人。它不仅是中国人的日常饮品,也是平凡生活中的美学起点。历经千年,茶文化糅合了儒、释、道诸派思想,独成一体,生生不息。

中国作家周作人在《喝茶》中写道:"喝茶当于瓦屋纸窗之下,清泉绿茶,用素雅的陶瓷茶具,同二三人共饮,得半日之闲,可抵十年的尘梦。喝茶之后,再去继续修各人的胜业,无论为名为利,都无不可,但偶然的片刻优游乃断不可少也。"①

中国作家老舍在《戒茶》中说:"我是地道中国人,咖啡、蔻蔻、汽水、啤酒,皆非所喜,而独喜茶。有一杯好茶,我便能万物静观皆自得。烟酒虽然也是我的好友,但它们都是男性的——粗莽、热烈,有思想,可也有火气——未若茶之温柔,雅洁,轻轻的刺激,淡淡的相依;茶是女性的。"②

作为文化教材理应提及的重要内容,从外国学习者可以接受的语言难度以及叙事的生动性考量,李国文的《茶余琐话》是适合编入文化教材的篇目。

> 我在剧团待过,团里的"老北京"都是花茶爱好者,一上班,先沏茶。他们喝起茶来,吸溜之声,此起彼伏。如果说开门七件事,柴米油盐酱醋茶,茶在末尾,对"老北京"来讲,却是第一位的需求。
>
> 人的一生,每个人都会是渐渐淡出的局面。烟,会离你而去,酒,会离你而去,甚至一切一切,都有可能离你而去,只有这一盏茶,不会把你抛弃。茶好,好在不嚣张生事、不惹人讨厌、平平和和、清清淡淡的风格,好在温厚宜人、随遇而安、怡情悦性而又矜持自爱的品德。
>
> 要学会饮中国茶,就要懂得饮茶的宽容放松之道。君不见,茶馆里何其熙熙攘攘,又何其气氛融洽。这就是因为只有茶,才能起到的调和作用、稀释作用、淡化作用、消融作用。以茶代酒,永远不会胡说八道。以茗佐餐,必然会斯文客气。这世界上似乎只有喝茶人最潇洒,最从容,不斗气,不好胜。听说过喝啤酒的冠军,喝白酒的英雄,但饮茶者才不屑去创造什么纪录呢!有一份与他人无干,只有自己领受的快乐,就足矣。③

林语堂的小品文文笔优美,他的小品文《茶和交友》也是适合编入文化教材的篇目:

---

① 周作人:《喝茶》,见张菊香编:《周作人散文选集》,百花文艺出版社 2009 年版,第 130~131 页。
② 老舍:《戒茶》,见舒济编:《老舍散文选集》,百花文艺出版社 2009 年版,第 302 页。
③ 摘编自李国文:《茶余琐话》,见《独自闲行》,天津人民出版社 2018 年版,第 20~28 页。为了配适外国学习者的接受水平,对该文章进行了删改。

一个人只有在神清气爽，心气平静，知己满前的境地中，方真能领略到茶的滋味。因为茶须静品，酒须热闹。茶之为物，能引导我们进入一个默想人生的世界。中国人视茶为风雅隐士的珍品。因此，茶是纯洁的象征，在采制烹煮的手续中，都须十分清洁。采摘烘焙，烹煮取饮之时，手上或杯壶中略有油腻不洁，便会使它丧失美味。所以也只有在眼前和心中毫无富丽繁华的景象和念头时，才能真正地享受它。

据张源《茶录》所说："其旨归于色香味，其道归于精燥洁。"如果要品茶，静默是一个必要的条件；也只有"以一个冷静的头脑去看忙乱的世界"的人，才能够体味出这些质素。自从宋代以来，一般喝茶的鉴赏家认为一杯淡茶才是最好的东西，当一个人专心思想的时候，或是在邻居嘈杂、仆人争吵的时候，或是由面貌丑陋的女仆侍候的时候，自会很容易地忽略了淡茶的美妙气味。同时，喝茶的友伴不可多，因为"饮茶以客少为贵。客众则喧，喧则雅趣乏矣。独啜曰幽；二客曰胜；三四曰趣；五六曰泛；七八曰施"。

因为这个理由，因为要顾到烹时的合度和洁净，有茶癖的中国文士都主张烹茶须自己动手。如嫌不便，可用两个茶童为助。烹茶须用小炉，烹煮的地点须远离厨房，而近饮处。茶童须受过训练，茶童的两手须常洗，当主人的面前烹煮。一切手续都须十分洁净，茶杯须每晨洗涤，但不可用布揩擦。"三人以上，止爇一炉，如五六人，便当两鼎，炉用一童，汤方调适，若令兼作，恐有参差。"真正鉴赏家常以亲自烹茶为一种殊乐。实在说起来，烹茶之乐和饮茶之乐各居其半。①

为了在文化教材中讲清楚茶文化，可以把一些重要内容以"文化常识"的形式进行中英文双语呈现：

中国茶

茶在中国有数千年的历史。中国是茶树的故乡，是野生大茶树发现最早、最多的国家。中国茶业最初兴于巴蜀（今四川盆地及其附近地区），其后向东部和南部传播开来，最终遍及全国。到了唐代，中国的种茶经验和茶树种子传播到世界各地，茶成为世界上饮用人数最多的饮料之一，深受人们喜爱。唐代诗人卢仝曾写《七碗茶歌》："一碗喉吻润，二碗破孤闷，三碗

---

① 摘编自林语堂：《茶和交友》，见《生活的艺术》，湖南文艺出版社 2018 年版，第 214～220 页。为了配适外国学习者的接受水平，对该文章进行了删改。

搜枯肠，惟有文字五千卷。四碗发轻汗，平生不平事，尽向毛孔散。五碗肌骨清，六碗通仙灵。七碗吃不得也，惟觉两腋习习清风生。"

Chinese Tea

As the hometown of tea, China boasts of thousands of years of tea history. Wild tea trees were first discovered here, as well as in the greatest amount. The Chinese tea industry emerged in the area around today's Sichuan Basin and its affinities, and then gradually spread eastward and southward, finally nationwide. By the Tang Dynasty, China had shared its tea experiences and tea tree seeds with the world, making it one of the most widely drunk and much loved beverages around the globe. Tang Dynasty poet Lu Tong wrote the following poem, praising the beverage: "The first cup quenches your thirst. The second dissolves your boredom. Clear out your mind with a third, leaving only words, five thousand volumes! If the number increases to four, it would work up a light sweat. Vapourizing through the pores, gone, all the injustice you've met! The fifth refreshes your bones and skin. The sixth points to the Fairy Land. The seventh cup, stop while you can! For under your arms, there is already wind."

中国茶的种类

中国茶分为绿茶、红茶、乌龙茶、黑茶、白茶、黄茶等几大类。绿茶属于不发酵茶，清汤绿叶、形美、色香、味醇。红茶是全发酵茶，红汤红叶、香甜味醇。红茶与绿茶不同，绿茶随着时间的流逝会陈化失去味道，而红茶能够保存相当长的时间，适应长途运输，适合出口。红茶最初被称为"乌茶"，所以英语称之为"Black Tea"，而非"Red Tea"。乌龙茶也称青茶，属于半发酵茶，兼具绿茶、红茶两种茶叶的特征，外形条索粗壮，色泽青灰有光，茶汤金黄，香气馥郁芬芳，花香明显，叶底呈现"绿叶红镶边"。黑茶属于后发酵茶，存放的时间越久，味道越醇厚，色泽黑褐，粗老，气味较重，汤色橙黄至暗褐色，有松烟香，常作紧压茶的原料。黑茶是中国特有的茶类，其中，云南的普洱茶在古今中外都享有盛名。白茶是一种表面满披白色茸毛的轻微发酵茶，是中国茶中的特殊珍品，白茶有"一年是茶，三年是药，七年是宝"之说。黄茶也属于轻微发酵茶，制作过程中运用特殊的"闷黄"工艺造就了其黄汤黄叶的特点，黄茶多数芽叶细嫩，产量很少。

Types of Chinese Tea

The basic types of Chinese tea are green tea, black tea, oolong tea, dark tea, white tea, and yellow tea. Green tea is non-fermented, so the drink is clear with an elegant scent and a pure taste, the bright green leaves still maintaining their lovely shape. Black tea is fully fermented; both the drink and the leaves are red in colour with a sweet flavour. Unlike green tea, whose fragrance fades with time, black tea can last quite long and sustain long-distance transportation, making it a perfect product for exportation. Black tea was originally named "ebony tea", hence the English translation is "black" instead of "red". Oolong tea, also known as indigo tea, is a kind of half-fermented tea that boasts characteristics of both green and black tea. Unbrewed oolong tea leaves are thick and shiny grey; when brewed, the drink becomes golden in colour and gives out a distinctively flowery aroma, and the leaves turn green with red contours. Dark tea is post-fermented tea—the longer its storation, the purer its taste. The tea leaves are thick, rough and brown with a strong smell, fit for making compressed tea. The beverage can appear in a range of colours from orange to dark brown, and smells of pine incense. Dark tea is unique to China, among which the Pu'er tea of Yunnan Province enjoys a particularly high esteem both home and abroad. White tea is a precious slightly-fermented tea covered with white fuzz. It is said that, "after one year of storation, white tea is only tea; given three years, it becomes medicine; after seven years, it becomes treasure". Yellow tea is another type of slightly-fermented tea. The special processing technique of "steaming yellow" is what gives the drink and tea leaves a yellow tinge. Yellow tea leaves are mostly tender and thin, producing very low yield. ①

茶道

茶道，就是品赏茶的美感之道。茶道也被视为一种烹茶饮茶的生活艺术，一种以茶为媒的生活礼仪，一种以茶修身的生活方式。它通过沏茶、赏茶、闻茶、饮茶、增进友谊，美心修德，学习礼法，是一种有益的和美仪式。喝茶能静心、静神，有助于陶冶情操、去除杂念。茶道精神是茶文化的核心。中国人在唐或唐以前，就在世界上首先将茶饮作为一种修身养性之道，唐朝《封氏闻见记》中有这样的记载："茶道大行，王公朝士无不饮者。"是现存文献中对茶道的较早的记载。在唐宋年间人们对饮茶的环境、礼节、操作方式等饮茶仪程都已很讲究，茶宴已有宫庭茶宴、寺院茶

---

① 于小植主编：《文化密码：中国文化教程》第 4 册，高等教育出版社 2024 年版，第 9~11 页。

宴、文人茶宴之分。对茶饮在修身养性中的作用也有了相当深刻的认识，宋徽宗赵佶是一个茶饮的爱好者，他说："至若茶之为物，擅瓯闽之秀气，钟山川之灵禀，祛襟涤滞，致清导和，则非庸人孺子可得知矣。中澹闲洁，韵高致静。"

The Way of Tea

Tea ceremony is the way to appreciate the aesthetics of tea; it is also regarded as a life art of brewing and drinking tea, a life etiquette mediated by tea, and a lifestyle for self-cultivation through tea. Through the wholesome, harmonious ceremony of brewing, admiring, smelling and drinking tea, one can enhance the bond with one's tea fellows, acquire virtue and morality, and learn the conduct of rites. Drinking tea calms the heart and the mind, and helps the refinement of morality and the riddance of distractions. Tea ceremony is the spirit of tea culture. As early as the Tang Dynasty, the Chinese were already using tea as a health regimen. An relatively early record of tea ceremony appears in *Fengshi Wenjian Ji* (*Records of What Feng Heard and Saw*): tea was 'the dominant drink, sweeping the aristocratic by their feet'. During the Tang and Song Dynasties, people already had fairly exquisite requirements for the environment, rituals and procedure for tea drinking. At that time, Tea banquets were sub-classified into court, temple and literati tea banquets, and people already formed a deep understanding of the influence tea could have on morality cultivation. Zhao Ji, Emperor Hui of Song, was a devoted lover of tea and made the following comment on the beverage: Tea epitomizes the elegance of Ou and Min (around today's Jiangsu and Fujian Provinces, both were major places for tea production) and captures the spirit of mountains and rivers. It also helps indigestion and maintains clarity of the human system. The essence of tea is beyond the comprehension capacity of plebeians. It serves a mediating function with its softness and purity, and plays a pacifying role with its loftiness'.

酒文化在中国由来已久，早在三千多年前的商周时代，中国人独创酒曲复式发酵法来酿制黄酒。约一千年前的宋代，中国人又发明了蒸馏法，使得白酒成为中国人饮用的主要酒类。可以说，中国制酒历史源远流长，品种繁多，名酒荟萃，享誉中外。[①] "无酒不成席"，酒可以成欢，也可以忘忧，在中国，所有婚丧

---

① 姜越：《酒与中国文化》，载于《学习月刊》2009 年第 9 期下半月，第 47 页。

嫁娶等重要仪式都离不开酒，酒渗透于中华民族生活的方方面面。中国以酒为主题的名篇佳作可谓俯仰皆是，古有李白的《将进酒》，今有梁实秋的《饮酒》，都适合编入文化教材，梁实秋的《饮酒》篇幅略长，在教材中呈现需要有所删改，笔者删改后的《饮酒》如下：

　　酒实在是妙。几杯落肚之后就会觉得飘飘然、醺醺然。平素道貌岸然的人，也会绽出笑脸；一向沉默寡言的人，也会议论风生。再灌下几杯之后，所有的苦闷烦恼全都忘了，酒酣耳热，只觉得意气飞扬，不可一世，若不及时知止，可就难免将种种的酒失酒过全部地呈现出来。

　　我们中国人饮酒，历史久远。发明酒者，一说是仪狄，又说是杜康。仪狄夏朝人，杜康周朝人，相距很远，总之是无可稽考。也许制酿的原料不同、方法不同，所以仪狄的酒未必就是杜康的酒。

　　文人雅士水边修禊，山上登高，一向离不开酒。名士风流，以为持螯把酒，便足了一生，甚至于酗饮无度，扬言"死便埋我"，好像大量饮酒不是什么不很体面的事，真所谓"酗于酒德"。

　　实际上，酒不能解忧，只是令人在由兴奋到麻醉的过程中暂时忘怀一切。即刘伶所谓"无思无虑，其乐陶陶"。可是酒醒之后，还会"忧心如醒"。而且酒能削弱人的自制力，所以有人酒后狂笑不止，也有人痛哭不已，更有滔滔不绝，也许会把平时不敢告人之事吐露一二，甚至把别人的隐私也当众抖露出来。由此可见，《菜根谭》所谓"花看半开，酒饮微醺"的趣味，才是最令人低徊的境界。①

陆文夫的散文《做鬼亦陶然》读起来令人兴味盎然，也是一篇适合编入文化教材的素材：

　　如果不喝假酒，不喝劣酒，不酗酒，那么，酒和死就没有太多的联系，相反，酒和生，和生活的丰富多彩倒是不可分割的。纵观上下五千年，那酒造成了多少历史的转折，造成了多少千秋佳话，壮怀激烈！文学岂能无酒？如果把唐诗三百首拿来，见"酒"就删，试问还有几首是可以存在的。《红楼梦》中如果不写各式各样的酒宴，那书就没法读下去。李白是个伟大的诗人，可是他的诗名还不如他的酒名。尊他为诗圣的人，不如尊他为酒仙的人

---

　　① 摘编自梁实秋：《饮酒》，见《雅舍谈吃》，上海文艺出版社 2018 年版，第 186～190 页。为了配适外国学习者的接受水平，对该文章进行了删改。

多。早年间乡村酒店门前都有"太白遗风"几个字，有的是写在墙上，有的是挑起幌子，尽管那开酒店的老板并不识字。李白有自知之明，他生前就已经知道了这一点，但他并不恼怒，不认为这是对他文学成就的否定，反而有点洋洋得意，还在诗中写道："自古圣贤都寂寞，唯有饮者留其名。"

饮者留其名中也有一点不那么好听的名声，说起来某人是喝酒喝死了的。汪曾祺也逃不脱这一点，有人说他是某次躬逢盛宴，饮酒稍多引发痼疾而亡。有人说不对，某次盛宴他没有多喝。其实，多喝少喝都不是主要的，除非是汪曾祺能活百岁，要不然的话，他的死总是和酒有关系。岂止汪曾祺，酒仙之如李白，人家也要说他是喝酒喝死了的。不过，那说法倒也颇有诗意，说是李白舟中夜饮，见明月当空，月映水中，李白举杯邀天上的明月共饮，天上的明月不应；水中的月儿却因风而动，笑脸相迎，李白大喜，举杯纵身入水，一去不回。

我想，当李白纵身入水时，可能还哼了两声：醉饮江中月，做鬼亦陶然。①

"酒文化"部分，可以向外国学习者介绍以下两个"文化常识"：

曲水流觞

"曲水流觞"是中国古代民间的一种传统习俗，每逢三月上旬的巳日人们集会于环曲的水渠旁，在上流放置酒杯，酒杯顺流而下，停在谁的面前，谁就取杯饮酒。"觞"是古代盛酒的器具，即酒杯。通常为木制，小而体轻，底部有托，可浮于水中。"曲水流觞"后来发展成为文人墨客诗酒唱酬的一种雅事。他们让酒杯从溪水的上游漂浮而下，酒杯漂到谁的面前，谁就要作诗，否则就要喝酒。

Drifting Wine Cups On Winding Water

The practice named *qushui liushang* ("drifting wine cups on winding water") is a traditional custom in ancient China. On the 3rd of March in the lunar calendar, people would gather along the river banks and drift wine cups from the upper reaches down the river. If a cup stops by someone, they would pick up the cup and drink the wine to symbolically get rid of misfortune. The term *shang* (觞) is an ancient wine container, similar to cups. It is often made of wood, small and

---

① 摘编自陆文夫：《做鬼亦陶然》，见《深巷里的琵琶声 陆文夫散文百篇》，上海文艺出版社 2005 年版，第 18～19 页。为了配适外国学习者的接受水平，对该文章进行了删改。

light-weighted, and comes with a tray at the bottom, which allows it to float. This tradition later developed into a recreational activity among literati, where they flow wine cups along the river. The person in front of whom the cup stops, he would make a poem; if unable to do so, they would drink the wine as punishment. ①

花看半开，酒饮微醺

"花看半开，酒饮微醺"出自《菜根谭》，原文是"花看半开，酒饮微醉，此中大有佳趣。若至烂漫酕醄，便成恶境矣。履盈满者，宜思之。"

《菜根谭》是明代的一部语录体著作，著者洪应明。书名"菜根谭"取自宋儒汪革语："人常咬得菜根，则百事可成。"意思是说，一个人只要能够安于清贫、做事坚持不懈，终将有所成就。《菜根谭》是洪应明揉合了儒家中庸之道、释家出世思想和道教无为思想，又结合自身体验，写成的一套出世入世的法则。

Half-Blossoming Flowers and Slight Tipsiness

This saying originated from the Chinese classic *Caigentan*, "Flowers just about to blossom have the highest aesthetic value, and a moderate tipsiness makes the best drinking experience. It would be not as ideal for flowers to be in full bloom, or to drink excessively till one is under the table. Those who lead a smooth life and are complacent with their achievements should give some consideration to his."

Caigentan is a Ming Dynasty dialogue-style classic by Hong Yingming. The book title "Caigentan" stems from the words of Song Dynasty scholar Wang Ge, "Those who can bite into vegetable roots can achieve anything", meaning that, as long as people can be content with a simple, thrifty life and persevere at their goal, success is only a matter of time. Combining his own life experience with the Confucian "doctrine of the mean", the Buddhist reclusive tradition, as well as the Taoist spirit of inaction, Hong Yingming presented in *Caigentan* a set of principles for worldly conduct. ②

玉石也是中国文化的一张名片，许慎认为玉有五德，他在《说文解字》中说："玉，石之美者，有五德：润泽以温，仁之方也；䚡理自外，可以知中，义

---

① 于小植主编：《文化密码：中国文化教程》第 4 册，高等教育出版社 2024 年版，第 39 页。
② 于小植主编：《文化密码：中国文化教程》第 4 册，高等教育出版社 2024 年版，第 48 页。

之方也；其声舒扬，专以远闻，智之方也；不挠不折，勇之方也；锐廉而不忮，洁之方也。"① 如果把玉编入中国文化高级教材，可以这样呈现：

中国玉：美好寓意的化身

要说从古至今哪种器物最受中国人的喜爱，那非玉石莫属。

"玉，石之美者。"这种美丽的石头，像是凝固的琼脂，柔软而有温度。中国人太喜欢这温润的玉石，以至于玉成为他们精神追求的具象化身。古语说"君子比德于玉"，认为君子（即品德高尚的人）应该具有玉一样的品德。于是，君子佩玉，便成为古代一时的风尚。

不仅是君子，千百年来，上至帝王将相，下至普通百姓都喜欢玉石的美好寓意，对玉的喜爱从未改变。

汉语中，有200多个汉字与玉有关，多为美好、宝贵、崇高之意，如"国""宝"等。而在给孩子取名字时，父母们也偏爱带"王"字旁的汉字，常见的如"环"（玉圈）、"玲"（清脆的玉声）、"珍"（宝贵的东西）等字，都寄托了对孩子的美好祝福。

另外，汉语中也有不少以玉形容人的词语，比如潇洒的男子是"玉树临风"，身材修长的女子是"亭亭玉立"，品行清白叫冰清玉洁，为正义而死、不愿苟活叫"宁可玉碎"等。这些词都显示了美玉与中国人审美观、道德观的紧密联系。

求学阶段，老师教导我们"玉不琢，不成器，人不学，不知道。"璞玉需要打磨才能成为精美的玉器，而人也须后天努力学习才能成就自己。

谈婚论嫁时，中国人常以"金玉良缘"来比喻美好的缘分。女儿出嫁前，妈妈会脱下自己戴了一辈子的玉镯，套在女儿的手腕上，希望这代代相传的玉器能带给女儿一生的守护和幸福。

说到金玉良缘，不得不提2008年北京奥运会独具匠心的奖牌设计。奥组委创造性地将玉镶嵌在金属材质的奖牌之中，使中国传统文化和奥林匹克精神很好地交融在一起。

面对死亡，中国古人相信，以玉陪葬可以防止尸体腐烂，使灵魂不朽。于是我们今天就看到了大量的玉葬品，而最有名的就是那几件"金缕玉衣"。

你看，玉已经融进中国文化的方方面面，从出生到死亡，中国人人生的各个阶段都有着"玉"的印记。难怪中国人如此爱玉、尊玉，原来这种美好的石头早已刻进了他们的文化基因里。

---

① （汉）许慎：《说文解字》，岳麓书社 2019 年版，第 10 页。

可以在教材中补充两个与玉相关的文化常识：

中国四大名玉

中国四大名玉，是指新疆的"和田玉"、河南的"独山玉"、陕西的"蓝田玉"以及辽宁的"岫玉"。和田玉玉质为半透明，抛光后呈油脂光泽。独山玉又称"南阳玉"或"河南玉"，产于南阳市城区北边的独山。蓝田玉是中国开发利用最早的玉种之一，迄今已有 5 000 多年的历史，早在新石器时代就被开采利用。岫玉因主要产地在辽宁岫岩而得名，它是一种软玉，属蛇纹石。

Four Most Famous Jades of China

The four most famous jades of China are Hetian Jade from Xinjiang, Dushan Jade from Henan, Lantian Jade from Shaanxi and Xiu Jade from Liaoning. The texture of Hetian Jade is semi-transparent, showing an oily luster after polishing. Dushan Jade is also called "Nanyang Jade" or "Henan Jade", originating in the Dushan Mountain north to the urban area of Nanyang City. Lantian Jade is a jade exploited and utilized the earliest in China, having a history of more than 5 000 years, its earliest exploitation and utilization dating back to the Neolithic Age. Xiu Jade originates in Xiuyan in Liaoning Province of China, its name coming from this main place of origin. Xiu Jade is a soft jade, categorized into serpentine.

金玉良缘

"金玉良缘"原指符合封建秩序的姻缘，后泛指美好的姻缘。清代曹雪芹所著的《红楼梦》第五回中说："都道是金玉良缘，俺只念木石前盟。"近义词是"天赐良缘"。

Union of Gold and Jade

Originally referring to marriage arrangements obeying the feudal rule, it then is used to generally refer to good marriages. It appears in Chapter Five of *Dream of the Red Chamber* by Cao Xueqin in Qing Period："People always talk about the union of gold and jade, but I only believe in the former pledge between the grass and the stone." Its partial synonym is "marriage made in heaven". [1]

瓷器也是中国文化的重要名片，是文化教材中需要提及的重要内容，可以在

---

[1] 于小植主编：《文化密码：中国文化教程》第 5 册，高等教育出版社 2024 年版，第 8~9 页。

教材中这样呈现：

中国瓷：中外文化交流的载体

　　瓷器是一种与生活相伴而生的艺术品，从家家户户使用的茶具，到"一带一路"峰会的国宴餐具，它集实用与审美于一身。中国是瓷器的故乡，瓷器的发明是中华民族对世界文明的伟大贡献。在英文中，"瓷器（china）"与"中国（China）"是同一个词，仅以首字母大小写区分，这说明精美绝伦的中国瓷器是中国的文化符号，具有象征性的意味。

　　瓷器由高岭土等原料烧制而成，外表施有玻璃质釉或彩绘，一般要在窑内经过上千度的高温烧制，表面的釉色会因温度的不同而发生各种变化。

　　中国瓷器是从陶器发展演变而来的。早在公元前16世纪的商代中期，中国就出现了早期的瓷器，一般称为"原始瓷"。早期瓷器以青瓷为主，隋唐时期发展成青瓷、白瓷等以单色釉为主的两大瓷系。宋朝时，瓷业最为繁荣，当时五大名窑出产的瓷器工艺精湛、风格各异，被后世追捧。宋代瓷器以各色单彩釉为特长，釉面能作冰裂纹，并能烧制两面彩、釉里青、釉里红等。景德镇因为为宫廷生产瓷器而得名"瓷都"，在元代，景德镇出产的青花瓷成为瓷器中的珍品。明代流行"白底青花瓷"。清代生产"彩瓷"，图样新颖，瓷色华贵，以"珐琅瓷""粉彩"最为杰出。

　　瓷器是古代中国对外贸易中最具代表性的商品之一。中国的瓷器通过古丝绸之路传入欧洲，价格一度比黄金还贵，被称为"白色黄金"。明清时期，瓷器外销到世界各地，成为一种全球化的商品。16世纪，欧洲人开始了制造瓷器的尝试。18世纪初，德国梅森的一名科学家成功烧制出欧洲第一代瓷器。经过多年的发展，如今很多国家都能制造出精美的瓷器，并形成了自己的风格。

　　四百多年前，中国瓷器通过丝绸之路走向世界。如今，"一带一路"全新起航，以瓷器为代表的中国器物作为中华文明的载体，将把东方之美传播得更远。①

可以在课后补充两个与瓷器相关的文化常识：

宋代五大名窑

　　窑是用来烧瓷器的作坊。先有窑，然后才有瓷。宋代有五大瓷窑最为有

---

① 于小植主编：《文化密码：中国文化教程》第5册，高等教育出版社2024年版，第10~11页。

名，分别是汝窑、官窑、哥窑、钧窑、定窑，简单合称为"汝、官、哥、钧、定"五大名窑。五大名窑瓷器代表了中国瓷器的最高水平。

Five Top Famous Kilns in Song Dynasty

Kilns, or kiln sites, are the workshops for firing porcelains. If there are no kilns, there won't be porcelains. There were five top famous kilns of porcelain in Song Dynasty, which were Ru kiln, Guan or State kiln, Ge kiln, Jun kiln and Ding kiln, briefly called the five kilns of "Ru, Guan, Ge, Jun, Ding" in combination. The five top famous kilns represent the highest level of Chinese porcelain.

"瓷都"景德镇

景德镇位于江西省东北部，以制瓷闻名，是著名的"瓷都"。景德镇制瓷历史悠久，早在汉代就开始生产陶瓷。宋景德元年（1004 年），朝廷下令此地为皇家烧制御瓷，底款皆署"景德年制"，景德镇因此而得名。景德镇创造出无数陶瓷精品，尤以青花、粉彩、玲珑、颜色釉四大名瓷著称于世。

The "Porcelain Capital" Jingdezhen

Jingdezhen, located in the northeastern part of Jiangxi Province, is famous for its porcelain industry and is the famous "porcelain capital". The porcelain industry in Jingdezhen has a long history, first beginning producing potteries in as early as Han Dynasty. In the first year of Jingde (1004) of Song Dynasty, the royal court ordered this town to fire porcelains for the royal family, with all the bottom stamps of the porcelains having "produced in Jingde years" as the signature. This is how this town got its name. Jingdezhen has created numberless top-quality porcelain artifacts, among which the four most famous porcelains—white and blue porcelain, famille rose decoration porcelain, pierced decoration porcelain and colored glaze porcelains particularly enjoy worldly fame. [1]

扇子起源于中国，已有 3 000 多年的历史了，也是中国文化的名片。团扇在唐宋时期风靡一时，文人们乐于在团扇上题诗作画。到了元明时期，兴起了使用折扇的热潮，折扇也逐渐取代团扇成为文人墨客挥毫泼墨的载体。今天，折扇仍然是中国人的生活与艺术作品中常见的一个文艺要素。这些内容都应在对外文化教材中有所体现。在文化教材中可以这样向外国学习者介绍中国扇：

---

[1]　于小植主编：《文化密码：中国文化教程》第 5 册，高等教育出版社 2024 年版，第 16~17 页。

中国扇：摇动千年的诗意

扇子起源于中国，距今已有 3 000 多年的历史。殷商时期，人们用彩色野鸡毛制成巨大的羽扇，称为"障扇"。但障扇不是用来扇风取凉的，而是在古代帝王外出时为其遮阳挡风的，是权力的象征。

汉代开始，扇面多为丝、绢、绫罗之类的织品，上面常装饰着山水花卉，款式多样。明月形的扇子称为"团扇"或"纨扇"，寓意"圆满"。团扇也有长圆、梅花等形状，常常以玉、竹为扇柄，以流苏为装饰。年轻女子手摇团扇，清风徐来，自有香扇遮面的妩媚娇柔。

明代，折扇流行开来，文人雅士喜欢在扇面上题诗作画。扇子一扇一摇，摇动的是文人雅士的风流和才情，折扇也因为这些美图佳句身价百倍。中国有"文佩扇、武佩剑"的习俗，手持折扇，成为古代中国生活中高雅的象征。不管春夏秋冬，无论是出门办事还是会亲访友，文人雅士必须一扇在手，方显儒雅风流。

16 世纪初，中国折扇传入欧洲。来到欧洲的"中国扇"有了更多样式与风情，或华丽或简约，颇受欧洲贵族喜爱。

中国灿烂的古代文明孕育了扇文化。扇子既是扇风取凉的生活用品，又是具有收藏价值和观赏功能的工艺品。现今，很多中国青年匠人投身制扇行业，用一颗颗匠心、一双双巧手，为从古代走来的"中国扇"续写着当代传奇。①

课后，可以以中英双语呈现与"扇"相关的文化常识：

中国"四大名扇"

中国"四大名扇"分别是江苏檀香扇、广东火画扇、四川竹丝扇和浙江绫绢扇。檀香扇是用檀香木制成的扇子，带有天然的香味，扇风时清香四溢，沁人心脾。火画扇用特制的"火笔"在扇面上作画而成，清秀典雅，永不褪色。竹丝扇有灿若云锦、薄如蝉翼的特点，扇面多为桃形，形似纨扇，用细如绢丝的竹丝精心编织而成。绫绢扇由细洁的纱、罗、绫等制成，多为圆形，故又名"团扇"。

The Top Four Famous Fans of China

The top four famous fans of China are respectively the sandalwood fan from Jiangsu, fire painting fan from Guangdong, bamboo-silk fan from Sichuan and

---

① 于小植主编：《文化密码：中国文化教程》第 5 册，高等教育出版社 2024 年版，第 18～19 页。

lingjuan fan from Zhejiang.

The sandalwood fan（Jiangsu）are fans made of sandalwood, possessing a natural fragrance. When fanning it, its fragrance overflows all around, gladdening the heart and refreshing the mind.

The fire painting fans（Guangdong）are made with the specially made "fire pens" drawing paintings on the fan covers, which are exquisite and elegant, with the colors never fading.

The bamboo-silk fans（Sichuan）are special in its colors as bright as clouds and satins, and its cover as thin as a cicada's wings. Its covers are usually in the shape of a peach, similar to round fans, exquisitely weaved with bamboo splints as thin as silk threads.

Lingjuan fans（Zhejiang）are made with fine and spotless silk and satin. They are usually round-shaped, so are also named "circular fans". [1]

此外，中国文化教材还需要从饮食、节日、民俗、居住环境等角度选取与日常生活息息相关的文化名片来讲述具有中国特色的中国故事。例如，饮食文化中需要介绍烤鸭、饺子、火锅、宫保鸡丁等中国特色美食，以及南甜北咸东辣西酸等中国饮食习惯。民俗文化中需要介绍中国的年俗、婚俗。节日文化中需要介绍春节、清明节、中秋节等不同的节俗。

因为文化差异的普遍存在，展示具有民族特色的文化内容容易激发学习者的好奇心和学习兴趣，但文化教材的编写却不能停留在对于中国特色和中国名片的展示层面，而是需要完成阐释中国文化名片所蕴含的文化内涵和文化价值的重要任务。荷兰跨文化专家霍夫斯泰德曾经提出了"洋葱文化论"，他将文化比作一个层层包裹的洋葱，他说："洋葱的外表一层是指服装、语言、建筑物等象征物；第二层是民族性格；第三层是礼仪；最核心的一层是价值观，价值观是文化中最深奥的部分，它是文化的基石。不同文化对世界和自然有着不同的理解和看法，有不同的价值观，这些都会影响人的思维方式和行为规范。"[2] 文化教材需要处理如何从文化名片的平面展示过渡到文化内涵的立体深层次揭示的问题。在体现文化多元化、多样性、生动性的同时，要注重如何保留中国文化的系统性和整体性的问题。从中国文化名片讲起是文化教材的编写策略，发掘作为表层的文化名片背后的深层文化价值，搭建通往中国文化肌理深处的桥梁是中国文化教材编写

---

① 于小植主编：《文化密码：中国文化教程》第 5 册，高等教育出版社 2024 年版，第 24 页。

② Hofstede, G., *Cultures and organizations：software of the mind：intercultural*, London：Harper Collins, 1994.

的要旨。

四川的都江堰也是当之无愧的中国名片，如何在文化教材编写中，把作为表层的文化名片介绍与中国深层的文化观念联系到一起呢？可以为初级水平的汉语学习者编写一段对话：

伊人：大龙，你最喜欢中国的哪个省？

大龙：我最喜欢四川省，一是因为我喜欢吃辣辣的川菜，二是因为我喜欢那里的大熊猫。

李晶：你想起了川菜和大熊猫，我却想起了都江堰。

大龙：我听说都江堰是世界上最古老的水利工程之一。

有朋：是的。都江堰是中国现存年代最久、目前仍在使用的宏大的水利工程。

李晶：都江堰使四川成为土地肥沃、物产丰富的"天府之国"。

伊人：听说都江堰最大的特点是"顺势而为"，体现了人与自然和谐相处的中国智慧。

大龙：听你们这么一说，我更加喜欢四川了。①

课文先串联起了大熊猫、川菜、都江堰等四川的文化名片，再由都江堰"顺势而为"的设计理念引发出"人与自然和谐相处"中国价值观念，是比较巧妙的文化教材编写方式。把文化词汇融汇在人物对话之中，可以帮助学习者同时提高文化理解能力和口语表达能力。课后，可以通过习题检测学习效果，比如，针对上面的课文，可以设置以下文化理解练习和文化交际练习：

文化理解练习：

都江堰建造者的治水理念是"乘势利导、因时制宜"。问：都江堰体现的治水理念是什么？

A. 根据不同的自然条件制定适合的办法。

B. 破坏大自然，提高生产力。

C. 虽然自然条件不同，但是办法不变。

D. 用合适的办法创造自然条件。

文化交际练习：

内容：说说都江堰水利工程对你有什么启发？

---

① 于小植主编：《文化密码：中国文化教程》第 2 册，高等教育出版社 2021 年版，第 122 页。

提示词：都江堰　四川　古老　宏大　顺势而为　人与自然和谐相处
使……成为　天府之国　土地肥沃　物产丰富①

　　课文和练习题的设置可以引导外国学习者思考并表述都江堰水利工程对他们的启发，让外国学习者由中国故事的聆听者变身为中国故事的讲述者。

　　另外，中医是中华文化的瑰宝，也是外国学习者感兴趣的话题，在教材编写中，需要重点介绍中医这一文化名片。中医诊治疾病注重整体性，反对"头痛医头，脚痛医脚"。中医认为，人体是一个整体，五脏六腑通过生命网络联系起来。人体内部除了"有形的整体"，还有"无形的整体"，而后者与中国文化的重要概念"气"有关。中国人认为天地自然和人的生命都来自于"气"，"气"是生命的基础，生命是一个气脉流动的整体，气在则生命在，气竭则生命亡。

　　中医的治疗方式是中国人生命观和宇宙观的体现。因此，望闻问切中医的诊断方法；针灸、按摩、拔罐、刮痧等中医的非药物疗法；"阴阳二气相互对立，而又相互依存"的中国文化理念都是有必要在文化教材中向外国学习者介绍的内容，试编课文如下：

　　　　中医是中国的传统医学，是中国人民通过长期的医疗实践，逐步形成并发展起来的医学理论体系。

　　　　中医学以阴阳五行作为理论基础，通过望、闻、问、切四诊法，也就是观察病人的面色、舌苔，听病人言语、气息的强弱，询问病人的症状、生活习惯及病史，用手按在病人的手腕上体察病人脉搏跳动的频率和强弱，来诊断病情。

　　　　中医认为经络是运行全身气血、联络脏腑和体表的通道。经络与疾病的发生有着密切的关系，如果体内的某一脏腑出现病变，便会反映在相应的经络上。于是，中医采用刺激经络的方法治疗疾病，并发展出针灸、按摩、拔罐、刮痧等非药物疗法。

　　　　刮痧和拔罐是中国民间广为流传的自然疗法，它们利用工具在人体表皮经络穴位上进行刮治和吸附，使局部皮肤发红出痧，从而达到活血化瘀、排除毒素的疗效。针灸是针法和灸法的合称，针法是将特殊的金属针按特定穴位刺入病人体内来治疗疾病，灸法是利用燃烧的艾绒或其他药物温灼穴位的皮肤表层，从而达到温通气血的效果。例如，中医认为针灸足三里穴有健胃的作用，针灸内关穴对心脏疾病会有疗效。

―――――――――――――

中医认为，人是自然界的一个组成部分，由阴、阳两大类物质构成，阴阳二气既相互对立，又相互依存，只有二者达到平衡时人体才是健康的。①

中医强调保持身体平衡、防病于未然，中医的此种理念与万物休戚相关、防患于未然的中国智慧一脉相承。《黄帝内经·素问》有云："是故圣人不治已病治未病，不治已乱治未乱，此之谓也。夫病已成而后药之，乱已成而后治之，譬犹渴而穿井，斗而铸锥，不亦晚乎？"② 现代中医将其概括为："上医治未病，中医治欲病，下医治已病"，这是最具代表性的中医观念，也是应该在对外文化教材中有所体现的文化内容。围绕这一思想观念，试编课文如下：

"治未病"是中医的健康观，也是古代医家几千年来不断总结和完善的医学思想。

两千多年前，《黄帝内经》中提出"上医治未病，中医治欲病，下医治已病"，意思是说，医术最高明的医生并不是擅长治病的人，而是能够预防疾病的人。

重视预防是《黄帝内经》的重要观念，发达的预防医学是中医不同于西医的重要特色之一。《黄帝内经》认为，疾病已经发生才去治疗，就好像口渴了才去挖井、打仗了才去铸造兵器一样，为时已晚。要保持健康，最好的方法就是防病于未然，做到不生病或少生病。

那怎么做才能防病于未然呢？中医给出的方法是保持身体的"平衡"。

首先，在饮食上要做到"饮食有节"。维持生命的活动需要能量，但摄入过多的能量，会增加身体的负担，引起各种疾病。因此，饮食有度，饭吃七八分饱，是远离疾病的秘诀之一。

其次，中医也提醒我们"不妄作劳"，避免过分劳累。人生病往往与过度消耗自身能量有关。长期透支体力和精力，最终会破坏内在平衡，产生疾病。所以，工作、学习再忙，也要劳逸结合。

再次，预防疾病的关键还在于保持人与自然的平衡。人的生命来自自然，自然界的变化对人的身体会产生影响。自然界有春、夏、秋、冬之分，气候有温、热、凉、寒之变，对此，中医提出了"起居有常"的养生思想。春养肝、夏养心、秋养肺、冬养肾，这是历代中医总结出的防未病的做法。

---

① 于小植主编：《文化密码：中国文化教程》第 5 册，高等教育出版社 2024 年版，第 82~83 页。
② （上古）黄帝等撰，李郁、任兴之编译，支旭仲主编：《黄帝内经》，三秦出版社 2018 年版，第 11 页。

而中国古人早睡早起、"春捂秋冻"等养生观念，直到今天仍然对保健有积极作用。

最后，预防疾病很关键的一点，还在于保持精神状态的平衡。病从心起，养生重在养心。愤怒、忧郁、压力过大、思虑过多等消极情绪都会损伤心神，最终带来疾病。所以，学会自我调节、放平心态才能健康长寿。

当今，很多疾病威胁人们的健康，还有很多人存在亚健康问题，利用中医"治未病"的理念指导养生保健，无疑是不错的选择。①

北京同仁堂也是中国文化的一张闪亮的名片，刘颖写的《北京同仁堂的医药文化——走向世界的传统中医药》删改后适合作为文化教材的课文使用：

说起老字号中药店，中国人首先会想到北京同仁堂。许多海外游客到北京旅行，也常常会去同仁堂参观。这家创建于 1669 年的老药店，历经三百多年的风风雨雨，至今依然魅力不减，其中的秘密是什么呢？这要从它的文化基因说起。

"同修仁德，济世养生"是同仁堂做事的初心，也是同仁堂做事的宗旨。

"仁"是儒家文化的重要概念，孔子提倡仁者爱人。历代同仁堂人始终以"仁"为价值观，做仁药、施仁术，无论贫富贵贱，都一视同仁，尽力帮助。清代时，同仁堂冬天会在磁器口等地设粥棚，施舍棉衣，还会给参加考试的学生赠送平安药；为了方便民众，同仁堂还一直保持着代客煎药、坐堂问诊、免费咨询的传统，这些都体现了同仁堂的"仁德"精神。

"诚信为本，质量至上"是同仁堂的做事原则。同仁堂人一直恪守着"炮制虽繁必不敢省人工，品味虽贵必不敢减物力"的古训，从中药的选材到每味药的熬制，每一道工序都严格把关、一丝不苟，从而保证了产品的高质量，并研制出一批广受好评的国宝级名药。

如今，以同仁堂为代表的中医药组织在服务好健康中国的同时，也致力于为其他国家的人带去健康。它们不仅把质量上乘的中药、高明的医术送到海外，也将传承几千年的中医文化传播到全世界，成为中国文化的又一张名片。②

---

① 于小植主编：《文化密码：中国文化教程》第 5 册，高等教育出版社 2024 年版，第 90～91 页。
② 摘编自刘颖：《北京同仁堂的医药文化——走向世界的传统中医药》，载于《廊坊师范学院学报》（社会科学版）2019 年第 3 期，第 86～90 页。为了配适外国学习者的接受水平，对该文章进行了删改。参见于小植主编：《文化密码：中国文化教程》第 5 册，高等教育出版社 2024 年版，第 100～101 页。

时代变迁，但"医者仁心"的精神却被中华老字号北京同仁堂世代传承下来。既尊重传统，又不被传统束缚；既大胆创新，又不离经叛道。同仁堂把儒家"仁义"的精神和现代经营理念相融合，是中华老字号中的成功典范，是值得传播的中国文化名片。

上述三篇课文由文化名片引申出文化内涵，让学习者了解了中医的相关知识，同时可以让学生意识到中医的理念与中国传统文化中的儒家思想、道家思想款曲暗通，一脉相承。中医的传统技法、中华老字号，它们从远古走来，绵延到了当下，现代中国人的思维方式、行为方式，都与传统相关，所以了解了传统中国就理解了当下中国。

围绕中医文化，以下四个文化常识有必要在文化教材中介绍给学习者：

中医四大经典

中医四大经典是指在中医发展史上起到重要作用、具有里程碑意义的四部经典巨著。目前学术界一般将《黄帝内经》《难经》《伤寒杂病论》《神农本草经》奉为中医四大经典著作。

《黄帝内经》是中国现存最早的一部医学典籍，阐述了中医基础理论、辨证论治规律等多方面内容，奠定了中医学理论基础；《难经》是中国现存最早的一部以解释疑难形式写成的中医专著；《伤寒杂病论》是东汉医学家张仲景所著的中医书，专门论述外感病和内科杂症；《神农本草经》是中国现存最早的药物学专著，共收载药物 365 种。

Four Classics of Traditional Chinese Medicine

The four classics of traditional Chinese medicine refer to four classical masterpieces of the significance of milestone, which played important parts in the history of traditional Chinese medicine. Currently in the academic circles, the four masterpieces regarded as classics are *Inner Canon of Yellow Emperor*, *Classic on Questioning*, *Treatise on Febrile and Miscellaneous Disease* and *Shennong's Herbal Classic*.

Inner Canon of Yellow Emperor is the earliest existing classic on traditional Chinese medicine. It elaborates on multiple contents including the basic theory of Chinese medicine, and the laws of determination of treatment based in pathogenesis obtained through differentiation of symptoms and signs, laying the theoretical foundation for traditional Chinese medicine. *Classic on Questioning* is the earliest existing Chinese medicine treatise in China that is written in the form of answering perplexing and difficult questions. *Treatise on Febrile and Miscellaneous Disease* is written by the medical expert named Zhang Zhongjing in the Eastern Han Dynasty, specialized in the discussion of febrile diseases and miscellaneous internal diseases. *Shennong's Herbal Classic* is the earliest existing monograph on pharmacology in China, recording in total 365 different herbal drugs.

中国古代四大名医

中国古代名医众多，其中非常有名的四位是扁鹊、华佗、张仲景和李时珍。

扁鹊，战国名医，因医术高明而被称为"神医扁鹊"。他采用望、闻、问、切四诊法诊病，是最早使用针灸、按摩、汤液、手术等治病手段的中医之一。

华佗，东汉名医，精通内、外、妇、儿、针灸各科，尤以外科著称。他曾让病人用酒服"麻沸散"，为其施行腹部手术，并提倡体育锻炼，创编"五禽戏"。

张仲景，东汉著名医学家，被后人尊称为"医圣"。他所著《伤寒杂病论》确立了六经辨证论治原则，是后学者研习中医必备的经典著作。

李时珍，明代著名医药学家，被后世尊为"药圣"。他所著的《本草纲目》共 52 卷，是中国古代重要的药物学著作，对后世影响深远。

Four Famous Doctors in Ancient China

There are numerous famous doctors in ancient China. Here we introduce four of them, they are Bianque, Hua Tuo, Zhang Zhongjing and Li Shizhen.

Bianque was a famous doctor in the Warring States Period. He was called "Miracle Healer Bianque" for his brilliant medical skills. He adopted the four diagnosing methods of looking, listening, questioning and feeling the pulse. He was also one of the first doctors in China to adopt treatments like acupuncture and moxibustion, massage, decoction and surgery.

Hua Tuo was a famous doctor in the Eastern Han Dynasty. He was proficient in internal medicine, surgery, gynaecology, paediatrics as well as acupuncture and moxibustion, but especially famous for surgery. He used to let the patient take an herbal narcotic concoction called Mafeisan (narcosis boil powder) together with some wine before he performed the abdominal operation. He also promoted physical exercises and invented the "Five-Animal Exercise".

Zhang Zhongjing was a famous medical scientist in the Eastern Han Dynasty. He was honoured by later generations as the "medical sage". His work *Treatise on Febrile and Miscellaneous Disease*, which established the principle of diagnosis of diseases based on syndrome-differentiation of the six meridians system, became a must-read classical for students of traditional Chinese medicine.

Li Shizhen was a famous medical scientist and chemist in Ming Dynasty. He was honored by later generations as the "medicine saint". His work *The Compendium of Materia Medica*, which has 52 volumes, is an important voluminous pharmaceutical work in ancient China, having a far-reaching influence on later generations.①

同仁堂

同仁堂是北京著名的老字号中药店，由乐显扬于清康熙八年（1669）创建。雍正元年（1723）同仁堂开始供奉御药，名声大振。1949 年后，同仁堂由私营改为国营，下设多家药厂，成为北京最大、最有名的中药企业。2000 年 5 月北京同仁堂科技发展股份有限公司成立，同年 10 月在香港创业板上市。

如今，同仁堂已经形成了"名店＋名药＋名医"的品牌营销体系。富有中医文化特色的海外店面成为传播中国文化的载体，良好的医术和疗效显著的药品让它赢得了海内外消费者的信赖。

Tongren Tang

Tongren Tang is a time-honored Chinese medicine shop from Beijing. It was founded by Yue Xianyang in the eighth year of Kangxi's reign (1669). It began to offer up medicine for imperial use from the first year of Yongzheng's reign (1723), which gave it considerable fame. After the year of 1949, Tongren Tang turned from private to state-run enterprise and set up multiple subordinate medicine factories, when it became the biggest and most famous Chinese medicine enterprise in Beijing. In May 2000, Beijing Tongrentang Co. , Ltd was established and became a listed company in Hong Kong's Growth Enterprise Market the same year in October.

Today Tongren Tang has formed a brand marketing system of "famous shop + famous medicine + famous doctors". Overseas shops rich with traditional Chinese medicine characteristics become carrier of Chinese culture; brilliant medical skills and medicines of significant curative effects win it trust from overseas consumers.

---

① 于小植主编：《文化密码：中国文化教程》第 5 册，高等教育出版社 2024 年版，第 96～99 页。

中药

中药是指在中医基础理论指导下用以防病治病的药物，中药主要由植物药（根、茎、叶、果）、动物药（内脏、皮、骨、器官等）和矿物药组成。因植物药占中药的大多数，所以中药也称中草药。现代中药包括中药材、中药饮片、中成药以及民族药等。中药是中国传统医药的重要组成部分。

自古以来，中国医家非常重视地道药材。产地适宜、品种优良、炮制考究的药材，才能使治疗效果得到保证。

Traditional Chinese Medicine

Traditional Chinese medicine refers to the drugs used for preventing as well as curing diseases under the guidance of basic theory of traditional Chinese medicine. It mainly composes of plant-based drugs (roots, gems, leaves and fruits), animal-based drugs (viscus, skin, bones and organs) and mineral drugs. Because the majority of traditional Chinese medicine is plant-based, traditional Chinese medicine is sometimes called Chinese herbal medicine. Today's traditional Chinese medicine include Chinese medicine materials, herbal decoction slices, Chinese patent drugs, ethnic drugs and so on. Traditional Chinese drugs are an important part of traditional Chinese medicine and pharmacology.

From ancient times, Chinese doctors have always put emphasis on the good quality of medicine materials. Only those that are from appropriate places of origins, of good breeds and processed properly can guarantee curative effects. [①]

璀璨的中国文化为对外文化教材的编写提供了丰富的素材，教材编写者在展示中国文化名片的同时，需要对文化名片中蕴含的文化内涵进行挖掘和阐释，才能让学习者感受到中国文化的魅力，才能帮助学习者完成对中国文化的从个别到一般、由感性到理性的认知。

第三节 讲述富于真情实感、能够引发共情的中国故事

讲述中国故事的目的是传达思想、沟通心灵，因而对外文化教材所讲述的中国故事是否能引起外国学习者的兴趣，能否引发他们与中国文化的共鸣并与中国

---

① 于小植主编：《文化密码：中国文化教程》第 5 册，高等教育出版社 2024 年版，第 106～107 页。

文化产生互动融合至关重要。外国学习者对中国文化的理解不应"停留于知识论视域下的认识性理解，而必须在伦理视域下给予同情式的对人心的理解。只有在伦理视域下，才能在理解的基础上实现双方内心的接受，从而实现最终的共识，接受他者本质上是接受他者之心。"① 哈贝马斯曾提出真实性、正当性、真诚性是话语的三种"有效性要求"，② 这对于对外文化教材的编写不无启示，对外文化教材所呈现的内容需要具有真实性、正当性、真诚性，因为这是人获得他人理解的"普遍有效性要求"。对于文化教材编写来说，语言的运用要符合逻辑，具备可理解性；所选择的内容必须以真实为条件，符合客观事实和现实情境；叙述时态度须真诚，将真情实感和价值观念融入教材内容之中，以真诚来赢得学习者的信任；呈现内容的价值观念须正当，要在外国学习者公共认同的范畴之内。

歌德曾说："中国人在思想、行为和感情方面几乎和我们一样，使我们发现他们是我们的同类人。""世界永远是一样的，一些情景经常重现，这个民族和那个民族一样过生活，讲恋爱，动情感，那么某个诗人做诗为什么不能和另一个诗人一样呢？"③ 乔纳森·特纳在《情感社会学》一书中指出："情感是把人们联系在一起的'粘合剂'，可生成对广义社会与文化的承诺"④。也即是说，人们对社会文化领域的接受认同更多地源于情感契合。情感契合与情感共鸣会使信息的接受更为迅捷。外国学习者"是中国文化的传播者和跨文化交际的主体，是中国文化'走出去'与其他各民族文化形成多元世界文化格局的推动者"⑤，学习者在阅读接受中国故事的过程中，通常历经关注择取、认知理解、认同共鸣的情感内化过程，情感的内化及建构的完成也即是实现了文化潜移默化的浸润乃至个体形塑。因此，要获得外国学习者的情感认同需要讲述沉淀着中华民族优秀基因、精神追求和精神标识的中国故事，故事要富于真情实感、要能够引发外国学习者的共情。

习近平主席曾说："讲故事就是讲事实、讲形象、讲情感、讲道理；讲事实才能说服人，讲形象才能打动人，讲情感才能感染人，讲道理才能影响人"。⑥ 在对外文化教材编写中，"讲情感"就是在讲述的过程中运用真情实感来触动外国学习者内心，将文化传播诉诸于情感交流之中，进而与学习者达成情感的共

① 柴楠：《面向他者的教学交往》，人民出版社 2017 年版，第 4 页。
② 参见哈贝马斯：《交往行为理论》第 1 卷，曹卫东译，上海人民出版社 2004 年版。
③ ［德］歌德：《歌德谈话录》，朱光潜译，人民文学出版社 1987 年版，第 112～113 页。
④ ［美］乔纳森·特纳、简·斯戴兹：《情感社会学》，孙俊才、文军译，上海人民出版社 2007 年版，第 1 页。
⑤ 于小植：《载乾坤之德，燃日月之明———论面向全球孔子学院的中国文化教材开发》，载于《中国文化研究》2018 年第 4 期，第 103～104 页。
⑥ 习近平：《在党的新闻舆论工作座谈会上的讲话》，2016 年 2 月 19 日，新华网。

鸣，最终达到建构中国形象、传递中国价值的文化传播目的。例如，"劝君莫打三春鸟，子在巢中待母归"①"见其生，不忍见其死；闻其声，不忍食其肉"② 能够表现出中国人对于鸟兽同情、怜悯的恻隐之心，如果编写在对外文化教材中，容易赢得外国学习者的好感，容易激发外国学习者的同体大悲意识，各国人民相互守望、相互爱护是建构人类命运共同体的前提和基础。另外，在对外文化教材编写中，要尽力以对话的姿态向外国学习者传递真实感和亲切感。例如，在介绍文化名人的时候，现有的绝大部分文化教材采取的是第三人称视角，疏离感和平面感强烈，如果以第一人称的叙述口吻则会拉近中国的文化名人与外国学习者的距离，例如，我们可以这样介绍孔子：

> 我是孔子，我的老家在山东，我生活在两千多年前，那时候不是所有人都能上学。我开了一个学校，一共教过 3 000 多个学生，我的一些学生后来也成了名人，比如子路、颜回等。我和学生说过的话，后来被编进了《论语》这本书里。现代的中国人还经常引用我说的话，比如"学而时习之，不亦说乎"等。③

在中国文化中，"竹"容涵君子之意，因此中国古代的画家偏爱画竹，那么，什么是"眼中之竹""胸中之竹""手中之竹"呢？如果作为概念来阐释，难免枯燥，编写文化教材的时候，如果用画家的口吻来介绍就会让学习者感到亲切得多：

> 我是郑板桥，一生画竹最多。因为竹子有虚心亮节、潇洒挺拔的君子风度，因此竹在中国文化中，象征着有气节、坚贞、谦虚，中国人喜欢咏竹、画竹。明代的唐寅（字伯虎）画的竹子，清秀淡然，颇有隐士之风。清代的扬州八怪几乎人人皆擅画竹，如汪士慎、罗聘等，我也属于其中之一。我通过观察和艺术创作的实践，提炼出"眼中之竹""胸中之竹""手中之竹"的理论。"眼中之竹"是自然实景，是对自然的观察和从中体验画意；"胸中之竹"是艺术创作时的构思；"手中之竹"是艺术创作的实践，通过把主观与客观、现象与想象、真实与艺术有机地融为一体，创造了师承自然，而

---

① 薛茂盛主编：《万全古韵 温州童谣歌谣俚语民俗大集》，西泠印社出版社 2017 年版，第 282 页。
② （战国）孟轲：《孟子·梁惠王上》，见（宋）朱熹撰：《四书章句集注》，中华书局 1983 年版，第 208 页。
③ 于小植主编：《文化密码：中国文化教程》第 1 册，高等教育出版社 2021 年版，第 136 页。

又高于自然的境界。①

庄子是中国古代的哲学家，对于外国学习者来说，庄子的思想主张不容易理解。把庄子的思想融汇在故事之中，再以庄子口吻亲自讲述的话，可以增加故事的真情实感：

> 我是庄子，我给你讲一个故事：一个人在乘船渡河的时候，前面一只船正要撞过来。这个人喊了好几声没有人回应，于是大骂前面开船的人不长眼。结果发现撞上来的竟是一只空船，刚才的怒火马上就消失了。其实你会发现，生气与不生气，取决撞来的船上有没有人。有时候，你生气仅仅是因为对方"竟然这样"，而非仅仅是那个人对你造成的伤害。因此我有一个结论："人能虚己以游世，其孰能害之！"

在对外文化教材编写中，需要把握人类的基本情感，选取和提炼既能表现中国智慧，又能体现真情实感的故事，用文化承载情感，用情感展示文化，与学习者之间建构一种相交、相容、相通的关系，用情感上的接近带动文化观念的认同，使外国学习者由对中国故事的兴趣转变为对中国文化的接受。2013年，莫言在孔子学院做主旨演讲时提出："一部文学作品只有表现了人类的最普遍、最基本的感情，然后翻译成外文之后才可能打动外国的读者，一件艺术作品也只有表现了人类最基本的感情之后也才能够感动其他国家的观众。我们的汉学教育实际也是这样。只有把我们最基本、最符合人的基本情感的东西拿出来率先介绍出去，也许更能赢得其他国家人民的认同。"② 莫言所强调的这种基于全人类体验的普遍情感受到政治、地域、人种的差别的影响较小，是打开文化交流的重要窗口。可以说，寻找不同文化的共性，分享共同的情绪或情感体验是讲好中国故事的有效途径。

人类在面对个体生命时的一切所感、所思、所想中必然会渗透着人类关于生命种种的体验、想象和建构，而那些具有共性的情感就在此间诞生。包孕着情感共性的文化观念蕴含着激发学习者产生情感共鸣的力量，是打开跨文化传播罅隙的重要切入点，把握住这些情感可以使文化传播达到最好的效果。

对家的依恋是人类的共同情感，在文化教材中编写与此相关的内容就容易引发外国学习者的共情。例如，初级文化教材中可以这样编写课文：

---

① 参见紫都、刘超编著：《"扬州八怪"书法鉴赏》，中央编译出版社 2005 年版，第 13 页。
② 莫言：《孔子学院：怎样讲好中国故事》，载于《商周刊》2013 年第 12 期，第 85 页。

伊人：李晶，你知道月饼为什么是圆的吗？

李晶：中秋节月圆、人团圆，把月饼做成和中秋的月亮一样的圆形，象征着团圆和睦。

有朋：中秋节全家围坐在一起赏月、吃月饼是最开心的事。

大龙：你们说得我都想家了！①

这段课文不仅介绍了中秋节的节俗，月饼的特点和象征意义，而且抓住了"想家"这一人类普遍情感，因此容易赢得外国学习者情感上的共鸣。

如果向外国学习者介绍中国的姓名文化，可以对学习者进行提问：

你们国家的人一般怎么起名字？会不会从书里选？如果从书里选名字，常常用什么书呢？

也可以告诉外国学习者：

很多中国人起名字的时候，都喜欢从书里找，比如《诗经》《论语》这样的古书。女孩子的名字常跟花草有关，因为父母都希望自己的女儿像花一样美吧。

世界上绝大多数的国家和民族，名字中都包含着父母对于子女的祝福和期待，因此，这也是一种容易引发共情的人类普遍情感。

另外，生和死，是所有的民族国家的人都会面对的普遍性问题，对于生死问题的探讨也容易引发不同民族国家人民的共情，容易激发他们用中国的文化观念与自身的文化观念进行对比。汤一介在《儒、道、佛的生死观念》中提出，"儒家的生死观：道德超越，天人合一，苦在德业之未能竟。道家的生死观：顺应自然，与道同体，苦在自然之未能顺。禅宗的生死观：明心见性，见性成佛，苦在无明之未能除。"② 对于外国学习者而言，汤一介的话过于抽象，不容易理解，在文化教材中，可以编入妻子去世后，庄子鼓盆而歌的故事：

庄子妻死，惠子吊之，庄子则方箕踞鼓盆而歌。惠子曰："与人居，长子老身，死不哭亦足矣，又鼓盆而歌，不亦甚乎！"

---

① 于小植主编：《文化密码：中国文化教程》第 2 册，高等教育出版社 2021 年版，第 96 页。

② 汤一介：《儒、道、佛的生死观念》，载于《意林文汇》2017 年第 6 期，第 122～124 页。

庄子曰："不然。是其始死也，我独何能无慨然！察其始而本无生，非徒无生也而本无形，非徒无形也而本无气。杂乎芒芴之间，变而有气，气变而有形，形变而有生，今又变而之死，是相与为春秋冬夏四时行也。人且偃然寝于巨室，而我嗷嗷然随而哭之，自以为不通乎命，故止也。"[1]

此外，博爱、正义、诚信、智慧、重礼等文化理念都包含超越民族国家的情感认同力量，容易引发外国学习者的共鸣。鲁迅曾满怀热情地说："我们从古以来，就有埋头苦干的人，有拼命硬干的人，有为民请命的人，有舍身求法的人，……这就是中国的脊梁。"[2] 中国历史上出现过很多英雄人物，他们的民族气节和高贵品格令人动容，"人生自古谁无死，留取丹心照汗青"的文天祥、"苟利国家生死以，岂因祸福避趋之"的林则徐、"有心杀贼，无力回天，死得其所，快哉快哉"的谭嗣同，这些中国脊梁的故事都适合在中国文化教材中讲述，用真情实感打动外国学习者。鸦片战争以降，中国在国际社会上一度话语权缺失，处于"他塑"的状态之中，西方以"非我族类，其心必异"的文化心态和文化立场对中国进行的"他塑"强调的多是中国文化的异质性、特殊性以及与其他文化的不兼容性。中国文化教材编写是编写者对中国文化和中国形象的一次"自塑"，在教材中通过对具有情感共性的文化内容的展示，可以让学习者全面了解中国文化和中国人，感受自身与中国文化和中国人在情感上的共通性，缩小学习者与中国的心理距离。

不同民族国家的生态环境、历史背景不同，因此，不同民族国家的文化既有共性，又有差异性，中国文化教材的编写者需要持有"各美其美，美人之美，美美与共，天下大同"开放包容的文化心态，一方面，通过教材引导学习者寻找文化的共同点，另一方面引导学习者以开阔的心态面对文化差异。例如，在讲解"三人行必有我师"这句话时，可以让学习者思考他的国家有没有类似的名言；在讲中国绘画的时候，可以引导学习者思考中西方绘画的异同，以开放的眼光寻求共性，加强学习者跨文化意识。

第四节　讲述中国"从何处来、向何处去"的中国故事

在历史的车轮不断行进的过程中，中国经历了什么？新的中国故事是如何生

---

[1]　（战国）庄子：《庄子·至乐》，见韩维志译评：《庄子》，吉林文史出版社2001年版，第93页。
[2]　鲁迅：《中国人失掉自信力了吗》，见《鲁迅全集》第6卷，人民文学出版社1981年版，第118页。

成的？这是很多外国学习者感兴趣的话题，在对外文化教材中，我们需要在宏阔的时间范围内有层次、有系统地讲述中国"从何处来、向何处去"的故事，以达到让学习者真正理解中国的目的。

中国是四大文明古国之一，中国文明赓续绵延了几千年，厚重、博大，对人类文明做出过卓越的贡献，在文学、史学、哲学、医学、农学等诸多领域都有值得广泛传播的经典。中国的传统文化是中国人安身立命的根基，孕育当代中国和未来中国。所谓"欲流之远者，必浚其泉源"①，源不深则无法望流远，塞源则不能欲流长。《大学》有言"物有本末，事有终始，知所先后，则近道矣。"② 讲述中国"从何处来"就是讲述中国的传统文化。习近平总书记在联合国教科文组织总部演讲中曾说"让收藏在博物馆里的文物、陈列在广阔大地上的遗产、书写在古籍里的文字都活起来。"③ 这句话提示我们讲述中国"从何处来"的故事时，要把中国丰富的文化遗产与深厚的文化传统、传统文化丰富的精神内涵结合起来，讲述具有时间跨度的中国故事，把看似枯燥、对外国汉语学习者来说较为陌生的中国故事讲述得生动、有趣、立体。讲述中国"从何处来"的故事还应包括：近代以来中华民族曾遭受的前所未有的危机、中华民族实现民族独立的抗争史、新中国成立初期艰难的探索、改革开放以来的发展，这些讲述应该深入浅出、全面透彻，才能让外国学习者既了解中华文明的灿烂辉煌、中国人民的苦难史及自强不息的奋斗史。

另外，值得注意的是，外国学习者的兴趣与疑问多侧重于他们当下耳闻目睹的当代中国，因此对外文化教材讲述中国"向何处去"就是讲述由中国传统文化脱胎而来的中国当代文化，就是向外国学习者展现中国的时代变迁，结合当代中国的实际情况展现全面的中国，就是讲述和平发展、贡献世界的中国梦，讲述"人类命运共同体"等中国对人类未来的展望，以使外国学习者感受当代中国的深刻变革和理想追求，了解当代中国的发展理念和内外政策，更全面、客观、理性地读懂中国。

例如，面向初级汉语水平的外国学习者，可以围绕长城、苏州园林、秦皇陵等世界文化遗产编写课文对话，向学习者介绍中国"从何处来"。长城是中国古代建筑的代表，1987 年被列入世界文化遗产，围绕长城试编课文人物对话如下：

场景：在长城上。

---

① （唐）魏徵：《谏太宗十思疏》，见（清）吴楚材、吴调侯编著：《古文观止》，崇文书局 2010 年版，第 273 页。

② （宋）朱熹撰：《四书章句集注》，中华书局 1983 年版，第 3 页。

③ 《习近平在联合国教科文组织总部的演讲》，载于《人民日报》2014 年 3 月 28 日。

伊人：哎呀，不行了，我爬不上去了。

有朋：加油！马上就到山顶了。你没听说过"不到长城非好汉"吗？

伊人：我不是好汉！你们继续爬吧，我在这里等你们。

大龙：坚持到底就是胜利！一起爬上去吧！山上的景色不一样！

场景：四个人终于到了山顶。

伊人：哇，好漂亮啊！从这儿往下看，长城像是一条龙。①

课后，可以增加中英双语的文化常识：

长城

长城，又称万里长城，全长超过 20 000 千米，始建于两千多年前的春秋战国时期，是中国古代的军事防御工程，也是世界历史上伟大工程之一。它以城墙为主体，同大量的城、障、亭、标相结合，用以阻隔敌骑行动的防御体系。秦国统一天下后，秦始皇连接并修缮长城，始有"万里长城"之称。历经中国古代各朝代的多次修建，今天人们看到的长城多为明朝时修筑的。1987 年，长城被列入《世界文化遗产名录》。

The Great Wall

Stretching over 20 000 kilometers, the Great Wall, also known as the Ten – Thousand-Mile-Long Wall, was originally an ancient Chinese military defense project, and today ranks among the most remarkable construction projects in the world. The construction of the Great Wall dates back to the Spring and Autumn Period and the Warring States Period over two thousand years ago. The main component, namely the wall, combines with a large number of fortifications, barriers, and pavilions to form a bulwark against cavalry enemies. After the unification of the states in the Qin Dynasty (221BC – 207BC), the First Emperor of the Qin started to link and repair the previously self-standing wall sections, and that was when the construction was for the first time called by its present-day name-the Great Wall. The Ming Dynasty (1368AD – 1644AD) was the last of the various dynasties to overhaul the Great Wall, and much of what is seen today was built during the Ming Dynasty. In 1987, the Great Wall was listed as a world Cultural Heritage Site. ②

---

① 于小植主编：《文化密码：中国文化教程》第 1 册，高等教育出版社 2021 年版，第 80 页。
② 于小植主编：《文化密码：中国文化教程》第 1 册，高等教育出版社 2021 年版，第 87 页。

1997 年，苏州古代园林作为中国园林的代表被列入《世界遗产名录》，也适合介绍给初级汉语水平的学习者，围绕"苏州园林"，同样可以编写课文人物对话：

> 场景：在高铁站
>
> 大龙：真不敢相信！这么快就到苏州了。
>
> 李晶：是啊。以前要坐十几个小时的火车，现在坐高铁五个多小时就到了。
>
> 伊人：从小爷爷就说"上有天堂，下有苏杭"。所以我这次一定要来看看苏州园林。
>
> 有朋：咱们先去拙政园吧，那是中国四大名园之一。如果有时间，今天还可以去虎丘、寒山寺。
>
> 伊人：太好了！我从小就会背那首写寒山寺的诗。[1]

课后，可以增加中英双语的文化常识：

苏州园林

苏州园林是中国园林的杰出代表，现在有一百多处。苏州园林讲究亭台轩榭的布局，近景远景的层次，能在有限的空间内点缀安排，稳步换景，变化无穷，使人无论站在哪里看都是一幅美丽的画卷。苏州因其极高的艺术价值从中国走向世界。拙政园等苏州园林已被列入《世界文化遗产》，在全球各地有二十多座仿苏州园林的建筑。

Suzhou Gardens are a collection of over 100 excellent representatives of classical Chinese gardens. Suzhou gardens pay special attention to architecture arrangement and scenery organization to create within finite space infinite variations of scenery that change with each step for visitors. Visitors no matter where they go always greeted by picturesque landscape. Owing to their exceeding artistic value, Suzhou Gardens is not only popular in China，but also gained world-wide recognition. The Humble Administor's Garden and many other classical gardens of Suzhou have been designated as a World Culture Heritage Site. There are currently over twenty imitations of Suzhou Gardens around the globe. [2]

---

[1] 于小植主编：《文化密码：中国文化教程》第 1 册，高等教育出版社 2021 年版，第 88 页。
[2] 于小植主编：《文化密码：中国文化教程》第 1 册，高等教育出版社 2021 年版，第 94 页。

　　秦始皇兵马俑也是中国古代辉煌文明的代表，与长城一样，1987 年被联合国教科文组织列入《世界遗产名录》。面向初级汉语水平学习者，可以编写这样的课文对话：

　　　　场景：在秦始皇兵马俑博物馆

　　　　大龙：这些都是两千多年前做的吗？

　　　　有朋：是啊，了不起吧？秦始皇兵马俑被称为世界八大奇迹之一。来西安的人都会来这里参观。

　　　　伊人：太了不起了！每个俑都栩栩如生！你看，这个将军俑怎么这么眼熟？跟他长得真像。

　　　　李晶：是啊，简直太像了！大龙，快过来。你亲戚在这里！①

　　课后，可以增加中英双语的文化常识：

秦始皇

　　秦始皇（前 259 年~前 210 年），姓嬴，名政。中国古代政治家、战略家、改革家，也是中国第一个称皇帝的君主。自公元前 230 年至公元前 221 年，秦始皇先后灭韩、赵、魏、楚、燕、齐六个诸侯国，完成了统一中国的大业。他建立起一个中央集权的统一的多民族国家——秦朝。此后，他统一了文字、货币和度量衡，并修筑了万里长城。

The First Emperor of Qin Dynasty

　　Qin Shihuang, The First Emperor of Qin Dynasty (259 BC – 210 BC), surnamed Ying, given name Zheng, was a politician, strategist, and reformer in ancient China and also the first monarch in China to call himself emperor. From 230 BC to 221 BC, Qin Shihuang destroyed the six states of Han, Zhao, Wei, Chu, Yan and Qi, and completed the great cause of unifying China. He then established a unified multi-ethnic country with centralized power-Qin. Since then, he standardized scripts, currencies and measurement systems, and continued the construction of the Great Wall.

秦始皇兵马俑

　　秦始皇兵马俑简称秦兵马俑、兵马俑或秦俑，是中国第一批入选《世界

---

① 于小植主编：《文化密码：中国文化教程》第 1 册，高等教育出版社 2021 年版，第 96 页。

文化遗产名录》的世界遗产。兵马俑于 1974 年首次被发现，位于今陕西省西安市。秦始皇陵中葬着八千多件真人大小的陶俑，还有大量的战车、战马和兵器。陶俑看上去跟真人一样，脸型、表情、年龄各不相同，像秦朝军队一样排列，在规模和气势上都令人叹为观止。

The Terracotta Warriors of the First Emperor of Qin Dynasty

The Terracotta Warriors of the First Emperor of Qin Dynasty, also known as the Qin Terracotta Warriors or the Qin Figurines, are one of the first batch included by World Cultural Heritage List in China. The Terracotta Warriors were discovered in 1974 in today's Xi'an, Shaanxi Province. In the Emperor Qinshihuang's Mausoleum Site Museum, there are over 8 000 life-size terracotta figurines together with great quantities of chariots, war horses and weapons. The Terracotta Warriors seem just like real people-each with a different face shape and expressions and of a different age, standing in army-style alignment, imposing in both scale and demeanour. ①

讲述中国故事，可以讲述中国辉煌的古代文明，却不能停留在辉煌的古代文明，而是需要溯古通今、由古及今，讲述中国"从何处来，到何处去"的故事。例如，"以和为贵""和而不同""亲仁善邻"是古代中国推崇的理念，在讲述这一文化理念时，可以选取传统和当下两个角度进行阐述。中国古代被誉为"武学之圣典，兵家之绝唱"的《孙子兵法》虽然是一部兵书，却包含着深刻的和平观念和慎战思想。《孙子兵法·始计》有云："兵者，国之大事，死生之地，存亡之道，不可不察也。"② 孙子认为，战争是重大的事情，关系到士兵、百姓的生死，以及国家存亡，决不可轻易发动，他希望通过非战争的方式来达到目的，《孙子兵法·谋攻》有云："百战百胜，非善之善者也；不战而屈人之兵，善之善者也。"③ 孙子对待战争的态度体现了中国古人的仁者胸怀和超凡智慧。面向中高级汉语水平的学习者，可以把《孙子兵法》原典中的话编入中国文化教材，如：

明主虑之，良将修之，非利不动，非得不用，非危不战。主不可以怒而

---

① 于小植主编：《文化密码：中国文化教程》第 1 册，高等教育出版社 2021 年版，第 102~103 页。
② （春秋）孙武《孙子兵法·始计》，见刘建立译：《孙子兵法》，华中科技大学出版社 2019 年版，第 1 页。
③ （春秋）孙武：《孙子兵法·谋攻》，见刘建立译：《孙子兵法》，华中科技大学出版社 2019 年版，第 21 页。

兴师，将不可以愠而致战；合于利而动，不合于利而止。怒可以复喜，愠可以复悦，亡国不可以复存，死者不可以复生。故明君慎之，良将警之，此安国全军之道也。（孙膑：《孙子兵法·火攻篇》）

对外文化教材需要让外国学习者了解"以和为贵"是中国古已有之的思想观念，同时，这一思想观念在当代中国也得到了很好的继承和发展。如习近平主席所言，"和平融入了中华民族的血脉中，刻进了中国人民的基因里。"[①] 在对外文化教材中，讲述中国"何去何从"的故事就是向外国学习者介绍当代中国和平发展的故事，介绍中国的"和平共处五项原则""和平发展观""和谐世界观""人类命运共同体"等中国的外交策略和中国方案。这些当代理念能够体现出中国对于和平的追求，能够让外国学习者了解到中国在处理国际多边关系、促进地区和世界共同发展上所做的努力，以及中国提供的中国智慧、中国方案为世界和平所做出的贡献。例如，可以设置这样的文化理解练习：

读一读，答一答：

新中国成立70多年来，始终坚持和平与发展的外交传统，这不仅是国家利益的需要，也是中国文化非侵略性特点的外在表现。

中国人以和为贵。在中国古代，"和"即"和美""和谐""和睦"。孔子说"君子和而不同"，强调多样包容的人际关系；《尚书·尧典》有"百姓昭明，协和万邦"，主张人民和睦相处、国家友好往来。今天中国外交中"和平共处""求同存异""永远不称霸""合作共赢"等政策主张都有着鲜明的中国文化基因。

1. 请找出这段文字里含有汉字"和"的词语，并说说它们的意思。
2. 中国始终坚持和平发展的外交传统，原因是什么？

当代中国社会的社会样态和文化形态是外国学习者非常关心的问题，许纪霖的《如何重建中国的伦理与信仰》一文比较客观地讲述了当下中国的文化形态，并对中国文化形态应"向何处去"提出了构想，适合编入高级文化教材：

今天的中国总有一些精神让我们感动，总有一些燃灯者以个人的德性力量温暖着我们。

离我们的记忆不远的汶川大地震，是一次集体性的德性的爆发。地震中

---

① 习近平：《共同构建人类命运共同体》，载于《人民日报》2017年1月20日002版。

老师们的表现岂止伟大，简直可以说都是圣人。绵竹市东汽中学的谭千秋老师在教学楼即将倒塌的一瞬间，将四个学生塞在课桌底下，自己像老母鸡一般，张开双臂护住学生，学生得救了，老师却倒在乱石之中。

我看过凤凰卫视陈晓楠主持的《冷暖人生》特别节目："大地震中的北川中学"，这是我所看到的最令我感动的节目。李佳萍，一个文文静静、胆子不大的女老师，出事那一刻，用身体死死抵住教室门，拼了命把学生一个个从教室中扯出去，到第三十六个学生的时候，天花板掉了下来。几天后人们找到她，她的身体仍在教室里面，没有跨出门口一步。这是一些平常得不能再平常的老师，但在生死一瞬间却闪耀出"圣徒"的光芒。

这样的师生之情，是伦理之情，经得起生死考验。这些年中国进入市场社会，师生关系也被世俗化了，有一些舆论将师生关系完全看成是市场的交易关系和服务关系。学生交学费，老师提供服务，学校变成一个非人格化的交易市场。顾客和服务者的关系不是伦理关系，它纯粹是一个契约关系。商业交易不会产生"小我"为"大我"牺牲的崇高，我们很难想象一个超市发生了地震，营业员会死死抵住门框，让顾客先撤。

圣徒是一种宗教境界。而中国不是一个宗教社会，而是人文代宗教。梁漱溟老先生讲中国文化的精神是"伦理本位"，指的就是人文精神不是一套抽象的概念，仁义信爱，必须落实在具体的人伦关系网络之中。自然，今天我们所处的市场社会与传统社会很不相同，每天碰到的大量是非人格化的契约关系。系统世界——市场和政治，由金钱和权力主宰；但在生活世界里面，要靠人们的交往理性，以及真诚的情感与宗教。我们不要相信庸俗经济学的鬼话，似乎现代人就是一个"经济理性人"，就是追求自身利益的最大化，那仅仅是系统世界的逻辑。在生活世界里面，人首先应该是一个伦理人，具有自己的良知和情感，那是金钱无法衡量也无法收买的。

与其诅咒黑暗，不如点亮蜡烛。在任何时代，总是有黑暗，也有光明，就看你选择沉沦于黑暗，还是追随着光明。[1]

中国不是一个宗教社会，许纪霖认为中国如果变成完全由金钱主宰的经济社会或者由权力主宰的政治社会也不是理想的选择，他希望中国建构人文社会，在儒家伦理观念的影响下，中国形成了"伦理本位"文化的精神，这种文化精神是

---

[1] 选自许纪霖：《如何重建中国的伦理与信仰——与其抱怨黑暗，不如点亮蜡烛》，载于《新华日报》2014年8月6日。为了配适外国学习者的接受水平，对该文章进行了删改。

建构以良知和情感为主导的人文社会的基础。何为"伦理本位"？什么是"伦理关系"？对于外国学习者而言，这是比较难于理解的文化内容，梁漱溟在《中国文化要义》中曾对"伦理关系"做出过阐释，"伦理关系，即是情谊关系，亦即是其相互间的一种义务关系。伦理之'理'，盖即于此情与义上见之。更为表示彼此亲切，加重其情与义，则于师恒曰'师父'，而有'徒子徒孙'之说；于官恒曰'父母官'，而有'子民'之说；于乡邻朋友，则互以伯叔兄弟相呼。举整个社会各种关系而一概家庭化之，务使其情益亲，其义益重。"[①] 文化教材可以对此加以介绍，也可以作为课后的"文化常识"以中英双语的形式介绍给外国学习者：

伦理本位

"伦理本位"的概念是梁漱溟提出来的。他在东西方社会结构的比较中，发现传统中国社会没有西方式的团体组织和团体生活，只有伦理关系网络和情谊生活习俗。他说："吾人亲切相关之情，发乎天伦骨肉，以至于一切相与之人，随其相与之深浅久暂，而莫不自然有其情分。因情而有义。"在他看来，整个中国社会都是从家庭出发建立起的互相倚重、互担义务的相互合作关系。

Ethics as Standard

The concept of ethics as standard was proposed by Liang Shuming. In his comparison between Eastern and Western social structures, he came across the fact that in traditional Chinese society, there was no Western-style community and communal way of living, the society relyed on ethical networks and abide by relationship-based customs. He commented that "the Chinese base their relationships on ethical grounds and extend such a thinking pattern to everyone in contact with them. They let the closeness of their relationships decide the way of interaction." In his opinion, the whole Chinese society operates on the interdependent and mutually responsible cooperation mechanisms centered around the family.

2017 年 1 月，习近平主席在联合国日内瓦总部发表了题为《共同构建人类命运共同体》的演讲，以宏阔的气度和胸怀展示了中国生机勃勃、海纳百川的文化气象，树立了开放包容、宽厚平和的"中国形象"，这次演讲是当代中国理念的集中体现，明晰地告诉了世界中国将"向何处去"，非常适

---

① 梁漱溟：《中国文化要义》，上海出版社 2011 年版，第 79 页。

合编入高级文化教材，让外国学习者读懂当代中国：

共同构建人类命运共同体

女士们，先生们，朋友们：

一元复始，万象更新。很高兴在新年伊始就来到联合国日内瓦总部，同大家一起探讨构建人类命运共同体这一时代命题。

我刚刚出席了世界经济论坛年会。在达沃斯，各方在发言中普遍谈到，当今世界充满不确定性，人们对未来既寄予期待又感到困惑。世界怎么了、我们怎么办？这是整个世界都在思考的问题，也是我一直在思考的问题。

我认为，回答这个问题，首先要弄清楚一个最基本的问题，就是我们从哪里来、现在在哪里、将到哪里去？

回首最近100多年的历史，人类经历了血腥的热战、冰冷的冷战，也取得了惊人的发展、巨大的进步。上世纪上半叶以前，人类遭受了两次世界大战的劫难，那一代人最迫切的愿望，就是免于战争、缔造和平。上世纪五六十年代，殖民地人民普遍觉醒，他们最强劲的呼声，就是摆脱枷锁、争取独立。冷战结束后，各方最殷切的诉求，就是扩大合作、共同发展。

这100多年全人类的共同愿望，就是和平与发展。然而，这项任务至今远远没有完成。我们要顺应人民呼声，接过历史接力棒，继续在和平与发展的马拉松跑道上奋勇向前。

人类正处在大发展大变革大调整时期。世界多极化、经济全球化深入发展，社会信息化、文化多样化持续推进，新一轮科技革命和产业革命正在孕育成长，各国相互联系、相互依存，全球命运与共、休戚相关，和平力量的上升远远超过战争因素的增长，和平、发展、合作、共赢的时代潮流更加强劲。

同时，人类也正处在一个挑战层出不穷、风险日益增多的时代。世界经济增长乏力，金融危机阴云不散，发展鸿沟日益突出，兵戎相见时有发生，冷战思维和强权政治阴魂不散，恐怖主义、难民危机、重大传染性疾病、气候变化等非传统安全威胁持续蔓延。

宇宙只有一个地球，人类共有一个家园。霍金先生提出关于"平行宇宙"的猜想，希望在地球之外找到第二个人类得以安身立命的星球。这个愿望什么时候才能实现还是个未知数。到目前为止，地球是人类唯一赖以生存的家园，珍爱和呵护地球是人类的唯一选择。瑞士联邦大厦穹顶上刻着拉丁文铭文"人人为我，我为人人"。我们要为当代人着想，还要为子孙后代负责。

女士们、先生们、朋友们：

让和平的薪火代代相传，让发展的动力源源不断，让文明的光芒熠熠生辉，是各国人民的期待，也是我们这一代政治家应有的担当。中国方案是：构建人类命运共同体，实现共赢共享。

……

女士们、先生们、朋友们！

中国人始终认为，世界好，中国才能好；中国好，世界才更好。面向未来，很多人关心中国的政策走向，国际社会也有很多议论。在这里，我给大家一个明确的回答。

第一，中国维护世界和平的决心不会改变。中华文明历来崇尚"以和邦国"、"和而不同"、"以和为贵"。中国《孙子兵法》是一部著名兵书，但其第一句话就讲："兵者，国之大事，死生之地，存亡之道，不可不察也"，其要义是慎战、不战。几千年来，和平融入了中华民族的血脉中，刻进了中国人民的基因里。

……

女士们、先生们、朋友们！

中国古人说："善学者尽其理，善行者究其难。"构建人类命运共同体是一个美好的目标，也是一个需要一代又一代人接力跑才能实现的目标。中国愿同广大成员国、国际组织和机构一道，共同推进构建人类命运共同体的伟大进程。[1]

课后，可以以"文化常识"的形式，用中英双语向学习者介绍"和合文化"：

和合文化

和合思想是中国文化的精髓，是被普遍认同的人文精神。儒家学派创始人孔子说："君子和而不同。"他既承认差异，又和合不同的事物。道家创始人老子提出"万物负阴而抱阳，冲气以为和"的思想，认为万物都包含着阴阳，阴阳相互作用而构成和，和是宇宙万物的本质以及天地万物生存的基

---

[1] 习近平：《共同构建人类命运共同体——在联合国日内瓦总部的演讲》，新华网，2017年1月19日。

础。《易传》提出十分重要的太和观念，认为保持完满的和谐，万物就能顺利发展。总之，和合文化就是相信天人合一，认为宇宙万物都可融会协调、和凝为一。

Harmony Culture

Harmony Culture is the well-received humanitarian spirit as the core of Chinese culture. Confucius, the founder of Confucianism, once observed that "*Junzi* (man of virtue) stays harmonious, but not the same, with each other", thereby acknowledging difference in harmony. The founder of Taoism, Laozi, formulated the idea that *yin* and *yang* exist in everything under heaven and that the interplay between the two elements gives rise to harmony, which is the essence of the cosmos and the foundation for the survival of all life on earth. A crucial concept proposed by *Yi Zhuan* (*Commentary on I Ching*) is "Great Harmony", according to which the maintenance of harmony guarantees the smooth running and development of everything. In short, the main message of Harmony Culture is the belief in the unification of human and the universe, as well as the coordinated synthesis of all under heaven.

讲述中国"从何处来，到何处去"的故事，也可以从孔子"己所不欲，勿施于人"的理念讲起。孔子这句话揭晓的是处理人际关系的重要原则，表现在人与人交往的日常生活中，即不把自己的意志强加到别人身上，平等待人、尊重他人；这种理念贯彻到文化传播上，则表现为一种非强力灌输，亦非文化霸权的平等态度。而当秉持这种理念看待国与国之间的关系时，则是强调建立平等相待、共同发展的伙伴关系，这与当代中国的"建构人类命运共同体"思想有着相通之处，"建构人类命运共同体"思想可以说是"己所不欲，勿施于人"理念的现代延伸，习近平主席在充分汲取中国传统文化精髓的前提下，将运用于人与人关系的"己所不欲，勿施于人"理念延展到国家与国家的交往原则之中，是对中国传统人际道德观念的创新性运用与历史性超越。

除外交策略外，从文化层面上来看，"己所不欲，勿施于人"理念与当代中国在国际交往中所秉持的"各美其美、美人之美、美美与共"原则一脉相承。在新时代的背景下，全球化使得世界各国之间的联系越来越紧密，世界成为了多样性的统一，世界的文化也逐渐向多样性的统一发展。中国文化的发展向来以尊重各国文化的多样性为前提，既顺应时代潮流，又保持自身文化特色，这实际上是古代中国"己所不欲，勿施于人"思想在当代中国的延伸，它既标明了中国的来处，又指明了中国的去向。

　　一言以蔽之，给外国学习者讲述的中国故事需要来自历史深处，也需要蕴藏无限活力；需要让外国学习者了解灿烂辉煌的中华文明，也需要让他们了解中国文化由古至今的发展演变，长盛不衰的原因，以及中国文化的当下价值。中国文化需要由自信走向他信，再走向共信，这是对外文化教材讲述中国故事的目的所在。

第八章

反思与超越: 文化大纲的
研制与文化能力的测评

第一节 基于对外文化教材的 "中国文化
教学内容" 等级大纲研制构想

"中国文化教学内容等级大纲" 能为国际中文教育领域的文化教学实践及文化教材编写提供有益的参考,因此等级大纲的研制极为重要。在实际研制的过程中, "中国文化教学内容" 等级大纲应以现有的文化教材、研究成果和调查数据,以及权威测试中文化考点的分布状况为学理依据,从新形势下的教学目标出发,对文化内容进行筛选、增补和凝练,按照复现、层递、螺旋的编排原则进行研制。此外, "中国文化教学内容" 等级大纲应具有选择性、发展性、开放性、灵活性特征和树状的文化题材知识结构,以适配当下教学需要、有效促进学科发展。

一、"中国文化教学内容" 等级大纲的研制背景

在国际中文教育领域,与语音、词汇、语法教学不同,长期以来,文化教学实践及文化教材编写一直处于无独立纲要指导状态,这种状态直到 2008 年才得

323

以改变。文化教学大纲的问世晚于词汇大纲和语法大纲①的原因在于：文化大纲的编排应以文化因素为纲？还是以文化知识为纲？是长久以来困扰学界的难题。文化因素和文化知识性质不同、功能不一、所属体系有别、呈现方式各异，因而难以按照统一的体例编排，却又各具意义，无法互相替代，因此直到 2008 年，国家汉办才颁布了《国际汉语教学通用课程大纲》②（国家汉语国际推广领导小组办公室），2014 年又颁布了《国际汉语教学通用课程大纲 修订版》③（孔子学院总部/国家汉办），该大纲将"文化意识"作为课程内容之一并进行了五个等级的分级目标描述，首次将"国际视野"正式纳入到"文化意识"的四大组成部分中。可以说，该通用课程大纲是基于当时国际中文推广和国际中文教学发展的新阶段、新趋势的战略调整而研制的课程规范，其附录中的《中国文化题材及文化任务举例表》是目前为止国内唯一可以参考的已经初具规模的对文化教学话题的一个相对系统的梳理和整理，具有文化教学等级大纲的雏形。但其分级目标尚属粗放型描述，题材及任务举例较为宽泛，虽然分为 1～5 级，但初级阶段教学迫切需要的较为密集的文化因素内容仍然缺失，对于中高级教学内容则没有体现出文化内涵的次第演进。2022 年教育部中外语言合作交流中心组编了《国际中文教育用中国文化和国情教学参考框架》④（教育部中外语言合作交流中心，2022），框架分小学阶段、中学阶段、大学及成人阶段三卷，每卷都包含中国文化和国情教学的"教学内容和目标"和"文化点举例"两部分内容，是目前为止可参考的最新的中国文化教学大纲，对文化教学实践、教材编写、测试评估具有指导意义，缺憾之处是该大纲没有对"教学内容和目标"和"文化点举例"两部分内容进行分等级处理，有待进一步细化。

针对文化教学的分级指导大纲的设计是影响文化教学和教材编写的一个重要因素。"在学科专业理论取得跨越式发展的今天，以标准、规范指导教材编写实践，是提升语言教学质量的必由之路。"⑤ 学界对于研制大纲的呼声和建言久已有之，但如何编制以及依何种标准建纲立目尚存争议：第一种观点主张依隐含在语音、词汇、语法、语用知识中的文化因素为纲；第二种观点主张依中国文化背

---

① 1992 年，北京语言文化大学出版社出版了国家对外汉语教学领导小组办公室、汉语水平考试部编写的《汉语水平词汇与汉字等级大纲》；1996 年，高等教育出版社出版了国家对外汉语教学领导小组办公室、汉语水平考试部编写的《汉语水平等级标准与语法等级大纲》，时间要远远早于文化大纲。

② 国家汉语国际推广领导小组办公室：《国际汉语教学通用课程大纲》，外语教学与研究出版社 2008 年版。

③ 孔子学院总部/国家汉办编制：《国际汉语教学通用课程大纲（修订版）》，北京语言大学出版社 2014 年版。

④ 教育部中外语言合作交流中心组编：《国际中文教育用中国文化和国情教学参考框架》，华语教学出版社 2022 年版。

⑤ 郭风岚：《论国际中文教材资源建设理念》，载于《国际汉语教学研究》2021 年第 3 期，第 47 页。

景知识为纲。

如果从第一种观点出发进行考察，可以发现：隐含在语音、词汇、语法、语用知识中的文化因素往往附着在语言知识之中，并隐性地散落于国际中文教育的综合教材之内，而非以文化内涵为线索编排于初级和中级文化教材之中，原因在于学界普遍认为外国学习者只有具备一定的中文的语言基础，才能开始学习中国文化，因而除了 2021 年高等教育出版社出版的《文化密码：中国文化教程》①第一册等极少数中国文化教材是为中文零基础的外国人而编写的文化教材以外，初级文化教材基本上处于付之阙如的状态，现有的中级文化教材对文化因素的系统编排也缺乏应有的重视，这是导致初级阶段的外国学习者不了解中国的文化规约、易出现交际障碍的重要原因之一。

第二种观点主张依中国文化背景知识为纲，把文化内容进行显性排列，利于直接认知，易于按照一定的结构层次设计成具体的文化项目呈现于中级或高级文化教材中，故学界认同度较高，近年出现的极少数初级文化教材也以之为主要内容，但文化背景知识本身的性质决定了其难度，这与学习者所处的语言阶段并不适配。

文化因素和文化知识性质不同、功能不一、所属体系有别、呈现方式各异，因而难以按照统一的体例编排，却又各具意义，无法互相替代。那么，文化教学大纲应以文化因素为纲？还是以文化知识为纲？成为困扰学界的难题。这是长期以来国际中文教育文化大纲付之阙如的原因之一，也是笔者提出的"中国文化教学内容"等级大纲的研制背景。

二、"中国文化教学内容"等级大纲的学理依据

由于始终未有独立而且专门的文化教学等级大纲的指导，在国际中文教育领域，文化教学的教学实践、教材编写及评估测试原则不一、标准各异、知识散呈、重古轻今、重主观展示轻客观需求，极大地妨碍了新时代国际中文教育的良性发展。为了配适新时代的文化教学实践和教材编写实践，亟需研制符合新时代形势和学科发展需求的、具有指向性和导向性的"中国文化教学内容"等级大纲，在将中国文化的跨文化传播和语言的跨文化传播进行双重考量的前提下，以新理念和新体系规范中国文化教学和教材编写的主题、内容、重点，将教育目标和培养目标具体化，为中国文化的教学实践、教材编写和测试评估体系建构提供重要参考。

第一，以现有的文化教材为学理依据。研制"中国文化教学内容"等级大纲，需要积极把握学科发展动向，跟踪课程革命、教学模式改革以及教材改革的

---

① 于小植主编：《文化密码：中国文化教程》，高等教育出版社 2021 年版。

新动向，更要对现有文化教材的内容进行系统梳理和统计分析，并以此作为学理依据。据笔者统计，新中国成立以来，国内共出版了 250 余种对外中国文化教材。从"主观展示意图"的视角看，现有的教材对于古代文化点量的采集及覆盖门类已经比较广泛，这为"中国文化教学内容"等级大纲的研制提供了基础的资料支撑，研制等级大纲需要对已出版的 250 余种文化教材和权威测试试题中的文化因素和文化知识点进行系统总结和全面分析，整理过滤出基于已有教学资源的国际中文教育中的文化要素的模拟层次架构。

第二，以研究成果和调查数据为学理依据。研制"中国文化教学内容"等级大纲，一方面，要立足新时代中文国际推广和中国文化传播的规划和目标，参考国外第二文化教学内容大纲制定标准，并结合国内外对文化大纲和第二文化教学的最新理论成果。另一方面，要开展调查访谈，了解外国学习者对中国文化尤其是当代文化的兴趣点、学习需求及学习目标；同时了解外国学习者对已有教学资源中文化点的掌握度、接受度和认知理解难点；再结合中文教师的教学反馈与反思，在文化教学研究成果和调查数据的基础上，确立"中国文化教学内容"等级大纲选取文化题材的原则和标准。

第三，以权威测试中文化考点的分布状况为学理依据。研制"中国文化教学内容"等级大纲，需要参照《国际汉语教学通用课程大纲》中的"文化意识分级目标描述"和"中国文化题材及文化任务举例表"，结合文化定势和分层理论，对历年汉语水平考试（HSK）考卷中的文化试题和文化考点分布状况进行统计、整理和研究，了解权威测试中中国文化点的内容、类型及比重，评价文化层级在 HSK1～6 级考试中的分布状况并揭示其基本规律。通过对《汉语水平考试 HSK 大纲》①（国家汉办/孔子学院总部，2009）基础、初中等、高等三个级别的听力理解试题样本以及一级至六级的《新汉语水平考试大纲 HSK》②（国家汉办/孔子学院总部，2009～2020）中文化考点的分析，笔者发现了如下特征：

首先，HSK 听力理解测试对跨文化理解能力的要求随考试级别的上升而提高。初等级别的考试试题以习俗文化为考察重点；中等级别的考试试题以习俗文化和观念文化为考察重点；高等级别的考试试题则涵盖了文化的四种表现形态，以实物文化、制度文化、观念文化为重点，习俗文化次之。

其次，依托文化考点的文化形态在 HSK 听力理解测试中是呈层级分布的，这种分布以可描述的状态在考试中体现，这种文化点的层级分布状态比在专门文化教材中更为明晰，这可以作为编制文化等级大纲的重要实践依据。

---

① 国家汉办/孔子学院总部编制：《汉语水平考试 HSK 大纲》，商务印书馆 2009 年版。
② 国家汉办/孔子学院总部编制：《新汉语水平考试大纲 HSK》，商务印书馆 2009 年版。

再次，通过对文化考点在 HSK 听力理解测试中分布的考察可以发现：中、高等级别的考试试题中，只有了解文化词汇所包含的文化含义和其文化背景才能做出正确判断，也就是说，在教学中，必须为外国学习者提供文化词汇之外的丰富的语料，才能使学习者真正具备跨文化语言交际能力。因此在研制"中国文化教学内容"等级大纲时要注意应有利于"文化点 + 文化词汇"群组知识元在大纲中的结构性呈现。

从次，从 HSK 听力理解文化样题考察的内容题材看，初等级别的考试试题以衣食住行、日常交往、兴趣爱好为主；中等级别的考试试题以工作学习和日常交际为主，衣食住行次之；高等级别的考试试题以文学文化、科技教育、艺术审美、经济贸易等内容为主。可见，HSK 文化样题的考察呈现出更多当代与日常视角，与现有的文化教材中重古轻今的视角形成反差。

最后，HSK 中等级别听力理解样题中的文化考点少于初、高等级别，这与文化教材集中于中高级阶段形成反差，也不符合第二文化学习和评测的连续性原则及"i + 1"推进规律，因此在参考参照时需对此加以甄别。

总而言之，笔者注意到，HSK 测试与文化教材中文化点的选取原则、分布状况、考察标准并不一致，基于"展示古代文化视角"的现有文化教材与聚焦当代"跨文化交际能力"的现行权威测试在一定程度上已经不相适配。相较于文化教材编写，权威测试中文化考点的选取、比重和层级分布，基本符合由易至难、由表及里、由浅入深、由具体到抽象的文化认知过程，其选取原则和标准更与时俱进，也更注重基于当代视角和日常视角的考察，且趋向于呈现出文化点层次架构的雏形样态。研制"中国文化教学内容"等级大纲需要更为科学的参照依据和可靠数据，需要对 HSK 考试其他题型开展更进一步的数据提取和分析比对，要对现有文化教材、HSK 考试中呈现的文化因素与文化知识的整体状况做出科学描述和定性判断，才能系统地、科学地为"中国文化教学内容"等级大纲勾勒出初步的、模拟形态的、点面均衡分布的文化知识基本骨架。

三、"中国文化教学内容"等级大纲的研制方案

"文化教学内容"指的是隐含在中国语言诸要素（语音、词汇、语法、汉字）之中的文化因素及与跨文化交际相关并能体现汉语言特有的逻辑思维、价值观念、交际规约的物态文化、制度文化、习俗文化、观念文化等中国文化知识的总和。综观古今，中国文化内容包罗万象、浩如烟海，需要凝练中国文化内容的精髓，才能研制出科学的"中国文化教学内容"等级大纲，才能适配国际中文教育当下与未来的教育目标，为中国文化教学实践和教材编写指明方向和归宿。

327

从外国学习者习得中国文化的途径和载体看，过去，主要是依赖教材进行课堂学习；未来，应转变为以"中国文化教学动态资源库"为主要教学资源的课堂学习与在线学习相结合的模式。从教材编写及文化点呈现来看，过去，文化因素隐性散见于各课型的教材之中，文化知识呈散点状铺设，无层级设计，而且带有重古代文化、轻当代文化的倾向；未来，应注重学习者的学习需求，建构文化词汇群组的结构知识元，在独立的文化教学内容等级大纲的指导下，将适用于初、中、高级不同学习阶段的文化项目和文化内容按层级编排在教材之中，并重视古代文化的当代阐释。从培养目标来看，过去的培养目标是满足学习者的日常交际需求，使学习者具有"交际能力"；未来，应以培养学习者的"传播能力"、使其在中外文化交流发挥真正的"桥梁"作用为培养目标。从学习者个人能力增长的角度看，过去，学习者对中国文化知识的认知和掌握停留在"知其然"的层面；未来，我们应使学习者深入理解中国文化，达到"知其所以然"的境界，帮助学习者建构世界公民意识，使学习者能以国际视野深度认同、清晰表达、完整阐释中国文化，并对中国文化进行迁移性的创新和生成。从学习者身份的角度看，过去，他们是单纯地满足个人交际需要的学习者，未来，需要力争把他们培养成乐于发现的文化比较者、乐于探源的文化思考者和积极主动的文化传播者。

经过几十年的发展，笔者认为现在到了对国际中文教育的文化教学课程体系进行战略性、结构性调整的关键时机，我们的思路应由"文化教学必须为语言教学服务"转变为"文化视域下的语言教学"，研制更为细化的中国文化教学内容等级大纲。在研制中，首先需要对"中国文化教学内容"进行分级目标描述和分层等级建构，其次需要进行文化题材及任务举例，再次需要遵循分布规律有序选取文化点，最后以专题性、单元性的模块加以呈现。为了帮助学习者形成对中国文化的系统印象，"中国文化教学内容"等级大纲应该以文化知识为核心语料，遵循文化内涵层级复现的次第演进规律进行建构。

首先，在大纲中，可以把文化知识按照物态（实物）文化、制度文化、习俗（行为）文化、观念（心态）分为四类，细化为山川地理、风土人情、饮食起居、人文历史、经济金融、交通、教育、传媒等几十个文化专题，再细化为"流传至今的节日习俗""南北饮食差异""共享精神的古今演绎""众乐乐与广场舞""古今家国情怀"等百余个具象化的文化题材。大纲可以以这些文化内容为主线，量级化、等级化分布，并在各层级有效复现、次第演进①，遵循学习者对

---

① 示例："泰山"意象，在初级阶段作为旅游胜地"名山"文化点呈现；在中级阶段解读古代皇帝"封禅"赋予泰山的文化含义；在高级阶段则演绎"登泰山而小鲁""会当凌绝顶，一览众山小"的文化意蕴。

第二文化的习得规律和语言水平，由浅入深地勾勒出连贯的文化线索，建构完整的文化印象。

其次，立足古代文化的当代阐释与当代文化成就的展示，在充分考虑文化差异、学习者多元动机与需求前提下，对文化因素和文化知识进行梳理、过滤、筛选、增补、定性、定量、分类、分级后，参考《国际汉语通用课程大纲》分级目标描述，按照"以文化知识为主线（总纲），以文化因素为隐线（附录），利于粘附文化词汇群组成结构知识元"的编排原则，科学地研制非单一结构的"中国文化教学内容"等级大纲，以规范当下的文化教学、教材编写、文化教学动态资源库建设以及评估测试体系建构。

再次，文化因素可以以交际话题的形式设计编排为大纲附录，包括：就餐、住宿、购物、介绍、邀请、拒绝、拜访、道歉、询问年龄、打听收入、倾听不幸、讨论个人问题等百项左右。文化因素可以以辅助语料、注释、课后练习等多元形式呈现于文化教材中，并藉由科学的编写原则和设计策略实现与文化知识的有机融合。

从次，依据文化思维认同理论，提取凝练基于当代阐释视角的、由文化因素和文化知识共同构成的中国文化精华内容，在一个完整的中国文化为第二文化教学链中予以科学复现。伴随语言学习的深入及中国文化背景的认知演进，通过阶段性有效复现实现对学习者渐进式、渐强式的文化思维图示编码及求同文化思维构建。另外，遵循认知发展规律，兼顾学习者的习得需求和语言学习阶段，按由浅入深、由近及远、由简至繁的层级编排文化内容，对于核心文化知识元进行次第呈现和递进式演绎，使中国文化内容在初级、中级、高级阶段大纲中实现层递式分布。

最后，应依据新形势下的教学目标对文化题材进行筛选、增补和凝练，研制具有复现、层递、螺旋特质和具有选择性、发展性、开放性、灵活性特征的树状文化题材知识结构的"中国文化教学内容"等级大纲，以适配当下教学需要、有效促进学科发展。不同于现有文化教材中文化内容孤立无序或单向度地展示，"中国文化教学内容"等级大纲应该以经纬交错、立体多元的形式编排，建构具有选择性而非面面俱到的、具有发展性而非固化不变的、具有开放性而非封闭的、具有灵活性而非按部就班的螺旋式文化题材结构体系，实现语言能力和文化传递、隐性文化因素和外化于语言要素的文化知识的融汇对接。

研制"中国文化教学内容"等级大纲的意义在于：能够改变国际中文教育领域在文化教学实践、文化教材编写、文化能力评估测试中缺乏明晰、科学的原则和标准，缺乏独立纲要指导的状态；能够解决文化教学实践中选择的文化点、文化词汇、文化内容与学习者兴趣和需求不相匹配的问题；能够规范中国文化教材编写中核心文化点纷繁无序、缺乏结构层次设计和文化内涵次第演进的问题；能够纠正文化教学与教材编写中当代视角与日常视角缺失的问题；能够推动中国文

329

化课程的规范化、创新性建设。

<h1>第二节 基于对外文化教材的"中国文化
词汇"等级大纲研制构想</h1>

中国文化博大精深,"中国文化词汇"汗牛充栋,在国际中文教育领域的中国文化教学实践和中国文化教材编写中,应该选择哪些文化词汇作为教学内容、如何对文化词汇进行分类和难度分层、如何确定众多文化词汇的教学顺序一直是学界悬而未决的问题。研制面向国际中文教育的"中国文化词汇"等级大纲能够改变文化教学实践和文化教材编写无纲目指导的状态,从语言角度框范文化教学,并为文化教材编写提供科学依据。研制"中国文化词汇"等级大纲需要首先设定大纲的选词标准和原则,再根据类聚性特征将杂乱无序的文化词汇围绕文化题材进行分层,然后按照系统性和网络关联性分类,划定每个文化题材下面的文化词汇场,最后以"词汇网络+思维导图"的方式呈现。

一、研制"中国文化词汇"等级大纲的必要性

语言是传承文化和交流思想的工具。汉语的语音、汉字、词汇、语法,都与中国文化密不可分。中国文化作为汉语的"连生体"在交际中呈现出不同的形态和作用。国际中文教育的文化教学离不开语言,也离不开词汇。然而,在目前国际中文教育领域的中国文化教材编写中,由于缺乏"大纲"指导,导致在词汇的选择上出现了较多问题,其中最突出的问题是对于词汇的难度缺乏把握。如韩鉴堂编写的教材《中国文化》(北京语言大学出版社 1999 年版),教材介绍中说适用对象是本科二年级学生,但教材中出现了多个超纲词和丁级词,而且大部分并没有被列入生词表中。教材解释说,"本书所列出的生词为《标准和等级大纲》规定的三级阶段(二年级)所应学会的丙级词。由于文化教材的特殊性,生词百分之百地圈定在某一级词汇范围内是不现实的,因而本书列出的生词量比丙级词略有超出,这里特作说明。"[1](韩鉴堂,1999)"从统计可知,两课课文中的丁级词、超纲词共 146 个,并非只是'比丙级略有超出'。如果按照教材所说'一

---

[1] 韩鉴堂:《中国文化·说明》,北京语言大学出版社 1999 年版,第 3 页。

年级第二学期亦可视情况试用',丙级词也超出了学习范围,难度就更高了。"①
(周小兵等,2010)

从现实情况看,文化教材的词汇偏难并非个案,而是文化教材编写中存在的普遍问题,词汇过难直接影响外国学习者对中国文化内容的理解和接受,造成这一结果的原因是缺乏"中国文化词汇"等级大纲的指导。在中国文化教材编写中,首先应遵循文化的不同层次确定重点呈现的文化题材、文化内容和文化词汇,另外,需要对文化词汇进行分类和难度分层,让"中国文化词汇"遵循由易到难、由表及里、由浅入深的顺序出现,让不同中文水平的外国学习者学习不同难度的文化词汇,而这要有赖于"中国文化词汇"等级大纲的研制,"中国文化词汇"等级大纲不仅能确定"中国文化词汇"的范围,而且能规范"中国文化词汇"的难度,对国际中文教育领域的中国文化教材编写、中国文化教学实践以及中国文化习得发挥纲领性的指导作用,同时,也能在中国文化词汇翻译、双语词典编撰等领域发挥重要作用。

研制"中国文化词汇"等级大纲具有必要性,原因在于笔者认为"中国文化词汇"等级大纲可以解决的问题主要有四个:第一,解决目前中国文化教材编写中重知识轻语言教学及跨文化交际的问题。第二,解决目前中国文化教材中文化词汇统计及类聚性问题。第三,解决当下中国文化教材中语用文化词汇缺失的问题。第四,解决"中华思想文化术语"在大纲中的分布及中国文化"核心词汇"的当代性阐释问题,详见图8-1。

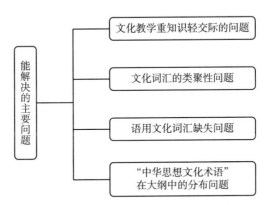

图8-1 "中国文化词汇"等级大纲能解决的主要问题

---

① 周小兵、罗宇、张丽:《基于中外对比的汉语文化教材系统考察》,载于《语言教学与研究》2010年第5期,第4页。

二、研制"中国文化词汇"等级大纲的原则和标准

"中国文化词汇"等级大纲理应兼具科学性和系统性,因此在研制中需要树立一些原则和标准,不仅要科学地圈定"中国文化词汇"的范围,而且要结合第二语言教学的特点注重词汇的跨文化交际功能和语用功能,并要根据学习者的初级、中级、高级水平分级制定"文化词汇大纲"。

在制定原则和掌握标准的过程中要做到以下几点:一是要系统全面地参考国内外学者对"文化词汇"的界定和分类,掌握已有中国文化教材及代表性综合教材中文化词汇的分布及界定和类聚性;二是要把握学科发展动向,将语言传播理论、语言认知理论、文化传播理论,以及文化心理、词汇习得、词表制定等领域的最新成果应用于"中国文化词汇"等级大纲的研制;三是已有的词汇大纲和词表为"中国文化词汇"等级大纲的研制提供了研究基础,可以成为"中国文化词汇"等级大纲选词标准和原则制定的依据和参考;另外,如"口语话题及词表的构建""对泰汉语教学国别化词表的研制"等从不同国别或不同角度进行词汇及大纲细化分类或分级研究的成果也值得参考;四是要对近30年来有代表性的初、中、高等各级中国文化教材中和汉语综合教材中的文化词汇的分布及分类进行全面搜集和统计分析,抽取其中的文化词汇作为"中国文化词汇"等级大纲的基本语料。

具体来说,应该重点参考的大纲、词表或研究报告有:《新 HSK1~6级考试词汇等级大纲》《国际汉语能力标准》《汉语国际教育用音节汉字词汇等级划分》《海外中国文化核心词汇认知表》《外国留学生四千词表》《对外汉语教学常用词表》《汉语水平词汇与汉字等级大纲》《世界汉语教学主题词表》《现代汉语通用词表》《国际汉语能力标准》等词汇大纲和常用词表以及《中国语言生活状况报告》。

以《汉语国际教育用音节汉字词汇等级划分》(2010)为例,该大纲共收录了 11 092 个词汇,分为普及化等级词汇、中级词汇、高级词汇、高级附录词汇四类。该大纲把 2 245 个词汇归为普及化词汇,其中,文化词汇 23 个;把 3 211 个词汇归为中级词汇,其中,文化词汇 23 个;把 4 175 个词汇归为高级词汇,其中,文化词汇 38 个;把 1 461 个词汇归为高级附录词汇,其中,文化词汇 46 个。可以看出,随着词汇难度等级的升高,文化词汇的占比也随之增大。研制"中国文化词汇"等级大纲可以把已有各类词汇大纲对于词汇难度的判定标准以及词汇的分布原则作为参考性原则。

另外，研制"中国文化词汇"等级大纲也需要参考已出版的各类中国文化教材和汉语综合教材。以目前较为通行的《博雅汉语》和《发展汉语》两本初级汉语教材中的文化词汇为例，据笔者统计，在这两本教材中，饮食文化词汇、空间地名词汇所占比重最大，然后是称谓词汇、习俗词汇、颜色词汇、数字词汇等，可见初级汉语教材中文化词汇的类型多与日常生活有关，无论是饮食文化词汇，还是空间地名词汇以及称谓词汇等，都比较贴近日常生活，能够满足日常交际的需要。重点收录学习者在日常交际中常用的文化词汇可以作为"中国文化词汇"初级大纲的一个参考性原则。

《发展汉语·高级综合》和《发展汉语·高级口语》中共收录文化词汇376个，占生词总数的15.65%。其中，成语的数量是最多的，成语在综合教材中占到了所有文化词汇的80%以上，其次是制度文化词汇和物态文化词汇及行为文化词汇；口语教材中成语的占比则更高，占到了所有文化词汇的90%以上，基本没有出现行为文化词汇和制度文化词汇。笔者认为侧重成语、忽视其他文化词汇是《发展汉语·高级综合》和《发展汉语·高级口语》两本文化教材的不足之处，这两本教材收录的文化词汇不能作为"中国文化词汇"高级大纲的参考性原则，研制"中国文化词汇"高级大纲需要在学习者的语言能力和文化能力二者之间找到更为科学的接口，研制"中国文化词汇"高级大纲需要更为科学有效的标准。

如果对近20年来有代表性的中国文化教材和汉语综合教材进行整体考察，可以发现：初级教材收录的文化词汇数量按由多至少排序依次为：心态（观念）文化词汇、物态文化词汇、行为文化词汇、制度文化词汇；中级教材收录的文化词汇数量按由多至少排序依次为：物态文化词汇、心态（观念）文化词汇、行为文化词汇、制度文化词汇；高级教材收录的文化词汇数量按由多至少排序依次为：心态（观念）文化词汇、物态文化词汇、行为文化词汇、制度文化词汇，其中，心态（观念）文化词汇占比达50%以上。"中国文化词汇"等级大纲研制可以以此为参考，既兼顾文化词汇的类别同现和逐步加深，又对文化交际的实际需求有所侧重，从文化教学的目的和文化词汇的特点出发，科学地选择接口语言能力和文化传播的文化词汇，并对其进行科学的规划、分类和编排。

三、"中国文化词汇"等级大纲的内容与呈现方式

研制"中国文化词汇"等级大纲，首先要对"中国文化词汇"进行界定。在界定过程中，面对的核心问题是"文化"，而"文化"是一个非常复杂的概

念，目前，不同学科对文化所下的定义有 200 余种，尚无定论。受此影响，文化词汇的界定和分类情况也较为繁复，有学者认为"文化词汇"是"一种语言里在一定的文化背景下产生的，具有特定文化内涵的词和固定短语的总和"，[①] 笔者认为文化词汇是指文化内涵丰富，具有固定的文化附加意义的词汇，是一个国家的物质文化和精神文化在语言词汇体系中的精华，而且具有跨文化交际的实际意义。从语义角度来分类，文化词汇主要包括物态（实物）文化词汇（建筑类、饮食类、器具类、服饰类、动物类、植物类）；制度文化词汇（政治制度类、经济制度类、社会文化类）；行为（习俗）文化词汇（礼仪类、节令类、风俗类）；心态（观念）文化词汇（数词、色彩词、味觉词、称呼语、文艺体育类、社会心理词、社会行为词、成语）四大类。

明确了"中国文化词汇"的范围后，就可以依据"中国文化词汇"等级大纲的选词标准和原则，来确定大纲的内容与呈现方式。首先，以中华人民共和国成立以来出版的文化教材和综合教材中的文化词汇作为大纲的基本内容；其次，根据类聚性特征将杂乱无序的文化词汇围绕文化题材分层；最后，按照系统性和网络关联性分类，划定每个文化题材下面的文化词汇场。"词义的聚合组合、派生引申均有着鲜明的文化标记，在同义、反义、上下位等语义聚合中，在词义的派生发展中，文化因素的影响都是非常巨大的，甚至形成词义的文化谱系。"[②]（王衍军，2013）从文化语义的类聚性来看，"中国文化词汇"初级大纲应以行为（习俗）文化词汇为重点；"中国文化词汇"中级大纲应以行为（习俗）文化词汇和心态（观念）文化词汇为重点；"中国文化词汇"高级大纲应以物态（实物）文化词汇、制度文化词汇和心态（观念）文化词汇为重点，循序渐进、按层递性特征逐层深入，详见图 8-2。

"中国文化词汇"初级大纲文化词汇示例：

北京、包子、鞭炮、兵马俑、北京烤鸭、茶、茶叶、炒、春节、长江、长城、蚕、除夕、绸、朝代、刺绣、豆腐、豆制品、灯笼、笛子、对联、端午、二十四节气、佛、佛教、风筝、鼓……

"中国文化词汇"中级大纲文化词汇示例：

白茶、茶馆儿、草书、菜系、串亲戚、川菜、大年三十、灯谜、二胡、繁体、宫保鸡丁、古筝、鼓楼、国子监、寒食、红娘、黑茶、黄金周、馄饨、简体、经济特区……

---

① 王衍军：《汉语文化词汇学概论》，清华大学出版社 2014 年版，第 34 页。
② 王衍军：《谈对外汉语"文化词汇"的类聚性及教学策略》，载于《华文教学与研究》2013 年第 3 期，第 36 页。

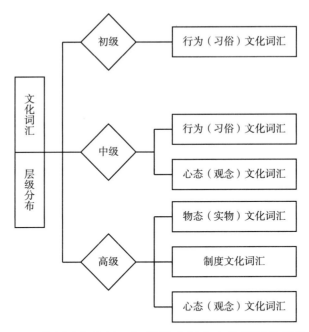

图 8-2　"中国文化词汇"等级大纲中文化词汇的层级分布

"中国文化词汇"高级大纲文化词汇示例：

八卦、八仙、巴蜀、拜天地、抱拳、本命年、茶道、茶艺、重阳、道家、《大学》、佛经、佛学、风水、哈达、翰林、《红楼梦》、厚德载物、和而不同、花旦、黄鹤楼、经世致用……

另外，"中国文化词汇"等级大纲需要对文化词汇进行语言及语言教学视角的界定和分类，从语义文化词汇、语用文化词汇、语构文化词汇三个角度确定大纲的制定基础和呈现内容，详见图 8-3。

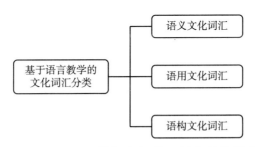

图 8-3　"中国文化词汇"等级大纲基于语言教学的文化词汇分类

顾名思义，语义文化词汇指的是基于语义的文化词汇，如中国特有词汇：黄河、长江、饺子、筷子、长城等，以及语义内涵不同的词汇，如总理、豆腐、颜色词等，还包括熟语等；语用文化词汇包括称呼语、招呼语、问候语、道谢语、告别语，褒奖语、辞让语、委婉语、忌讳语、敬语、谦语等；语构文化词汇包括量词、语气词、儿化韵等。

从国际中文教育领域现有的各类词汇大纲、词表、文化教材以及汉语综合教材中收录的文化词汇来看，几乎仅停留在语义角度，关注词汇所负载的语义文化，收录的文化词汇仅有语义文化词汇，因对词汇的交际因素缺乏关注，所以几乎没有收录语用文化词汇和语构文化词汇。笔者认为研制"中国文化词汇"等级大纲，不仅要保留核心的经典的语义文化词汇，还要从跨文化交际能力的角度，增加语用文化词汇，比如"哪里哪里、过奖、马马虎虎、贵（公司）、鄙人、寒舍、您、谢谢、不客气、告辞"等。同时，为了帮助学习者从语言本身来了解汉语自身蕴含的文化，增加对语构文化的认知，应该收录语构文化词汇。

就呈现方式而言，笔者认为"中国文化词汇"等级大纲可以采用"词汇网络＋思维导图"的呈现方式。文化词汇存在各种界定和分类，说明文化词汇系统庞杂。为了便于检索，目前国际中文教育领域的词汇大纲和词表多按照音序顺序呈现，但笔者认为"中国文化词汇"等级大纲不应采用音序顺序的编排方式，原因在于音序顺序的编排方式无法体现文化词汇的源流概貌、核心理念以及复杂层级，尤其是忽略了不同文化词汇之间的内在联系。中国的文化词汇由于产生的历史较为复杂，因此构成也不是简单的单一层级关系能够呈现清楚的，需要化繁为简，使用更为清晰全新的词汇表述方式，例如，可以选择"词汇网络＋思维导图"的呈现方式。

"词汇网络＋思维导图"是以图示的形式描述人们头脑中的文化词汇概念、词汇蕴涵的思想并使其建立相应联系，与文字相比，图像更加容易建立记忆链接，思维导图是表述发散性思维的图形思维工具和有效模式，运用思维导图的层级图可以表述不同文化主题下的文化词汇，生动呈现文化词汇之间的内在联系。文化词汇的内部结构复杂，内部纵横交叉相互联系，具备网络状知识体系的一般特征，无法进行绝对的类型分割。网络导图的方式可以将复杂的文化词汇信息变成容易记忆的、高度组织化的图画，尤其可以将复杂文化词汇内部的层级性和交叉性进行可视化呈现，从而激发习得者丰富的文化联想和想象力。特别是，对于外国学习者来说，文化词汇的网络导图的处理方式，更符合人类思维发散性的特点，更突出了文化思维内容的重心和层次性，可以引导外国学习者自主开展文化对比、减少文化误读，真正有效地避免跨文化冲突，增进文化理解，实现多元文化思维的融通。

总的来看，国际中文教育的教学对象是外国学习者，其对中国文化的理解受限于中文的语言能力，因此需要从语言角度框范文化教学，"中国文化词汇"等级大纲的研制要从文化词汇的特点和文化教学的目的出发，参考本领域的各类词汇大纲、词表及各类教材中收录的文化词汇，在文化模块系统下，分为初级、中级、高级三个等级进行研制，"点""面"结合，要体现文化词汇的语用性和当代性特征，可以以"词汇网络＋思维导图"的方式呈现，为未来的中国文化教学和中国文化教材编写提供科学的词汇依据。

第三节　国际中文教学的文化能力测评与效果优化

随着中文国际推广事业的发展，海外中文学习者的人数与日俱增。在国际中文教育中，我们关注的重点不仅在于学习者人数的增加，更在于学习者的学习成效以及他们对中国文化的认同程度。为此，我们需要对外国学习者进行"中国文化能力"测评以了解他们对中国文化理解程度和他们的跨文化交际能力；需要面向教师群体和学习者群体展开教材满意度调查，并需要及时进行教学效果检测，从而为更新教学内容、改进教学方法、修订教材提供依据。科学、实用、兼容、可推广的测评、调查和检测将有助于引导教师改变"文化作为知识"的教学模式，而采用"文化即能力"的教学模式进行教学，有助于国际中文教育课程革命的推进和完成，符合学科发展方向和国家培养知华友华人士的现实需求。

全球化时代全面来临的今天，中国加快了走向世界的步伐，愈益彰显了以文化复兴助推民族复兴的强大自信。在当下文化交流密切频繁、传播方式丰富多样、媒介融合不容阻挡的全球化语境中，中国文化如何更好地"走出去"、更有效地"走进去"，是中国文化繁荣发展的重要主题之一。教育部国际合作与交流司发布的数据显示：全球有"70多个国家将中文纳入国民教育体系，全球 4 000 多所大学、3 万多所中小学、4.5 万多所华文学校和培训机构开设了中文课程，中国以外累计学习和使用中文的人数达 2 亿。"[1] 教育部公布的数据令人振奋，但要了解中国文化的实际影响力，使中文及中国文化的海外推广事业良性发展，有必要对外国学习者展开"中国文化能力"测评；面向外国学习者展开中国文化教材使用情况的满意度调查；并对中国文化的教学效果进行及时检测。

---

① 《70 余国家将中文纳入国民教育体系》，载于《北京日报》2020 年 9 月 6 日。

一、"中国文化能力" 测评的实施构想

"近 20 年来，国家语言文字工作部门和有关部委陆续面向社会推出了普通话水平测试（PSC）、汉语能力测试（HNC）、汉字应用水平测试（HZC）、职业汉语能力测试（ZHC）等测量工具；香港考评局和高等院校也开发了普通话水平测试、普通话水平考试（PSK）等测量工具。"① 这些工具测量的是听、说、读、写等中文使用方面的能力。目前针对母语非中文的学习者设立的考试有：HSK（汉语水平考试）、HSKK（汉语水平口语考试）、YCT（中小学生汉语考试）、BCT（商务汉语考试）等。其中，汉语水平考试（HSK）和汉语水平口语考试（HSKK）是国家级标准化考试，参加的人数最多，影响力最大。这类考试主要考查考生的中文应用能力，属于交际范畴，经过多年的摸索尝试已渐趋成熟。

中文的实际水平 "起始于日常工具性交流，上升为思想、情感的沟通，而思想、情感的沟通，牵涉到传达的精细性和结构的复杂性。……汉语国际传播，不能停留于问路、吃饭、关灯、睡觉这样的日常生活信息的传播，而应是关于中国人对生活的哲学体悟，对人际情感的微妙体会的深度传播。"②

要把外国学习者培养成知华友华爱华的人士，就不仅要关注学习者的语言能力，更要关注学习者对中国文化的认知和掌握情况，这就需要我们开发出具有针对性和可比性的测试 "中国文化能力" 的测评工具。该测评工具既可以服务于特定的中国文化教材，助力国际中文教育学科的发展，又对所有的外国学习者具备有效的测评功能，测评结果可以使国家切实掌握外国人 "中国文化能力" 的层级水平，测评结果也可以作为中国文化影响力的基础数据和中国文化传播现状的基础数据，为国家制定将来的文化传播政策提供参考。

开发 "中国文化能力" 测评工具，实施 "中国文化能力" 测评，是建构 "中国文化能力" 标准理论体系不可或缺的环节。欧美部分国家为学习其语言文化的外国人制定了 "文化能力标准"，以检测外国人对其国家文化的适应能力、理解能力、交际能力，但 "中国文化能力" 的标准目前付之阙如。我们不能盲目地照搬或模仿国外的标准，而应该从中国文化本身的特点出发，制定出符合中国国情的 "中国文化能力" 标准，用于指导和规范国际中文教育中的文化教学。同

---

① 王佶旻：《全球化视角下的汉语能力标准研究》，载于《语言战略研究》2016 年第 5 期，第 54 页。

② 卢德平：《语言之外的汉语传播》，载于《云南师范大学学报（对外汉语教学与研究版）》2018 年第 4 期，第 65 页。

时，这个标准也可以满足外国学习者判断自身学习状况的需求。

　　具体来说，"中国文化能力"测评就是对学习者的"中国文化能力"水平等级做出划分和具体描述，可以分为"起点测试"和"终点测试"。学校和教师可以根据学习者"起点测试"的成绩实施教学计划，通过"终点测试"的成绩判断学习效果。"中国文化能力"测评能够为国际中文教育领域的文化教学提供一个参照体系和评估标准。"中国文化能力"测评不仅检验外国学习者对中国文化了解了多少，而且考察外国学习者在遇到问题时，是否会用中国的思维方式思考问题、解决问题。也就是说，不仅检验外国学习者对中国文化的认知能力和理解能力，同时检验外国学习者作为中国文化的"携带者"继续传播中国文化的能力和迁移中国文化的能力。在测评标准的设定、试卷的开发上难度很大，需要科学地制定测评标准，并通过合理的测试将"能力"量化。"中国文化能力"测评的内容应包含习俗文化、实物文化、制度文化、观念文化四个方面，详见图8-4。

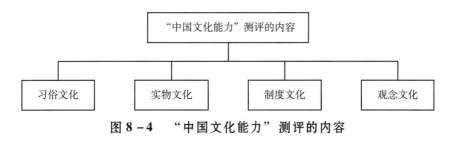

图8-4　"中国文化能力"测评的内容

　　随着学习的不断深入，我们可以把学习者的"中国文化能力"由低至高分为六个层次，分别是：认知能力、理解能力、讲述能力、阐释能力、跨文化比较能力、迁移创新能力。"中国文化能力"测评的范围也应由易入难包含这六个方面，详见图8-5。

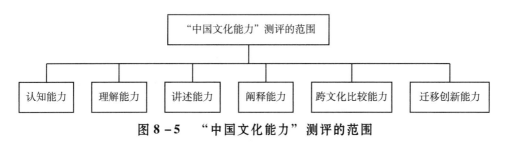

图8-5　"中国文化能力"测评的范围

　　"中国文化能力"测评工具和测评平台应该具有方便、快捷和人性化特点，采用基于计算机网络的人机互动模式，便于外国学习者随时测试自己的中国文化能力。基于计算机网络的测试平台建设，一方面要以大规模题库作为保障，另一方面，测试方要熟练掌握项目反应理论（item response theory，IRT）及其应用技术。目前，国内一些开展国际中文教育的高校拥有外国学习者各水平等级的测验题库，并掌握项目反应理论及其应用技术，有条件在测评方式上作新的技术尝试，实现人机互动测评。

在"中国文化能力"测评标准制定中，可以以上述项目反应理论的理论模型与操作手段为参照，采用定性研究和定量研究相结合的方法，具体包括文献法、跨文化比较法、大数据分析法、测试法、访谈法，对中国文化结构和"中国文化能力"标准框架体系进行学理层面的研究，总体上采用：理论——实践——理论，以及定性——定量——定性的交互研究的技术路线。"中国文化能力"测评的实施将有助于引导教师改变"文化作为知识"的教学模式，而采用"文化即能力"的教学模式进行教学，有助于国际中文教育课程革命的推进和完成。

二、教材满意度调查的实施构想

新中国成立以来，国际中文教育领域共出版各类教材近 2 万册，如何判定教材质量，如何为不同国别、不同学习需求的外国学习者选择到适合他们使用的教材，实施教材满意度调查具有必要性。教材满意度调查可以参考李克特（Likert Scale）五点量表尺度将教材的定性评价指标进行量化，包括教材难易程度、学生接受程度、学生需求、教师态度、教材与学习效能的关系、教材内容与运用语境的关系、教材使用前后学习者对中国的态度有无变化、中国文化与学习者本民族文化的代码转换率等方面。同时，可以对外国学习者和一线中文教师进行深度访谈，收集他们的主观评价，将调研结果进行时间上的纵向对比与地域上的横向对比，为更新教材内容、调整教材的教学进度提供数据支撑。在调查和施测中，应尽可能减少测试题目及每个被试回答的问题，防止被试出现疲劳效应。教材满意度调查应采用问卷调查法与访谈法相结合的方式，运用传播学、教育学、社会学、认知心理学与跨文化理论，将学习者按照国别、学习时间、中文水平、宗教信仰等变量进行分类，考察学习者学习教材前后对中国文化的理解程度的变化，评价参数主要以文化能力增长、对中国认同度与情感的变化、文史知识储备为主。①

---

① 参见于小植：《载乾坤之德，燃日月之明——论面向全球孔子学院的中国文化教材开发》，载于《中国文化研究》2018 年冬之卷，第 102～103 页。

教材满意度调查可以以忠实取向、适应取向、创生取向为重要参考维度，在中文教师和外国学习者两个群体中展开。"忠实取向"即评价教师在使用教材进行教学过程中，是否遵循教材的大纲和内容进行教学，教学内容与教科书的一致性程度。"适应取向"是考查教材与教学实践是否相互适应。"创生取向"考察在使用教材的过程中，教师和学习者是否有自主发挥主体性与创造性的空间，参考维度如图 8-6 所示。

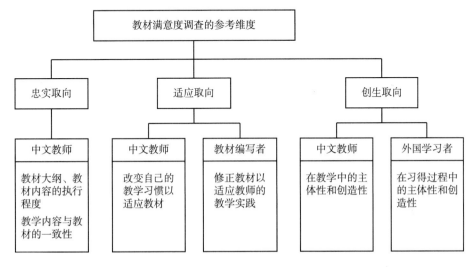

图 8-6　教材满意度调查的参考维度

教材满意度调查应该包含五个层面，分别是：过程本位评价、测试本位评价、整合评价、形成性评价、总结性评价。具体来说，对教师的调查可以围绕以下内容展开：教材使用是否方便；教材所涉及的知识点的讲解是否具有实操性；教材模块的设计是否科学；教材的使用是否方便；是否对学习者认知中国产生促进作用；是否符合全球化大背景，特别是未来全球发展的需要；内容安排是否符合教学规律，能否最大限度地发挥教材的功能等。对学习者的调查可以围绕以下内容展开：教材内容是否符合你当前的语言水平；教材内容是否适合学习；难易设定是否合适；能否满足你的学习需求等。

教材满意度调查宏观上可以采用过程本位评价标准，即注重"起点测试"和"终点测试"两次测试之间的差别与变化，关注教材对于使用者的影响以及从"起点测试"到"终点测试"过程中教材使用者"文化能力"的科学性变化。具体操作中可以采用测试本位评价和整合评价相结合的方式，一方面，测试学习者的学习结果；另一方面，调查学习者的学习过程。最后，通过完成形成性评价和总结性评价，明确教材设计中的优缺点，评价课程的效度和信度，为教材的修订提供依据。五个评价层面如图8－7所示。

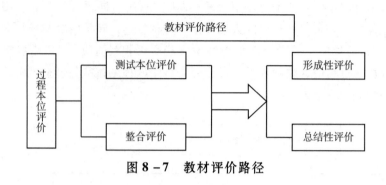

图8－7　教材评价路径

三、教学效果检测的实施构想

教学效果检测就是从课程定位规范性、文化知识建构性、跨文化认知主动性等原则出发，针对教学的实际效果而展开的检测。教学效果检测能够为课堂教学实践、教材编写、课程标准制定以及配套测评体系研发提供参考，是提高课程质量、完善课程体系、推动学科创新过程中必不可少的环节和组成部分。

教学效果检测的对象是学习者，检测中，需要掌握学习者某一阶段学习的"起点"与"终点"，"起点"是指某一阶段的教学开展前学习者的"中国文化能力"的初始状态；"终点"是指某一阶段的学习结束后，学习者的"中国文化能力"所达到的水平。由于"起点确定"和"终点确定"以测试的方式呈现，我们将其命名为"起点测试"和"终点测试"。需要特殊说明的是，中文零基础的学习者不需要参加"起点测试"。对于非零基础的学习者，可以通过"起点测试"判断其适合使用何种等级、何种类别的教材。"终点测试"于学习者结束阶段学习后展开，检测学习者"中国文化能力"的变化，判断教材的使用效果和这一阶段的学习效果。对学习者原有"中国文化能力"和某一阶段的学习结束后的"中国文化能力"的测试，即"起点测试"和"终点测试"都涵盖在对学习效果的判断之中。

教学效果检测可以采用定性检测和定量检测相结合的检测方法，具体方法是：首先，在现有的汉语水平等级标准的基础上，在语言水平分级的前提下，研发教学效果检测试卷，面向不同水平等级、不同国别的外国学习者进行测试，根据测试结果，评估分析不同语言水平等级、不同国别的学习者的特点，确定各个等级的代表样本。其次，依据检测结果，运用多维标度方法（multidimensional scaling）和项目反应理论（item response theory）等现代教育测量理论与技术评估学习者的学习效果。最后，根据检测结果做出能力标准的等级划分和水平描述，把外国学习者的"文化能力表现"归入各个等级，确立等级划分标准。

总的来看，在国际中文教育领域，"中国文化能力"测评、教材满意度调查、教学效果检测能够发挥评价指标的杠杆作用，通过对被测反馈结果的统计分析和深度挖掘，能够切实掌握学习者的"中国文化能力"、学习者和教师对教材的满意度以及真实的教学效果，从而为更新教学内容、改进教学方法、修订教材提供依据，有助于从中国文化传播与渗透的角度，制定中文学习者对中国文化认知与理解的能力标准，完善"中国文化能力"评价体系；有助于改变当前国际中文教育领域普遍存在的重语言技能训练、轻中国文化知识传播的做法，引导国际中文教育焦点的部分转向，催生国际中文教育教学研究新视阈。

第九章

国际中文教育文化教学资源动态数据库建设

在新媒体浪潮的冲击下，单一化的纸媒教材和传统课堂已不能满足国际中文教育的教学需求，有必要结合时代特征以及外国学习者的接受心理建构教学资源更为丰富、更新更为及时的文化教学资源动态数据库，以解决国际中文教育教学资源分布不集中、查找繁琐等问题，为教师和外国学习者提供良好的中国文化学习平台，为国际中文教育的发展提供强大的数据支持。首先，数据库建设具有必要性；其次，作为国际中文教学的"资源补给站"，文化教学资源动态数据库可以下设文化教学内容数据库、文化词汇数据库、文化教材及辅助教学资源动态数据库、"中国文化能力"测试试题库四个子库；最后，数据库应具备搜索功能智能化、数据更新实时化、数据采集系统化的特点和功能。

第一节 国际中文教育文化教学资源动态数据库的建设背景

党的十九大报告指出，推进国际传播能力建设，关键是"讲好中国故事，展现真实、立体、全面的中国，提高国家文化软实力。"[1] 近年来，随着中国综合

---

[1] 《决胜全面建成小康社会 夺取新时代中国特色社会主义伟大胜利——在中国共产党第十九次全国代表大会上的报告》，新华网，http：//www.xinhuanet.com//politics/19cpcnc/2017 - 10/27/c _ 1121867 529. htm。

国力的提高，中国与其他国家往来也日益深入，同时中国在国际上的影响力日益增强，向世界传播中国文化，推动中国文化走出去，就成为了重要的时代课题。其中，开展国际中文教育，激发世界各国人民学习汉语、了解中国文化的热情是提升中国文化影响力的重要举措，经过长时间的努力，中国采取的一系列举措成效显著。当前，中国语言文化的海外传播有何种机遇和挑战呢？我们不妨用SWOT分析法梳理一下内部的优势（strengths）和劣势（weaknesses）、外部的机会（opportunities）与威胁（threats）。

中国语言文化传播的S（优势）在于：中国的综合国力逐年稳步提升，中国在国际社会上的话语权日益增大，中国有机会向世界发出兼容着古老文明与现代文化的"中国声音"。自2013年中国提出"一带一路"倡议以来，中国与"一带一路"共建国家的政治、经济、文化等方面的往来日益密切，所谓"语言铺路、文化搭桥"，中国语言文化在"一带一路"共建国家传播的优势不仅在于拥有政策支持，更在于中国文化本身所具有的汇聚海外华人华侨的凝聚力以及吸引外国学习者的感召力。

就W（劣势）而言，首先，海外各国的语言各异、文化不同，我们并不精准地了解每个国家的文化背景和语言政策。其次，能够适应多语种、小语种的优秀汉语教师人才储备不足，优秀本土汉语教师的储备同样不足，因此存在着教师在教学过程中不能准确传达中国文化内涵、不能展现中国文化魅力的现象，损害了学习者的学习热情。最后，国际中文教育的资源缺乏整合，教师和学习者都难以获取到系统性的教学资源，导致教学效率低下，教学效果不佳。

就O（机会）而言，习近平主席曾对当下的时代形势做出过重要的战略判断，他说："当前，我国处于近代以来最好的发展时期，世界处于百年未有之大变局，两者同步交织、相互激荡。"①

一方面是亚洲整体的崛起，这在市场规模不断扩大、市场活跃度高、工业制造规模增大、创新研发投入增加、基础设施便捷化程度提高等多个方面都有所体现，乘此时代东风，国际中文教育即将进入拥抱"5G革命、万物互联"的时代；另一方面，随着中国文化软实力的提升，世界对中文这一沟通媒介的需求日益增大，为中文与中国文化的传播提供了良好的机会。

T（威胁）表现在两个方面：一是个别发达国家力图压制中国，宣扬"中国威胁论"等不实言论，甚至认为开办孔子学院是中国进行海外扩张的体现，阻挠孔子学院的发展或意图关闭本国的孔子学院。因此如何化解意识形态间的误读，

---

① 《努力开创中国特色大国外交新局面》，新华网，http://www.xinhuanet.com/politics/2018-06/23/c_1123025806.htm。

如何整合政府、学校及其他民间组织的教育资源，推动孔子学院的转型升级是需要进一步思考的课题；二是新冠疫情给国际中文教育带来的不良影响。"后疫情时代"应该如何完善在线教育机制、保障在线教育质量同样是值得探讨的重要问题。

在当下这个由符号、影像等视觉文化所主宰的新媒体时代，随着新兴传播媒介形式的出现，人们获取和传播信息更加便利和快捷，所接收到的信息也更加丰富多样。"充足优质的教学资源是国际中文教育事业发展的重要基础"，[①] 传统的纸质教材已无法满足国际中文教育领域的新的发展需求，近年来，本领域建成了一些具有行业影响力的数据库，如：中央民族大学建立的"国际汉语教学数据库"，此数据库包含孔子学院数据库、教学案例库、国际汉语教材库、中华文化国际传播课件库、汉语国际教育硕博论文库、期刊论文库等子库；北京外国语大学建设的"中华文化走出去动态数据库"，此数据库收集了中华文化走出去的相关数据，主要包括出版、文化艺术、传媒、影视等相关信息；北京语言大学建设的"HSK动态作文语料库"；华东师范大学建设的"汉语国际教育案例库"，专门收集汉语教学案例，主要服务于汉语师资培养；中山大学建设的"全球汉语教材库"，此数据库收集了上万册汉语教材，其功能是将这些汉语教材以电子版的形式，提供给大家使用，虽然因为版权问题没有实现其最初的构想，但是也利用这些资源做了部分以学术研究为目的的汉语教材数据库；暨南大学华侨华人特色数据库，此数据库包括华侨华人书刊全文数据库、华侨华人学术资源数据库、华侨华人政策法规数据库等子数据库。

教学资源是国际中文教学的重要组成部分，对于教学活动有着十分重要的作用，理应进行整合与完善。总的来看，国际中文教育领域的数据库建设由于起步较晚，因而存在着发展相对缓慢、教学资源缺乏整合、数据零散、更新速度慢、社会效益不明显、搜索结果不智能等问题，教师难以获取到系统性的教学资源，学习者难以精准、高效、全面地获取中文和中国文化知识，导致教学效率低下，教学效果不佳。更为重要的是，涵盖文化教学资源的数据库目前付之阙如，为了解决国际中文教育中文化教学的过简化、表层化及文化资源零散、封闭、静态的问题，提高国际中文教育的教学质量、提升中国文化的传播效率，有必要建设一个能够全方位、多层次、立体化呈现教学内容的文化教学资源动态数据库。

---

① 赵杨、万众：《建设面向市场的国际中文教育资源》，载于《国际中文教育》2021年第4期，第35页。

第二节 国际中文教育文化教学资源动态数据库的建设内容

安德鲁·埃德加提出"生活世界是社会的普通成员为了通过协商而顺利地进行日常生活、与其他人互动并最终创建和维持社会关系而使用的技巧、能力和知识的储存库。"[1]

对于外国学习者而言,文化教学资源动态数据库可以发挥安德鲁所说的"技巧、能力和知识的储存库"功能。从内容上说,理应囊括汉字、词汇、语法、句型、文化常识等知识性素材。同时应具有教学辅助功能,如收录国内外与国际中文教育文化教学相关的各类文献资料,包括各类中国文化教材、适用于文化教学的图片、微课、视频短片、数字化课程、文化体验课程、关于文化的媒体素材等。中国文化教学资源动态数据库不应是被动地展示知识,而应是具有"智能化"的体验文化的功能。数据库可以用分布式技术建立快速搜索引擎,并增加智能分析、模块处理功能,使其远离单一的信息陈列,成为集海量中国文化资源、智能信息呈现于一体的强大的新时代教学工具。

数据库是为教学实践提供服务的数据资源平台。文化教学资源动态数据库可以分为四个子库:文化教学内容数据库、文化词汇数据库、文化教材及辅助教学资源数据库、"中国文化能力"测试试题库(见图9-1)。

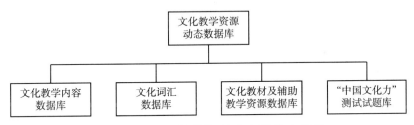

图9-1 文化教学资源动态数据库建设

文化教学资源动态数据库既需要内容丰富,又需要功能强大,可以通过设计创新型的搜索逻辑,实现搜索功能的智能化,一方面要便于教师能够利用数据库快速搜索到所需要的教学资源;另一方面,要便于外国学习者能够利用数据库精准找到适合自己中文水平的学习内容。四个子库的设计方案如下。

---

[1] 安德鲁·埃德加. 哈贝马斯:《关键概念》,杨礼银等译,江苏人民出版社2009年版,第101页。

一、子库一：文化教学内容数据库

文化教学内容数据库可以以中国文化知识为核心，与文化项目与文化词汇数据库、文化教材及辅助教学资源数据库以及"中国文化力"测试试题库相互关联，以信息全面、功能丰富、搜索精确度高、实用性强为建设目标，采用多元化媒介实现网状的查找功能。

以"中国酒文化"的教学内容为例，如果在数据库中搜索"酒"这一字段，可以找到"酒"这个汉字的演变历程；不同品牌的酒的图片；中国酒的酿造工序以及发展历史的介绍；中国名士与酒的故事；《中华酒文化》《美酒中国》等纪录片资源；另外，也会链接到如李白《将进酒》、梁实秋《饮酒》等名家名篇的原文、创作背景、艺术风格、作者简介等内容。而《将进酒》中存在诸如暮、樽、烹、宰、岑等较难的汉字，数据库中配有全诗的朗读音频，学习者可以在跟读、仿读的过程中，纠正发音，提高口语水平。

数据库同样收录了众多名家的书法和绘画作品，搜索"酒"时，也会出现与"酒"相关的"醉"字段，则刘伶醉酒的故事、《贵妃醉酒图》等中国绘画艺术的代表作都可以被链接出来，中国画的线条、色彩、构图、意境等相关的鉴赏知识也会被链接出来，便于学习者全方位领略"中国酒文化"所衍生出的美学价值。此外，从三国时的"青梅煮酒论英雄"、宋太祖赵匡胤的"杯酒释兵权"等中国历史上的重大"酒局"，到中国现代社会作为礼仪或民俗的"敬酒""喜酒"，以及与此相关联的中国人的酒品、中国人的或豪放或矜持的民族性格的介绍，学习者都可以通过数据库进行查找。从"酒"这一核心内容向外发散，数据库能够帮学习者建立起中国汉字、中国历史、中国艺术、中国思想、中国人的民族性格等知识间的内在联系，这些知识在数据库中以网状结构出现，能够帮助学习者快速厘清中国文化知识的脉络、构建起中国文化知识的框架。

再以中国饮食文化为例，外国学习者普遍知道"北京烤鸭""重庆火锅"等中国美食，但却并不了解"南甜北咸东辣西酸"等中国饮食口味的背后，蕴含何种中国饮食文化；中国不同地区的饮食文化何以存在着如此巨大的差异，对于这些问题，学习者都可以通过数据库中图文并茂的数据资源自行找到答案。具体来说，文化教学内容动态数据库应包含以下内容（见表9-1）。

表 9 - 1 文化教学内容动态数据库内容

子库名称	二级子库名称	三级子库名称	相关字段
文化教学内容动态数据库	一、中国物质文化资源动态数据库	1. 中国建筑文化资源数据库	名称、地点、年代、规模、建筑特点、历史变迁过程、意义、海外影响、国际影响
		2. 中国服饰文化资源数据库	名称、民族、地域、年代、相关人物、评价、意义、国际影响
		3. 中国饮食文化资源数据库	名称、口味、菜系、年代、地域、风俗、传承、品牌、代表人物、评价、国际影响
		4. 中国器具文化资源数据库	名称、地域、年代、传承、民族、代表人物、规模、国际影响
		5. 中国其他物质文化资源数据库	名称、地域、年代、影响、传播、评价、规模、国际影响
	二、中国制度文化资源动态数据库	6. 中国典章制度数据库	相关著作、人物、年代、内容、版本、流传情况、意义、影响、研究情况、国际影响
		7. 中国风俗习惯数据库	名称、地域、年代、相关人物、传承、服饰、评价、意义、影响、国际影响
		8. 中国其他制度文化资源数据库	相关著作、代表人物、年代、内容、版本、流传情况、意义、影响、研究情况、国际影响
	三、中国精神文化资源动态数据库	9. 中国哲学、宗教数据库	相关著作、代表人物、年代、内容、版本、流传情况、意义、影响、评价、研究情况、国际影响
		10. 中国文学作品数据库	相关著作、代表人物、年代、内容、版本、流传情况、意义、影响、评价、研究情况、国际影响
		11. 中国科技发明数据库	名称、相关著作、代表人物、年代、内容、版本、流传情况、意义、影响、评价、研究情况、国际影响

续表

子库名称	二级子库名称	三级子库名称	相关字段
文化教学内容动态数据库	三、中国精神文化资源动态数据库	12. 中国艺术审美数据库	书法、绘画、雕塑、篆刻、音乐、舞蹈等的名称、年代、地域、代表人物、传承、规模、历史评价、国际影响
		13. 中国其他精神文化产品数据库	名称、相关著作、代表人物、年代、内容、版本、流传情况、意义、影响、评价、研究情况、国际影响

在文化教学内容数据库中，各类文化资源可以以视频、音频、图片、文字等形式呈现，将语言教学与文化教学有机地融为一体。教师和外国学习者可以根据需要，选择不同类型的文化资源，因为数据库具有分类清晰、查找便捷、多维度、多媒介的特点，所以是文化教材呈现的静态知识的动态化、立体化、形象化的补充，有助于培养学习者对中国文化的兴趣，帮助学习者形成对中国文化的全面而深入的认识。子库数据呈现的载体如图9-2所示。

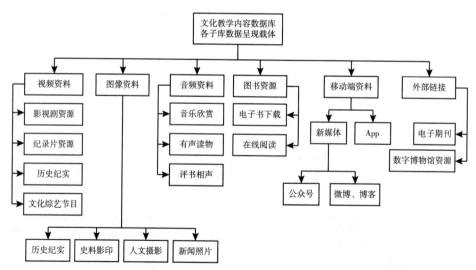

图9-2 文化教学内容动态数据库子库数据呈现载体

二、子库二：文化词汇数据库

语言是日常社会生活交际的工具，也是文化的载体，文化传播需要借助语言，语言与文化密不可分。语音、词汇、语法，是语言学习的三要素，词汇占据着这三要素的核心位置，正如胡明扬所言："语汇教学的重要性是显而易见的，因为语言说到底是由词语组合而成的，语音是词语的具体读音的综合，语法是词语的具体用法的概括，离开了词语也就没有语言可言。"[①]

在所有词汇中，对外国学习者而言，文化词汇的学习难度最大。什么是文化词汇呢？1993年，梅立崇曾界定过与文化词汇相类的"国俗词语"，提出："一个民族的文化中独具的部分体现在词汇系统就是国俗词语。所谓国俗词语，就是别的语言中无法对译的词语，或者说是别的语言中很难找到与之完全对应的'非等值词语'。"[②] 常敬宇认为："文化词汇是指特定文化范畴的词汇，它是民族文化在语言词汇中直接或间接的反映。文化词汇与其他一般词汇的界定有以下两点：一是文化词汇本身载有明确的民族文化信息，并且隐含着深层的民族文化的含义。文化词汇的另一特点，是它与民族文化，包括上面所说的物质文化、制度文化和心理文化有各种关系。"[③] 笔者认为文化词汇是承载本民族所特有的文化内涵，反映本民族独特的文化现象的词汇。而中国文化词汇就是包含中华民族的历史底蕴和文化特色，能够反映中华民族特有的生活内容、风俗习惯和思想追求的词汇。比如，"桌子""椅子"这两个词汇所代表的事物不是中国独有的，因而不属于中国文化词汇；而"八仙桌"和"太师椅"所代表的事物是中国独有的，承载了中国民族文化的内涵，因此是中国文化词汇。

中国文化词汇常拥有有别于字面意义的特殊旨意，如"红包"这一中国文化词汇指的是春节时长辈给晚辈用红色纸袋包裹的压岁钱，或是逢结婚、生子、升学等重要事件时送予他人的礼金，其中包含着美好的祝福和期许，并非是"红色的背包"之意。中国文化词汇对于中国人而言往往是习焉不察的，但对外国学习者来说却难于理解和记忆，外国学习者误解、误用中国文化词汇的例子不胜枚举，可以说，中国文化词汇的学习与外国学习者的跨文化交际能力息息相关，而建设文化词汇动态数据库能够有效地帮助外国学习者学习、理解、记忆中国文化词汇。文化词汇动态数据库应该包含主要的国际中文教育教材中出现的所有的中

---

① 胡明扬：《对外汉语教学中语汇教学的若干问题》，载于《语言文字运用》1997年第1期，第12页。
② 梅立崇：《汉语国俗词语刍议》，载于《世界汉语教学》1993年第1期，33页。
③ 常敬宇：《汉语词汇与文化》，北京大学出版社1995年版，第2页。

国文化词汇，这些中国文化词汇分为三个大类，分别收录进中国物质文化词汇数据库、中国制度文化词汇数据库、中国精神文化词汇数据库中，并可以进一步加以细分，具体的建设方案如图 9-3 所示。

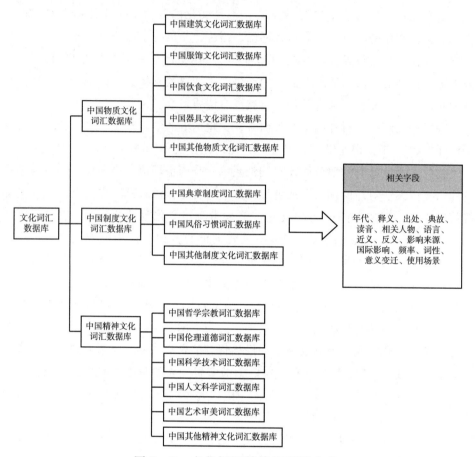

图 9-3　文化词汇数据库建设内容

如图 9-3 所示，中国物质文化词汇数据库里收录的词汇承载中华民族所特有的物质文化信息。其中"建筑文化"子库收录的文化词汇包括："故宫""长城""胡同""弄堂""四合院"等；"服饰文化"子库收录的文化词汇包括："汉服""唐装""旗袍""中山装"等；"饮食文化"子库收录的文化词汇包括："饺子""烤鸭""臊子面""龙井茶""宫保鸡丁""佛跳墙"等；"器具文化"子库收录的文化词汇包括："筷子""瓷器""玉""金樽""八仙桌"等；其他物质文化子库收录的文化词汇包括"北京""上海""天津""广东"等中国省市名称，"庐山""黄山""长江""黄河"等中国的山川河流名称，以及"龙""大熊猫""乌鸦""牡丹""竹子""菊花"等具有特殊文化内涵的事物名称。

在中国制度文化词汇数据库中，"典章制度"子库收录的文化词汇包括："科举制度""改革开放""三民主义"等；"风俗习惯"子库收录的文化词汇包括："拜年""祭祖""赏月""贴春联""赛龙舟"等；"其他制度文化"子库收录的文化词汇包括"春秋""战国""唐朝""宋朝""晋国""郑国""卫国"等中国的朝代名称和诸侯国名称，"春节""清明节""中秋节""重阳节"等中国传统节日名称，以及"童生""考官""宰相""和尚"等特殊的人际称谓语。

在中国精神文化词汇数据库中，"哲学宗教"子库收录的文化词汇包括："儒家""墨家""仁爱""阴阳五行""天人合一"等；"伦理道德"子库收录的文化词汇包括："君臣""尊卑""以和为贵""忠孝悌信""礼义廉耻"等；"科学技术"子库收录的文化词汇包括："火药""造纸术""指南针""印刷术""5G""高铁""嫦娥号"等；"人文社科"子库收录的文化词汇包括："唐诗""宋词""史记""红楼梦"等；"艺术审美"子库收录的文化词汇包括："京剧""昆曲""秦腔""皮影戏""山水画""书法"等；"其他精神文化"子库收录的文化词汇包括"栩栩如生""叶落归根""塞翁失马""不到长城非好汉""民以食为天""上有天堂，下有苏杭"等汉语熟语中的成语、谚语、歇后语，以及"有朋自远方来，不亦乐乎""择其善者而从之，其不善者而改之""一场愁梦酒醒时，斜阳却照深深院"等诸子百家经典章句或古诗词。

为了方便用户的使用和学习，文化词汇数据库需要具有便捷的搜索查找功能。在数据库中输入某一文化词汇，与其相关的年代，释义、出处、典故、相关人物、国际影响、使用语境等信息都应显示出来。对外国学习者而言，物质文化词汇比较容易理解，而制度文化词汇和精神文化词汇因内涵更为丰富，所以学习难度较大。另外，学习者的母语背景也对其汉语学习有所影响。按照与中文在发音、词汇等方面的近似度判断，母语是印欧语系的学习难度最大；母语是阿尔泰语系和闪含语系的学习难度次之；母语是汉藏语系的学习难度最小。如果从文化背景的近似程度划分，伊斯兰教和基督教文化背景的学习者在学习中国文化词汇时感受到的难度要高于佛教文化背景的学习者（见图 9 - 4）。

学习者在初次注册登录数据库时，系统会提示学习者录入个人的年龄、性别、身份、汉语学习时间、汉语水平、母语背景、文化背景等情况信息，再根据学习者的个人情况和学习需求为学习者匹配相应难度指数的学习内容和学习形式。即使是同样的学习内容，数据库的呈现形式也不尽相同，对汉语水平低、接受能力弱的学习者可以多呈现图片和短视频，呈现的词汇要加配拼音和其母语的翻译；对汉语水平中等、接受能力中等的学习者可以呈现配有汉字字幕的短视频和图文并茂的音频讲解；对于汉语水平较高、接受能力较强的学习者则可以呈现

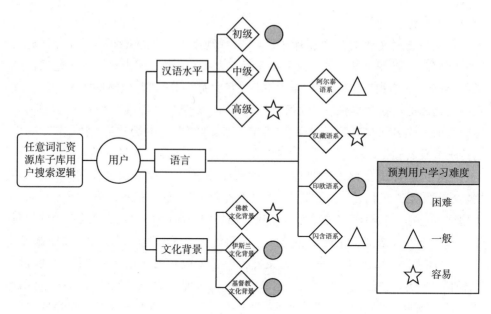

图 9 – 4　文化词汇数据库的搜索功能

与文化词汇相关的大篇幅的文字内容，相关的影视剧、纪录片等资源辅助学习。
也就是说，文化词汇数据库应具备对文化词汇相关字段的识别与抓取功能，并能
与学习者个人信息进行匹配，根据学习者的语言水平、国别、性别、年龄、文化
背景等要素，为学习者匹配相应难度指数的学习内容，并根据学习者的上述差
异，将相同的知识点以不尽相同的形式呈现给学习者，以期实现最佳的学习效果
（见图 9 – 5）。

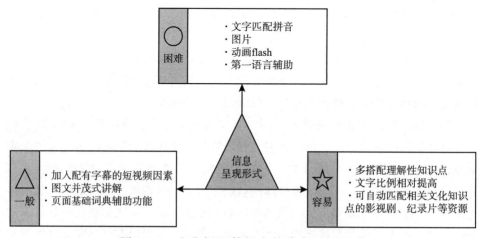

图 9 – 5　文化词汇数据库的信息呈现形式

中国文化词汇本身蕴含着丰富的文化内涵，既是外国学习者的学习难点，也是学习重点，构建一个功能强大的文化词汇动态数据库能提高学习者的学习效率，加快中国文化走向世界的步伐。

三、子库三：文化教材及辅助教学资源动态数据库

文化教材是文化教学的依托，据笔者统计，新中国成立以来，已经出版的对外文化教材有260余种，为了便于外国学习者使用和查找，应建立一个智能的中国文化教材及辅助教学资源动态数据库，数据库收录的信息以文化教材的相关内容为主，包括：教材名称、教材资源类型、教材适用的中文水平等级、适用范围、难易程度、教学媒介语、书籍封面、有无拼音、内容简介、样课、教材目录、练习形式、作者、出版社、出版时间、销售数据、使用现状、评价反馈、购买链接等。此外，数据库也应包含与教材内容相关的图片、音频、视频等辅助教学资源。

中国文化教材及辅助教学资源动态数据库可以分为学习者用库和教师用库。既为中文学习者提供丰富的学习资源，也为教师提供多元化的教学参考。学习者用库应包含所有纸质和电子版的中国文化教材，如高等教育出版社出版的《文化密码：中国文化教程》《文化全景》等；北京大学出版社出版的《中国概况》《中国传统文化与现代生活》《汉语与文化交际》等；北京语言大学出版社出版的《中国文化》《中国文化常识》《汉语文化双向教程》《中国人的故事》《中国社会概览》《中国文化面面观》等；北京师范大学出版社出版的《中国文化史》等；中国国际广播出版社出版的《中国思想简史》《中国现代文学简史》《中国古代文化简史》《中国古典散文读本》《中国古典诗词读本》等；华语教学出版社与耶鲁大学出版社联合出版的《环球汉语——汉语与中国文化》等。学习者录入个人信息后，数据库应该能够智能地为其匹配适合其中文水平和学习兴趣的文化教材。

为了帮助学习者建构对于中国文化的立体印象，学习者用库还应包含多种形式的辅助文化教学资源，如《看电影 学汉语》《跟大头儿子和小头爸爸学汉语》《中国电影欣赏——洗澡》《中国电影欣赏——霸王别姬》《家有儿女》等视听说教材的音频、视频素材；《学习中国书法》《汉字与书法》等书法教材的音频以及视频教学素材；《舌尖上的中国》《远方的家》《如果国宝会说话》等优秀纪录片；《中国文化百题》《环球汉语DVD》等视频影像资料等。辅助文化教学资源数据库是对文化教材数据库的丰富和补充。

教师用库除了包含所有纸质和电子版的中国文化教材以外，还应收录教育部

中外语言合作交流中心历年发布的考试标准或者教学大纲类的文件，以及与文化教材相关的研究类著作，如人民教育出版社出版的《国际汉语教师标准》《〈国际汉语教师证书〉考试大纲》《〈国际汉语教师证书〉考试大纲解析》等；高等教育出版社出版的《国际汉语教学案例与分析》《国际汉语教师培养与培训丛书》等；外语教学与研究出版社出版的《跨文化交际》《现代汉语》《中国文化要略》等；北京语言大学出版社出版的《对外汉语教育学引论》《怎样教外国人汉语》《汉语教程》等；东北师范大学出版社出版的《国际汉语教师培训基础教材》等。具体的建设方案如表9－2。

表9－2 文化教材及辅助教学资源数据库

子库名称	相关模块	二级子库名称	相关字段
文化教材及辅助教学资源数据库	一、文化教材数据库	1. 学生用库	教材名称、教材资源类型、教材适用的中文水平等级、适用范围、难易程度、教学媒介语、书籍封面、有无拼音、内容简介、样课、教材目录、练习形式、作者、出版社、出版时间、销售数据、使用现状、评价反馈、购买链接
		2. 教师用库	教材或专著名称、教材资源类型、教材适用的中文水平等级、适用范围、难易程度、教学媒介语、书籍封面、有无拼音、内容简介、样课、教材目录、练习形式、作者、出版社、出版时间、销售数据、使用现状、评价反馈、购买链接
	二、文化教学辅助教学资源数据库	3. 图片库	与中国物质文化相关的各种图片
		4. 音频库	介绍中国文化的各种音频资料
		5. 视频库	介绍中国文化的各种视频资料
		6. 情景辅助教学数据库	背景资料、文化体验、模拟课堂

四、子库四："中国文化能力"测试试题库

国际中文教育不是单方面的知识传授，对于外国学习者本身而言也不应仅仅停留在对语言工具的应用或对文化知识的认识上，而是要在中国文化学习与体验

的过程中，逐渐养成具有交际能力、理解能力的跨文化人格，并对中国政治、经济、文化形成全面的认识。除了语言能力之外，外国学习者的跨文化交流能力尤为重要。"中国文化能力"测试试题库围绕"学习反馈与交互"建构，重在考察中文学习者学习过程中的认知能力、理解能力、讲述能力、阐释能力、跨文化比较能力和迁移创新能力。此数据库旨在为中文学习者提供不同类型、不同难度的试题，帮助汉语学习者检验自己的学习情况，更好地了解自己的强项和不足，为下一阶段的中文学习提供帮助。数据库的建设方案如图9-6。

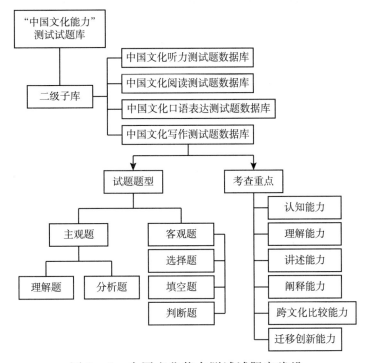

图9-6 中国文化能力测试试题库建设

"中国文化能力"测试试题库收录了测试"中国文化能力"的听力试题、阅读试题、口语试题和写作试题，内容既包含中国的地理历史，也包含中国的国情文化；既包含中国特色发展道路和独特的价值观念，也包含中外文化的对比。试题库的作用是全面、多维度地考察外国学习者对中国文化的理解情况，促进学习者跨文化能力的提升。

试题库的使用者是不同中文水平的外国学习者，"确保学习者在接受测试的同时，保持对中国文化的兴趣并加深对中国文化的理解"是试题库建设的落脚点。首先，要根据难易程度对试题进行区分，使不同中文水平（初级、中级、高级）的外国学习者都能找到适合的测试题。例如，试题库中可以收录这样的文化能力测试题：

> 世界上像北京设计得这么方方正正的城市，还没见过。因为住惯了这样布局齐整的地方，一去外省，总是迷路转向。瞧，这儿以紫禁城（故宫）为中心，前有天安，后有地安，前后对称；北城有钟鼓二楼，四面是天地日月坛。街道则东单西单、南北池子。全城街道就没几条斜的，有条樱桃斜街，鼓楼旁边儿有个烟袋斜街。胡同呢，有些也挨着个儿编号：头条二条一直到十二条，编到十二条，觉得差不多，就不往下编了，给它叫起名字来。什么香饵胡同呀，石雀胡同呀，都起得十分别致。

（摘编自萧乾《布局和街名》，有删改）

根据上文回答问题：

1. 北京城是什么形状的？

A. 圆形的

B. 方正形的

C. 斜的

D. 三角形的

2. 北京城的街道大都是什么样的？（可多选）

A. 正南正北的

B. 正东正西的

C. 歪歪斜斜的

D. 弯弯曲曲的

"中国文化能力"测试试题库作为学习效果检测的资源库，与以上的文化教学内容数据库、文化词汇数据库、文化教材及辅助教学资源动态数据库三个子库的建设息息相关，"中国文化能力"测试试题库就是从前三个子库中提取文化知识点，变成测试题目，进而及时检测学习者的学习效果，并结合听说法、情境法、交际法、任务法等多种教学方法的长处，为学习者提供多角度、多层次的文化练习，帮助学习者随时了解自己的学习进展。

总的来说，"国际中文教育文化教学资源动态数据库建设"是互联网时代国际中文教育的一次升级转型，数据库通过对中国文化内容的系统呈现，有助于提升外国学习者的学习兴趣和学习效率，进而达成培养知华、友华、爱华的外国学习者并提高中国文化影响力的教育目标。

第三节　国际中文教育文化教学资源动态数据库的特点与功能

　　在当今互联网背景下的大数据时代，建设"文化教学资源动态数据库"不能满足于中国文化知识的简单呈现，而是要具有"智能化"的搜索功能，其核心在于以需求为导向，与时代、世界相接轨，为教师和外国学习者提供与时俱进的高质量文化教学资源。"文化教学资源动态数据库"应具备以下特点和功能（见图9–7）。

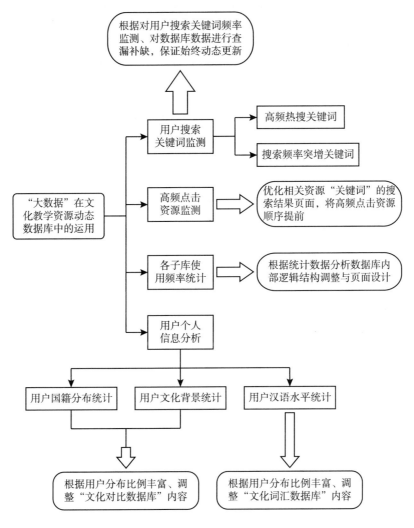

图9–7　文化教学资源动态数据库的功能

第一，搜索功能智能化。数据库应采用当下最新的理念、模式、技术进行建设，不是对现有文化教学资源的简单收集和陈列，而是基于大数据时代的集智能搜索之上的包括音频、视频、图片、课件、文本、动画等形式在内的、为学习者提供定制化体验型的数据库。数据库不仅要具有迅速查找的功能，而且要具备多媒介、多端口、多渠道的智能化的展示逻辑，能够根据学习者需求，精准匹配适合学习者汉语水平的学习资源，实现私人定制化学习。

第二，数据更新实时化。传统的文化教材从编写到审校再到出版要历时 1 ~ 2 年，而数据库的数据却可以随时进行补充和更新。无论是文化教学内容数据库、文化词汇数据库、文化教材及辅助教学资源数据库，还是"中国文化能力"测试试题库，都可以结合社会发展与时事热点，对数据进行实时更新。还可以根据学习者的学习需求对数据库内容进行实时补充。

第三，数据采集系统化。在数据获取方面，"文化教学资源动态数据库"需要融合多种技术手段采集数据资源，并注重数据采集系统的抓取规则和过滤规则的设计，可以使用主题网络爬虫（Topical Crawler）、聚焦网络爬虫（Focused Web Crawler）、增量式网络爬虫（Incremental Web Crawler）和深层网络爬虫（Deep Web Crawler）四种模式，并增加链接评价模块以及内容评价模块。基于内容评价的爬行策略，选择性地爬行与文化教学相关的各种数据，使用 Sharksearch 算法，利用空间向量模型计算页面与主题的相关度大小，同时对已有数据采取增量式更新，只爬行新产生的或者已经发生变化的数据信息。数据抓取策略方面则采用最佳优先策略，在基于文本的数据分析算法方面主要采用纯文本分类与聚类算法。

新媒体时代，国际中文教育的文化教学需要文化教学资源动态数据库的辅助，原因在于数据库不仅能为教学提供海量文字、图片、视频等多种形式的资源，而且具备智能的搜索模式与展示逻辑，从起点上，能够根据学习者的中文水平选择适合的文化教材；在过程中，能够随时检测学习者的学习效果，通过多种媒介形式向学习者展示中国文化的内涵和熔铸于中国文化之中的中华民族精神，不断激发学习者的学习兴趣，提高学习效率。"'知情意'三分架构中，'知'（'知识''知性''逻辑''理性'）处于核心地位，'知'统领和规定着'情'和'意'的基本内涵；……'情'是'知'（知识）和'意'（意志）的根基与归宿。"[①] 文化教学资源数据库建设以中国文化的"知"为载体，以外国学习者的友华爱华之"情"为归宿，能在增加外国学习者对中国的了解、提高中国文化的国际影响力、促进不同文化间的交流，乃至构建人类命运共同体中发挥基础性的作用。

---

① 谭惟：《儒家哲学核心范畴的现代阐释——以钱穆在"知情意"框架下论"情"为例》，载于《中国文化研究》2021 年第 1 期。

结　语

柳宗元说：“夫美不自美，因人而彰。兰亭也，不遭右军，则清湍修竹，芜没于空山矣。”（柳宗元《邕州刘宗丞作马退山茅亭记》）文化教材是对中国文化“清湍修竹”的发现、拾英、照亮、创作和生成。好的文化教材能够使学习者对中国文化“一见如故”并与中国文化“长相厮守”；能够使学习者与中国心灵相通、知华友华并对学习者的伦常日用、修齐治平产生积极影响；能够使中国文化产生更大的“界外之响”“化外之力”，使外国学习者与中国文化“相值而相取”，满足学习者对中国文化“知”的需求，同时使学习者具有流利“说”中国文化的语言能力和跨文化交际能力以及将来作为文化交流使者传播中国文化的能力。

编写出好的文化教材、研究文化教材编写的相关问题需要明确：当前，中国文化教材编写的世界性历史语境发生了巨大改变。

首先，中国的现代化进程在时间轴上发生于西方之后，使西方文化对中国的影响力具有历史的惯性，而中国文化的崛起不但容易遭到曾经的强势文化的抵抗，其向西方的传播也会遇到惯性的抵制。西方学者对中国的刻板印象，以及对中国文化的广泛的误读和曲解，封堵着中国文化走向世界的路径。然而以工具理性为主导的西方主流文化不仅使世界范围内的对抗和非良性竞争大幅度增多，也使世界陷入了广泛的焦虑和迷茫之中。在这样的历史语境下，作为有着悠久且优秀文化资源的中国，有责任贡献自己的力量。中国文化的广泛传播，不仅能够扩大中国的影响力，还可以加深其他国家对中国的了解，减少中国发展的阻力。

其次，交通的发达给世界各国人民的相互往来提供了便利，各国人民越来越紧密地连接在了一起，资讯的发达则让世界更加完整而清晰地呈现在各个角落的人们面前，人类已经形成了一个牢不可破的命运共同体。然而，由于世界的发展并不均衡，导致对抗日益加剧，因此这个人类命运共同体的形成必然需要一个世界性的文化来理解、阐释和调节。这种文化中应该不仅有工具理性主导的增进发展效率的要素，而且要有兼顾合作、内心安宁的要素。中国文化里的"和"要素、道家的无为思想、禅宗的超越语言逻辑羁绊等资源的现代化阐释，正是消融焦虑与对抗的良药。中国优秀传统文化的再生产及其传播，是对人类进入命运共同体时代的应答，是一种非常有价值的文化构建行为。

再次，西方现代化前期以主客体对立为哲学根基的世界关系理解已经被逐渐发展起来的后现代思想的主体间性的理解所代替。前期的主体理性导致把他人当作客体，进而导致人与人之间的相互客体化，进而导致意识形态甚至军事领域的战争。而以强调交往理性为代表的主体间性思想，则可以更大程度地弥合纷争。在文化传播领域，多元文化主义日益得到世界各国人民的广泛认同，成为世界性的主流理解。

最后，文化传播不再是简单的大众媒体的拟态环境的塑造，我们已经处于信息海量、多点传播、人人有能力主动传播信息的新媒体时代。这种传播媒体的变化，势必带来传播内容、形式、理念等多个层面的巨大变化，在带来传播自由和权利的同时，也会带来焦虑、自卑、自我重复等各种各样的负面心理问题。

因应这种世界性历史语境的改变，笔者认为文化教材编写需要更加强调主体间性思想的贯彻，秉持新的编写理念：

第一，在中国文化自信的视域下，秉持注重"中国思想文化源流与当代中国内在联系"的编写理念，以文化知识为主线，以文化因素为隐线，建构具有选择性而非面面俱到的、具有发展性而非固化不变的、具有开放性而非封闭保守的、具有灵活性而非按部就班的螺旋式文化主题体系，传播具有"可分享价值"的、助力中华民族复兴和国家兴盛的中国文化知识，讲述洋溢中国精神、凝聚中国智慧的中国故事，帮助学习者形成对中国文化的系统印象。

第二，中国是四大文明古国，中华文明能够赓续绵延至今是缘于中国文化的包容性和中国文化观念的先进性。新时代的文化教材编写需要适当缩减客观的知识性的内容，而增加追求和谐等价值层面的信息份额，使教材不再是知识的罗列场，而价值的传达场。不同国家、民族互学共鉴的过程就是人类文明由低级文明向高级文明跨越的过程。文化教材编写为文明互鉴、文化交融、新的文明生长点的出现提供了契机，因此，在编写中，既要秉持人类意识，保持文化观念的开放与多元，同时要赓续"中国智慧"，为世界文明贡献原创性的中国理念，使各个国家的文化在相互激荡碰撞中迸发出新的更高级别的文明，最终将迎来全新的世界文明的形成和人类文化的发展。

第三，重视学习者的"他者"视角与"他者"立场，尊重学习者母文化的价值观念和学习者的母文化理解，把语言作为传播文化的工具，把文化作为语言传播的灵魂，以学习者的文化知识掌握和语言能力提升为目标，从"零"起步、循序渐进、层递深入，编写满足初级、中级、高级不同汉语水平学习者需求并具有系统性、综合性、可操作性和实践性强的文化教材。文化教材的数据库建设需要引入新媒体形式的内容，建立包含相关图片、音频、视频等丰富文化素材的数据库，以多种形式启发学习者表达中国文化以及学习者母语国文化体的相关信息并相互交流，以实现多点互动。文化教材编写和数据库建设的目的在于使学习者在习得中国文化的过程中由低至高，逐渐具备文化认知能力、文化理解能力、文化讲述能力、文化阐释能力、跨文化比较能力、文化迁移创新能力。

本书采取了关系分析、比较分析、历史分析、个案分析四个分析路径。本书的关系分析包括：文化类型与传播方式之关系；受众类型与传播媒介之关系；文化教材中的语言与文化之关系；传播理论对文化教材编写之关系；文化教材编写与中国形象塑造、中国故事讲述、中国精神传达之关系；文化教材编写与中国文化自信理念之关系；文化教材编写与世界文化共同体构建之关系等。本书的比较分析包括：中西跨文化传播理论之比较；中国文化的历史影响与现实影响之比较；政府主导的文化传播与民间主导的文化传播之比较等。本书的历史分析包括：中国文化教材编写的历史；中国文化的历史影响等。本书的个案分析包括："一带一路"倡议造就汉语传播的黄金期；SWOT 分析法与"一带一路"共建国家的汉语传播；"一带一路"共建国家汉语传播的现实瓶颈与未来路径等。

中国文化是一种仰之弥高、钻之弥深的文化。汉语国际教育视野下的中国文化教材编写研究中尚存在一些亟待解决的问题，如：中国文化教学内容等级大纲研制问题、基于教材的"中国文化词汇"等级大纲研制问题、"中国文化能力"标准理论体系建构问题、教材满意度调查与教学效果检测问题等。本书是对中国文化教材编写和数据库建设研究的初步探讨，还存在许多挂一漏万之处，有待后续研究。

参 考 文 献

[1] 戴庆厦：《跨境语言研究》，中央民族学院出版社 1993 年版。

[2] 戴昭铭：《文化语言学导论》，语文出版社 1996 年版。

[3] 邓炎昌、刘润清：《语言与文化——英汉语言文化对比》，外语教学与研究出版社 1989 年版。

[4] 邓晓华：《人类文化语言学》，厦门大学出版社 1993 年版。

[5] 高一虹：《语言文化差异的认识和超越》，外语教学与研究出版社 2000 年版。

[6] 乐黛云：《独角兽与龙：在寻找中西文化普遍性中的误读》，北京大学出版社 1997 年版。

[7] 乐黛云：《跨文化之桥》，北京大学出版社 2002 年版。

[8] 费孝通：《乡土中国与乡土重建》，台北风云时代出版公司 1993 年版。

[9] 何兆武：《中西文化交流史论》，中国青年出版社 2001 年版。

[10] 朱云影：《中国文化对日韩越的影响》，广西师范大学出版社 2007 年版。

[11] 朱谦之：《中国思想对于欧洲文化之影响》，山西人民出版社 2014 年版。

[12] 孙宜学：《中华文化国际传播：途径与方法创新》，同济大学出版社 2016 年版。

[13] 周宁：《世界之中国：域外中国形象研究》，南京大学出版社 2007 年版。

[14] 张利华：《中美欧文化软实力研究》，知识产权出版社 2015 年版。

[15] 丁学良：《中国的软实力和周边国家》，东方出版社 2014 年版。

[16] 张西平：《20 世纪中国古代文化经典在域外的传播与影响研究》，经济科学出版社 2015 年版。

[17] 忻剑飞：《世界的中国观》，学林出版社 1991 年版。

［18］顾嘉祖、陆昇（主编）：《语言与文化》，上海外语教育出版社 2002
年版。

［19］顾嘉祖（主编）：《跨文化交际——外国语言文学中的隐蔽文化》，南
京师范大学出版社 2000 年版。

［20］胡文仲：《跨文化交际学概论》，外语教学与研究出版社 1999 年版。

［21］胡文仲（主编）：《文化与交际》，外语教学与研究出版社 1994 年版。

［22］胡文仲、高一虹：《外语教学与文化》，湖南教育出版社 1995 年版。

［23］贾玉新：《跨文化交际学》，上海外语教育出版社 1997 年版。

［24］李葆嘉：《中国语言文化史》，江苏教育出版社 2003 年版。

［25］李瑞华（主编）：《英汉语言文化对比研究》，上海外语教育出版社
1996 年版。

［26］梁镛（主编）：《跨文化的外语教学与研究》，上海外语教育出版社
1999 年版。

［27］刘珣（主编）：《对外汉语教学概论》，北京语言文化大学出版社 1997
年版。

［28］刘承华：《文化与人格——对中西方文化差异的一次比较》，中国科学
技术大学出版社 2002 年版。

［29］陆俭明：《作为第二语言的汉语本体研究》，外语教学与研究出版社
2005 年版。

［30］齐沪扬：《传播语言学》，河南人民出版社 2000 年版。

［31］张颂：《语言传播文论》，北京广播学院出版社 1999 年版。

［32］倪延年：《知识传播学》，南京师范大学出版社 1999 年版。

［33］孙英春：《跨文化传播学导论》，北京大学出版社 2008 年版。

［34］周晓明：《人类交流与传播》，上海文艺出版社 1990 年版。

［35］朱增朴：《传播与现代化》，中国新闻出版社 1989 年版。

［36］王政挺：《传播·文化与理解》，人民出版社 1998 年版。

［37］吴征：《中国的大国地位与国际传播战略》，长征出版社 2001 年版。

［38］张西平、李宇明主编：《世界汉语教育丛书》，外语教学与研究出版社
2007 年版。

［39］李宇明：《中国语言规划论》，商务印书馆 2010 年版。

［40］陆锡兴：《汉字传播史》，语文出版社 2002 年版。

［41］罗常培：《语言与文化》，语文出版社 1989 年版。

［42］吕必松（主编）：《语言教育问题研究论文集》，华语教育出版社 1999
年版。

［43］彭聘龄（主编）：《汉语认知研究》，山东教育出版社 1997 年版。

［44］沙莲香等著：《中国社会文化心理》，中国社会出版社 1998 年版。

［45］劭敬敏：《文化语言学中国潮》，语文出版社 1995 年版。

［46］申荷永：《中国文化心理学心要》，人民出版社 2001 年版。

［47］申小龙：《汉语与中国文化》，复旦大学出版社 2003 年版。

［48］沈锡伦：《中国传统文化和语言》，上海教育出版社 2004 年版。

［49］盛炎：《语言教学原理》，重庆出版社 1990 年版。

［50］吴格言：《文化传播学》，中国物资出版社 2004 年版。

［51］邹嘉彦、游汝杰（主编）：《语言接触论集》，上海教育出版社 2004 年版。

［52］周一农：《词汇的文化蕴涵》，上海三联书店 2005 年版。

［53］吴予敏：《无形的网络——从传播学的角度看中国的传统文化》，国际文化出版社 1988 年版。

［54］孙旭培、王怡红、阂大洪等：《华夏传播论：中国传统文化中的传播》，人民出版社 1997 年版。

［55］王建勤等：《全球文化竞争背景下的汉语国际传播研究》，商务印书馆 2015 年版。

［56］赵长征、刘立新：《中华文化与传播》，外语教学与研究出版社 2015 年版。

［57］毕继万：《跨文化交际与第二语言教学》，北京语言大学出版社 2009 年版。

［58］李禄兴：《现代汉字及其对外教学研究》，中央编译出版社 2012 年版。

［59］李蕊：《外国人汉字习得与教学》，中山大学出版社 2014 年版。

［60］毛家武：《文化传播的多维比较与对话》，西南交通大学出版社 2013 年版。

［61］张西平、柳若梅：《世界主要国家语言推广政策概览》，外语教学与研究出版社 2008 年版。

［62］王义桅：《"一带一路"机遇与挑战》，人民出版社 2015 年版。

［63］王建勤：《全球文化竞争背景下的汉语国际传播研究》，商务印书馆 2015 年版。

［64］刘程、安然：《孔子学院传播研究》，中国社会科学出版社 2012 年版。

［65］于小植：《意象突围——中国文学跨文化接受研究》，中国传媒大学出版社 2015 年版。

［66］郭睿：《汉语课程设计导论》，北京语言大学出版社 2015 年版。

［67］ 朱文俊：《人类语言学论题研究》，北京语言大学出版社 2000 年版。

［68］ 李泉：《对外汉语课程，大纲与教学模式研究》，商务印书馆 2006 年版。

［69］ 楼宇烈：《中国文化的根本精神》，中华书局 2016 年版。

［70］ 王佶旻：《汉语测试的理论与实践创新研究》，世界图书出版公司 2014 年版。

［71］ 许嘉璐：《中华文化的前途和使命》，中华书局 2016 年版。

［72］ 刘珣：《对外汉语教育学引论》，北京语言大学出版社 2000 年版。

［73］ 李晓琪：《对外汉语文化教学研究》，商务印书馆 2006 年版。

［74］ 李泉：《对外汉语教学理论思考》，教育科学出版社 2005 年版。

［75］ 李泉、杨瑞：《汉语文化双向教程》，北京语言文化大学出版社 1999 年版。

［76］ 李泉：《对外汉语教材研究》，商务印书馆 2006 年版。

［77］ 梁漱溟：《东西文化及其哲学》，山东人民出版社 1989 年版。

［78］ 吴勇毅：《对外汉语教学探索》，学林出版社 2004 年版。

［79］ 吕必松：《语言教育与对外汉语教学》，外语教学与研究出版社 2005 年版。

［80］ 陈序经：《文化学概观》，中国人民大学出版社 2005 年版。

［81］ 郭鹏、程龙、姜西良：《中国概况》，高等教育出版社 2011 年版。

［82］ 冯天瑜：《中华文化史》，上海人民出版社 1990 年版。

［83］ 罗常培：《语言与文化》，语文出版社 1989 年版。

［84］ 李杨：《中高级对外汉语教学论》，北京大学出版社 1993 年版。

［85］ 李杨：《对外汉语教学课程研究》，北京语言文化大学出版社 1997 年版。

［86］ 韩新民：《语言与文化》，光明日报出版社 2001 年版。

［87］ 柳英绿、金基石：《对外汉语教学的理论与实践》，延边大学出版社 1997 年版。

［88］ 吕必松：《汉语和汉语作为第二语言教学》，北京大学出版社 2007 年版。

［89］ 申小龙：《中国文化语言言学》，吉林教育出版社 1990 年版。

［90］ 王国安、要英：《汉语国际推广与中国文化》，学林出版社 2008 年版。

［91］ 贾益民：《论海外华文教材的编写原则》，《第二届东南亚华文教学研讨会论文集》，1998 年。

［92］ 程棠：《对外汉语教学目的原则方法》，华语教学出版社 2002 年版。

[93] 郭熙：《华文教学概论》，商务印书馆 2007 年版。

[94] 陈申：《语言文化教学策略研究》，北京语言文化大学出版社 2001 年版。

[95] 杨寄洲：《对外汉语教学初级阶段教学大纲》，北京语言文化大学出版社 1999 年版。

[96] 欧阳祯：《对外汉语教学的文化透视》，北京大学出版社 2009 年版。

[97] 刑福义：《文化语言学》，湖北教育出版社 2000 年版。

[98] 张公瑾、丁石庆：《文化语言学教程》，教育科学出版社 2004 年版。

[99] 苏新春：《文化语言学教程》，外语教学与研究出版社 2006 年版。

[100] 中华人民共和国教育部、国家语言文字工作委员会发布：《汉语国际教育用音节汉字词汇等级划分》，北京语言大学出版社 2010 年版。

[101] [美] 爱德华·萨义德：《文化与帝国主义》，李琨译，上海三联书店 2003 年版。

[102] [美] 爱德华·萨义德：《东方学》，王宇根译，上海三联书店 1999 年版。

[103] [美] 约瑟夫·奈：《软实力》，马娟娟译，中信出版社 2013 年版。

[104] [美] 鲁思·本尼迪克特：《文化模式》，王炜等译，北京三联书店 1988 年版。

[105] [美] 鲁思·本尼迪克特：《菊与刀》，吕万河、熊达云、王智新译，商务印书馆 2003 年版。

[106] [日] 西嶋定生：《日本学者研究中国史论著选译》（第二卷），刘俊文主编，黄约瑟译，中华书局 1992 年版。

[107] [德] 马勒茨克：《跨文化交流——不同文化的人与人之间的交往》，潘亚玲译，北京大学出版社 2001 年版。

[108] [美] 亨廷顿：《文明的冲突与世界秩序的重建》，周琪等译，新华出版社 2002 年版。

[109] [英] 菲利普森：《语言领域的帝国主义》，上海外语教育出版社 2000 年版。

[110] [美] 波特：《文化模式与传播方式：跨文化交流文集》，北京广播学院出版社 2003 年版。

[111] [法] 阿兰·佩雷菲特：《停滞的帝国——两个世界的撞击》，王国卿译，生活·读书·新知三联书店 2007 年版。

[112] [美] 罗伯特·劳伦斯·库恩：《中国 30 年：人类社会的一次伟大变迁》，吕鹏等译，上海人民出版社 2008 年版。

[113]［英］马丁·雅克：《当中国统治世界：中国的崛起和西方世界的衰落》，张莉、刘曲译，中信出版股份有限公司 2010 年版。

[114]［英］查尔斯·爱德华·斯皮尔曼：《人的能力：它们的性质与度量》，袁军译，浙江教育出版社 1999 年版。

[115]［美］爱德华·L·桑代克：《人类的学习》，李月甫译，浙江教育出版社 1999 年版。

[116]［美］诺姆·乔姆斯基：《语言与心理》，牟小华、侯月英译，华夏出版社 1989 年版。

[117]［瑞］皮亚杰：《结构主义》，倪连生、王琳译，商务印书馆 1984 年版。

[118]［美］爱德华·萨丕尔：《语言论》，陆卓元译，陆志韦校，商务印书馆 1997 年版。

[119]［英］雷蒙·道森：《中国变色龙——对于欧洲中国文明观的分析》，中华书局 2006 年版。

[120]［美］亨廷顿，哈里森：《文化的重要作用》，程克雄译，新华出版社 2010 年版。

[121]［德］威廉·冯·洪堡特：《论人类语言结构的差异及其对人类精神发展的影响》，姚小平译，商务印书馆 1999 年版。

[122]［美］爱德华·萨丕尔：《萨丕尔论语言，文化与人格》，高一虹译，商务印书馆 2011 年版。

[123]［加］雷格纳·达内尔：《爱德华·萨丕尔——语言学家、人类学家、人文主义者》，须一吟、董燕、马文辉译，商务印书馆 2016 年版。

[124]［美］拉里·萨默瓦、理查德·波特：《跨文化传播》，中国人民大学出版社 2010 年版。

[125]［美］爱德华·霍尔：《无声的语言》，何道宽译，北京大学出版社 2010 年版。

[126]［美］爱德华·霍尔：《超越文化》，何道宽译，北京大学出版社 2010 年版。

[127]［美］吉尔特·霍夫斯泰德：《跨越文化的障碍》，尹毅夫、陈龙、王小登译，科学出版社 1996 年版。

[128]［英］泰勒（Tylor, Edward Bernatt）：《原始文化》，连树声译，上海文艺出版社 1992 年版。

[129] 李泽厚：《孔子思想再评价》，载于《中国社会科学》1980 年第 2 期。

[130] 庞朴：《文化结构与近代中国》，载于《中国社会科学》1986 年第

369

5 期。

[131] 衣俊卿：《论哲学视野中的文化模式》，载于《北方论丛》2001 年第 1 期。

[132] 王爱平：《文化与认同：印度尼西亚华裔青少年调查研究》，载于《中国人民大学学报》2004 年第 6 期。

[133] 王爱平：《汉语言使用与华人身份认同——对 400 余名印尼华裔学生的调查研究》，载于《福州大学学报》2006 年第 4 期。

[134] 王建勤：《汉语国际推广语言标准策略研究》，载于《语言教学与研究》2007 年第 3 期。

[135] 王建勤：《汉语国际传播标准的学术竞争力与战略规划》，载于《云南师范大学学报》2010 年第 1 期。

[136] 周小兵、罗宇、张丽：《基于中外对比的汉语文化教材系统考察》，载于《语言教学与研究》2010 年第 9 期。

[137] 艾斌：《以〈中国文化常识〉为例看对外文化类图书的编辑》，载于《中国编辑》2008 年第 9 期。

[138] 李宇明：《语言学习需求与对外汉语教学》，载于《汉语教学学刊》2005 年第 1 辑。

[139] 魏岩军等：《影响美国华裔母语保持的个体及社会心理因素》，载于《语言教学与研究》2012 年第 1 期。

[140] 张东波、李柳：《社会心理因素与美国华人社团的语言维护和变迁》，载于《语言文字应用》2010 年第 1 期。

[141]《习近平主席出席全英孔子学院和孔子课堂年会》，载于《孔子学院总部简报》2015 年第 36 期。

[142] 中国与全球化智库：《2016 孔子学院十年总结评估及未来发展战略研究》，2016 年 5 月。

[143] 董璐：《孔子学院与歌德学院：不同理念下的跨文化传播》，载于《国际关系学院学报》2011 年第 4 期。

[144] 陈刚华：《从文化传播角度看孔子学院的意义》，载于《学术论坛》2008 年第 7 期。

[145] 刘荣，徐蔚，胡晓：《完善孔子学院课程体系 助力汉语国际推广》，载于《中国高等教育》2014 年第 8 期。

[146] 吴瑛：《中国文化对外传播效果研究——对 5 国 16 所孔子学院的调查》，载于《浙江社会科学》2012 年第 4 期。

[147] 唐慧丰、谭松波、程学旗：《基于监督学习的中文情感分类技术比较

研究》，载于《中文信息学报》2007 年第 6 期。

　　[148] 于小植：《"同情"缺席与"权利"缺失——跨文化研究视野下看留学生对鲁迅的接受》，载于《黑龙江社会科学》2016 年第 1 期。

　　[149] 于小植：《关于"中国文化走出去"战略的几点思考》，载于《"十三五"规划问计求策优秀建言选编》，人民出版社 2016 年版第 145 – 149 页。

　　[150] 于小植：《留学生视域中的北京胡同意象》，载于《黑龙江社会科学》2014 年第 3 期。

　　[151] 于小植：《"发现汉语"及其"天下精神"》，载于《东北亚论坛》2012 年第 4 期。

　　[152] 于小植：《对外汉语教师需具有人类意识》，载于《吉林省教育学院学报》2012 年第 5 期。

　　[153] 于小植：《文化教学与对外汉语教学》，载于《汉语速成教学研究》（论文集），北京语言大学出版社 2012 年版。

　　[154] 同心：《中国国家形象跨文化传播的评估指标体系研究》，复旦大学学位论文，2014 年。

　　[155] 孟子敏：《文化依附与对外汉语教学》，载于《语言教学与研究》1997 年第 2 期。

　　[156] 林汝昌：《文化冲突在外语课堂中的反映——谈建立教学的全球性观念》，载于《语言教学与研究》1994 年第 3 期。

　　[157] 李梅：《文化休克现象初探》，载于《语文学刊》（外语教育与教学）2010 年第 8 期。

　　[158] 邓恩明：《编写对外汉语教材的心理学思考》，载于《语言文字应用》1998 年第 2 期。

　　[159] 赵金铭：《对外汉语教材创新略论》，载于《世界汉语教学》1997 年第 2 期。

　　[160] 程相文：《对外汉语教材的创新》，载于《语言文字应用》2001 年第 4 期。

　　[161] 周小兵：《对外汉语教学中的跨文化交际》，载于《中山大学学报》（社会科学版）1996 年第 6 期。

　　[162] 张占一：《试议交际文化和知识文化》，载于《语言教学与研究》1990 年第 3 期。

　　[163] 赵贤洲：《文化差异与文化导入论略》，载于《语言教学与研究》1989 年第 1 期。

　　[164] 胡明扬：《对外汉语教学中的文化因素》，载于《语言教学与研究》

1993 年第 4 期。

　　［165］卢伟：《对外汉语教学中的文化因素研究述评》，载于《世界汉语教学》1996 年第 2 期。

　　［166］张薇：《对外汉语教学中交际文化的教学》，载于《现代语文》2006 年第 6 期。

　　［167］束定芳：《对外汉语教学中文化因素的定性、定位与定量问题刍议》，载于《语言教学与研究》1996 年第 1 期。

　　［168］张英：《对外汉语文化教材研究——兼论对外汉语文化教学等级大纲建设》，载于《汉语学习》2004 年第 1 期。

　　［169］陈光磊：《语言教学中的文化导入》，载于《语言教学与研究》1992 年第 3 期。

　　［170］赵贤州：《对外汉语文化课教学刍议——关于教学导向与教学原则》，载于《汉语学习》1994 年第 1 期。

　　［171］林国立：《构建对外汉语教学的文化因素体系——研制文化大纲之我见》，载于《语言教学与研究》1997 年第 1 期。

　　［172］娄毅、朱瑞平：《关于 AP 汉语与文化考试——兼与中国 HSK 考试、日本"中国语检定"考试比较》，载于《语言文字应用》2006 年第 1 期。

　　［173］陈光磊：《关于对外汉语课中的文化教学问题》，载于《语言文字应用》1997 年第 1 期。

　　［174］赵贤州：《关于文化导入的再思考》，载于《语言教学与研究》1992 年第 3 期。

　　［175］张占一：《汉语个别教学及其教材》，载于《语言教学与研究》1984 年第 3 期。

　　［176］魏春木、卞觉非：《基础汉语教学阶段文化导入内容初探》，载于《世界汉语教学》1992 年第 1 期。

　　［177］沈家贤：《试论中西文化差异与对外汉语教学》，载于《云南师范大学学报》2003 年第 3 期。

　　［178］张占一：《交际文化琐谈》，载于《语言教学与研究》1992 年第4 期。

　　［179］孟子敏：《交际文化与对外汉语教学》，载于《语言教学与研究》1992 年第 1 期。

　　［180］吕美卿、潘茜：《跨文化交际中的文化障碍》，载于《浙江师大学报》1997 年第 3 期。

　　［181］毕继万、张占一：《跨文化意识与外语教学》，载于《天津师大学报》（社会科学版）1991 年第 5 期。

［182］ 李泉：《论对外汉语教材的针对性》，载于《世界汉语教学》2004 年第 2 期。

［183］ 张英：《论对外汉语文化教学》，载于《汉语学习》1994 年第 5 期。

［184］ 吴晓露：《论语言文化教材中的文化体现问题》，载于《语言教学与研究》1993 年第 4 期。

［185］ 孙清忠：《浅析对外汉语口语教材中文化项目的选择和编排》，载于《暨南大学华文学院学报》2006 年第 2 期。

［186］ 杨德峰：《试论对外汉语教材的规范化》，载于《语言教学与研究》1997 年第 3 期。

［187］ 吴瑛：《中国文化对外传播效果研究——对 5 国 16 所孔子学院的调查》，载于《浙江社会科学》2012 年第 1 期。

［188］ 刘程、曾丽华：《美国主流媒体孔子学院新闻报道的批评话语分析》，载于《对外传播》2017 年第 1 期。

［189］ 徐霄鹰、王蓓：《汉语文化教材用户调查分析报告》，载于《国际汉语》2011 年第 1 期。

［190］ 杨军、郑秀丽：《汉语测试跨文化理解听力题分析和文化层级建构》，载于《国际汉语教育》2014 年第 1 期。

［191］ Bernard Spolsky. *Language Policy*. Cambridge：Polity Press，2004.

［192］ Bernard Spolsky. *Language Management*. Cambridge：Polity Press，2009.

［193］ Dell Hymes. *Ethnography，Linguistics，Narrative Inequality：Toward an Understanding of Voice*. London：Taylor and Francis Ltd，1996.

［194］ John J. Gumperz. *Language and Social Identity*. Cambridge：Cambridge University Press，1982.

［195］ John Rawls. *A Theory Of Justice*. Cambridge：The Belknap Press of Harvard University Press，1999.

［196］ Joshua A. Fishman. *Language and Ethnicity in Minority Sociolinguistic Perspective*. Clevedon：Multilingual Matters Ltd，1989.

［197］ Joshua A. Fishman. *Do Not Leave Your Language Alone*. Mahwah：Lawrence Erlbaum Associates，Inc，2006.

［198］ Pierre Bourdieu. *The Logic of Practice*. Cambridge：The Polity Press，1990.

［199］ Pierre Bourdieu. *Language and Symbolic Power*. Cambridge：Polity Press，1991.

［200］ Pierre Bourdieu. *An Invitation to Reflexive Sociology*. Cambridge：The Polity Press, 1992.

[201] Will Kymlicka. *Multicultural Citizenship: A Liberal Theory Of Minority Rights*. Oxford: Oxford University Press, 1995.

[202] Hall Edward T. *The Hidden Dimension*. New York: Anchor Books Edition, 1990.

[203] Gudykunst, W. B. & Mody, B *Handbook of International and Intercultural Communication*. Sage Publications, 2002.

[204] Gudykunst, W. B. *Bridging Difference*, Sage Publications, 1998.

[205] Judith N. Martin & Thomas K. Nakayama. *Intercultural Communication in Contexts*. Foreign Language Teaching and Research Press, 2009.

[206] Linell Davis. *Doing Culture: Cross-cultural Communication in Action*. Foreign Language Teaching and Research Press, 2005.

[207] Myron W. Lustig. *Intercultural competence*. Boston: Allyn and Bacon, 2003.

[208] Patricia A. Duff, Nancy H. Hornberger Language Socialization: *Encyclopedia of Language and Education*. Springer, 2010.

[209] Jonathan D. Spence. *The Khan's Great Continent: China in Western Minds*. W. W. Norton. 1998.

[210] Donald F. Lach. *China in the Eyes of Europe: The Sixteenth Century*. Phoenix Books, 1965.

[211] Colin Mackerras. *Western Images of China*. Oxford University Press, 1989.

[212] David E. Mungello. *The Great Encounter of China and the West*, 1500 – 1800. New York: Rowman & Littlefield Publishers, 1999.

[213] Michael Burgan. *Marco Polo and the Silk Road to China*. Compass Point Books, 2002.

[214] Benedict Ruth. Patterns of Culture. A Mentor Book. New York: The New American Library, 1960.

[215] Bourdieu Pierre. Language and Symbolic Power. Cambridge: Harvard University Press, 1991.

[216] Geertz Clifford. The Interpretation of Cultures. New York: Basic Books, Inc. , Publishers, 1973.

[217] Goodenough Ward. Description and Comparison in Cultural Anthropology. Chicago: Aldine, 1970.

[218] Hall Stuart. Cultural Studies: Two Paradigms. Media, Culture and Socie-

ty，1980（2）：57－72.

［219］Kroeber A. L. & Cluckhohn Clayde. Culture：A Critical Review of Concepts and Definitions. Cambridge：The Museum，1952.

［220］Malinowski Bronislaw. A Scientific Theory of Culture and other Essays.（A Galaxy Book）. New York：Oxford University Press，1960.

［221］Mannheim Karl. Essays on the Sociology of Culture. New York：Routledge & Kegan Paul，1956.

［222］Saussure Ferdinand de. Course in General Linguistics. New York：The Philosophical Library Inc. ，1959.

［223］Weinreich Uriel. Language in Contact. The Hague：Mouton Publishers，1968.

［224］Whorf Benjamin Lee. Language，Thought and Reality. Cambridge：MIT Press，1956.

［225］Joshua A. Fishman. *Reversing Language Shift*：*Theoretical and Empirical Foundations of Assistance to Threatened Languages*. Clevedon：Multilingual Matters Ltd，1991.

［226］Bernard Spolsky. *Conditions for Second Language Learning*：*Introduction to a general theory*. Oxford：Oxford University Press，1989.

参考文献

教育部哲学社会科学研究重大课题攻关项目
成果出版列表

序号	书　名	首席专家
1	《马克思主义基础理论若干重大问题研究》	陈先达
2	《马克思主义理论学科体系建构与建设研究》	张雷声
3	《马克思主义整体性研究》	逄锦聚
4	《改革开放以来马克思主义在中国的发展》	顾钰民
5	《新时期　新探索　新征程 ——当代资本主义国家共产党的理论与实践研究》	聂运麟
6	《坚持马克思主义在意识形态领域指导地位研究》	陈先达
7	《当代资本主义新变化的批判性解读》	唐正东
8	《当代中国人精神生活研究》	童世骏
9	《弘扬与培育民族精神研究》	杨叔子
10	《当代科学哲学的发展趋势》	郭贵春
11	《服务型政府建设规律研究》	朱光磊
12	《地方政府改革与深化行政管理体制改革研究》	沈荣华
13	《面向知识表示与推理的自然语言逻辑》	鞠实儿
14	《当代宗教冲突与对话研究》	张志刚
15	《马克思主义文艺理论中国化研究》	朱立元
16	《历史题材文学创作重大问题研究》	童庆炳
17	《现代中西高校公共艺术教育比较研究》	曾繁仁
18	《西方文论中国化与中国文论建设》	王一川
19	《中华民族音乐文化的国际传播与推广》	王耀华
20	《楚地出土戰國簡册［十四種］》	陈　伟
21	《近代中国的知识与制度转型》	桑　兵
22	《中国抗战在世界反法西斯战争中的历史地位》	胡德坤
23	《近代以来日本对华认识及其行动选择研究》	杨栋梁
24	《京津冀都市圈的崛起与中国经济发展》	周立群
25	《金融市场全球化下的中国监管体系研究》	曹凤岐
26	《中国市场经济发展研究》	刘　伟
27	《全球经济调整中的中国经济增长与宏观调控体系研究》	黄　达
28	《中国特大都市圈与世界制造业中心研究》	李廉水

序号	书　名	首席专家
29	《中国产业竞争力研究》	赵彦云
30	《东北老工业基地资源型城市发展可持续产业问题研究》	宋冬林
31	《转型时期消费需求升级与产业发展研究》	臧旭恒
32	《中国金融国际化中的风险防范与金融安全研究》	刘锡良
33	《全球新型金融危机与中国的外汇储备战略》	陈雨露
34	《全球金融危机与新常态下的中国产业发展》	段文斌
35	《中国民营经济制度创新与发展》	李维安
36	《中国现代服务经济理论与发展战略研究》	陈　宪
37	《中国转型期的社会风险及公共危机管理研究》	丁烈云
38	《人文社会科学研究成果评价体系研究》	刘大椿
39	《中国工业化、城镇化进程中的农村土地问题研究》	曲福田
40	《中国农村社区建设研究》	项继权
41	《东北老工业基地改造与振兴研究》	程　伟
42	《全面建设小康社会进程中的我国就业发展战略研究》	曾湘泉
43	《自主创新战略与国际竞争力研究》	吴贵生
44	《转轨经济中的反行政性垄断与促进竞争政策研究》	于良春
45	《面向公共服务的电子政务管理体系研究》	孙宝文
46	《产权理论比较与中国产权制度变革》	黄少安
47	《中国企业集团成长与重组研究》	蓝海林
48	《我国资源、环境、人口与经济承载能力研究》	邱　东
49	《"病有所医"——目标、路径与战略选择》	高建民
50	《税收对国民收入分配调控作用研究》	郭庆旺
51	《多党合作与中国共产党执政能力建设研究》	周淑真
52	《规范收入分配秩序研究》	杨灿明
53	《中国社会转型中的政府治理模式研究》	娄成武
54	《中国加入区域经济一体化研究》	黄卫平
55	《金融体制改革和货币问题研究》	王广谦
56	《人民币均衡汇率问题研究》	姜波克
57	《我国土地制度与社会经济协调发展研究》	黄祖辉
58	《南水北调工程与中部地区经济社会可持续发展研究》	杨云彦
59	《产业集聚与区域经济协调发展研究》	王　珺

序号	书名	首席专家
60	《我国货币政策体系与传导机制研究》	刘 伟
61	《我国民法典体系问题研究》	王利明
62	《中国司法制度的基础理论问题研究》	陈光中
63	《多元化纠纷解决机制与和谐社会的构建》	范 愉
64	《中国和平发展的重大前沿国际法律问题研究》	曾令良
65	《中国法制现代化的理论与实践》	徐显明
66	《农村土地问题立法研究》	陈小君
67	《知识产权制度变革与发展研究》	吴汉东
68	《中国能源安全若干法律与政策问题研究》	黄 进
69	《城乡统筹视角下我国城乡双向商贸流通体系研究》	任保平
70	《产权强度、土地流转与农民权益保护》	罗必良
71	《我国建设用地总量控制与差别化管理政策研究》	欧名豪
72	《矿产资源有偿使用制度与生态补偿机制》	李国平
73	《巨灾风险管理制度创新研究》	卓 志
74	《国有资产法律保护机制研究》	李曙光
75	《中国与全球油气资源重点区域合作研究》	王 震
76	《可持续发展的中国新型农村社会养老保险制度研究》	邓大松
77	《农民工权益保护理论与实践研究》	刘林平
78	《大学生就业创业教育研究》	杨晓慧
79	《新能源与可再生能源法律与政策研究》	李艳芳
80	《中国海外投资的风险防范与管控体系研究》	陈菲琼
81	《生活质量的指标构建与现状评价》	周长城
82	《中国公民人文素质研究》	石亚军
83	《城市化进程中的重大社会问题及其对策研究》	李 强
84	《中国农村与农民问题前沿研究》	徐 勇
85	《西部开发中的人口流动与族际交往研究》	马 戎
86	《现代农业发展战略研究》	周应恒
87	《综合交通运输体系研究——认知与建构》	荣朝和
88	《中国独生子女问题研究》	风笑天
89	《我国粮食安全保障体系研究》	胡小平
90	《我国食品安全风险防控研究》	王 硕

序号	书 名	首席专家
91	《城市新移民问题及其对策研究》	周大鸣
92	《新农村建设与城镇化推进中农村教育布局调整研究》	史宁中
93	《农村公共产品供给与农村和谐社会建设》	王国华
94	《中国大城市户籍制度改革研究》	彭希哲
95	《国家惠农政策的成效评价与完善研究》	邓大才
96	《以民主促进和谐——和谐社会构建中的基层民主政治建设研究》	徐 勇
97	《城市文化与国家治理——当代中国城市建设理论内涵与发展模式建构》	皇甫晓涛
98	《中国边疆治理研究》	周 平
99	《边疆多民族地区构建社会主义和谐社会研究》	张先亮
100	《新疆民族文化、民族心理与社会长治久安》	高静文
101	《中国大众媒介的传播效果与公信力研究》	喻国明
102	《媒介素养：理念、认知、参与》	陆 晔
103	《创新型国家的知识信息服务体系研究》	胡昌平
104	《数字信息资源规划、管理与利用研究》	马费成
105	《新闻传媒发展与建构和谐社会关系研究》	罗以澄
106	《数字传播技术与媒体产业发展研究》	黄升民
107	《互联网等新媒体对社会舆论影响与利用研究》	谢新洲
108	《网络舆论监测与安全研究》	黄永林
109	《中国文化产业发展战略论》	胡惠林
110	《20世纪中国古代文化经典在域外的传播与影响研究》	张西平
111	《国际传播的理论、现状和发展趋势研究》	吴 飞
112	《教育投入、资源配置与人力资本收益》	闵维方
113	《创新人才与教育创新研究》	林崇德
114	《中国农村教育发展指标体系研究》	袁桂林
115	《高校思想政治理论课程建设研究》	顾海良
116	《网络思想政治教育研究》	张再兴
117	《高校招生考试制度改革研究》	刘海峰
118	《基础教育改革与中国教育学理论重建研究》	叶 澜
119	《我国研究生教育结构调整问题研究》	袁本涛 王传毅
120	《公共财政框架下公共教育财政制度研究》	王善迈

序号	书　名	首席专家
121	《农民工子女问题研究》	袁振国
122	《当代大学生诚信制度建设及加强大学生思想政治工作研究》	黄蓉生
123	《从失衡走向平衡：素质教育课程评价体系研究》	钟启泉 崔允漷
124	《构建城乡一体化的教育体制机制研究》	李　玲
125	《高校思想政治理论课教育教学质量监测体系研究》	张耀灿
126	《处境不利儿童的心理发展现状与教育对策研究》	申继亮
127	《学习过程与机制研究》	莫　雷
128	《青少年心理健康素质调查研究》	沈德立
129	《灾后中小学生心理疏导研究》	林崇德
130	《民族地区教育优先发展研究》	张诗亚
131	《WTO主要成员贸易政策体系与对策研究》	张汉林
132	《中国和平发展的国际环境分析》	叶自成
133	《冷战时期美国重大外交政策案例研究》	沈志华
134	《新时期中非合作关系研究》	刘鸿武
135	《我国的地缘政治及其战略研究》	倪世雄
136	《中国海洋发展战略研究》	徐祥民
137	《深化医药卫生体制改革研究》	孟庆跃
138	《华侨华人在中国软实力建设中的作用研究》	黄　平
139	《我国地方法制建设理论与实践研究》	葛洪义
140	《城市化理论重构与城市化战略研究》	张鸿雁
141	《境外宗教渗透论》	段德智
142	《中部崛起过程中的新型工业化研究》	陈晓红
143	《农村社会保障制度研究》	赵　曼
144	《中国艺术学学科体系建设研究》	黄会林
145	《人工耳蜗术后儿童康复教育的原理与方法》	黄昭鸣
146	《我国少数民族音乐资源的保护与开发研究》	樊祖荫
147	《中国道德文化的传统理念与现代践行研究》	李建华
148	《低碳经济转型下的中国排放权交易体系》	齐绍洲
149	《中国东北亚战略与政策研究》	刘清才
150	《促进经济发展方式转变的地方财税体制改革研究》	钟晓敏
151	《中国—东盟区域经济一体化》	范祚军

序号	书　名	首席专家
152	《非传统安全合作与中俄关系》	冯绍雷
153	《外资并购与我国产业安全研究》	李善民
154	《近代汉字术语的生成演变与中西日文化互动研究》	冯天瑜
155	《新时期加强社会组织建设研究》	李友梅
156	《民办学校分类管理政策研究》	周海涛
157	《我国城市住房制度改革研究》	高　波
158	《新媒体环境下的危机传播及舆论引导研究》	喻国明
159	《法治国家建设中的司法判例制度研究》	何家弘
160	《中国女性高层次人才发展规律及发展对策研究》	佟　新
161	《国际金融中心法制环境研究》	周仲飞
162	《居民收入占国民收入比重统计指标体系研究》	刘　扬
163	《中国历代边疆治理研究》	程妮娜
164	《性别视角下的中国文学与文化》	乔以钢
165	《我国公共财政风险评估及其防范对策研究》	吴俊培
166	《中国历代民歌史论》	陈书录
167	《大学生村官成长成才机制研究》	马抗美
168	《完善学校突发事件应急管理机制研究》	马怀德
169	《秦简牍整理与研究》	陈　伟
170	《出土简帛与古史再建》	李学勤
171	《民间借贷与非法集资风险防范的法律机制研究》	岳彩申
172	《新时期社会治安防控体系建设研究》	宫志刚
173	《加快发展我国生产服务业研究》	李江帆
174	《基本公共服务均等化研究》	张贤明
175	《职业教育质量评价体系研究》	周志刚
176	《中国大学校长管理专业化研究》	宣　勇
177	《"两型社会"建设标准及指标体系研究》	陈晓红
178	《中国与中亚地区国家关系研究》	潘志平
179	《保障我国海上通道安全研究》	吕　靖
180	《世界主要国家安全体制机制研究》	刘胜湘
181	《中国流动人口的城市逐梦》	杨菊华
182	《建设人口均衡型社会研究》	刘渝琳
183	《农产品流通体系建设的机制创新与政策体系研究》	夏春玉

序号	书 名	首席专家
214	《现代归纳逻辑理论及其应用研究》	何向东
215	《时代变迁、技术扩散与教育变革：信息化教育的理论与实践探索》	杨 浩
216	《城镇化进程中新生代农民工职业教育与社会融合问题研究》	褚宏启 薛二勇
217	《我国先进制造业发展战略研究》	唐晓华
218	《融合与修正：跨文化交流的逻辑与认知研究》	鞠实儿
219	《中国新生代农民工收入状况与消费行为研究》	金晓彤
220	《高校少数民族应用型人才培养模式综合改革研究》	张学敏
221	《中国的立法体制研究》	陈 俊
222	《教师社会经济地位问题：现实与选择》	劳凯声
223	《中国现代职业教育质量保障体系研究》	赵志群
224	《欧洲农村城镇化进程及其借鉴意义》	刘景华
225	《国际金融危机后全球需求结构变化及其对中国的影响》	陈万灵
226	《创新法治人才培养机制》	杜承铭
227	《法治中国建设背景下警察权研究》	余凌云
228	《高校财务管理创新与财务风险防范机制研究》	徐明稚
229	《义务教育学校布局问题研究》	雷万鹏
230	《高校党员领导干部清正、党政领导班子清廉的长效机制研究》	汪 曦
231	《二十国集团与全球经济治理研究》	黄茂兴
232	《高校内部权力运行制约与监督体系研究》	张德祥
233	《职业教育办学模式改革研究》	石伟平
234	《职业教育现代学徒制理论研究与实践探索》	徐国庆
235	《全球化背景下国际秩序重构与中国国家安全战略研究》	张汉林
236	《进一步扩大服务业开放的模式和路径研究》	申明浩
237	《自然资源管理体制研究》	宋马林
238	《高考改革试点方案跟踪与评估研究》	钟秉林
239	《全面提高党的建设科学化水平》	齐卫平
240	《"绿色化"的重大意义及实现途径研究》	张俊飚
241	《利率市场化背景下的金融风险研究》	田利辉
242	《经济全球化背景下中国反垄断战略研究》	王先林

序号	书　名	首席专家
243	《中华文化的跨文化阐释与对外传播研究》	李庆本
244	《世界一流大学和一流学科评价体系与推进战略》	王战军
245	《新常态下中国经济运行机制的变革与中国宏观调控模式重构研究》	袁晓玲
246	《推进21世纪海上丝绸之路建设研究》	梁　颖
247	《现代大学治理结构中的纪律建设、德治礼序和权力配置协调机制研究》	周作宇
248	《渐进式延迟退休政策的社会经济效应研究》	席　恒
249	《经济发展新常态下我国货币政策体系建设研究》	潘　敏
250	《推动智库建设健康发展研究》	李　刚
251	《农业转移人口市民化转型：理论与中国经验》	潘泽泉
252	《电子商务发展趋势及对国内外贸易发展的影响机制研究》	孙宝文
253	《创新专业学位研究生培养模式研究》	贺克斌
254	《医患信任关系建设的社会心理机制研究》	汪新建
255	《司法管理体制改革基础理论研究》	徐汉明
256	《建构立体形式反腐败体系研究》	徐玉生
257	《重大突发事件社会舆情演化规律及应对策略研究》	傅昌波
258	《中国社会需求变化与学位授予体系发展前瞻研究》	姚　云
259	《非营利性民办学校办学模式创新研究》	周海涛
260	《基于"零废弃"的城市生活垃圾管理政策研究》	褚祝杰
261	《城镇化背景下我国义务教育改革和发展机制研究》	邬志辉
262	《中国满族语言文字保护抢救口述史》	刘厚生
263	《构建公平合理的国际气候治理体系研究》	薄　燕
264	《新时代治国理政方略研究》	刘焕明
265	《新时代高校党的领导体制机制研究》	黄建军
266	《东亚国家语言中汉字词汇使用现状研究》	施建军
267	《中国传统道德文化的现代阐释和实践路径研究》	吴根友
268	《创新社会治理体制与社会和谐稳定长效机制研究》	金太军
269	《文艺评论价值体系的理论建设与实践研究》	刘俐俐
270	《新形势下弘扬爱国主义重大理论和现实问题研究》	王泽应

序号	书 名	首席专家
271	《我国高校"双一流"建设推进机制与成效评估研究》	刘念才
272	《中国特色社会主义监督体系的理论与实践》	过 勇
273	《中国软实力建设与发展战略》	骆郁廷
274	《坚持和加强党的全面领导研究》	张世飞
275	《面向2035我国高校哲学社会科学整体发展战略研究》	任少波
276	《中国古代曲乐乐谱今译》	刘崇德
277	《民营企业参与"一带一路"国际产能合作战略研究》	陈衍泰
278	《网络空间全球治理体系的建构》	崔保国
279	《汉语国际教育视野下的中国文化教材与数据库建设研究》	于小植
	……	